学习技术研究

以学生认知发展为中心

董玉琦　陈兴冶　林琳　等著

上海科技教育出版社

图书在版编目(CIP)数据

学习技术研究：以学生认知发展为中心 / 董玉琦，陈兴冶，林琳等著. —上海：上海科技教育出版社，2023.3(2025.8 重印)

ISBN 978-7-5428-7872-4

Ⅰ.①学… Ⅱ.①董… ②陈… ③林… Ⅲ.①教学法-研究 Ⅳ.①G424.1

中国版本图书馆 CIP 数据核字(2022)第 243374 号

责任编辑　韩　露
封面设计　符　劼

学习技术研究：以学生认知发展为中心
董玉琦　陈兴冶　林琳 等著

出版发行　上海科技教育出版社有限公司
　　　　　(上海市闵行区号景路 159 弄 A 座 8 楼　邮政编码 201101)

网	址	www.sste.com　www.ewen.co
经	销	各地新华书店
印	刷	上海新华印刷有限公司
开	本	787×1092　1/16
印	张	22.5
版	次	2023 年 3 月第 1 版
印	次	2025 年 8 月第 3 次印刷
书	号	ISBN 978-7-5428-7872-4/G·4665
定	价	78.00 元

前　言

　　学习技术范式是本研究团队提出的一种教育技术学研究新范式，即研究者在文化(Culture, C)视野下，将技术(Technology, T)、学习内容(Content, C)、学习者(Learner, L)相统合，可简称"CTCL"。

　　学习技术范式的初步研究成果最早发表于 2010 年暑期召开的中国教育技术协会信息技术教育专业委员会第六届学术年会上，迄今已 12 年。一定意义上讲，学习技术范式是具有中国特色的原创性、开拓性的教育技术学研究范式。

　　之所以踏上这条艰苦，甚至孤独的研究之旅，主要是因为我国自 2000 年前后开始至今的"信息技术与课程整合"的效果不尽如人意。20 余年来，教育信息化从"整合"到"融合"，再从"深度融合"到"融合创新"，我们还是没有走出窠臼，犹如进入了停滞不前的"高原期"。一个典型状况是我们较多地把着力点用在了数字校园建设、数字化学习资源开发等方面，而很少关注技术进入课堂是否能有效改善教学。

　　教育研究的根本意义在于改善教育实践，特别是本土的教育实践。遗憾的是教育信息化如此投入财力，教育技术学研究者如此苦心经营，却没有得到应有的社会效益，更别奢谈学术界认可。怎么办？必须改变研究范式！10 余年的不间断研究使得我越来越坚信这一点。希望学习技术范式只是其中之一，期待具有本土文化的研究范式层出不穷。

　　从 2019 年春天开始，CTCL 研究进入新的阶段。本研究团队在"认知""情绪"和"思维"三个研究方向均有不同程度的进展，其中一个突破性的成果是"技术支持的基于认知发展的个性化学习"。本研究团队从认知发展着眼，从个性化学习着手，以认知起点为第一关键词，在班级授课、学科教学的框架下，终于找到了技术改善课堂教学的切入点，一定意义上取得了理论构建、机理解释、实践效果等方面的系统性突破。可以说，本研究团队的研究在一定程度上不仅回应了"技术进入课堂并有效改善教学"的教育信息化的实践诉求，也解决了"技术与学习非显著性相关"的教育技术学的理论难题。

本书是作为研究生的教材或教学参考书而设计、撰写的，不仅可以用于教育技术学专业教学，也可用于学科教育、课程与教学论、教师教育等专业教学。同时，可供有一定研究基础和能力的中小学一线教师参考。

本书共分为八章，其中前三章是本研究团队 2019 年以来集体研究的最新成果，第四章至第八章分别基于一篇博士学位论文和四篇硕士学位论文改编而成。

本书是团队合作的成果，第一章至第八章的主要撰写者分别是林琳、董玉琦（第一章），谷伟、董玉琦（第二章），张慧伦、董玉琦（第三章），陈兴冶、杨旸（第四章），尚荣平（第五章），毛露佳（第六章），白栋铭（第七章），张慧伦（第八章）。董玉琦、陈兴冶、林琳设计了全书的总体结构及各部分的具体要求，林琳、杨旸负责统稿和联络工作。

本书的出版得到了上海师范大学研究生院的资助，谨致谢忱。

董玉琦
2022 年盛夏于上海

目 录

第一章　学习技术范式下技术促进学习的研究进展　001

本章导言　002

第一节　理论基石：技术促进学习的基本认识、研究设计与初步成果　003

第二节　核心进展：技术支持的基于认知发展的个性化学习理论　019

第三节　实践检验：基于TPLC的小学数学"中位数与众数"的教学　031

本章小结　050

问题与回答　051

第二章　数字化学习资源设计：基于认知起点的个性化互动式视角　053

本章导言　054

第一节　个性化学习资源现状分析　055

第二节　基于认知起点的个性化学习资源设计方法　065

第三节　基于认知起点的个性化互动式学习资源应用实证研究　072

本章小结　085

问题与回答　086

第三章　技术促进师范生认知发展：个性化协作式学习的设计与实施　087

本章导言　088

第一节　认知起点测查与分类　090

第二节　技术支持的个性化协作式学习设计　098

第三节　教学实践的数据分析　114

本章小结　127

问题与回答 127

第四章 学科核心素养提升：技术促进计算思维的发展 129

本章导言 130

第一节 计算思维培养的研究基础 131

第二节 计算思维培养的工具开发与模型建构 140

第三节 计算思维培养的学习设计模型教学优化研究 156

本章小结 173

问题与回答 173

第五章 促进学生认知发展：基于认知起点的个性化实验教学开发 175

本章导言 176

第一节 实验教学认知起点的测查与分类 177

第二节 实验教学设计开发与实施 186

第三节 实验教学效果的数据分析 199

本章小结 215

问题与回答 215

第六章 规则类知识教学：基于认知起点的个性化学习 217

本章导言 218

第一节 规则类知识的认知起点测查方法 219

第二节 规则类知识的实验教学设计与实施 230

第三节 规则类知识的教学实验效果与思考 244

本章小结 253

问题与回答 253

第七章 认知起点的深度诊断：学习技术范式下关于信念的实证研究 255

本章导言 256

第一节 学生深层认知 257

第二节　学生深层认知——信念的诊断　264

第三节　对学生深层认知——信念的干预实验　278

第四节　学生深层认知——信念对学生的影响　290

本章小结　300

问题与回答　300

第八章　关注认知发展过程：课堂中的个性化干预　303

本章导言　304

第一节　通过探查课中的认知起点监测学生认知发展过程　305

第二节　在高中数学课堂实施个性化干预　313

第三节　实验研究的数据分析　330

本章小结　348

问题与回答　348

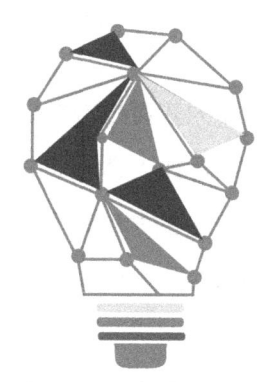

第一章

学习技术范式下
技术促进学习的研究进展

本章导言

技术促进学习（Technology Enhanced Learning）作为教育技术学研究的核心问题，一直以来受到学界的广泛关注，但研究进展不尽如人意。同时，在教育信息化实践过程中，技术没有常态化地进入课堂，所以技术支持的学科教学改善也就无从谈起。为了破解这一必须突破的困境，实现技术进课堂并有效改善教学，采取"学习技术范式"或将是一种积极的选择。

本研究团队于2012年提出了"学习技术范式"，该范式秉承以下研究理念：技术促进学习研究的核心价值在于揭示技术改善学习效果以促进学生发展的机理与机制，解决真实的教育问题，并描绘在技术支持环境下教与学的未来图景，为教育研究与教育实践指明方向。研究关注的主体是学生，因此研究的出发点和落脚点都是学生的发展，任何技术的选择和教学活动的设计均要以促进学生发展为根本目的。在信息技术与教育教学已然融合的现状中，只有深入机理层面准确地把握学生的心理活动与思维发展的规律，才能在学科学习设计中恰当选用技术来对学习资源、学习环境和学习过程进行个性化设计，真正实现技术改善学习。10年来，本研究团队从认知、情绪、思维等视角展开的系列研究已取得了一些阶段性的成果，其中具有突破性进展的是近3年的"技术支持的基于认知发展的个性化学习"（Technology-supported Personalized Learning Based on Cognitive Development，简称TPLC）研究。

本章是有关学习技术范式下技术促进学习研究进展的介绍：第一节主要从特征、样态和境界3个视角解读对"技术促进学习"的基本认识，并梳理该范式下关于技术促进学习的研究设计和初步成果；第二节和第三节分别探讨"技术支持的基于认知发展的个性化学习"研究的理论及在小学数学"中位数与众数"单元教学中的实证研究。

从教育信息化实践的实际状况考量我国的教育技术学研究，技术进入课堂并且有效改善教学的基础研究实属不多，而建立在本土化理论基础上的、能够有效解决实际教育问题的研究更是少之又少。期待学习技术范式作为其中的一种尝试，引发其他更有效的教育技术学研究。

第一节
理论基石：技术促进学习的
基本认识、研究设计与初步成果

在教育信息化实践过程中，技术应用多见于展示课而非日常教学的常态课。一堂展示课往往需要大量的时间、人力和物力的投入，这导致教师易对技术应用的有效性产生疑问。没有常态化的实践探索，技术支持的学科教学改善便无从谈起。事实上，导致这一困境的根本原因是基础研究不清晰。教学为什么要改变？改变背后意味着什么？它能够为学生的成长带来些什么？这些理应先于技术应用的问题，在很长一段时期内并没有得到学界应有的重视。因此，我们需要加强基础研究，对技术进入课堂，改变教学方式，从而改进教学效果的研究形成理论上的突破。

随着研究的推进，研究者意识到技术与教育相融合的根本目的是促进学生的发展，不关注学生发展规律的技术应用是盲目且缺乏根基的。国外的教育技术学研究者较早将视线聚焦于"学生发展"，从不同的研究视角出发探讨技术在多样化学习场景中改善学习效果的机理与路径。例如，美国加州大学伯克利分校的马西娅·C. 林研究团队多年来聚焦于"技术促进科学学习"的研究，展示如何在课堂讲授、实验、可视化教学、合作学习等不同的教学场合中运用知识整合模式[1]；美国博伊西州立大学的 Shelton 等利用 AR（Augmented Reality，增强现实）开展面向本科生的地理教学，研究结果显示该方式提高了学生的理解能力和学习成绩[2]；澳大利亚格里菲斯大学借助 Echo360（ALP）等投票工具，基于学生的即时需求为其提供深度学习的机会，培养学生分析问题的能力[3]。在国内，北京师范大学未来教育高精尖创新中心开展了基于"技术促进高效语文深度读写课堂"项目，结合语文学科特点，探索技术促进语文深度学习的教学方法与形式。

以上实践在一定程度上关注到了技术应用的有效性，这里的"技术"既包括媒体技术

1　Linn M C, Eylon B S. Science Learning and Instruction Taking Advantage of Technology to Promote Knowledge Integration[M]. New York: Routledge, 2011.
2　Shelton B E, Hedley N R. Using augmented reality for teaching Earth-Sun relationships to undergraduate geography students [C]. Piscataway: IEEE, 2002.
3　Griffith University. Echo360 Active Learning Platform [DB/OL]. https://app.secure.griffith.edu.au/exlnt/entry/5207/view, 2021-05-12.

等在内的物化技术,也包括方法等在内的智化技术。除此之外,采取新的研究范式将是学科发展的必然选择。本研究团队由董玉琦教授领衔,在秉承"学习者发展"的基础之上,于2012年正式提出"学习技术范式",即研究者在文化(Culture)视域下统合技术(Technology)、学习内容(Content)和学习者(Learner)的研究范式,可简称"CTCL",强调教育技术学研究需要回归教育本身,立足于学习者发展规律,揭示技术促进学习的机理,有效指导教学实践,并在实践中促进理论的迭代与发展。[1][2][3] 学习技术范式下技术促进学习的研究不仅要证实技术促进学习的有效性,更要找到技术促进学习的机理,关注技术为什么能够促进学习。随着10年来研究的推进,本研究团队对技术促进学习的理解不断深入。本节梳理了学习技术范式下技术促进学习的基本认识和研究设计,旨在为回答"技术如何有效促进学习"提供理论依据,并在此基础上回顾团队研究中有关技术改善教学实践的初步成果。

一、基本认识:技术促进学习的特征、样态和境界

有效应用技术解决教育问题,必须回归教育本质,关注学生学习与发展的基本规律,认清技术要素在教育教学系统中所扮演的角色。学习技术范式在学生学习的视角下尝试从技术优化学习的特征与样态出发理解技术促进学习,在提升管理效能的角度下探讨技术促进学习研究的境界。

(一) 技术促进学习的特征:个性化、社会化和生态化

理解学生的学习是探讨技术促进学习的基础。学习是一种个体行为,它为个体行为带来了相对持久的改变。学习由个体的学习需求所驱动,受到个体的认知风格和生活经验等因素的调节与制约。由于学生需要通过与他人建立联系形成对自我身份的认同,所以学习也是一个在个体间或个体与平台间通过互动持续调节的过程。因此,基于个体的协作学习是学生社会化发展的必经之路。从生态视野看,个体所处的环境、所要解决的问题越加复杂,所以着眼于学习要素间的关系就变得尤为重要。技术作为构成学习系统的要素之一,在学习过程中无时无处不在。在不同视野下,技术促进学习的机制与目标都有

---

[1] 董玉琦,王靖,伊亮亮,等.CTCL:教育技术学研究的新范式(1):基本构想与初步研究[J].远程教育杂志,2012,30(2):3-14.
[2] 董玉琦,包正委,刘向永,等.CTCL:教育技术学研究的新范式(2):从"媒体应用""课程整合"到"学习技术"[J].远程教育杂志,2013,31(2):3-12.
[3] 董玉琦,王靖,伊亮亮,等.CTCL:教育技术学研究的新范式(3):基础、命题与应用[J].远程教育杂志,2014,32(3):23-32.

所不同,这反映了技术促进学习具有以下特征:

第一,个性化。在个体层面,技术能够为学生提供开展个性化学习的环境。个性化学习的核心是支持学生的个人需求[1],而个人需求源于对学生与学习内容的关系探索。这时的技术应用指向了教学设计与资源,针对个性化需求为学生提供个性化学习支持。工业社会孕育出的标准化教育范式已然不足以满足如今的社会发展和人们自我发展的需求,个性化成为教育变革中新的关键词,打造规模化与个性化融合的教育范式是时代赋予教育的重要任务。[2] 教育所追求的公平是构建一个让每一名学生都在其原有的基础之上得到充分发展的教育。它的基础是以学生为中心,并尊重学生的个体差异。

第二,社会化。在群体层面,技术作用于学生与同伴、教师等整个学习共同体的互动关系中,通过构建支持沟通协作的学习环境,促进学生的社会化发展。此时的技术应用能够强化人际间的交流互动,体现技术具有促进学生社会化发展的作用。学生通过学习提升的不仅是知识理解力等能力,更逐渐建立起自身的文化自觉,形成自我身份意识。[3] 技术之于学习则是为促进学生的社会化发展创设环境并提供支持,具体可表现为向学生提供与其他学习要素间多向互动的平台、工具,或提供与学习设计相结合创设鼓励学生交流协作的学习情境。本研究团队尝试探索运用技术创设协作学习任务和环境,在满足学生个性化学习需求的前提下实现有效的社会化交互[4],帮助学生在不同观点的交流中达成共识,促进知识的意义协商与意义构建,实现个人的社会化发展[5]。

第三,生态化。在生态层面,技术则承担起保障学习系统的责任。技术能够促使学生发挥能动性,强化系统中各个要素的联结,并对系统的动态平衡进行灵活调控。随着研究学习问题视野进一步扩大至学习生态系统视野,技术作为维持并强化学习系统内部联结的要素,其关键性作用逐渐凸显。学习技术范式从生态学视角深入审视学习,认为教育技术学研究对学生的深层次关注应从系统的角度着眼,将学生置于一个包含多种学习要素

---

1 冷静,付楚昕,路晓旭.人工智能时代的个性化学习:访国际著名在线学习领域专家迈克·沙普尔斯教授[J].中国电化教育,2021(6):69-74.
2 Reigeluth C M. Instructional-Design Theories and Models: The Learner-Centered Paradigm of Education (Volume Ⅳ) [M]. New York and London: Routledge, 2017.
3 董玉琦,王靖,伊亮亮,等.CTCL:教育技术学研究的新范式(3):基础、命题与应用[J].远程教育杂志,2014,32(3):23-32.
4 胡航,董玉琦.技术促进深度学习:"个性化—合作"学习的理论构建与实证研究[J].远程教育杂志,2017,35(3):48-61.
5 边家胜,董玉琦.CTCL视阈下外语学习者合作学习策略实证研究[J].外语电化教学,2018(6):16-23.

的关系网中[1],既要强调学生在诸多学习要素中的中心位置,也要关注各要素和学生之间的互动关系,追求学习系统中各个要素的动态平衡[2],要构建"以学生为本,全面、协调、可持续发展"的学习生态观。

(二) 技术促进学习的样态:数字化学习、混合式学习、融合型学习

技术促进学习的样态是技术促进学习的外在表现,包含技术参与到学习系统或学习过程中的途径、方式、状态等内容。人们对"学习的本质"不断更新升级的理解,不断完善的学习理论,以及与技术发展的相互渗透,共同催生了技术促进学习的不同样态,包括数字化学习、混合式学习和融合型学习。

数字化学习(Digital Learning 或 E-Learning)从表象上看是"技术从模拟走向数字、从非数字化转向数字化"在学习领域的投射,描述的主要是学习工具的发展趋势——在数字技术驱动下,学习样态从以软件或课件辅助教学为特征的学习转向以多样的数字化学习资源互补教学为特征的学习,但尚未形成互联状态的数字化学习。在数字化学习观念中,学习内容或承载学习内容的学习资源,才是"数字化"的核心所在。这是由于优质学习资源的稀缺是阻碍学习质量提升的核心要素之一,而学习资源数字化极大地降低了优质学习资源分享、扩散的门槛和成本。

混合式学习(Blended Learning)从形式上看是线上学习和线下学习的混合,更深层次是包括建构主义、行为主义和认知心理学等不同教学原则下的教学模式混合、教师主导活动和学生主体参与的混合、课堂教学与在线学习中不同学习环境的混合、不同教学媒体的混合、实体课堂与虚拟教师或虚拟社区的混合等。[3] 回归学生的学习,混合式学习本质上是对学习通道的有效选择。线上学习具有自主性强、时空弹性大、获取学习资源便利等优势,它为大规模实施个性化学习提供了可能性,是联通的数字化学习;线下学习具有情感互动强、思维深度大、学习反馈及时等潜在优势。在混合式学习中,线上学习和线下学习共存,两者在时间维度上具有"串行"关系。混合式学习是要在不同的学习目标、不同的学习任务中,通过选择线上或线下的学习通道,充分发挥不同学习通道的优势以提升学习质量。

---

1 董玉琦,王靖,伊亮亮,等.CTCL:教育技术学研究的新范式(1):基本构想与初步研究[J].远程教育杂志,2012,30(2):3-14.
2 吴鼎福.教育生态的基本规律初探[J].南京师大学报(社会科学版),1989(3):95-99.
3 李克东,赵建华.混合学习的原理与应用模式[J].电化教育研究,2004(7):1-6.

融合型学习(Online-Merge-Offline Learning)是尚处于探索阶段的一种学习样态,但其未来发展趋势值得期待。[1] 一方面,随着云计算、大数据、人工智能、虚拟仿真等技术在教育中的应用,智能化学习支持系统能够无感化记录并分析学生在阅读、写作、操练等学习过程中形成的数据。学习支持系统还能够洞察到学生学习遇到的困难,并根据数据分析结果推送学习资源,为其定制个性化学习方案。随着人工智能技术的发展,学生在学习过程中的兴奋、喜悦、犹豫、懊恼等情绪化表现,在合作、探究中的倾听、对话、协助等社会化表现,都能被记录与分析,并作为促进学习的依据。另一方面,随着技术在教学中的渗透,虚实结合的学习环境成为当前学校教育教学中较为常见的学习场景。学习发生的条件在物理空间上得到了延伸和开放,同时在时间维度上也得到了扩展。在融合型学习中,发生在线上的与线下的教学活动在时间维度上是"并行"的,数据采集、分析、学习反馈等技术工作与人的学习活动在时间上均是连续、完整且同步的。线上与线下的融合为技术稳定地运行提供了可能,使其较好地发挥了对学习的优化作用,包括提高教与学信息处理的效率,实现非入侵式的、即时的、准确的个性化支持,推动技术从"可见"向"隐形"的转变。[2] 融合型学习既是新兴技术与学习融合的产物,也是技术发展带来文化环境变革的必然趋势,它具有学习个性化、学生主导性、数据多模态等特征。

(三) 技术促进学习的境界:设施资源、学习方式、学业成就

技术促进学习不仅是教育技术学研究的核心问题,也是教育信息化推进的关键所在。技术促进学习所追求的目标经历了由表及里、由浅入深的进阶过程,呈现出从基础的"设施资源建设"到形式上的"学习方式转变",再到本质上的"学业成就提升"三重境界。

设施资源建设,旨在提高学习媒体的可用性和学习资源的品质,是支撑教育信息化发挥作用的基础。在工业社会时期,知识传播的高效率是大规模标准化教育所追求的目标,大量的媒体、通信设施被引入教育场景,而开发配套的学习资源、搭建相应的学习环境被提为首要议程。这一时期的技术促进学习研究似乎是在默认了要应用技术的前提下,从以媒体为代表的物化技术自身特性出发,探讨技术与教育相结合的可能性,比较不同媒体技术在教学中的应用效果。然而,随着信息技术的快速更替,大量设施设备被闲置或淘汰,教育信息化基础设施建设高投入低产出,对教育技术有效性的诸多质疑开始出现。基

---

[1] 祝智庭,胡姣.技术赋能后疫情教育创变:线上线下融合教学新样态[J].开放教育研究,2021,27(1):13-23.
[2] 王靖,陈卫东.具身认知视角下的混合式学习本质再审视[J].远程教育杂志,2016,34(5):68-74.

础设施资源建设固然必要，但以此为目标的研究终究是短视的，它解决的是技术问题而非教育问题。

学习方式的转变，是技术作用于教学后直接且显性的结果，它可以提高学习过程的接受性和效率。要得到这一结果，仅仅依靠硬件设施和数字化资源等物化技术显然不够，还需要关注"如何应用物化技术"，即以方法为核心的智化技术的改变。教学行为开始前，教师需要根据教学内容、教学目标、学生等因素对指定的知识进行组织和加工，将其转变为每个学生都易于接收的信息形态，从而促进学生将信息转化为知识，进一步生成智慧，促进学习与发展目标的达成。以转变学习方式为目标的技术促进学习研究，着眼于对在技术帮助下学习系统内的信息提取、传递、转化等环节的运转方式和流程进行优化，已然对教学产生实质性影响，拨开了技术促进学习机理"迷雾"的一角。

学业成就的提升，是技术促进学习研究的最高追求。学业成就不仅包括具有领域特殊性的学业成绩和学科素养，也包括具有领域普遍性的综合素养（如批判性思维、协作能力、创造力等）。从技术促进学生发展出发，学习方式的转变对于学生而言仍属于外在的、形式上的变化。有关学习方式转变的已有研究结果无法证明技术能够对学生的学业成就产生显著影响。国内外研究者试图通过严格控制干扰变量的实验研究，探讨不同情境下技术对学习效果的改善情况。但是，在教学实践中，影响学习的因素多且不易控制。由于"学业成绩"的评价体系成熟、针对性强、易于施测且为师生所认可等优势，因此它成为表征学生学习效果的重要维度。学习技术范式将"人的发展"终极目标理解为"实现学生的自我全面发展，树立终身学习的意识"。[1] 基于终极目标审视技术对学习的促进作用，所需考量的是技术能否激活学生内在的动力机制，以促进学生的长远发展所必需的核心素养的生成。以促进学生素质改善为目的的学科教学，更关注的是学生是否通过学习获得进入世界的思想意识、价值观念、思维方式和处世能力，进而实现由作为自然生命的人向作为社会生命、精神生命的主体的转化，这是学科育人的本质[2]，也是技术促进学习研究评价学业成就所需考量的更高阶的维度。

以提升学生学业成就为目的的技术促进学习的研究立足于学生学习与发展的规律，目的是促进学生的学习与发展，是技术促进学习的根本宗旨。其研究思路与基于技术特

---

[1] 董玉琦,王靖,伊亮亮,等.CTCL：教育技术学研究的新范式(3)：基础、命题与应用[J].远程教育杂志,2014,32(3)：23-32.

[2] 郭元祥.论学科育人的逻辑起点、内在条件与实践诉求[J].教育研究,2020,41(4)：4-15.

性的"设施资源建设"和基于外显形式的"学习方式转变"的研究存在本质上的不同,是通过揭示技术促进学生发展的机理来统领两者,从根本上回答"是否应用技术""为何应用技术"和"如何应用技术"的问题。

二、研究设计:技术促进学习研究的理念、思路和框架

教育的发展方向随着学生的发展需求而变化,物化技术绝非引领教育发展的因素。[1] 缺乏对学生的关注,将导致研究丢失立足于教育的根本[2],停留在实践探索层面而无法将其转化为具有指导意义的理论。学习技术范式为研究提供了以深层关注学生为出发点,以对学习的系统认识为基础,以对实证研究成果的归纳为主的方法,以解决教育教学现状中亟待解决且能够通过技术手段解决的问题为目标的基本研究策略。

(一) 研究理念

近10年间,技术促进学习的研究进入语文、数学、英语、物理、化学、生物等学科,证实了技术的介入对学生的学习成绩和核心素养的培养有积极的作用。但是,学校在培养学生获取复杂知识和深度学习技能方面,仍存在较大的挑战。例如:脱离生活的单学科教学与强调指向真实有意义的问题解决的深度学习的追求之间的落差;从以单学科知识为主的教学形态向以STEM为代表的学科本体的、跨学科的、甚至超学科的教学共存的形态转变[3];从知识本位到素养本位的教育目标转向等。学习技术范式通过渐进主义理念指导教育变革的发生,倡导立足改善教育实践的现状,关注教学实践中的问题解决,通过归纳逻辑建立理论研究与教学实践之间的联系。

1. 通过"渐进"立足改善教育实践现状

技术促进学习的研究立足于当前教育的实际状况,关注逐步改善、循序渐进,而非推倒重来、妄求变革。以信息技术为代表的现代技术为人类社会带来了新的存在方式,塑造了全新的文化世界[4],也催生了教育领域"以人为本"的研究文化和追求学习品质的学习文化[2]。这不仅是学习技术范式对于"文化"较为上位的理解,更是对人本根基的重申。尽

---

1 安富海.教育技术:应该按照"教育的逻辑"考量"技术"[J].电化教育研究,2020,41(9):27-33.
2 董玉琦,王靖,伊亮亮,等.CTCL:教育技术学研究的新范式(1):基本构想与初步研究[J].远程教育杂志,2012,30(2):3-14.
3 赵奎英."新文科""超学科"与"共同体":面向解决生活世界复杂问题的研究与教育[J].南京社会科学,2020(7):130-135.
4 李政涛.现代信息技术的"教育责任"[J].开放教育研究,2020,26(2):13-26.

管技术介入教育改革进程可以引领人类教育走向新样态,但回到"人"这一逻辑起点,重新审视教育信息化发展现状,评价现代技术在教育教学变革进程中发挥的作用时,仍有许多无法绕过的现实问题。例如,在当前技术环境下学习质量不理想、效能不高、教学实践无法适应学习文化变革等。解决这些问题是教育技术学研究的责任所在,也是技术促进学习研究的核心价值体现。学习技术范式下技术促进学习的研究遵循渐进主义的理念,认为学习文化的演变是一个渐进的过程,研究作为变革的推动力之一是基于现实展开的,追求的是对原有基础的优化,而非将过去的经验推倒重来,也不过高地期待技术介入引发学习革命。该范式提出技术促进学习研究应从关键性、紧迫性和可操作性等方面对教育教学的问题进行梳理,从当前亟待解决的且可能解决的问题着手。

2. 通过"临床"解决教学实践中的问题

学习技术范式下技术促进学习的研究通过临床的方式立足教学实践中的问题,强调研究者到真实情境中开展研究以改进教学实践。以临床的方式解决教学实践中的问题有3个关注要点。第一,问题解决,指技术促进学习的研究将解决"如何促进学生的学业成就提升"这一问题。第二,真实情境,指研究将从"研究者与教师的合作模式"逐步走向"教师作为一名研究者开展研究的模式"。第三,实践改进,指研究的着力点在于改进实践,促进学生主动学习等学习文化的建立。所以,"临床"取向的研究一般将经历3个阶段:(1)在基础研究阶段,研究者作为研究开展的主体进入一线开展"从〇到一"的原创性研究工作;(2)在合作研究阶段,研究者与一线教师开展紧密的合作,检验并完善前一阶段的研究成果,旨在促使该成果的实际落地;(3)在普及研究阶段,研究者不再直接主导实践场域,而是由政府制定政策,推动企业和学校积极参与,促使广大的一线教师在教学实践中根据前两个阶段的研究成果(学习系统、学习资源、教学手册等)开展教学,实现研究结果的大规模推广。

3. 通过"归纳"建立研究与实践的联系

学习技术范式下的技术促进学习研究采用归纳的方式,关注从教学实践中的具体问题入手,对技术促进某一具体内容的学习机理和有效路径开展实证研究,建立教育研究与教学实践的紧密联系。通过自上而下推演具体问题的解决方案这一演绎逻辑,在很大程度上限制了研究者的视野,致使研究难以顾及甚至错失假设之外存在着的、可能对教和学产生重要影响的实际因素,这无形当中拉开了研究与实践的距离。与此不同,归纳逻辑是从具体问题入手,产生具体问题的实际情境成为研究的基础条件,通过控制研究的颗粒度来控制所需考虑的因素数量,而不是由经过高度抽象的理论决定研究视野,有力地保证了研究的针对性,缩短了研究成果向实践转化的路程。

(二) 研究思路

学习技术范式下的研究从教育学、心理学和社会学3个视角来研究技术促进学习的理论,技术的作用点在于学习者与学习内容的关系。它从实证研究入手,在大量实证研究中提炼技术促进学习的机理,而后根据该机理生成技术促进学习的学习干预模型。

1. 以"教育学、心理学和社会学"构成的多视角研究

关注真实而复杂的学习活动自然地带来了多学科的研究视角。[1] 学习技术范式主要从教育学、心理学和社会学3个视角来开展研究。在教育学层面,该范式关注学生的学业成就、批判性思维、创造力等的发展;在心理学层面,该范式关注情绪与认知;在社会学层面,该范式既关注学习个体也关注学习群体,探讨发生在学习共同体之中的学习机制。事实上,无论是群体层面还是个体层面,学习最终都将落脚于个体的发展。技术促进学习的研究要解决的是"如何借助技术满足学生个性化的学习需求以促进学生学业成就提升"这一关乎学生发展的教育问题。在聚焦该问题的基础之上,研究从心理学视角切入,通过对人的内心世界的探索来深层次关注学生。把握技术环境下学生在学习过程中的认知、情绪、意志等基本心理活动的规律,是实现深层次关注学生的第一步。研究通过心理表征、生理数据分析等方法将解析教育现象的问题转化为探索心理活动的问题,引入认知、情绪等心理活动作为中间变量,收集眼动、脑电(ERP)、皮肤电(GSR)等底层生理数据,以及面部表情、肢体语言等外显行为数据。研究结合这些多模态的数据对认知和情绪活动进行多模态表征[2][3],深入分析学生学习心理的变化规律,解析技术促进学习的内在机制。

2. 以"学习者与学习内容的关系"作为技术的作用点

教育研究要深层次关注学生。在教育技术学研究领域,始终不乏对技术环境下学生的学习风格、认知水平等心理因素的关注,虽然相较于媒体应用范式,此类研究已经表现出对学生的关注,但此类研究多基于对学生普适性的理论来提出假设,造成的先决性局限

---

[1] 郭莉.面向未来的创造性学习和知识建构:学习科学的思路和方法:访学习科学专家张建伟博士[J].开放教育研究,2020,26(3):4-10.
[2] 胡航.技术促进小学数学深度学习的实证研究[D].长春:东北师范大学,2017.
[3] 韩颖,董玉琦,毕景刚,等.小学数学课堂学习中技术效应的实证研究:基于学业情绪中介的视角[J].现代教育技术,2019,29(2):101-106.

导致研究对学生的关注难以深入。事实上,不同的学习内容、空间环境,甚至不同的技术工具、方法都可能引发学生不同的心理感受,使其表现出不同的行为,导向不同的结果。因此,学习技术范式认为对学生的关注重点不在于知识图谱和学习特征,而在于认知起点。"认知起点"是指学生对具体学习内容的学习起点状态。学习起点状态中的个体差异是实现个性化教学的重要抓手,对学习起点状态的深度挖掘与分析是深层次关注学生的具体表现。它源于教学系统设计的前端环节"学习需求分析",该环节旨在摸清学生在学习前的起点状态到达其学习目标的相对距离。认知起点是在一个多要素相统合的学习生态系统视野下研究技术如何有效作用于学习者与学习内容的关系,发掘其促进学习的有效性机理,从而实现在真实的情境中解决复杂的教育问题,最终达到有效促进学生发展的目的。

3. 以"实证研究—提炼机理—生成模型"作为研究过程

学习技术范式下的研究在实施过程中有 3 个重要的工作节点:第一,基于理论推演设计,并开展实证研究,证实针对具体知识内容设计的技术支持的教学是能够有效促进学习的;第二,基于实证研究的过程与结果,提炼机理,深入解析技术提升学生学业成就的原因;第三,基于机理与经实证检验的有效教学流程,生成技术支持的学习干预模型,从而指导教学实践。研究从开展实证到提炼机理,再到生成模型,均立足当前实际状况,紧密联系教育研究与教学实践,系统回答了"技术能否促进学习""技术因何促进学习""技术如何促进学习"等问题,体现了对学生的深层次关注,逐步解决真实的实践问题。其中,有关"机理"的问题是技术促进学习的研究中最为重要的工作。对"技术如何有效促进学习"的探索,催生了对"什么样的技术才能够有效支持学习"的探讨。随着智能时代的加速到来,人们不再满足于改变知识传递与呈现方式的媒体技术,或者是单一的支持某类学习活动的技术工具,支持教与学的技术形态越加丰富并且趋于集成化。此时,对"技术促进学习的机理"的把握体现出了重要价值,即依据技术促进学习的机理研发相应的技术支持,能够更好地契合教与学的需要,保障技术应用的效果。学习技术范式下的已有研究对机理与实践路径的探索已经形成了一定的成果。在此基础之上,本研究团队开始着手推进"学习支持技术"的研究工作。研究工作的开展不仅是检验机理和实践路径的一种形式,同时也将是对技术要素的补足与发展。结合技术促进学习的机理设计适切的物化技术和智化技术,构建技术支持下的教学设计,需在真实的课堂教学情境中开展教学实证研究加以检验和修正。最终生成技术支持下的学习干预模型,这是将技术促进学习机理落地到教学实践的中间桥梁。通过研究生成学习干预模型是该研究范式立足学科教学实际，解决教育问题理念的集中体现。

（三）研究框架

本部分以本研究团队着眼于认知发展规律而开展的有关"基于认知发展的技术促进学生学业水平提升"的系列研究为例，介绍学习技术范式下技术促进学习的研究框架。该研究框架包括3个部分，如图1-1所示：（1）研究将学生对学习内容的认知起点作为逻辑起点，关注学生对学习内容存在什么样的认知类型，以及该认知类型的成因。（2）根据学生对学习内容的认知起点将其分为若干学习小组，并从"物化的学习资源与环境"和"智化的学习过程"两个维度设计技术支持的适配不同小组的个性化学习方案。本研究团队通过系列实证研究证明了精准把握学生的差异化认知起点对于实现学生个性化学习和教师精准的个性化教学至关重要。（3）经过多次设计研究与教学实践的相互迭代，本研究团队提炼出"技术支持的基于认知发展的个性化学习理论"，在机理层面对"技术如何有效促进学习"的问题作出了回答，同时也梳理出相应的教学模式，为技术与教育教学进行有意义的融合提供了切实可行的路径。

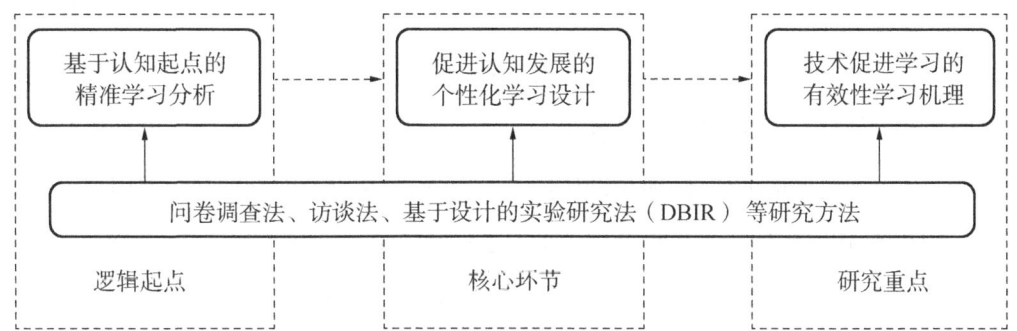

图1-1 学习技术范式下基于认知发展的技术促进学生学业水平提升的研究框架

该研究框架具有以下特征：

第一，以认知或情绪作为中间变量。学习技术范式下技术促进学习的研究框架以认知或情绪作为中间变量。在以上例子中以认知作为中间变量，是由于学生在学习中的个性差异常常体现在认知活动中，并易被教师或研究者所察觉。这种差异贯穿于学习的始终，包括学习前的认知状态、学习中的选择倾向、学习后的发展结果。许多证据[1]表明，如果教师基

---

[1] Jonassen D H, Grabowski B L. Handbook of Individual Differences, Learning and Instruction [M]. NJ: Lawrence Erlbaum Associates, 1993.

于学生的已有知识设计实施教学,并在教学过程中监控学生概念的转化,就可以促进学生的学习。[1] 学习技术范式认为,只有关注学生对学习内容的认知情况,并探明认知起点形成的原因,再有针对性地设计和运用技术手段对学习过程进行有效干预,才有可能从根本上促进学生的认知发展。

第二,对认知起点的成因展开分析。在以认知为中间变量的研究中,认知起点表征的是学生与学习内容的关系。进一步挖掘学生形成该认知起点的成因,有利于开发合适的教学干预,促进学习系统的自适应功能实现,最终促进学生的认知发展。此外,对学生学习过程中形成的多模态数据的收集与分析,能够促进教育者对学生及其学习的了解从表层走向深度,帮助教育者更好地设计促进学生认知发展的学习资源。

第三,将促进个性化学习的设计作为核心。个性化学习设计从数据的收集与分析出发,关注学习活动、学习评价等方面的个性化设计。学习技术范式认为在设计教学过程时,应充分考虑与技术创设的学习环境有机结合,使其最大限度地促进学生的主动参与、积极体验和激情创造。[2] 充分尊重学生的个性差异,体现了该范式对个体层面的学生的深层关注。由学生所处文化环境、家庭环境、成长经历等多方因素所塑造的差异化个性是一种相对稳定的个体属性。它对学生的认知活动、情绪反应及行为倾向都有着直接的影响,这在很大程度上决定着教育者所设计的学习路径是否合适,也是预测学习结果是否符合预期的重要依据。此外,学生的个性差异决定了某一种技术并非适合所有的学生。教育者应该认识到技术的适切性,即在设计技术干预时,要充分考虑学生与学习内容的关系具有个性差异,选择能够为学生提供精准学习支持的技术,这才能够深度地满足学生的学习需求,改善学习效果。这种为不同的学生提供有效的学习支持的个性化关照,使每个学生都能得到充分的发展的基本思路,体现了学习技术范式以学生为中心,深入学科解决真实问题的研究理念。

三、初步成果:在认知、情绪和思维方向的研究

学习技术范式同时着眼学业成绩与综合素养两个维度,从认知、情绪和批判性思维的视角关注学生的学习本质。通过长期以来深入课堂开展基于设计的、实证性的研究,目前

---

1 约翰·D.布兰思福特等.人是如何学习的[M].程可拉,孙亚玲,王旭卿,译.上海:华东师范大学出版社,2013.
2 王靖,董玉琦.高中信息技术原有认知测试工具的开发:基于CTCL的信息技术学科学习心理研究(2)[J].远程教育杂志,2013,31(1):67-72.

已验证了在多个学段、多个学科的教学中恰当地使用技术能够促进学生认知发展,调动学生的学习情绪,有效提升学生的学业成绩,并在部分学科中验证了技术能够促进学科核心素养(如计算思维)、批判性思维等综合素养的发展。

(一) 以认知为视角的研究

1. 学生的偏差认知:技术促进学习研究的起点

在认知角度,王靖以高中信息技术 5 个学习单元的内容为例,对尚未开展正式学习的学生进行了二阶诊断测查,发现学生在正式学习之前,对搜索引擎、汉字的处理、资源管理器、信息加密和知识产权 5 个学习单元中的内容存在偏差认知。该研究从认知角度关注技术促进学习的落脚点,即学生对学习内容的偏差认知。[1][2] 在得到学生的认知状态之后,如何基于认知设计促进学习的技术干预学习过程,从而促进学习,是该研究需进一步考虑的问题。在得到上述偏差认知后,王靖进一步开展了促进偏差认知转变的教学策略实证。王靖针对上述 5 个学习单元的内容,基于学生对这些内容的偏差认知类型、概念图结构、外显行为,构建转变学生偏差认知的教学策略,将该教学策略用于"资源管理器"学习单元,并对山东省某高中一年级一个普通班级的 44 名学生进行了单组前后测前实验。在认知测试方面的研究结果显示,学生后测均值在 0.05 水平上显著高于前测均值,这表明经过支架教学策略的运用,学生对资源管理器的作用、文件的含义和文件名的组成等学习内容的偏差认知有显著性改善。[3][4][5] 该实证研究表明,基于学生的偏差认知设计的技术干预对促进学生的学习是可行的,学生的认知状态能够作为技术促进学习研究的起点。

2. 学生的学业成绩:体现技术干预的有效性

技术的干预有效与否有赖于指导技术应用的依据是否可靠,而可靠的依据应当从学生那里获得。伊亮亮在概念转变理论研究成果的基础上,对学生持有的与"光现象"相关的前概念进行测查,并提炼测查结果,最终获得指导技术应用的可靠依据。[6] 但这些依据

---

[1] 王靖,董玉琦.高中信息技术原有认知测试工具的开发:基于 CTCL 的信息技术学科学习心理研究(2)[J].远程教育杂志,2013,31(1):67-72.
[2] 王靖.高中学生信息技术概念转变:诊断、机制与策略[M].北京:中国社会科学出版社,2017.
[3] 王靖,董玉琦.高中学生信息技术学习中的概念转变调查:基于 CTCL 的信息技术学科学习心理研究(3)[J].远程教育杂志,2014,32(4):14-29.
[4] 王靖,董玉琦.概念转变视域下的概念类型与结构研究:基于 CTCL 的信息技术学科学习心理研究(4)[J].远程教育杂志,2015,33(1):93-99.
[5] 王靖,董玉琦.促进偏差认知转变的教学策略构建与应用研究[J].电化教育研究,2016,37(12):74-81.
[6] 伊亮亮,董玉琦.CTCL 范式下微视频学习资源的开发与应用:以初中物理"光现象"单元学习为例[J].电化教育研究,2015,36(8):40-44,66.

并不能直接用来指导技术应用，还需要基于这些依据建构相应的理论作为中介，才能有效指导技术应用。该研究发现，人的感觉器官存在局限，借助有局限的感官所生成的认知并不能真实反映客观世界，容易导致偏差认知。要转变这类源于人的生理局限的偏差认知，应从对生理局限的补偿入手。伊亮亮据此构建了视觉局限补偿理论，提出了视觉局限补偿微视频学习资源的开发路径，开发了微视频学习资源，并通过实证研究检验了视觉局限补偿微视频学习资源对学生学业水平的提升效果。[1] 研究结果显示，视觉局限补偿理论及其微视频学习资源开发路径能够有效指导技术的应用，研究所开发的微视频学习资源能有效促进学生学业水平的提升。该研究将技术促进学生偏差认知转变的研究推进至生理机制层面，形成了逻辑自洽的理论，并为有效的技术干预提供了明晰的指导。

3. 发展共同体的构建：体现技术促进社会化发展

学生个体与学伴的交流是个体学习的重要途径之一，它能够使学生认识更全面、更深入。学习技术范式认为技术促进学习最基本的特征是满足学生个性化的学习需求，此外，还需要探索如何通过技术促进学生的社会化发展。边家胜从学习与发展共同体的视角出发，探讨技术如何在学习与发展共同体学习环境下促进日语学习者的异文化理解。研究以日语句型学习为研究内容，构建了学习与发展共同体，并使用技术手段打造虚实结合的学习环境，为共同体中的社会性交互营造氛围、提供支持，进而在学生群体中形成合作、互赖和沟通的学习文化。[2] 此外，研究设计并开展了情境性学习，在异文化理解的情境中实现学生对异文化的理解，促进学生形成多元文化思维，最终实现学生偏差认知的转变。[3] 学习策略构建成功的关键是以学习技术范式作为方法视角，从学生、学科和学习内容出发，以基于问题解决活动的合作学习和技术使用的有效性作为衡量标准，以技术、任务、互动与注意作为核心要素设计基于日语学习者认知起点的学习策略。重新审视、反思整个学习策略的构建过程和教学验证活动，为思考如何基于学生的认知起点开展外语"精准"学习与教学提供了可资借鉴的方法路径。

（二）以情绪为视角的研究

学生的学业成绩差异不仅是一般能力的差异，它也是认知、情绪和动机变量交互作

---

[1] 伊亮亮,董玉琦,钱薇旭.基于"视觉局限补偿"机理的微视频设计模型：以初中物理"光现象"单元的学习为例[J].中国电化教育,2017(3):121-126.

[2] 边家胜,姜巧,董玉琦.CTCL视阈下学习者偏差认知转变模式研究：学习与发展共同体的视角[J].远程教育杂志,2019,37(5):104-112.

[3] 边家胜,董玉琦.CTCL视阈下外语学习者合作学习策略实证研究[J].外语电化教学,2018(6):16-23.

用的结果。情绪作为一种复杂的主观体验,不仅影响着学生的注意、记忆、认知资源、学习策略等认知过程,也影响着学习动机、自我调节、学习成绩等内容。在学习过程中,学生的情绪不是一成不变的,而是可以调节、管理、干预与改善的。那么,技术是否可以干预学生的情绪以影响其学习效果? 韩颖对学业情绪的概念、分类、影响因素、测量方法、干预手段及学业情绪对学生及其学习活动的影响等方面作了系统的梳理与阐述[1],并阐释了皮肤电反应数据的测量、处理与分析的方法,以此生理数据来反映情绪的状态[2]。测量技术的进步、先进设备的出现给情绪研究带来了重大突破,基于生理数据的情绪测量使研究者能够实时、准确地追踪人的生理变化,探测情绪的生理机制,将情绪研究从猜测走向实证、由模糊趋向清晰。在此基础上依据学习技术范式,以技术为情绪干预手段,以皮肤电反应数据与自陈量表数据表征情绪,韩颖在小学数学课堂情境中作了教学实验研究,以检验技术对学生学业情绪的干预效果、技术对学习的促进效果。[3] 研究结果显示,学业情绪在促进学生学习的过程中起到中介作用,技术能够有效干预学业情绪以提升学习效果。

(三) 以批判性思维为视角的研究

批判性思维作为青少年应具备的一种综合素质,其培养依赖于具体的学科教学。在教学活动中运用学习技术来促进学生批判性思维发展,是技术改善学生综合素质的发展需求,也是学习技术范式对改善学生综合素质的实践探索。

在学习技术范式指导下,毕景刚围绕初中议论文写作这一学习内容,在问题学习理论、活动理论和恩尼斯的FRISCO理论的基础上建构了"促进初中生批判性思维发展的学习活动模型"[4],并基于该模型应用思维导图和虚拟在线交流平台支持议论文写作评改学习,进一步推进教学实践研究。该研究设定自变量为教学方法,因变量为学生的批判性思维发展水平和议论文写作能力,进而开展对比教学实验。后测结果显示,技术的应用对学生作文成绩的提升和批判性思维的发展均具有促进作用,且思维导图技术与虚拟在线交互平台这两种技术对学生作文成绩和批判性思维发展水平的促进效果相

---

1 韩颖,毕景刚,董玉琦.学业情绪研究及其对教学的启示[J].教育探索,2018(4):1-4.
2 韩颖,董玉琦,毕景刚.学习分析中情绪的生理数据表征:皮肤电反应的应用前瞻[J].现代教育技术,2018,28(10):12-19.
3 韩颖,董玉琦,毕景刚,等.小学数学课堂学习中技术效应的实证研究:基于学业情绪中介的视角[J].现代教育技术,2019,29(2):101-106.
4 毕景刚,董玉琦,韩颖.促进批判性思维发展的在线学习活动模型设计研究[J].中国远程教育,2019(6):33-40,91.

似,且两者结合使用的教学效果明显优于单一技术使用的教学效果。该研究发现技术在教学过程中促进了学生思维的线性化、结构化和系统化发展,具有激发思维、活跃思维、训练思维和发展思维的作用。该研究从技术促进问题解决的视角,将基于议论文写作评改的批判性思维教学的机理概括为"问题确定—提出方案—质疑交流—系统反思"这一逻辑路径。[1]

---

[1] 毕景刚,韩颖,董玉琦.技术促进学生批判性思维发展教学机理的实践探究[J].中国远程教育,2020(7):41-49,76-77.

第二节
核心进展:技术支持的
基于认知发展的个性化学习理论

教育技术的研究与实践始终致力于"技术促进学习"的探索。近百年来,其经历过以媒体设计为核心的媒体应用范式和走进课程的课程整合范式,而今两种范式并存。但是,国内外的诸多研究成果却表明技术促进学习的效果不够理想。[1] 学习技术范式探索在文化(Culture)视野下,统合技术(Technology)、学习内容(Content)和学习者(Learner),通过技术的支持来改善学习方式以提升学生的学业水平,乃至学生的批判性思维、协作能力、创造力等综合素养。[2] 学习技术范式基本理念是:教育技术学研究关注的主体是学生,应聚焦于学生、学习环境和学习内容等要素及各要素间的交互作用;在个体层面,技术的应用旨在调节学生和学习内容的关系;在群体层面,技术的应用旨在为学生的个性化需求提供保障,并促进不同要素之间的互动。学习技术范式下技术促进学习的研究不仅要证实技术能够促进学习,更要寻找到技术促进学习的机理。机理的探索,有利于研究者与实践者理解技术为什么能够促进学习,并基于该理解开展技术促进学习的更多且更有效的研究。

在学习过程中,学习者借助技术学习相关内容;而在教学设计中,技术的开发依据又源自学习者对学习内容的学习状态。在以上两个过程中,技术、学习者和学习内容三个要素之间交互循环。学习技术范式下的研究聚焦的学习者与学习内容之间的关系具有复杂性和多样性,早期的研究关注"概念转变",而今在扩大了研究视角的情况下转向对"认知发展"的关注,开始探寻"技术支持的基于认知发展的个性化学习"(Technology-supported Personalized Learning Based on Cognitive Development,简称 TPLC)。本节梳理了本研究团队近10年的学习技术范式研究工作,旨在为教育技术学研究,乃至教育研究提供可资借鉴的范例。

---

[1] 董玉琦,包正委,刘向永,等.CTCL:教育技术学研究的新范式(2):从"媒体应用"、"课程整合"到"学习技术"[J].远程教育杂志,2013,31(2):3-12.
[2] 董玉琦,伊亮亮,边家胜.学习技术(CTCL)视域下技术促进学习研究进展(1):基本认识、研究设计与初步成果[J].中国电化教育,2021(9):32-34.

一、学习技术范式下的认知发展

学习技术范式下的研究顺应了认知发展的研究趋势,本节回顾了该范式下的研究历程与研究进展,并以此为基础阐述本研究团队通过"认知起点"关注"认知发展"的方法。

(一)研究源起:认知发展研究的未来趋势

"认知发展"(Cognitive Development)来源于认知心理学,其研究成果甚是丰富,包括认知发展理论、社会文化理论、信息加工观、新皮亚杰主义等。各大理论对"何为认知发展"与"认知发展如何发生"持有不同的观点。这些观点源于对认知所对应的具体领域的界定,例如,维果斯基的观点是基于社会文化历史观的,而皮亚杰的观点是基于图式观的。经典皮亚杰主义、信息加工观等研究更关注认知发展在各个领域中的普遍规律,"忽略了个体发展的特征性"。[1]而"通过平衡来过渡不同的发展阶段"[2]的做法,由于对不同阶段之间的过渡机理描述不清晰,同样饱受争议,因为"年长儿童可能拥有不同知识领域的理论,各知识领域间的心理表征可能大相径庭"[3]。

以上理论更多关注对认知发展领域的普遍性探索,与此不同,日本"学科学习心理学"的奠基人细谷纯更加关注对认知发展领域的特殊性探索。他深入课堂研究认知发展,将心理认知变化对应于学生外显行为的原因,认为"教师必须考虑学生可能出现的心理认知变化,才能做到真正的'理解教学',即在课堂教学中,教师需要关注学生不能接受新知识的原因、'素朴概念'成因以及实现'理解教学'的方法"。[4]"素朴概念"是指学生将源自现实生活经验、课堂学习等知识"一般化"后形成的先入观,能够帮助学生认识和理解新知识。他还提出学习结果是源自学生内因和外因相互作用的函数,无论是何种教学策略都应将难于理解的学习内容与学生已经理解的内容建立联系。[5]该认知发展观关注以人为本,重视学生与学习内容的关系,以深入课堂为落脚点,同时具有个人主义取向和情境主

---

[1] Barrouillet P. Theories of cognitive development: From Piaget to today [J]. Developmental Review, 2015(38): 1-12.

[2] Wright J D. International Encyclopedia of the Social & Behavioral Sciences (Second Edition) [M]. Oxford: Elsevier, 2015: 501-510.

[3] J. H. 弗拉维尔等. 认知发展(第四版)[M]. 上海: 华东师范大学出版社, 2002.

[4] 边家胜, 董玉琦. 日本学科学习心理学研究综述及其启示[C]. 解月光, 张立新. 信息技术教育研究进展: 中国教育技术协会信息技术教育专业委员会第七届学术年会论文集. 北京: 教育科学出版社, 2011: 229-233.

[5] 周国韬, 李丽萍. 细谷纯教学心理学思想评述[J]. 外国教育研究, 1993(6): 5-9.

义取向。学习技术范式下的认知发展秉承学科学习心理学的理念,兼备个人主义取向与情境主义取向,其落点指向学生与学习内容的关系,关注认知发展在不同个体、不同知识领域的特殊性,以及对应心理表征的差异性;关注"客观知识领域的特殊性"[1];重视"实际的社会文化情境"[2],认为社会文化与环境对个体的影响及对两者共同构成的生态系统的影响不容小觑。

(二) 研究历程:从概念转变转向认知发展

早期学习技术范式下的研究关注的并不是认知发展,而是基于偏差认知修正的概念转变。"概念转变"指个体对已有知识重构的过程[3],强调转变是基于前概念的,突出促进概念转变过程的干预手段。"偏差认知"这一术语源自日本"学科学习心理学",与学习科学中的"迷思概念"(Misconceptions)对应,是指个体在课堂教学前,对即将学习的内容存在的不科学的认识[4],它会影响个体的选择和判断。早期的研究关注学科学习心理领域,例如,杨莉对高中生信息技术概念学习进行偏差认知的调查[5];王靖开发了面向高中生的信息技术前概念测试工具,通过测查得到了60多组前概念及相应理由,并提出对应每种类型的教学方法[6][7][8]。除了信息技术学科,早期的研究还关注到其他学科,并加入了物化技术的干预。例如,伊亮亮在初中物理学科中,根据前概念测查结果开发微视频学习资源与教学设计,促进了学生的概念转变。[9]

然而,随着研究的深入,概念转变的局限性逐渐被揭开,它"太局限于学生学习的理性取向,忽视了意图、浅层认知和元认知层面,以及学习的社会层面"[10]。本研究团队也提出

---

1 谢丹.儿童概念发展研究的新进展[J].社会心理科学,2005(2):31-33.
2 张春莉.当前几种认知发展观点的比较研究[J].温州大学学报(自然科学版),2010,31(4):51-56.
3 王靖,董玉琦.高中信息技术学习之前的认知状况调查:基于 CTCL 的信息技术学科学习心理研究(1)[J].远程教育杂志,2012,30(5):56-62.
4 王靖,董玉琦.促进偏差认知转变的教学策略构建与应用研究[J].电化教育研究,2016,37(12):74-81.
5 杨莉.高中学生信息技术概念学习偏差认知研究[D].长春:东北师范大学,2011.
6 王靖,董玉琦.高中信息技术原有认知测试工具的开发:基于 CTCL 的信息技术学科学习心理研究(2)[J].远程教育杂志,2013,31(1):67-72.
7 王靖,董玉琦.高中学生信息技术学习中的概念转变调查:基于 CTCL 信息技术学科学习心理研究(3)[J].远程教育杂志,2014,32(4):14-29.
8 王靖,董玉琦.概念转变范式下的概念类型及结构研究:基于 CTCL 的信息技术学科学习心理研究(4)[J].远程教育杂志,2015,33(1):93-99.
9 伊亮亮,董玉琦.CTCL范式下微视频学习资源的开发与应用:以初中物理"光现象"单元学习为例[J].电化教育研究,2015,36(8):40-44,66.
10 安德烈·焦尔当,裴新宁.变构模型:学习研究的新路径[M].北京:教育科学出版社,2010.

了以下疑问：如何从更广的、更深的层面去认识概念转变？是否可以从认知发展的角度看待概念转变的研究？本研究团队对于认知发展的思考在此初现端倪。在继续扩大学科领域范围的同时，本研究团队的研究工作不再局限于概念。例如，边家胜研究了日语学习者的偏差认知[1]，构建了外语学习者合作学习策略[2]，针对学生的3类偏差认知设计针对性的转变方法，提升了外语学习者的学业水平和综合素质。陈兴冶依据计算思维的内涵与特征，对学生的偏差认知及其成因进行测查与分类，根据偏差认知类型设计个性化学习活动，促进了偏差认知的转变与计算思维的提升。[3] 此类实证研究结果表明：学生对即将学习的内容存在偏差认知，且偏差认知可被分类；基于偏差认知的成因开展个性化学习可以促进学生的偏差认知转变、学业水平乃至综合素质的提升。本研究团队通过反思以往的研究，发现基于偏差认知修正的概念转变受限于科学学科领域，其所面向的学习内容受制于概念。为此，本研究团队扩大了研究视角，进一步把研究关注点转向了认知发展。

（三）研究进展：基于认知起点的认知发展

"认知起点"是在学习过程中，当新的学习行为即将展开时，学生个体对具体学习内容的认知状态。它是对学生与学习内容的关系表征。事实上，不论是教育心理学[4]，还是学习科学[5]都认同认知起点的存在。本研究团队发现，学生的认知起点能够形成典型的学习群簇，教育者可以根据群簇的不同结构，为学生提供针对性的学习内容或资源。[6] 例如，伊亮亮通过二阶诊断测试法测查学生的认知起点，并运用基于生理补偿和心理补偿的手段开发微视频学习资源，促进了学生偏差认知转变。[7] 基于已有研究，本研究团队总结了认知起点的以下特征：第一，存在性（可测查），指认知起点是客观存在的，可以通过不同的方式或工具来测查；第二，离散性（可区别），指不同学生对同一学习内容的认知起点

1　边家胜.技术促进日语学习者偏差认知转变研究[D].长春：东北师范大学,2019.
2　边家胜,姜巧,董玉琦.CTCL视阈下学习者偏差认知转变模式研究：学习与发展共同体的视角[J].远程教育杂志,2019,37(5)：104-112.
3　陈兴冶,王昌国.高中信息技术学科计算思维培养的实证研究[J].电化教育研究,2019,40(12)：97-102.
4　林小平.有效教学必须关注学生的认知起点[J].教学与管理,2010(23)：35-36.
5　约翰·D.布兰思福特等.人是如何学习的：大脑、心理、经验及学校（扩展版）[M].上海：华东师范大学出版社,2013.
6　胡航,董玉琦.技术促进深度学习："个性化—合作"学习的理论构建与实证研究[J].远程教育杂志,2017,35(3)：48-61.
7　伊亮亮,董玉琦,钱薇旭.基于"视觉局限补偿"机理的微视频设计模型：以初中物理"光现象"单元的学习为例[J].中国电化教育,2017(3)：121-126.

是不完全相同的,可以加以区分;第三,群簇性(可分组),指对于某一学习内容,同一学习群簇中可根据学生的认知起点将学生分成相近的若干群类,并为不同群类的学生提供有针对性的学习内容。

认知起点的引入给予研究认知发展一个看得见、摸得着的抓手。它有利于记录和追踪认知发展的变化过程,与传统的认知诊断理论存在一定的相同点:一方面,认知诊断理论关注学生的认知过程,旨在确定学生不可直接观察的知识状态[1],这与认知起点诊断的初衷一致;另一方面,认知诊断理论通过测试与分类学生的认知特质来提供针对性补救,以促进学生的认知发展,这与认知起点诊断所要达到的教学目标也是一致的。但是,两者也存在明显的不同之处:认知诊断模型发展至今已经达到100多种[2],其测试结果所反映的是学生的知识结构,比诊断认知起点所反映的认知结构更为狭义。本研究团队在研究基于认知起点的认知发展中,用"二阶诊断测试法"测查认知起点。"二阶诊断测试法"提出于1988年,它可以获得学生最直观的作答,更容易测查到学生认知结构中的漏洞。[3] 正如细谷纯所言"学生在学习之前对知识的了解一定是局限的,表现为零散、片面、错误"[4],研究者可以针对测查情况,对其进行分类。

二、基于认知发展的个性化学习

国外有关个性化学习的研究以认知风格、多重差异、情绪状态为主,涉及自适应技术、学习管理系统、多媒体工具、移动学习系统等技术类型,其中,适应性学习系统、智能导学系统、虚拟现实技术、教育机器人、计算机教育游戏、自适应评估技术是研究热点。[5] 我国对个性化学习的研究尚处于探索阶段,已有研究以学生画像、大数据挖掘、学习分析等为基础开展理论探索。尽管基于不同的技术构建个性化学习路径或相关模型的研究层出不穷,但国内对技术的应用与实践效果的研究较少。学习技术范式下的研究,通过认知起点的确认和分类探索认知发展,为个性化学习提供了落脚点。

1　Tatsuoka K K. Architecture of Knowledge Structures and Cognitive Diagnosis: A Statistical Pattern Recognition and Classification Approach. In Nichols P D, Chipman S F, & Brennan R L (Eds.), Cognitively Diagnostic Assessment (1st ed.)[M]. New York: Routledge, 1995.
2　辛涛,乐美玲,张佳慧.教育测量理论新进展及发展趋势[J].中国考试,2012(5):3-11.
3　Treagust D F, Chandrasegaran A L. The Taiwan National Science Concept Learning Study in an International Perspective [J]. International Journal of Science Education, 2007, 29(4): 391-403.
4　细谷纯.教科学习的心理学[M].日本仙台:东北大学出版社,2001.
5　Chen S Y, Wang J H. Individual differences and personalized learning: a review and appraisal [J]. Universal Access in the Information Society, 2020(1): 1-17.

（一）学习技术范式下的个性化学习研究案例

在个性化学习研究过程中，我们急需在认识论上回答"人是如何学习的"，在实践论上回答"如何促进人的学习"。[1] 学习技术范式下的研究通过学生和学习内容的关系探索，为构建个性化学习路径或模型提供了基于学生的切入点。本研究团队希望基于学生的认知起点及其成因制定相应的学习目标，为每个学生提供与其相匹配的学习内容和技术支持，开展个性化学习。本研究团队中已有的研究聚焦于认知起点（学习者与学习内容的关系）、基于认知起点开展个性化学习，以及技术促进学生的概念转变等内容。例如，尹相杰等的研究选择小学数学"相交与垂直"这一学习内容，对学生的前概念进行测查与分类，研究发现实验组的学生对该学习内容存在3种前概念类型，包括字面联想、生活推理和表未及里。[2][3] 根据这三种类型，尹相杰开发了3类微视频学习资源和3类学习任务单，并在学习任务单中嵌入对应的微视频学习资源。该研究发现：在学习"相交与垂直"之前，学生普遍存在前概念，且前概念可被分类；基于前概念，利用技术开展个性化学习能够有效地促使学生的概念转变、提高学业成绩；学生对技术的偏好程度、在课堂的行为表现，会影响概念转变的效果和学业成绩的促进效果。

本研究团队的大量类似的实证研究证实了：技术能够促进学生的学习，提高学业成绩，而个性化学习设计是关键；在学习开始前，对学生进行认知起点测查，了解学生对学习内容的初始认知状态，是实现个性化学习的基础；基于认知起点开展个性化学习是技术促进学习的重要途径；个性化学习的组织形式多种多样，可以根据学生、学习内容等要素展开设计；选择适切的技术支持学习，可以更好地实现个性化学习。在未来的研究中，学习技术范式下对个性化学习的研究将逐步从个性化拓展到社会化，不仅关注学生个体的个性化，还会关注学习群体的个性化，关注学生与教师、同伴的交互协作。

（二）基于认知发展的个性化学习的内涵、机理与设计要点

学习技术范式下的研究所探讨的个性化学习关注认知发展，它结合学生的认知起点和学习内容的分析来确定学习目标，对学习的内容、路径、资源和评价进行优化，旨在促进

---

[1] 杨宗凯. 以信息化全面推动教育现代化：教育技术学专业的历史担当[J]. 电化教育研究，2018(1)：5-11.
[2] 尹相杰，董玉琦，胡航. CTCL视野下的小学数学概念转变的实证研究：以"相交与垂直"为例[J]. 现代教育技术，2018，28(2)：47-53.
[3] 尹相杰. CTCL视野下的小学数学概念转变的实证研究[D]. 上海：上海师范大学，2017.

学生的认知发展。"基于认知发展的个性化学习"具有以下内涵：(1) 以提升学生的能力为目标，促进学生个性化发展，包括提高学业水平和认知水平；(2) 为学生提供适合的教学组织形式、灵活的学习环境和工具，以及个性化的学习路径；(3) 需要构建学生档案以记录学生在个性化学习过程中的数据。

基于认知发展的个性化学习的机理如下：(1) 由于学生具有不同的认知起点，因此需要为其设计个性化的学习活动。基于学生的认知起点及其成因开展的个性化学习活动，可以适应学生多样化的需求。技术作用于认知起点，为个性化学习提供了支持。(2) 学生的认知起点是个性化学习的必要基础。教育者可以对学生的认知起点进行测查和分类。这种分类为个性化学习的内容、资源和路径的设计提供了依据。(3) 学生的认知起点改善可反映学生的认知发展。认知起点是对学生与学习内容的关系表征。在学习过程中，学生的认知起点在不断地发生变化。当认知起点发生正向变化时，学生就可以进入新一轮的个性化学习。

个性化学习设计是基于认知起点将学生分为若干小组，借助物化技术和智化技术的支持，从学习资源、学习过程和学习环境等方面，为不同小组的学生设计有针对性的学习方案。设计要点如下：(1) 认知起点分析。通过测查了解学生在学习发生之前对拟定学习内容的认知起点及其成因，并将认知起点分类，这是个性化学习设计与实施的起点。(2) 学习目标个性化。一方面，需要根据教学内容确定整体教学目标；另一方面，需要根据每个学生的认知起点，细化不同学生的学习目标。(3) 学习内容个性化。分析学生对拟定学习内容的认知起点，确定基于不同认知起点的个性化学习内容及组织与呈现。(4) 学习路径个性化。根据认知起点和学习内容的分析，设计技术支持的个性化学习路径。允许学生根据自身学习的进度和过程性测试的结果，自主选择相关的学习内容以调节学习节奏。当学生达到学习目标后，可进行自主探究式学习，以促进认知的进一步发展。(5) 学习资源个性化。基于学生的认知起点类型设计不同的数字化学习资源，依托技术将学习资源嵌入不同形式的学习活动。(6) 学习评价个性化。通过测查学生在不同学习时间节点的认知起点，跟踪并记录学生的认知发展轨迹，随后根据学习目标提供个性化学习评价。

三、技术支持的基于认知发展的个性化学习

技术对于个性化学习的支持不是一蹴而就的，适应性学习系统（Adaptive Educational

System,简称 AES)的出现很大程度上推动了研究的进程。适应性学习系统可以整合学生的偏好,分析个人学习数据[1],并通过优化学习活动、改变学习方式以提升学生的学业成就,这体现了技术介入学习活动的综合样态。然而,尽管适应性学习系统本身在不断革新技术手段以完善自身,但其忽视了教育理论的支持,导致技术的作用难以得到充分的发挥。当前的适应性学习系统主要存在以下问题:(1)适应性功能是基于标准的、理想的认知状态的,或是基于学生水平(通过成绩来区分不同的学生水平)而非认知状态的;(2)系统关注学生做题的正误,却没有深入挖掘其背后的原因。技术本是教育的一个要素,但是由于它发展迅速,教育者未能有效地使用技术服务教育。因此如何设计用于学习的技术是当前教育面临的挑战。[2] 本研究团队秉承"技术应作用于学生和学习内容的关系"这一理念,致力于开展技术支持的基于认知发展的个性化学习研究,旨在促进学生的认知发展、提升学生的学业水平。

(一)技术支持的基于认知发展的个性化学习案例

下文基于本研究团队已有的实证研究成果,简述有关工具支持的和系统支持的个性化学习研究案例。这些案例较好地诠释了"技术支持的基于认知发展的个性化学习"的原理与理念,即:每个学生在学习前都存在一个认知起点,它是开展个性化学习的逻辑起点;认知起点测查是关键,促进学生认知发展是目标,技术支持的人机协同的模式是实现途径;基于认知起点合理地利用技术能够促进学生学业水平的提升。

1. 工具支持的基于认知发展的个性化学习

苑雪的研究选择初中地理"东方文明古国——印度"作为学习内容,从学生的认知起点出发,通过个性化学习促进认知发展的研究改进地理教学。[3] 该研究首先对学生的认知起点进行测查;而后,将认知起点进行分类,并结合学生的认知起点有针对地选择了"地图叠加技术"设计个性化学习资源;最后,按照认知起点的不同水平,将学生分成若干个小组,每组使用不同的学习资源开展个性化学习。研究发现:学生在学习地理学科内容之前,普遍存在可以被测查与区分的认知起点;对后测中的分数、认知水平、分布状况等分析

---

[1] Xie H, Chu H C, et al. Trends and development in technology-enhanced adaptive/personalized learning: A systematic review of journal publications from 2007 to 2017 [J]. Computers & Education, 2019, 140(October): 1-16.

[2] 约翰·D.布兰思福特等.人是如何学习的:大脑、心理经验及学校(扩展版)[M].上海:华东师范大学出版社,2013.

[3] 苑雪.基于地图叠加技术个性化设计的教学实证研究[D].上海:上海师范大学,2020.

结果,证实了利用合适的技术开展个性化学习能够促使学生的认知发展,提高其学业水平。该研究基于对地理学科的特点分析,结合学生的认知起点,有针对地选择技术以支持个性化学习资源的设计,体现了较强的适切性。但是,教学过程中伴随着认知起点检测、学习内容定向分配等多种技术手段的使用,割裂了教学过程。为了使教学具备连贯性,如何将多种技术手段整合形成一个合理的、科学的系统,这是当前亟待解决的问题。

2. 系统支持的基于认知发展的个性化学习

个性化学习资源的设计与推送依赖于学生的认知起点分析。为了实现认知起点测查自动化,并基于测查结果推送个性化学习资源,禹舜尧选取高中信息科技中"字符编码"为内容,以概念转变为切入点,基于个性化学习设计的需求开发学习支持系统,并应用该系统实现了个性化学习。[1] 该系统支持的个性化学习过程如下:首先,通过系统测查学生的概念偏差类型;其次,根据偏差类型推送与之对应的学习任务单,该任务单承载着个性化学习资源;最后,学生基于学习任务单开展个性化学习。该研究开发的学习支持系统的结构较为完善,具有认知诊断和学习资源推送两个功能,系统的应用有效解决了以往研究中教学过程割裂的问题。研究证明了从认知起点切入,借助个性化学习支持系统可以实现学生的个性化学习,促进学生概念转变、提高学生的学业水平。

(二) 基于认知发展的个性化学习支持系统与个性化学习流程

基于认知发展的个性化学习支持系统(Personalized Learning System based on Cognitive Development,简称PLSC)旨在通过对学生的认知起点的测查和诊断,为学生提供个性化的学习服务以促进学生的认知发展。该系统可以跟踪学生认知状态的转变,记录学生的认知发展过程。本研究团队结合"中位数与众数"的教学实验开发了 PLSC1.0 版本并申请了软件著作权。目前,PLSC1.0 版本已经开发完成,具备认知起点精准测查、学习资源设计和推荐、学习测评等功能。此外,基于认知心理学和学习科学融合的视角,本研究团队提出了 PLSC 支持下的个性化学习流程。该流程作为技术促进学习研究中的落地尝试,能够为教师和其他研究者提供借鉴。

1. 基于认知发展的个性化学习支持系统

PLSC 可以根据学生对学习内容的认知程度,判断其认知起点,再分析该认知起点存在的潜在原因,为学生推送合适的学习资源。在学习过程中,该系统可以提供及时的提示

---

[1] 禹舜尧.基于概念转变的个性化学习支持系统开发及应用研究[D].上海:上海师范大学,2020.

和反馈以支持教师的教和学生的学,促进个性化学习的发生。系统的具体功能如图1-2所示。

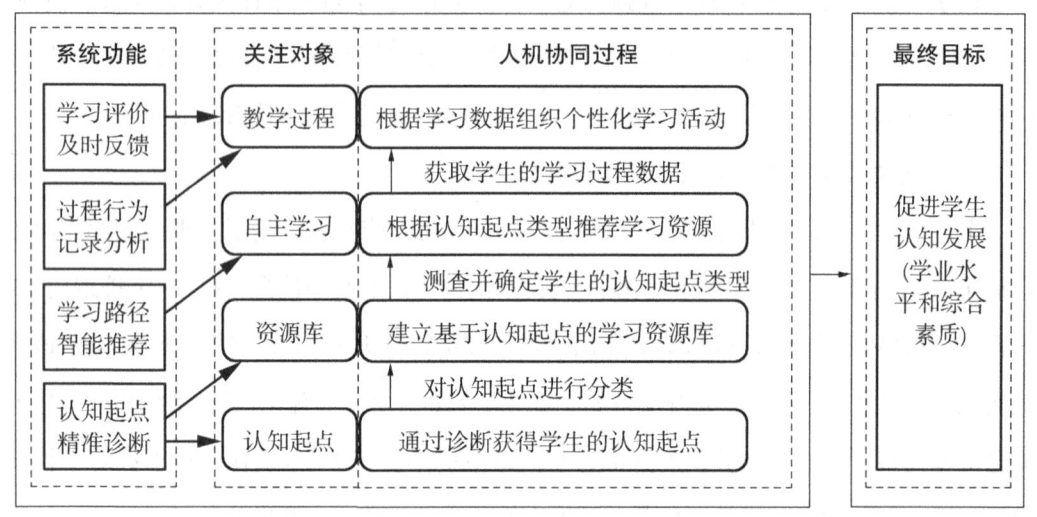

图1-2 基于认知发展的个性化学习支持系统功能

第一,认知起点的精准诊断。一方面,系统可对学生的认知起点进行测查,将测查结果与资源库中相关数据进行对比,自动判断学生的认知起点类型。另一方面,系统也可根据每一次的测查来丰富或更新认知起点资源库,形成信息增量。从整个系统的应用过程来看,认知起点测查是开展个性化学习的起点,测查结果是个性化学习资源推送的依据,而测查本身则是对学生认知结构的深入探索,有利于挖掘阻碍学生学习的深层原因。

第二,学习路径的智能推荐。系统能够根据学生不同的认知起点智能化推送不同的学习资源,帮助学生开展自主学习。学习资源作为学习内容的载体,是在技术的支持下,基于不同的认知起点开发而成的。学习资源是学习路径的基础和必要条件,而个性化的学习路径是根据学生的认知起点变化情况,对学习资源进行有效的组织,从而形成不同的学习资源序列。

第三,过程性行为的记录与分析。系统通过对相关数据的采集,建立学生的认知起点数据采集与分析库。教师可以借助数据库了解学生的认知起点、学习水平等信息,并通过学生数据的分析结果调整教学目标,支持个性化学习的设计。在学生学习过程中,系统通过采集学生的作答时长、阅读时长、互动次数、便签个数、录屏个数、成绩得分等过程行为数据记录学生的学习轨迹。系统对这些过程性数据的分析可以帮助师生建立学习行为与成绩的关联,为教师改进教学提供依据。

第四，学习评价的及时反馈。系统收集了学生学习的相关数据，对学生的认知起点进行诊断。教师端和学生端都可以看到学习评价结果，这有利于个性化学习的开展。此外，学生在自主学习过程中，还可开展对学习态度、学习停留时间、认真完成度等方面的自我评价。在整体学习结束后，系统会对学生的认知发展和学习效果进行总结性评价，并生成可视化的评价报告。

2. 技术支持的基于认知发展的个性化学习流程

技术对个性化学习的支持主要体现在对学习目标、学习内容、学习活动（或路径）、学习评价、学习资源等方面。[1] 本研究团队目前的研究重点是技术促进个性化学习，使用个性化学习发生的原理构建完整且适切的个性化学习支持系统。在系统的应用过程中，本研究团队总结了实用的、可行的、技术支持的、基于认知发展的个性化学习流程。该流程包括以下步骤：

第一，认知起点的测查与分类。本研究团队在过去的研究中，多采用二阶诊断法测查认知起点，未来的研究将针对具体的学科学习内容开发适切的诊断工具，并将认知诊断工具嵌入个性化学习支持系统中，实现认知起点诊断与分类的自动化。这有利于教师和研究者依托个性化学习支持系统精准诊断学生的认知起点。

第二，基于认知起点的学习目标与资源设计。教师或研究者通过分析学生的认知起点，探究其成因并分类；再基于不同的认知起点类型为学生设定个性化的学习目标，同时赋予学生目标设定的自主参与权；而后，基于不同的认知起点与学习目标开发对应的学习资源，并将其嵌入个性化学习支持系统；最终，通过系统为学生推送个性化的学习资源。需要关注的是，本研究关注个性化学习而非差异化教学，个性化学习是从每个学生的认知起点出发对学生进行分类，关注学生个体，而差异化教学通常是按照学生水平分类，关注的是某一学生群体。

第三，基于认知起点与学习目标的学习路径设计。不同学生的认知起点与学习目标不仅需要对应不同的学习资源，还需要对应不同的最优学习路径。基于该理念，系统采用通过学习任务单为学生推送个性化的学习路径。学习任务单是教师设计的，承载于系统之中。学生可以选择按照系统推送的任务单进行学习，也可以根据需求调整任务单中的学习路径。

---

[1] 孔晶,郭玉翠,郭光武.技术支持的个性化学习：促进学生发展的新趋势[J].中国电化教育,2016(4)：88-94.

第四，教学活动的设计与开展。教师基于前期设计的、对应于不同认知起点的学习资源及学习路径，结合学习目标与学习内容的分析设计教学活动。如表1-1所示，教学活动主要包含以下环节：(1)导入，它可以激发学生的兴趣，加深其对学习内容的理解；(2)个性化学习，它依托于个性化学习支持系统为学生提供个性化学习服务，以学习任务单等学习资源为载体；(3)总结交流，它能够帮助学生巩固并反思所学的内容。

表1-1 基于认知发展的教学环节

教学环节	具体活动
导入	教师通过个性化学习支持系统或其他工具呈现情境，引出学习内容
个性化学习	自主学习：学生利用个性化学习支持系统进行自主学习
	教师小结：教师通过"学习任务单"进行学习小结
	自主探究：学生利用个性化学习支持系统进行探究活动
	学习小组交流：组员针对同一内容进行交流讨论
	师生交流：师生针对同一内容进行交流讨论
总结交流	师生一起总结学习内容

第五，学习评价。学习评价包括认知起点测查的诊断性评价、个性化学习过程中的形成性评价，以及认知发展结果测量的总结性评价。教师通过系统测查学生的认知起点与认知发展情况来了解学生的学习效果，通过分析学生基于个性化学习支持系统的学习过程数据来了解学生的学习过程。

第三节
实践检验：基于 TPLC 的
小学数学"中位数与众数"的教学

技术促进学习是教育技术领域的研究者一直关注的重要话题。研究者尝试用技术来赋能学习，目的在于提升学生的成绩或培养学生的思维。在利用技术促进学习的过程中，研究者常常会加入技术所作用或反映的对象作为中间变量，例如，学生的认知、情感、行为等。近年来，本研究团队在学习技术范式的指导下，将基于认知发展的个性化学习作为核心路径，研究技术如何为个性化学习赋能以达到提升学生学业水平的目标。

本研究在学习技术范式指导下，对技术支持的基于认知发展的个性化学习的效果进行验证。心理学、社会学等诸多领域的研究者已经证实了"认知"在学习中的作用。基于以往研究对认知的界定，本研究团队进一步提出用"认知起点"和"认知发展"，以及两者的关系来理解与实现个性化学习。首先，"认知起点"是在学习过程中，当新的学习行为即将展开时，学生对学习内容的认知状态，以及学生在解决问题与任务前所具有的逻辑水平。[1] 认知起点是对学习者与学习内容的关系表征。通过对学生认知起点的分析，能形成典型的"学生群簇"，然后可以根据群簇的不同结构为学生提供有针对性的学习内容和资源。其次，"认知发展"是学生与学习内容两要素的动态交互关系，主要表现为学生对学习内容的认知随时间的演进而变化。[1] 认知发展更关注学习者与学习内容，乃至与学习环境之间的交互关系。最后，认知起点概念的引入，让认知发展的变化过程能够被记录、追踪。认知起点的确认和分类，以及认知发展的探索为个性化学习提供了具体的落脚点。测查学生的认知起点，分析认知起点的成因，是促进学生更好地实现个性化学习的基础。基于认知发展的个性化学习是根据每个学生的认知起点，结合学习内容确定学习目标，对学习内容、学习路径、学习资源和学习评价进行优化的过程，可以促进和实现学生的个性化发展。

本研究将"认知发展"作为实现个性化学习的突破口，重点解决如何设计技术工具促进学生的认知发展，以此支持个性化学习的开展，并提升学生的学业成绩。具体来说，本节遵循技术支持的基于认知发展的个性化学习的设计理念[1]，以小学数学"中位数与众数"

---

[1] 董玉琦,林琳,刘向永,等.学习技术(CTCL)范式下技术促进学习研究进展(2)：技术支持的基于认知发展的个性化学习[J].中国电化教育,2021(10)：17-23,42.

为学习内容,主要解决以下3个问题:(1)如何根据不同学生的认知起点设计个性化的学习资源和学习路径?(2)如何设计个性化学习支持系统以实现个性化学习路径的推送并促进学生的认知发展?(3)技术支持的基于认知发展的个性化学习对学生的学业成绩具有怎样的影响?

一、认知起点的测查

研究者要想获得学生的认知起点,首先要开发测查认知起点的工具,而后使用该工具了解学生对即将学习的内容具有哪些认知起点,以及形成认知起点的原因。认知起点的测查可以为后续开展个性化学习提供基础。

(一)测查内容

2011年国家颁布《义务教育数学课程标准》,对"统计与概率"部分内容进行较大的修改与删减,并调整了部分课程内容。从这次课程标准的颁布可以发现,在上一版课程标准颁布后的10年间,"统计与概率"在一线课堂教学中实施情况并不乐观,一线数学教师在实践中遇到了很多问题。《义务教育数学课程标准(2011年版)》中对该内容的改变主要有两个方面:一是在"统计与概率"内容上产生了较大的变动,二是对"统计与概率"提出了新的教学要求。[1] 本研究选取的教学内容是"统计与概率"中的"中位数与众数"。平均数、中位数与众数作为统计中3个重要的统计量,是与生活较为贴近的知识。学生在学习平均数的基础上学习中位数与众数,可以培养他们从统计学角度思考问题的意识,并提升其合理利用统计量来分析和解决实际问题的能力。

(二)测查工具

测查工具的开发由两个部分构成:一是开发一阶测查问卷,并基于一阶测查问卷调查学生的认知起点及成因;二是在一阶测查问卷调查的结果之上,开发二阶测查工具。

1. 一阶测查问卷的设计

一阶测查问卷主要用于收集学生的认知及产生该认知背后的原因,对学生给出的理由进行归纳合并。在一阶测查问卷设计过程中遵循两条原则:一是覆盖知识点的范围较教学目标更大;二是针对学生的问题来分析问题产生的原因。本研究结合"中位数与众数"教学内容中的各知识点来编制一阶测查问卷,相关知识点及其对应题号情况如表1-2所示。

---

1 中华人民共和国教育部.义务教育数学课程标准(2011年版)[M].北京:北京师范大学出版社,2012.

表1-2 一阶测查问卷中相关知识点及其对应题号

测查内容	容易混淆的知识	题号及目的
众数、中位数的概念	众数可以有多个也可以没有;中位数需要对数据排序之后进行确定;奇数或偶数个数据的中位数计算方法不同	S1:学生对中位数和众数了解的基本情况;S2:学生是否知道一组数据中,众数可能有多个;S3:学生是否知道一组数据中,众数可能不存在,是否知道偶数个数据的中位数计算方法;S4:学生对众数、中位数概念的具体概括
众数、中位数的计算	正向计算偶数个数据的中位数;反向推测应运用哪个统计量	S7:学生能否对相对复杂的数据进行分析并计算得出正确的结果;S8(1):学生是否具有反向计算众数和中位数的能力
众数、中位数的应用	众数、中位数、平均数都可以反映一组数据的平均水平,几个统计量的应用场合易混淆;众数表示一组数据的多数水平;中位数表示一组数据的中间水平	S5:学生是否能够正确应用中位数;S6:学生是否能够正确应用众数;S8(2)、S9:学生应用统计量进行数据分析的情况
众数、中位数、平均数的综合应用	结合具体情境综合分析统计量各自的特点、意义	S10:学生能否利用多个统计量及其特点来综合判断关于数据分析推论的正确性

2. 二阶测查问卷的设计

在二阶测查问卷设计过程中,首先将一阶测查问卷所获得的学生答案内容整理归类形成二阶测查问卷选项,随后进行二轮迭代修改,进一步细化形成最终的二阶测查问卷,以此提升问卷的精准度和有效性。二阶测查问卷的测查题目样例如下所示。其中第一阶选项提供"是什么"的答案,第二阶选项提供"为什么"的答案。

二阶测试问卷的测查题目样例

测查之前,你可以先了解一下众数和中位数的概念。

众数:一组数据中出现次数最多的数据称为众数。

中位数:一般地,将n个数据按大小顺序排列,居中的一个数据(n为奇数时)或居中的两个数(n为偶数时)的平均数,称为这组数据的中位数。

1. 现在有一组数据:4、3、4,请回答相关问题。

(1) 你认为这组数据的中位数是(　　)。

A. 3   B. 3.5   C. 4   D. 3.5 或者 4   E. 没有中位数   F. 其他

你选择这个选项的理由是(   )。

① 中位数是最大数和最小数的平均数,3 在中间,因此 3 就是中位数

② 因为这 3 个数字是对称的

③ 排序后得到中间位置的数字

④ 中位数是最大数

⑤ 排序后得到 3 和 4,求这两个数的平均值

⑥ 将一组数据中间的数依次与其左边和右边的数求平均数

⑦ 排序后将一组数据中间的数依次与其左边和右边的数求平均数

⑧ 其他,请填写_____

(三) 测查对象

本次测查旨在通过大样本的数据来尽可能精准地掌握学生的认知起点情况,故而测查了尽可能多且水平相当的学生。其中,一阶测查人数为 125 人,二阶测查人数为 200 人。测查对象来自上海市 A 学校五年级的学生和 B 学校(后续实验在该学校开展)四年级普通班的学生。由于 A 学校是五年制,B 学校是四年制,因而在一定程度上 A 学校五年级的学生与 B 学校四年级的学生的学习水平与学习基础相近。B 学校四年级普通班是该学校原两个班级学生随机分成的 3 个班中的一个。测查对象的具体情况如表 1-3 所示。

表 1-3 测查对象基本情况

测查类型	测查学校	测查班级	测查人数(人)	合计人数(人)
一阶测查	上海市 A 学校	五(1)班	45	125
		五(2)班	38	
		五(3)班	42	
二阶测查	上海市 A 学校	五(4)班	41	200
		五(5)班	45	
		五(6)班	47	
		五(7)班	43	
	上海市 B 学校	四年级普通班	24	

(四) 测查结果

本研究团队通过整理 A 学校的学生进行的一阶测查的答案形成二阶测试问卷,并在进行教学之前利用二阶测查问卷对 A 学校五年级的学生及 B 学校四年级普通班的学生开展测查,测查结果如表 1-4 所示。

表 1-4 认知起点的情况及其分布比例

知识点/考点	题号	回答情况		回答比例	
		认知起点情况	具体回答	上海市 A 学校 (176 人)	上海市 B 学校 (24 人)
中位数的基本概念	1(1) 2(1) 3(1)	中位数与极值混淆	中位数就是最大数和最小数的平均值	56%(99 人)	21%(5 人)
			中位数是最大值的一半	7%(12 人)	——
			中位数是最大值或最小值	5%(7 人)	——
		中位数与中间数混淆	一组数据的中间数字就是中位数	30%(53 人)	12%(3 人)
			排序后最中间的两个数是中位数	3%(5 人)	8%(2 人)
			如果是对称数据,中间数被认为是中位数	7%(12 人)	4%(1 人)
		中位数与数的个数混淆	个数多的数就是中位数	1%(2 人)	——
			对称的数是中位数	3%(5 人)	——
		排序规则干扰	同样的数字在排序时竖排	——	4%(1 人)
			不知道如何排序	——	4%(1 人)
		正确理解	——	7%(12 人)	63%(15 人)
众数的基本概念	1(2) 2(2) 3(2)	众数与极值的混淆	众数就是最大值	6%(11 人)	
			众数就是最小值	5%(9 人)	
		众数与数据的混淆	众数就是所有的数	9%(16 人)	
		众数与求和的混淆	众数就是所有数的和	8%(14 人)	

续　表

知识点/考点	题号	回答情况		回答比例	
		认知起点情况	具体回答	上海市 A 学校（176 人）	上海市 B 学校（24 人）
众数的基本概念	1(2) 2(2) 3(2)	概念泛化	当每个数字出现次数一致时，所有数都是众数	42%(74 人)	75%(18 人)
			众数是最多的数中的所有数字	15%(27 人)	——
			众数是出现次数最多的数中较大或者较小的所有的数字	11%(19 人)	1%(1 人)小；1%(1 人)大
			众数是最多的数中的一个	10%(18 人)	——
			当出现次数相同时，众数就是出现最多的几个数的平均数	2%(3 人)	
		正确理解	——	30%(53 人)	71%(16 人)

二、个性化学习的设计

个性化学习是针对每个学生的认知起点成因开展针对性的教学。[1] 通过认知起点测查，本研究团队确定了测查工具，并初步掌握了小学生对"中位数与众数"的认知起点的基本情况。为了使个性化学习设计更有针对性，本研究团队对参与实验的班级再次进行测查，得到实验班学生的认知起点类型。本部分主要描述基于该认知起点类型设计个性化学习的方法。在本节第五部分，将进一步描述对实验班和对照班开展的教学干预与实验结果。

（一）个性化学习的参与者

个性化学习的参与者是来自上海市 B 学校四年级的 45 名学生。该学校四年级原两个班级的 72 名学生被随机分为 3 个班（在 Excel 中采用随机函数进行分班），分别是普通班、对照班和实验班，每个班 24 名学生。本实验在普通班进行二阶测查以开发认知起点测查工具，即二阶测查问卷（该工具可用于测查对照班和实验班学生的认知起点），然后在对照班与实验班进行实验教学。由于实验班和对照班在实验过程中均存在学生请假的情况，故实际参与实验的学生人数为实验班 22 名，对照班 23 名。这些学生在学习"中位数

1　董玉琦,林琳,刘向永,等.学习技术(CTCL)范式下技术促进学习研究进展(2)：技术支持的基于认知发展的个性化学习[J].中国电化教育,2021(10)：17-23,42.

与众数"内容之前已经掌握了平均数的内容,并具有一定的统计分析能力。

(二) 学生的认知起点类型

根据表1-4的数据分析,可以发现,测查结果显示学生对于"中位数和众数"的认知除了正确理解外,认知起点的类型包含以下3类:(1)"概念模糊",指由于学生对于科学概念的朴素解释导致的对于概念定义的不准确,这种不准确通常是已有概念的负迁移(如混淆中位数与中间数)和对于概念的不完全定义(如不明确偶数个数字时中位数如何计算和对众数的个数有概念模糊的情况);(2)"规则混淆",指对于计算规则上的认知偏差,即不清楚排序规则、计算方法(奇数、偶数个数字),或者将已有的排序规则应用于中位数的计算,也有可能是概念模糊引起的,如有学生混淆了等差数列平均数的求法(最大数和最小数的平均值)和偶数个数字时中位数的求法;(3)"理解泛化"指学生对于概念的某个特点的过度泛化,如对于众数,部分学生认为"众"不仅体现在数量上,还体现在值的大小上,所以在数字数量相等的情况下应当比较值的大小。也有学生认为众数不是一个数,而是一组数,众数就是由重复出现次数最多的数字组成的数组。理解泛化与概念模糊的区别在于理解泛化是一种对于概念定义的错误具体化,而概念模糊则是对于概念定义的模糊或不完整。

(三) 基于认知起点的个性化学习设计

基于概念模糊、规则混淆、理解泛化3类认知起点类型,本研究团队寻找到了相关的理论来指导适用于不同类型认知起点的学习资源和学习路径的设计。

1. 理论基础

(1) 知识可视化理论

1987年2月,美国国家自然科学基金会召开的一个专题研讨会给出了"科学计算可视化"的定义、覆盖的领域以及发展方向,"可视化"第一次作为专业术语出现在人们的视野中。[1] "知识可视化"(Knowledge Visualization)于2004年由Eppler和Burkard在 *Knowledge Visualization: Towards a New Discipline and its Fields of Application* 中提及并阐述。"知识可视化是指所有可以用来建构和传递复杂见解的图解手段"。[2] 本研究在针对不同的认知起点设计学习资源时,应用知识可视化理论,将抽象的知识用可视化的形式直观呈现,使其符合低年龄学生的认知水平。例如,将"中位数计算"中"排序"(按

---

[1] 赵国庆,黄荣怀,陆志坚.知识可视化的理论与方法[J].开放教育研究,2005,11(1):23-27.
[2] 赵国庆.知识可视化2004定义的分析与修订[J].电化教育研究,2009(3):15-18.

照数据的大小从小到大排列)这个步骤通过"柱状图"动态呈现出来,使学生能够直观感受,清楚掌握"中位数计算"中排序规则的具体内容。

(2) 认知冲突理论

1969年,Piaget 和 Inhelder 在 *The Psychology of the Child* [1] 一书中最早提及认知冲突。1985年,Piaget 将"认知冲突"发展为描述内部自我调节的均衡模型。[2] 虽然 Piaget 的理论有许多侧重点,但他始终认为认知冲突是认知发展的绝对中心。[3] 当孩子认识到认知冲突(不平衡)时,这种冲突会激励他去尝试解决。解决冲突的过程称为"平衡",孩子在平衡过程中,认知得以发展。本研究在针对不同认知起点设计学习资源时,应用认知冲突理论,通过创设情境,直接引起学生的认知冲突,再解决冲突,实现学生的认知发展。

(3) 视觉心理理论

视觉心理学是实验心理学的一个重要分支,是研究以视觉感觉器官为主体形成的各种感觉与知觉规律的学科,研究对象主要是视知觉中的色彩知觉、形状知觉、视觉后效、视错觉与运动幻觉,以及以视觉为主体形成的空间知觉。[4] 屠辰飞等人认为视觉心理具备优越性:人们观察事物的时候,第一眼关注的肯定是色彩非常鲜艳的事物,当红色、黑色、白色同时出现的时候,人们第一眼关注到的肯定是红色;另外,动态和静态同时存在的时候,人们往往会注意到动态的事物。[5] 基于此,本研究针对不同认知起点类型设计学习资源的策略包括改变关键点颜色(即用红色凸显重点以及区分点)和动态收放关键点大小以起到强调作用。

2. 基于不同认知起点的学习资源设计

本研究认为,学生的认知起点不同,学习的内容、资源以及过程也不同,因此可以基于不同类型的认知起点,对个性化学习进行设计。具体而言,本研究基于学生的3种认知起点类型进行学习内容设计,每种类型的学习资源设计的对应情况如表1-5所示。

---

1 Piaget J, Inhelder B. The psychology of the child [M]. New York: Basic Books, 1969.
2 Roy A W N, Howe C J. Effects of cognitive conflict, socio-cognitive conflict and imitation on children's socio-legal thinking [J]. European Journal of Social Psychology, 1990, 20(3): 241-252.
3 Gyoungho L, Jaesool, et al. Development of an instrument for measuring cognitive conflict in secondary-level science classes [J]. Journal of Research in Science Teaching, 2010, 40(6): 585-603.
4 张宪荣. 现代设计辞典[M]. 北京:北京理工大学出版社,1998.
5 屠辰飞. 建筑室内设计中对视觉心理学理论的运用探讨[J]. 艺术科技,2017,30(4):306.

表 1-5 基于不同认知起点的学习资源设计

知识点	认知起点类型	认知起点具体内容	学习内容	具体学习资源设计	理论基础
中位数	概念模糊	1. 混淆中位数与中间数	中位数的学习——中位数与中间数	呈现出一组数据和该组数据的柱状图,然后呈现对该组数据进行排序后的柱状图,之后给出中位数的具体解释和中间数的区别(改变颜色凸显区别)	知识可视化理论、视觉心理理论
		2. 认为在偶数个数且排序后,中位数是中间两个数	中位数的学习——中位数的计算	呈现偶数个数据,当学生点击"解析",给出该情况下中位数具体计算方法(动态收放关键点大小,改变关键点颜色起到强调作用)	视觉心理理论
		3. 认为数字个数是偶数时不存在中位数	中位数的学习——中位数的计算		
	规则混淆	1. 不清楚排序规则或计算方法(奇数、偶数)	中位数的学习——中位数的计算	根据混淆规则给出相关例子,通过动态收放关键点大小,改变关键点颜色,起到强调作用,帮助学生记忆规则的易混淆之处	
		2. 认为中位数是最大数与最小数的平均数	中位数的学习——中位数与等差数列	先呈现与错误认知相关的问题,当学生点击"解析"后呈现"普通数据"及"等差数据"的柱状图,通过改变颜色总结两者的区别	
众数	概念模糊	存在众数可以没有也可以有多个的概念模糊	众数知多少	先呈现与错误认知相关问题,当学生点击"解析"后呈现统计数据个数的柱状图,帮助学生发现认知的错误之处(改变颜色凸显区别)	认知冲突理论、知识可视化理论、视觉心理理论
	理解泛化	1. 不清楚众数是一组数的代表数	众数知多少——众数的个数		
		2. 认为当众数有多个时,是较大数	众数知多少——众数的个数		

表1-5中,针对中位数"概念模糊"类的学习资源有两种。第一种是"中位数与中间数"的学习内容和对应的"测试",该学习资源提供给混淆中位数与中间数的学生。首先显示出一组数据,然后显示该组数据的柱状图,再显示对该组数据进行排序后的柱状图,让学生判断该组数据的中位数是多少,并给出中位数的具体解释和与中间数的区别。第二种是"中位数的计算"的学习内容和对应的"测试",该学习资源提供给不会计算偶数个数据的中位数的学生。首先给出偶数个数据,让学生思考中位数的情况,之后给出偶数个数据的中位数的具体计算方法,让学生明确如何计算。虽然测试在两种类型的学习资源中都有应用,但是测验试题各不相同。测试的内容为几道关于求中位数的题目,学生完成之后,系统会提供结果和答案解析。

3. 基于不同认知起点的学习路径设计

基于学生不同的认知起点,应为每一名学生提供不同的学习路径。图1-3是为对"中位数和众数"具有不同认知起点的学生提供的不同学习路径。该学习路径以学习单的形式提供给学生,方便其进入系统开展自主学习。

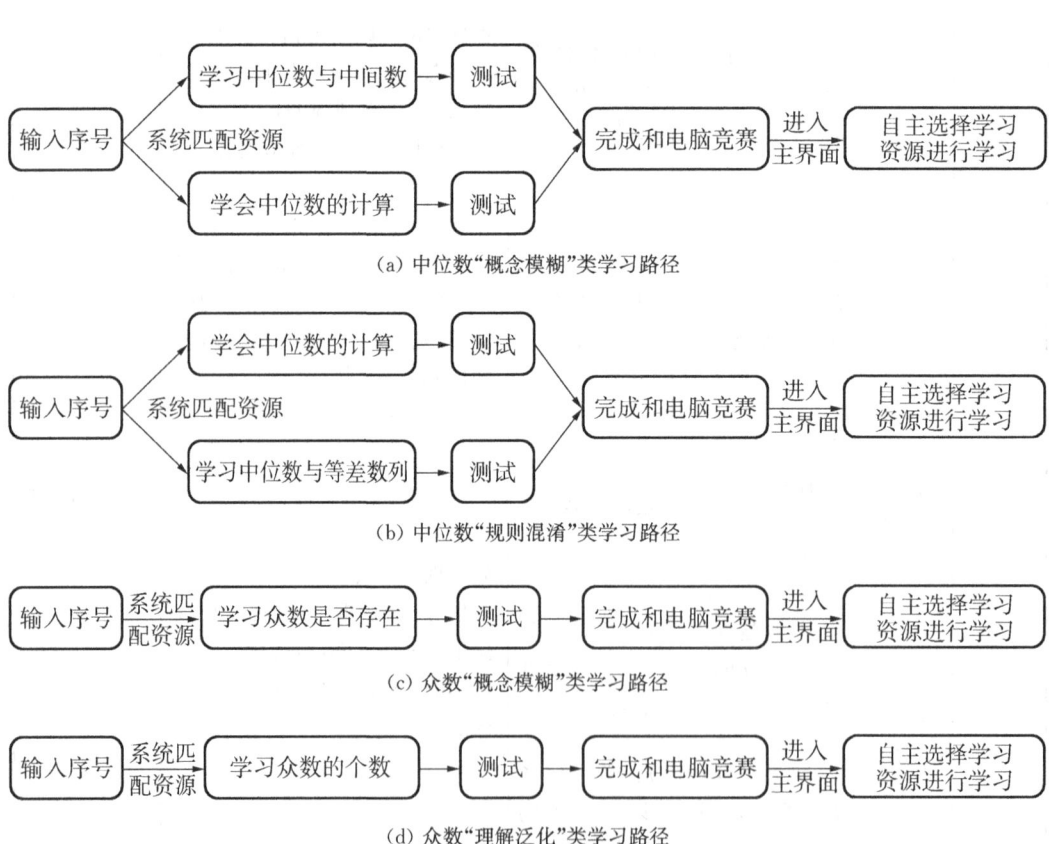

(a) 中位数"概念模糊"类学习路径

(b) 中位数"规则混淆"类学习路径

(c) 众数"概念模糊"类学习路径

(d) 众数"理解泛化"类学习路径

图1-3 基于不同认知起点的学习路径图

为中位数"概念模糊"类和"规则混淆"类的学生各提供两条路径。以前者为例,针对中位数"概念模糊"类学生,学习路径如图1-3(a)所示。上一条路径是学习中位数与中间数,下一条路径是学习中位数的计算。学生在学习之前,将学习任务单上提供的序号输入系统,等系统自动匹配学习路径后,开始有针对性地学习。完成学习之后,学生"和电脑竞赛",检验自身是否存在中位数与众数的其他偏差,完成后系统会给予反馈。学生进入主界面后,可以根据自身兴趣或者系统反馈,自主选择学习资源进行学习。

为众数"概念模糊"类和"理解泛化"类的学生各提供一条学习路径。以前者为例,针对众数"概念模糊"类学生,学习路径如图1-3(c)所示。学生在学习之前,将学习任务单上提供的序号输入系统,待系统自动匹配学习资源之后,开始有针对性地学习。学生必须完成"众数是否存在"及"众数的个数"内容的学习。完成之后,学生"和电脑竞赛",检验自身是否存在中位数与众数的其他偏差,完成后系统会给予反馈。学生进入主界面后,可以根据自身兴趣或者系统反馈,自主选择学习资源进行学习。

三、个性化学习支持系统的设计与实现

(一) 个性化学习支持系统的设计

本研究团队所设计的个性化学习支持系统完成了"序号—类型—资源—路径"的对应。其中,序号指向学生个体,类型指向该个体的认知起点,资源和路径分别指向不同类型的认知起点所对应的学习资源和学习路径。个性化学习支持系统的功能架构如图1-4所示,它契合了常规课堂教学文化,考虑到了教师课堂教学中使用该系统的易用性和可行性。

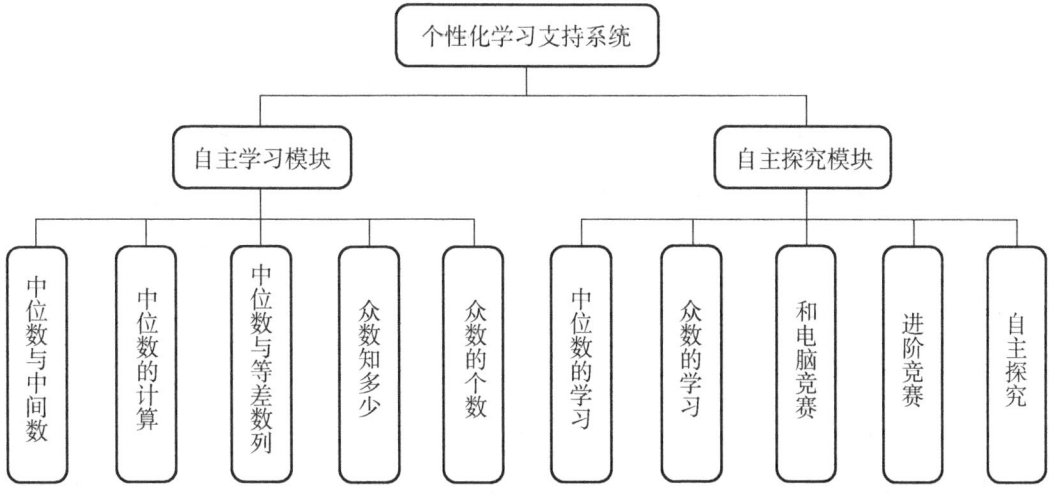

图1-4 个性化学习支持系统功能架构图

在课堂上,学生可使用带个性化学习支持系统的平板电脑进行个性化学习。个性化学习支持系统根据每个学生的认知起点(本研究关注的是认知偏差)推送相对应的学习资源和学习路径。所有的学习资源都集成在个性化学习支持系统中。该系统根据学生的认知起点有针对性地采用相关技术对学生进行学习干预,具体如下:针对"概念模糊"类认知起点的学生,该系统采用可视化的呈现方式,通过数据统计图的形式帮助学生理解相关概念;针对"规则混淆"类认知起点的学生,该系统主要通过视觉强调的方式帮助学生纠正认知偏差;针对"理解泛化"类认知起点的学生,该系统主要通过举例和分解过程步骤的形式帮助学生学习。总之,针对不同认知起点的学生采取不同的技术干预手段,旨在通过个性化学习有效地纠正学生的认知偏差,最终促进学生认知发展。

(二)个性化学习支持系统的实现

个性化学习支持系统使用 Python+Mysql 技术开发,采用 B/S 结构实现交互功能和数据存储,既方便师生操作,也便于后续改进。个性化学习支持系统针对学生认知起点和本次教学知识点的特征,设计有根据学生认知起点类型的自主学习模块和促进学生认知发展的自主探究模块,还采用了根据具体的内容和技术特点所设计出的技术干预方式,例如,可视化技术。

1. 自主学习模块

自主学习模块根据学生不同的认知起点有针对性地对每名学生进行学习资源推送。该系统根据每名学生的认知偏差,集成了针对个人认知起点的学习资源。它会根据学生的中位数和众数的认知起点类型,告诉学生重点学习哪些内容。学生在学习完该内容之后也可以学习其他内容。自主学习模块通过"问题—针对性解释(适当采用相应技术手段)—题目测验"的流程,帮助学生纠正认知偏差。由于不同的学生具有不同的认知起点和学习能力,因此本研究团队在设计系统功能时遵循"梯度性设计原则",尽可能发展学生的自身认识。例如,对于掌握情况较好、学习能力较强的学生,在学生完成上述流程之后,该系统会提供一个限时回答小游戏"和电脑竞赛",帮助学生巩固学习内容,并检查其是否有其他认知偏差。

2. 自主探究模块

在完成自主学习模块的学习之后,学生可进入自主探究模块。自主探究模块旨在让学生自主巩固学习内容,弥补由于认知诊断不精准导致的在自主学习模块中未涉及的认知偏差,培养学生对中位数、众数、平均数的综合应用能力。在该模块中,系统提供各种学习资源,支持学生开展探究式学习。该模块的学习内容包括"中位数的学习""众数的学习""和电脑竞赛""进阶竞赛""自主探究"5部分。除了"自主探究"部分,该模块都是为了让学生巩固之前所学的内容,而"自主探究"部分主要是探究如何在实际应用中有效地选择中位数、众数和平均数进行数据统计和分析,系统通过技术手段在合适的时候提供相应的分析过程,帮助学生有效地分析,从而提升分析能力和问题解决能力。

四、实验教学的实施与结果

实验班和对照班的学习内容、课时数相同,并且由同一位教师授课,但采取不同的教学干预手段开展教学。实验班参照"技术支持的基于认知发展的个性化学习流程"开展教学,对照班进行常规教学,如图1-5所示。

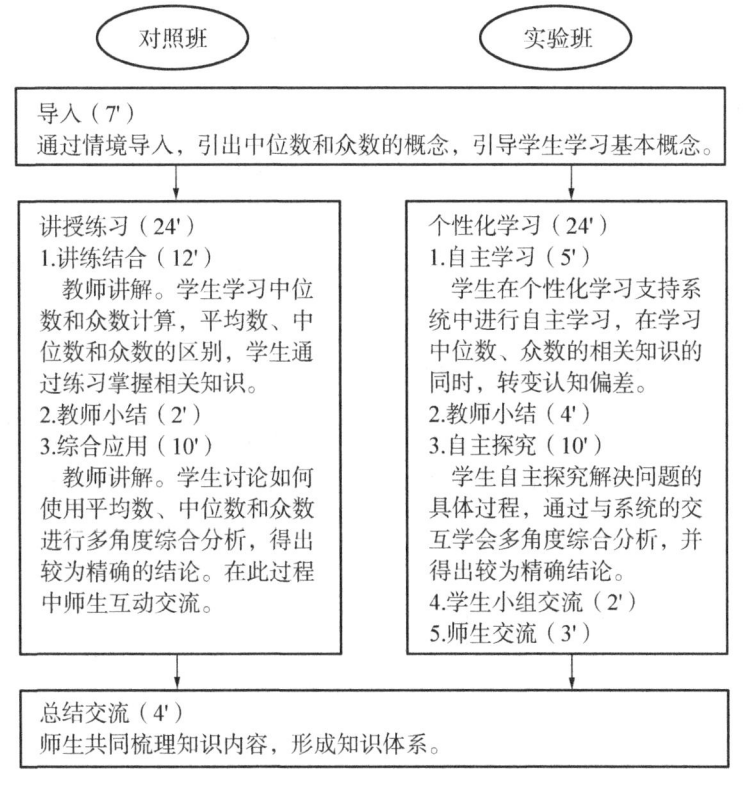

图1-5 实验班和对照班的教学流程图

下文从学生的前后测成绩和知识点掌握两个方面说明学生整体和学生个体的学业成绩变化情况。其中,数据分析显示学生整体对不同的知识点掌握情况存在不同;为了进一步探索其背后的原因,本研究选择实验班的两个学生作为研究对象,分析其学业成绩和知识点掌握情况,结合课堂录像和教师反馈的数据,探索学生的知识点掌握情况不同的原因。

(一) 整体学业成绩变化情况

在实验过程中,本研究团队与一线教师共同开发前后测试卷并开展测试。两次测试的节点分别是学生在学习"中位数与众数"内容前与后。本研究团队利用 SPSS 20 软件分别对两个班学生的前测与后测得分进行独立样本的 t 检验分析。由表 1-6 可知,在学习之前,对照班与实验班的学业成绩无明显差异($p>0.05$)。在完成实验教学之后,实验班的学业成绩得分($Mean=72.27$)明显高于对照班($Mean=61.09$),表明技术支持的基于认知发展的个性化学习相较于常规讲练结合的教学更有利于提升学生的整体学业成绩。

表 1-6 实验班与对照班的前后测独立样本 t 检验结果

测试类别	组别	人数(人)	Mean	S.D.	t
前测	对照班	23	29.18	17.93	-0.243
	实验班	22	28.08	11.51	
后测	对照班	22	61.09	7.78	4.297*
	实验班	22	72.27	9.41	

注:* 在 0.05 水平上存在显著性差异

"中位数与众数"的主要知识点包括中位数与众数的概念,中位数与众数的计算,中位数、众数与平均数的联系及中位数与众数的应用,通过对这些知识点的前测正确率和后测正确率的对比,以及对认知起点变化的分析,可以得到实验班和对照班的认知发展情况,具体如表 1-7 所示。

表 1-7 实验班和对照班学生的知识点掌握情况

实验对象	认知起点变化情况	具体知识点掌握情况			
		知识点	前测正确率	后测正确率	前后测正确率变化
实验班	1 名学生认知起点未变化	中位数与众数的概念	57%	94%	37%
		中位数与众数的计算	31%	85%	54%
		中位数、众数与平均数的联系	54%	84%	30%
		中位数与众数的应用	28%	73%	45%

续 表

实验对象	认知起点变化情况	具体知识点掌握情况			
		知识点	前测正确率	后测正确率	前后测正确率变化
对照班	5名学生认知起点未变化	中位数与众数的概念	60%	90%	30%
		中位数与众数的计算	40%	77%	37%
		中位数、众数与平均数的联系	53%	75%	22%
		中位数与众数的应用	28%	60%	32%

注：正确率=该知识点回答完全正确的人数/总人数×100%，前后测正确率变化=后测正确率-前测正确率

从表1-7可以发现，在学习之前，实验班和对照班的学生对整体知识点的理解基本一致，但学习之后，实验班的学生对整体知识点的掌握情况要优于对照班的学生。具体而言，实验班和对照班的学生在"中位数与众数的概念"的后测中正确率分别是94%和90%，说明两个班的学生对该知识点掌握都比较好；但在"中位数、众数和平均数的联系""中位数与众数的计算""中位数与众数的应用"方面，实验班的整体掌握水平要高于对照班。

为了更直观对比实验班和对照班的学生前后测知识点掌握情况，本研究团队特绘制了图1-6。该雷达图中的四个维度为"中位数与众数的概念""中位数与众数的计算""中

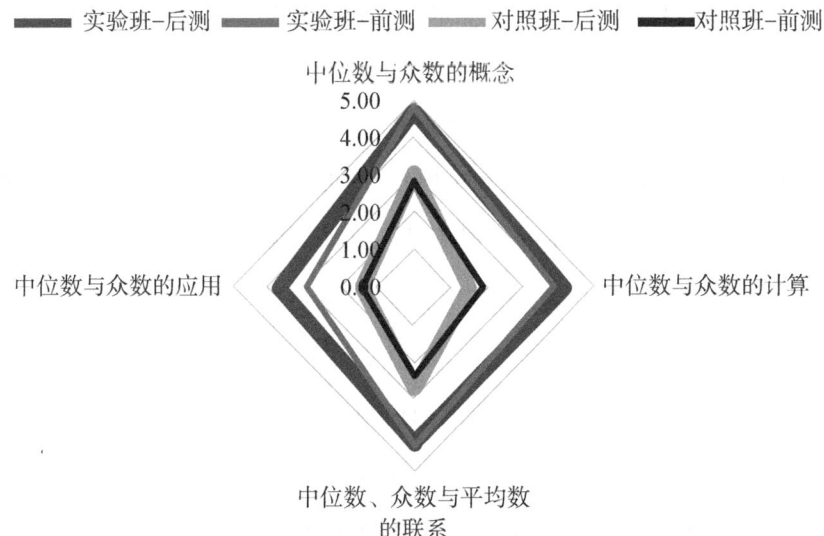

图1-6 实验班和对照班前后测知识点掌握情况雷达图

位数、众数与平均数的联系""中位数与众数的应用",每个维度满分为5分(得分由每个维度学生得分的平均分计算得到)。在前测中,实验班与对照班的学生对于"中位数与众数"内容的4个维度的掌握情况基本一致,"中位数与众数的概念"与"中位数、众数与平均数的联系"维度学生的得分均大于2.5分,掌握情况相对较好。在后测中,实验班和对照班的学生在"中位数与众数的概念"维度上的得分均大于4.5分,掌握情况较好,但在"中位数与众数的计算""中位数、众数和平均数的联系""中位数与众数的应用"维度,实验班学生的整体掌握水平要高于对照班,说明经过个性化学习,学生的认知得以更好发展,技术支持的基于认知发展的个性化学习是有效的。

(二)个体学业成绩变化情况

根据前面的分析可知,对于学生整体而言,无论是成绩还是知识点掌握情况都有一定的提升,但是知识点掌握水平的提升程度各不相同。为了进一步探明原因,本研究团队选择实验班的刘同学(前后测成绩和知识点掌握情况变化比较好)和李同学(前后测成绩和知识点掌握情况变化不够理想)为研究对象来分析学生个体的学习提升情况。学生个体学习提升情况主要从该学生的前后测成绩、认知起点情况、认知起点变化情况、各知识点前后测正确率的对比、前后测知识点掌握情况雷达图及课堂表现等方面进行分析。

由表1-8及图1-7和图1-8可知,刘同学的认知发展较好,后测成绩(78分)相较于前测成绩(30分)有明显的进步,各知识点的掌握情况相较于前测均有提升,但是对中位数、众数、平均数的综合分析还存在一定问题,在选择代表数据的统计量时也存在一些问题。结合教师反馈与刘同学的课堂表现录像分析可知,刘同学在自主学习环节能按要求完成,并积极主动回答问题,故而认知发展较好,但是在后面的学习环节中,积极性不高,使得对后面部分学习内容的掌握情况不佳。从前后测正确率来看,李同学对知识点"中位数与众数的计算"(25%:100%)、"中位数、众数与平均数的联系"(25%:100%)的掌握情况相较于前测有所提升,但是在认知起点变化上,尚未掌握"众数可以不存在"这一知识点,导致有关"中位数与众数的概念"的前后测正确率对比为75%:50%。结合教师反馈及录像分析综合可得李同学的课堂表现情况是:在开始学习"中位数与众数的概念"时,李同学上课的注意力不集中,导致在"中位数与众数的概念"知识点上掌握不佳。随着课堂教学的推进,李同学注意力逐渐集中,故在其他知识点的掌握上有所提升。

表1-8 刘同学与李同学的数据分析示例表

姓名	前测成绩/后测成绩	认知起点情况	认知起点变化情况	单元构成(知识点掌握情况)	
				知识点	前测正确率/后测正确率
刘同学	30/78	理解泛化(众数的数字个数)	理解泛化转换成基本科学	中位数与众数的概念	50%/100%
				中位数与众数的计算	0%/75%
				中位数、众数与平均数的联系	0%/75%
				中位数与众数的应用	50%/75%
李同学	32/64	概念模糊(是否存在众数、中位数与中间数)	众数认知偏差没能完全转变	中位数与众数的概念	75%/50%
				中位数与众数的计算	25%/100%
				中位数、众数与平均数的联系	25%/100%
				中位数与众数的应用	25%/50%

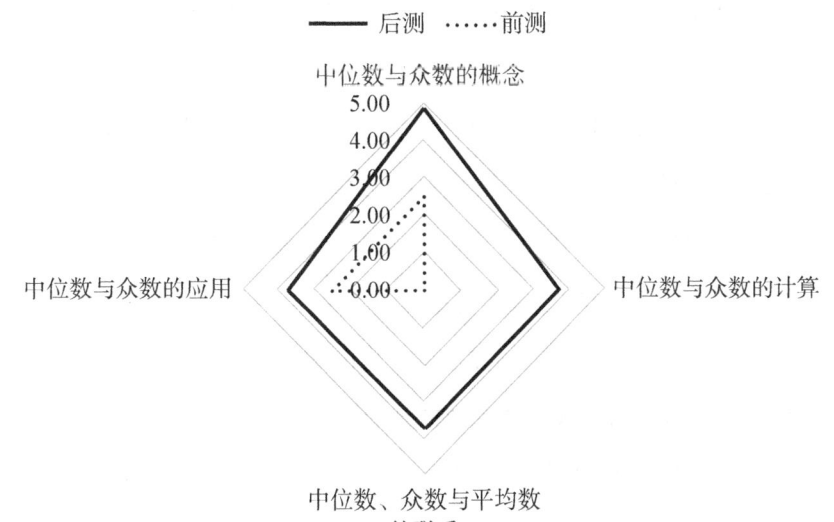

图1-7 刘同学前后测知识点掌握情况雷达图

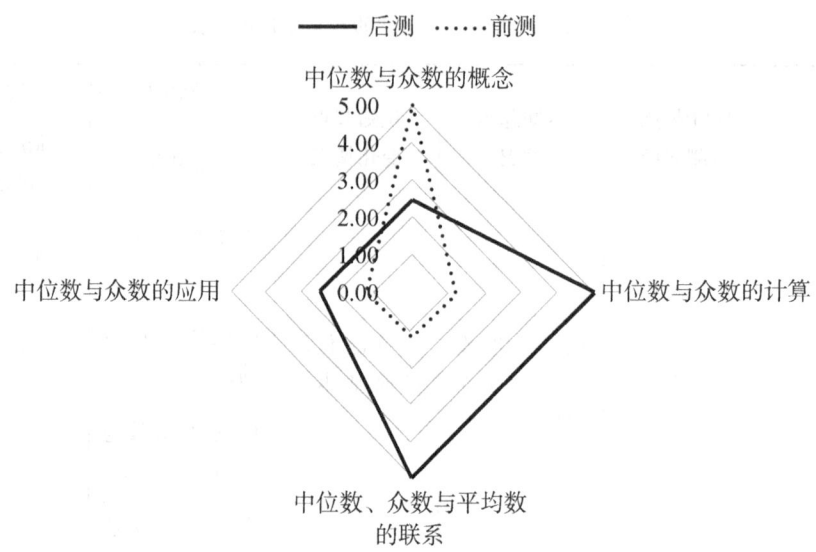

图1-8 李同学前后测知识点掌握情况雷达图

五、研究结论

学习技术范式认为,在个体层面,技术的应用指向对学习者和学习内容之间关系的调节。本研究通过在小学数学教学中应用个性化学习支持系统,从认知发展的视角探索利用技术促进学生学业成绩提升的路径和效果。实证研究得出了以下结论:

(一)技术的恰当运用能够提升学生的学业成绩

对实验班与对照班前测成绩的 t 检验结果显示两个班的学业成绩无明显差异,后测成绩的 t 检验结果显示两个班学生学业成绩具有显著性差异。通过进一步分析发现,总体上两个班在教学干预后,学生的学业成绩都有进步,实验班学生的学业成绩提升幅度大于对照班,且有显著性差异。这说明经过合理设计、恰当运用技术能够提升学生的学业成绩。此外,对实验数据的分析发现,在实验后,实验班学生整体在具体知识点掌握等方面均优于对照班学生,尤其是在促进学生认知发展方面。在个体分析上,实验班只有1名(4%)学生未能实现较好的认知发展;而对照班有5名(18%)学生认知未能实现较好的发展。以上数据均说明,技术的恰当运用促进了学生的学业成绩提升。

(二)个性化学习是技术促进学业成绩提升的重要路径

本研究通过设计开发个性化学习支持系统来辅助学生开展个性化学习,该系统根据学生不同的认知起点类型推送不同的学习内容和学习资源,并在学习目标、学习资源、学习路径和学习过程中借助技术手段进行个性化设计,为认知起点不同的学生提供不同的学习内容和学习路径,从而实现个性化学习。研究结果说明基于认知起点的个性化学习是技术促进学生学业成绩提升的重要路径。学习技术范式强调技术促进学习的研究需回归到教育本身,立足于学生发展规律,根据学习机理恰当地运用技术,有效指导教学实践,并在实践中促进理论的迭代与发展。本研究团队通过与一线学校合作,深入课堂,设计并开展了一系列的实证研究,用来自教学现场的数据证明了恰当地使用技术能够提升学生的学业成绩,个性化学习是技术促进学业成绩提升的重要路径。

(三)差异化的认知发展是个性化学习的关键机理

在实践教学中,个性化技术的发展使得对学生的精准画像成为可能,但繁冗的技术、复杂的学习分析结果给一线教师带来了诸多困难,例如,难以全面掌握技术、难以解读技术提供的可视化结果、难以根据学习分析结果提出有效的教学策略等。本研究将易于教师测评与解读的认知发展作为实现个性化学习的突破口。在实验结束后,通过相关数据的对比分析发现:针对不同认知起点类型采用不同的技术干预手段是有效的,实验班学生的认知发展要优于对照班学生的认知发展;通过技术手段帮助学生开展自主学习和探究学习也是有效的,实验班学生对知识的具体应用水平要远远高于对照班。这均证明了本研究所选突破口的适切性。可见,促进认知发展在我国基础教育中是具有可行性、能够有效实现个性化学习的关键机理。

本章小结

本章介绍了学习技术(CTCL)范式的基本认识、研究设计,以及认知、情绪和思维3个方向的初步成果,并分别从理论和实践两个层面对本研究团队的最新进展"技术支持的基于认知发展的个性化学习"进行详细介绍。具体而言:第一节介绍了学习技术范式下的研究致力于探索技术促进学习,采用归纳方式,强调从学科教学实践场景中的具体问题切入,展开实证研究,探索技术在学科教学情境中对学生的学科学习与发展的促进机制。研究主张技术对教学方式乃至对学习文化的变革过程理应是渐进式的,探索解决教育教学实践中的问题是研究的首要任务。在追求提升学生的学业成就基础上,随着研究的深入和拓展,逐步促进学习文化的变革,使得学生在问题解决能力、学习力和创造力等综合素养方面得到改善,实现在一定程度上解决社会发展需求与学生实际素养之间的矛盾。第二节介绍了随着研究的深入,学习技术范式关注重点从"概念转变"转向"认知发展",并采用"认知起点"表征学习者与学习内容的关系,通过分析该关系探讨技术如何实现认知发展,有效促进学习。遵循该范式的实证研究深入一线课堂,关注学习者与学习内容的关系,即认知起点;基于此构建技术支持系统,开展个性化学习。它基于认知起点为学生提供不同的学习技术支持,引导其主动应用技术实现对学习内容的深度认知,从而促进认知发展、提升学业水平。技术支持的基于认知发展的个性化学习中,技术应用与教育研究的核心价值在于解决当前学生学习质量低、效能不高、不能适应学习文化变革等现实问题;而认知发展是推动实现个性化学习的机理所在,能够让个性化学习落实到每一个教学环节中,并有据可循。第三节将"技术支持的基于认知发展的个性化学习"作为核心路径,针对小学数学《中位数与众数》学习单元,采用问卷调查法和准实验法开展实证研究,探索技术如何为个性化学习赋能,以提升学生的学业水平。首先,通过测查小学生对中位数与众数的认知起点,初步掌握认知起点的分布,并确定其测查工具;而后,基于不同的认知起点类型,设计个性化学习资源与路径,并开发相对应的个性化学习支持系统;最后,在两所学校开展实证研究,探索"基于认知发展的个性化学习"对学生学业成绩的影响。研究发现:恰当的技术应用能够促进学生的学业成绩提升;个性化学习是技术促进学业成绩提升的重要路径;差异化的认知发展是个性化学习的重要机理。

技术支持的基于认知发展的个性化学习的研究是在实践过程中逐步形成的,理论本身也在不断完善中,已有研究成果存在一定的局限性。例如,本研究团队对认知起点的测查采用"二阶诊断测试法",该方法有利于支持对学习者与学习内容关系的测查。但是,目前这种方法对于学生作答的分析依赖人工的方法,存在较大的不便。此外,利用二阶诊断测查认知的结果分类时,研究者多是基于测查数据分析后进行主观分类,容易受到质疑。针对这一不足,本研究团队一直在探索能够让测查过程自动化的方法。面对较好的测量结果,离散分布的认知起点通常可以形成群簇。探索形成群簇的标准成为一个关键。为此,本研究团队对认知起点的分类标准进行了探索(详见第三章)。

在未来的技术支持学习的研究中,本研究团队的首要任务是探索如何在跨学科教育中探测认知起点并进行个性化学习设计。适应个性化学习的教育理念需要大胆探索教育实践、深入研究教育理论。[1] 一个概念往往具有学科边界相对模糊、属性多元化等特点,学生对其认知经常出现偏差,导致学生持有不同类型的认知起点。这直接影响学生在问题解决、知识建构等跨学科教学核心环节中的学习表现,这成为教学实践中亟待解决的问题。此外,本研究团队的另一个任务是在基于认知发展的个性化学习下,探索技术如何促进综合素质的改善。事实上,本研究团队已经开展了部分尝试,例如,探讨如何将有效的学习技术运用到发展学生批判性思维的教学活动之中[2],探讨学业情绪干预视角下技术如何促进学业成绩提升[3]等。学习技术范式下的研究实现了研究与实践的高效互动,对于缩短教育研究与实践的距离、促进研究成果的落地有着深远意义。

问题与回答

1. "基于认知发展的个性化学习"只考虑认知层面,那么学生的元认知能力在个性化发展中的定位是怎样的? 技术如何促进学生的元认知?

【回答】本研究团队研究的认知发展是以认知起点来表征的,而这个认知起点不

---

1 李广,姜英杰.个性化学习的理论建构与特征分析[J].东北师大学报(哲学社会科学版),2005(3):152-156.
2 毕景刚,董玉琦,韩颖.促进批判性思维发展的在线学习活动模型设计研究[J].中国远程教育,2019(6):33-40.
3 韩颖,董玉琦,毕景刚.学习分析中情绪的生理数据表征:皮肤电反应的应用前瞻[J].现代教育技术,2018,28(10):12-19.

仅包括学生当前对内容的理解,还包含着对这种理解的成因。本研究团队在测查上更侧重于进一步探索学生的信念,即找到原因的原因(详见第七章),然后通过信念和认知起点设计个性化学习,促进学生的认知发展。元认知能力很有可能就是原因的一种表达。

2. CTCL与学科相结合,目前都是结合具体知识点选择适切的技术来进行实证研究,这是否存在效率问题?如何让基础教育阶段的所有知识点都能有适切的技术来支持、实现个性化学习?

【回答】是的,确实存在效率问题。为了实现个性化学习,教学上,可能没有放之四海而皆准的技术,必须具体问题具体分析。但是研究者不必针对每一个知识点逐个选择适切的技术。本研究团队认为若要让K-12阶段的所有知识点都能有适切的技术来支持,实现个性化学习,需构成一个闭环生态:(1)研究者发现基础规律,给出学习系统的原型及部分教学案例;(2)一线教师、教研员及教育科技企业技术人员根据基础规律、系统原型研发实用的学习系统(包括学习资源);(3)教育者在进行教学的同时提出新的问题供研究者加以改进。

3. 在教育信息化领域,高等教育和基础教育的成功"携手",需要哪些要素?

【回答】"携手"的实质是在"政—产—学—研"协同创新机制下,各参与主体分工明确,主体间协作互通。但是,在教育信息化推进的不同阶段,协作主体不尽相同。在基础研究阶段,主要是由高等院校和少数学校合作,开展基础研究工作,政府在政策、资金等方面提供支持。在实践检验阶段,主要是高校研究者在部分学校开展小范围的实证研究,政府提供资金、场地等方面的支持,企业提供技术支持。在普及推广阶段,政府负责在全部学校进行教育信息化统筹推进,并且建立推进和保障机制,学校负责具体实施,企业负责技术支持,而高校研究者的作用并不明显。因此,实现高等教育和基础教育的成功携手,需要将目光聚焦在"基础研究"和"实践检验"两个阶段,充分发挥政府和企业各自的作用,在协同发展的机制下相互支持、相互促进,形成合力,而不是仅关注高校和中小学校的合作。

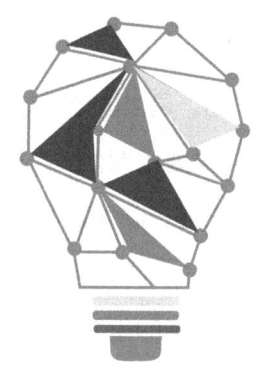

第二章

数字化学习资源设计:基于认知起点的个性化互动式视角

本章导言

技术如何促进学习，特别是如何更好地促进个性化学习，是当前教育技术学研究的热点和重点，也是基础教育课程改革亟待解决的重要问题。第一章已经详细介绍了本研究团队将基于认知发展的个性化学习作为核心路径，以学习者和学习内容的关系作为切入点，研究如何利用技术开展基于学生认知起点的个性化学习。

如何设计符合个性化需求的数字化学习资源是个性化学习中的重要研究内容。随着技术的发展，数字化学习资源越来越丰富，形式和内容多样的数字化学习资源为个性化学习提供支持。

本章在第一章整体介绍基于认知发展的个性化学习的基础上，从学习资源设计的角度出发，探讨如何基于认知起点设计互动式个性化学习资源。第一节主要从个性化学习资源目前的研究现状出发，提出个性化学习资源的设计要以学生为中心，旨在提高学生注意力的同时提升学生的学习效果。第二节主要介绍基于认知起点的互动式个性化学习资源设计要以认知起点为基础，以更好地开展认知干预，消除认知冲突。同时探讨如何呈现出符合学生认知规律，提高学生主动思考的能力的学习资源，并基于此归纳互动式个性化学习资源设计框架。第三节主要是以小学数学"中位数与众数"为学习内容开展实证研究，检验不同的学习资源对学生的个性化学习产生的不同影响。

基于认知起点的互动式个性化学习资源设计是在本研究团队之前学习资源设计研究基础上开展的，对认知起点及其成因进行剖析，在学生和学习内容之间建立互动链接，设计出符合学生认知规律的个性化学习资源，以促进学生认知发展和主动学习。

第一节
个性化学习资源现状分析

学习技术范式将基于认知发展的个性化学习作为核心路径,研究技术如何为个性化学习赋能。技术支持下的个性化学习,始终要以学生为中心,教学要把对学生的关注和学习本身的关注结合起来,在关注学生认知情感特征的基础上,关注学什么、如何学。教师、学生、学习内容、学习资源是技术支持下的个性化学习的核心要素,这4个要素是相互联系、相互作用的有机整体。技术的发展对教育系统产生重要影响,并引起教师的教学方式、学生的学习方式、学习资源形态和教学媒体形式的深层次变化。

在研究技术促进学习的过程中,学习资源的设计开发是重要研究内容。随着技术发展,数字化学习资源形式越来越丰富,从多媒体资源到互动式资源再到 VR、AR 资源等。形式多样的学习资源,如静态图形、动画、数字游戏、互动式模拟平台、可即时反馈的测验等,对于有效的学习至关重要。[1] 多媒体等相关技术的使用增强了学习资源内容可视化和与用户交互的效果,有助于学生的认知和情感发展。同时,技术的发展也使学习资源设计重点从集体学习资源向基于学生的个性化学习资源的转变成为可能,为实现个性化学习提供基础。

一、个性化学习资源设计研究现状

设计与开发学习资源一直是教育技术学这门学科的历史使命。从教育技术 AECT94 定义(教育技术是关于学习资源和学习过程的设计、开发、利用、管理和评价的理论与实践)可以看出,过去研究者还是将"学习资源"和"学习过程"视作两个独立的研究范畴。在这种理论的指引下,以往的学习资源设计较少地与学习过程联系起来。但如今的学习资源被时代赋予了更广泛的内涵和价值,它与学生的学习过程成了不可分割的整体。

随着数字化新媒体技术的发展,教育领域也发生着巨大的变革。数字化学习逐渐

---

[1] Mayer, R. E. Using multimedia for e-learning[J]. Journal of Computer Assisted Learning, 2017 (5): 403-423.

成为当代学生的重要学习形式之一。关于数字化学习资源的研究也成为了广大教育工作者和研究者的关注重点。数字化学习资源指"经过数字化处理,可以在多媒体计算机上或网络环境下运行的多媒体材料"。[1] 随着新媒体、交互等技术的不断发展变革,数字化学习资源呈现的方式也越发多样,关于数字化资源设计的相关研究也愈发多样,个性化数字资源的设计与应用逐渐成为研究重点。数字化学习资源对于丰富教育教学资源,推进教育信息化进程,促进教育教学发展有着重要的现实意义与深远的教育影响。

(一) 个性化学习资源设计相关研究

目前,对数字化学习资源设计的研究存在多样性和复杂性。对数字化学习资源设计的研究涉及领域较多,比如:当研究具体的课程设计、教与学之间的互动行为和最终的教学目标时,涉及的是教育学领域的专业问题;在对数字化资源的设计进行研究时,又涉及相关技术的专业知识,因此研究数字化学习资源的设计需要完成很多方面的工作。但不管如何,要想开发出优质的数字化学习资源,必须有合适的设计依据,将技术的运用、学生的认知和具体学习内容紧密结合,对资源的开发给予合理的指导。

1. 数字化学习资源设计研究

众多研究者对技术支持下的数字化学习资源是否有利于学生的学习开展研究。例如有研究者通过实证发现奥地利七年级学生在独立使用多媒体学习软件开展地下水知识学习后对相关知识的了解水平有了显著提高,其结果表明多媒体学习软件在科学课堂的应用对促进学生科学知识的掌握发挥着重要作用[2]。还有研究者通过在科学课程中开发基于游戏的数字资源,发现教育游戏能极大地提高学生对科学课程的参与度,提高学习效果。[3] 然而,如果在设计数字化资源时没有仔细考虑学生的特征和具体任务,只是一味地设计多媒体学习资源,反而可能会阻碍学生的有效学习。[4] 在设计数字化学习资源时,根据教学内容适当加入一些强化的元素也会有利于学生的学习。有研究者提出加入强调符

---

1 李克东. 数字化学习(上):信息技术与课程整合的核心[J]. 电化教育研究,2001(8):46-49.
2 Unterbruner, U., Hilberg, S. & Schiffl, I. Understanding groundwater-students' pre-conceptions and conceptual change by means of a theory-guided multimedia learning program[J]. Hydrology and Earth System Sciences,2016(6):2251-2266.
3 Hsieh, W.-M. & Tsai, C.-C. Exploring students' conceptions of science learning via drawing: A cross-sectional analysis[J]. International Journal of Science Education,2017(3):274-298.
4 Plass, J. L., Homer, B. D., & Hayward, E. Design factors for educationally effective animations and simulations[J]. Journal of Computing in Higher Education,2009(1):31-61.

号更有利于学习。[1] 图形、动画等多媒体元素的加入让数字化学习资源更生动活泼,易吸引学生的注意力,但加入这些元素需要注意:多媒体元素和学生先验知识存在一定的关系,不是所有的多媒体元素都能有利于学习,例如,在文本中添加互动式图片不一定会比非互动式图片更有利于学习,甚至可能会对学习结果和学习效率产生不利影响。[2] 因此,在设计数字化学习资源时,一方面可以通过数字化的形式丰富学习内容,让学生开展形式多样的学习;另一方面,在加入如图形、动画、符号等多媒体元素时,需要考虑学生的特征。

2. 个性化学习资源设计研究

随着技术发展,个性化学习系统得到广泛发展和应用,对个性化学习资源的设计研究成为研究个性化学习系统的重要部分之一。个性化学习资源设计主要集中在"分析"和"设计"两方面。首先分析目标、学生、可行性等,根据分析产生的数据信息得出学生的学习个性,然后以个性化学习为理论基础,设定学习目标,进而设计学习资源。学习资源主要根据学习内容的难易程度、资源的形式、学生本身的认知水平等来设计。例如在相关自适应学习系统中,在设计学习资源时,首先根据学生的学习水平设置不同等级的知识内容,然后让学生开展差异化的自适应学习过程[3]。又如 ALEKS 个性化学习平台,该平台根据知识之间存在的关联结构设计学习资源,可根据学生对知识的掌握情况,主动发送反馈和建议。当学生解错题时,该平台会发送纠正错误的建议。学生看完建议与题目解释后,可以通过点击"练习"(Practice)按钮返回之前的练习界面。如果学生成功解决了该问题,该平台会给学生两到三道同模块的习题,供其巩固训练,以确保学生掌握知识[4]。

根据上述分析,个性化学习资源应具有一定的梯度。使用个性化学习资源开展教学时,不能给予学生所有学习资源,而应为学生提供多种适合其水平的学习路径。可依据学习者的知识状态及学习进度,对学习资源进行分类,并选择合适的学习资源帮助学生进行

---

[1] Alpizar, D., Adesope, O. O. & Wong, R. M. A meta-analysis of signaling principle in multimedia learning environments[J]. Educational Technology Research and Development, 2020(1): 2095 – 2119.
[2] Paas, F. & Sweller, J. An evolutionary upgrade of cognitive load theory: using the human motor system and collaboration to support the learning of complex cognitive tasks[J]. Educational Psychology Review, 2012(1): 27 – 45.
[3] 李海峰.国际主流适应性学习系统的比较与趋势分析[J].现代教育技术,2018(10): 35 – 41.
[4] 王硕烁,马玉慧.国外典型自适应学习平台的基本框架及其关键技术分析[J].开放学习研究,2018(1): 48 – 54.

有效的知识体系建构,产生有意义的学习行为。

3. 学习技术范式下的个性化学习资源设计研究

本研究团队致力于从学生和学习内容相统合的角度开展技术支持下的个性化学习研究,基于学生和学习内容的关系(学生的认知起点)研究如何设计符合学生发展规律的学习资源。学生的认知起点不同,需要的学习资源也不同。如何设计符合认知起点的个性化学习资源,揭示利用技术促进学习的机理是团队研究的目标之一。经过10多年的研究及实践,本研究团队已验证从学生的认知偏差出发,根据学生的认知偏差类型设计学习资源,可有效促进学生的认知发生转变。

如何有效利用技术和认知冲突策略转变学生的认知偏差是学习资源设计时应重点考虑的内容。可针对不同类型的认知偏差,提出引发认知冲突的方法,使学生产生认知冲突,然后利用技术帮助学生解决认知冲突。学生在学习过程中应不断反思,进而发生认知转变。在认知冲突策略中,可以依据细谷纯提出的"惊讶型策略"和波斯纳等人提出的"概念转变模型"等方法引发学生的认知冲突。"惊讶型策略"主要是教师直接给出"反例",使其与学生的前认知相冲突,让学生产生惊讶,引发认知冲突,从而使学生认识并改变原有的认知图式,发生概念转变并获得新知识。[1] "概念转变模型"认为学生发生概念转变需要具备以下4个条件:对现有概念的不满,新概念的可理解性,新概念的合理性,新概念的有效性。通过呈现"反例",学生会对原有概念产生不满,此时提出既可理解又合理的新概念,学生便可发生概念转变。[2]

本研究团队经过10多年的实证研究,取得了相应的研究成果,如王靖以高中信息技术课程中的"汉字处理"和"计算机病毒"内容为例,从学生对学习内容的认知偏差出发,使用认知诊断工具获取学生的认知偏差,然后根据学生的认知偏差类型设计支架教学策略,并基于支架教学策略设计学习内容和资源,从而开展技术如何促进学习的研究。[3] 伊亮亮通过测查学生的认知偏差,运用基于视觉局限补偿的机理开发学习资源,验证学生使用该

---

1 边家胜,董玉琦. CTCL视角下日美两国概念转变策略研究谱系及其启示[J]. 中国电化教育,2015(11):18-27.
2 尹相杰,董玉琦,胡航. CTCL视野下的小学数学概念转变的实证研究:以"相交与垂直"为例[J]. 现代教育技术,2018,28(2):47-53.
3 王靖,董玉琦. 促进偏差认知转变的教学策略构建与应用研究[J]. 电化教育研究,2016,37(12):74-81.

学习资源进行学习,能够更好地促进自身认知偏差转变,达到技术促进学习的目的。[1] 胡航等结合深度学习,提出了"个性化-合作"学习,并对学习资源进行数字化表征,让学生利用数字化学习资源开展个性化合作学习。[2] 尹相杰等基于学生与学习内容的关系,针对不同概念偏差类型设计了不同的学习资源,对基于认知偏差的个性化学习开展了进一步的研究,验证了利用不同概念偏差类型的个性化学习资源开展个性化学习能够有效地促使学生的概念转变,提高学业成绩。[3]

根据上述相关研究成果,本研究团队对学习资源设计研究主要是针对学生存在的认知偏差而开展。首先对学生认知偏差进行测查,在获得认知偏差类型的基础上,对其形成的原因和特点进行探究,然后基于成因和特点,根据惊讶型策略或概念转变模型等认知冲突策略设计学习资源,从而有效地促进学生发生概念转变。

(二)互动式学习资源设计研究

"交互"是现阶段评价教学的重要指标之一,是主动学习和有意义学习的标杆,主要指师生互动和生生互动。学习资源的互动性指学习资源支持教与学相互作用的能力或特性,它在学生与学习资源的交互过程中得以体现。[4]

陈丽等在研究国内外研究者观点的基础上,提出教学交互层次塔理论,将学生在教学环境下的交互行为发展分成3个阶段:操作交互、信息交互和概念交互。操作交互是学生与多媒体之间的最直接的交互行为。信息交互体现为学生利用相应的学习资源来解决困难时产生的一系列行为。概念交互是操作交互和信息交互的最终导向,操作交互和信息交互是实现概念交互的行为和方法。概念交互是学生自身已有的知识和即将获取的知识之间的交互,是学生对自身知识结构进行重新建构的过程,即意义建构。[5] 教学交互模型在三阶段交互的共同作用下促进学生的知识建构。

人机交互理论是研究人、计算机及它们之间相互影响的技术。人机交互,又可称为人

---

[1] 伊亮亮,董玉琦,钱薇旭.基于"视觉局限补偿"机理的微视频设计模型:以初中物理"光现象"单元的学习为例[J].中国电化教育,2017(3):121-126.
[2] 胡航,董玉琦.技术促进深度学习:"个性化—合作"学习的理论构建与实证研究[J].远程教育杂志,2017,35(3):48-61.
[3] 尹相杰,董玉琦,胡航.CTCL视野下的小学数学概念转变的实证研究:以"相交与垂直"为例[J].现代教育技术,2018,28(2):47-53.
[4] 王志军,陈丽,陈敏,等.远程学习中学习资源的交互性分析[J].中国远程教育,2017(2):45-52,80.
[5] 陈丽.远程学习中的教学交互原理与策略[J].中国远程教育,2016(9):5-6,13.

机对话,是指用户与计算机系统之间的通信,是人与计算机之间各种符号和动作的双向信息交换。这里的"对话"可以理解为一种信息交换,而且是一种双向的信息交换,既可由人向计算机输入信息,也可由计算机向人反馈信息。这种信息交换是以各种符号和动作的形式出现的,如点击键盘、移动鼠标、显示屏幕上的符号或者图形等。[1] 这里的计算机系统可以是各种各样的硬件设备,也可以是计算机化的系统和软件。

教学交互层次塔模型对于互动式学习资源中的交互设计提供了参考依据。互动式学习资源要从多个层次多个角度进行交互设计,以营造良好的交互环境,从而提升学习效果,实现预设的学习目标。人机交互理论在数字化学习资源的设计方面被广泛应用,其中注意力竞争理论、视觉搜索理论及动作效果理论影响十分重大。有研究者提出使用注意力竞争理论解释用户对网站的喜好程度,发现在人的视觉系统范围内,各种信号目标会分别刺激人的注意力,并在人的注意力有限的情况下相互竞争。[2]

随着交互技术的发展,主动学习对互动式学习资源的需求愈加强烈。设计具有交互功能的学习资源,要考虑学生的认知负荷,以便更有效地支持学习。当学生认为学习是有意义时,他们会更加努力地理解学习内容,从而获得更深入的见解和更好的学习效果。以学生为中心或由学生控制的学习环境,应允许学生作出决定并控制学习过程,鼓励学生以更好的学习态度和动机开展积极主动的学习,以提升学习体验并提高学习成绩。

二、互动式个性化学习资源设计理论基础

目前关于学习资源设计的理论研究主要聚焦于多媒体学习认知理论、情境认知理论、认知冲突策略及主动学习等。对个性化学习资源设计的研究也应在这些理论指导下,并基于学生和学习内容的关系而展开。

(一)多媒体学习认知理论

多媒体学习认知理论认为按照人的心理工作方式设计的多媒体信息比没有按照人的心理工作方式设计的多媒体信息更可能产生有意义的学习。[3] 学习资源的设计开发应考虑学生的认知加工容量、认知负荷和有限的认知资源分配的问题。学生的认知加工容量是有限的,资源内容应小而精。良好的资源设计和呈现方式,能将学生的外部认知负荷减

---

[1] 董士海,王衡.人机交互[M].北京:北京大学出版社,2004.
[2] 傅琴.交互理论在移动端阅读学习中的应用情况调查及其启示[D].北京:中央民族大学,2018.
[3] Mayer, R. E. Using multimedia for e-learning[J]. Journal of Computer Assisted Learning, 2017(5): 403-423.

少到最小。当学生看到文字和图片时,就会发生有意义的学习,因为他们可以开始构建物体或现象的心理表征。

多媒体的使用增强了内容可视化和用户交互,有助于学生的认知和情感发展。例如,作为基于探究的科学课程学习平台的计算机模拟可以为学生提供机会来操作在课堂环境中不可能、困难或耗时的科学实验。[1][2] 通过为学生提供愉快的学习体验,基于数字游戏的学习被认为有助于促进认知参与和动机。[3] 带有即时反馈的测验有助于解决在大班级中执行和管理有效形成性评估的问题[4],并有助于在小组内部和小组之间搭建协作学习的支架。有研究者认为,在电子学习环境中[5],多媒体资源能够激发学生探索学习内容的兴趣,并能够积极主动地搜索相关信息开展学习[6]。

(二) 情境认知理论

情境认知理论认为学习是发生在真实情境中的。[7] 知识具有情境性,存在于学生的活动中。真实情境促使个体通过协作和互动的方式进行学习。学生需要在情境中实现知识的获取和应用。基于该理论,学习资源的设计要以情境问题为核心串联学习内容与知识。基于问题创设的情境,能使学生快速理解学习内容,同时激发情感体验,促进主动学习,有助于学生将知识和技能迁移到新的情境中。

在情境设计中,可以利用多媒体技术创设模拟真实的情境,使情境突破视觉局限,具有很强的真实感和表现力。多媒体教学可在课堂上引入大量翔实逼真的资料,模拟现实、生动的场景,使学生获得与现实世界较为接近的学习体验,激起学生学习的积极性。真实

---

[1] Rutten, N., van der Veen, J. T., & van Joolingen, W. R. Inquirybased whole-class teaching with computer simulations in physics[J]. International Journal of Science Education, 2015(8): 1225-1245.
[2] Smetana, L. K. & Bell, R. L. Computer simulations to support science instruction and learning: A critical review of the literature[J]. International Journal of Science Education, 2012(9): 1337-1370.
[3] Chu, H. C. & Hung, C. M. Effects of the Digital Game-Development Approach on Elementary School Students' Learning Motivation, Problem Solving, and Learning Achievement[J]. International Journal of Distance Education Technologies, 2015(1): 87-102.
[4] Penuel, W. R., Roschelle, J. & Shechtman, N. Designing formative assessment software with teachers: An analysis of the co-design process[J]. Research and Practice in Technology Enhanced Learning, 2007(1): 51-74.
[5] Lan, Y. J., Sung, Y. T. & Chang, K. E. A mobile-devices supported peer-assisted learning system for collaborative early EFL reading[J]. Language Learning and Technology, 2007(3): 130-151.
[6] Shamir, A. & Korat, O. Educational electronic books for supporting emergent literacy of kindergarteners at-risk for reading difficulties—What do we know so far[J]. Computers in the Schools, 2015(2): 105-121.
[7] 高文.情境学习与情境认知[J],教育发展与研究.2001(8): 30-35.

的情境可促进学习与现实的融合,引起学生新旧观念的冲突、整合和结构调整,促进学生构建新的知识结构,发展思维能力和创新意识。

(三)认知负荷理论

影响认知加工最主要的因素是认知负荷。认知负荷理论是指学生在完成任务的过程中所消耗的心理资源,消耗的心理资源越多,说明学生的认知负载越高。[1] 该理论是在图式理论和资源有限理论的基础上提出的。学生在学习过程中被认为是先由工作记忆来处理知识,然后通过建构知识体系将知识形成长期记忆并存储起来。认知负荷理论应用在教学上,首先关注的是认知负荷理论作为指导教学设计有效进行的理论基础,如何能够使得学生在学习过程中产生的认知负载不超过其工作记忆的加工容量。

基于认知负荷理论,在设计学习资源时,学习材料要避免出现过多额外信息,特别是非必要信息,同时要避免信息呈现冗余。此外,要减少学生的内部认知负荷,即降低学习元素及其交互活动的复杂性以降低内部认知负荷。在降低内部认知负荷的基础上,还需考虑如何增加相关认知负荷。

(四)认知冲突理论

皮亚杰等研究发现在知识的发展过程中,出现了不平衡现象,通过对学生进行同化和融合的过程可达到新的平衡,认知发展过程是"平衡—不平衡—新的平衡"[2]。皮亚杰的主张可被用来理解认知冲突。有研究者定义,认知冲突是个体意识经历不平衡的情况。[3] 这种不平衡源于学生原有的认知结构无法解释新知识时产生的冲突,当学生处于冲突状态时,通过教师、同伴或脚手架的帮助,学生在认知冲突过程中能够适当或积极地更新和增强自身的认知能力。

不同的学者对认知冲突有不同的理解,总结出不同的认知冲突模型。Tsai 提出了典型的认知冲突模型,他利用差异性事件引发学生认知冲突,再通过科学概念和批判性事件引导学生建构新的认知结构,最后通过关联学科概念和其他的支持性认知巩固新概念的

---

1 Sweller J. Cognitive load during problem solving: Effects on learning[J]. Cognitive Science, 1988, 12(2): 257 – 285.
2 皮亚杰. 发生认识论原理[M]. 北京: 商务印书馆, 1981.
3 Lee, G., Kwon, J., Park, S. S., Kim, J. W., Kwon, H. G. & Park, H. K. Develop-ment of an Instrument for Measuring Cognitive Conflict in Secondary-Level Science Classes[J]. Journal of Research in Science Teaching, 2003(6): 585 – 603.

形成。[1] 权载述建构的认知冲突模型如下：首先向学生展示经验，确定学生的前概念，然后向学生展示自然现象，引发学生的认知冲突，紧接着教师引入科学概念，利用科学概念向学生解释自然现象和经验，最后引导学生将错误的前概念转变成科学概念。[2] 费斯汀格认为，当学生头脑中存在两种不相容的观念时，就会引发认知失调，而学生会想办法减轻或消除这种认知失调，也就是所谓的解决认知冲突，此时学生会产生学习的驱动力，从而解决认知冲突，提高学习效率。[3]

（五）主动学习理论

随着学习理论的发展，人们对学习的认知开始从行为主义转向建构主义，意识到主动学习与被动学习之间存在明显的差异。主动学习（Active Learning）是"基于学生的主体性参与与学生之间能动的交互作用的学习而产生的"。[4] 主动学习理论认为学生应积极主动地参与到学习的过程中，并思考自己学习的是什么。主动学习理论源自建构主义，核心要素是学生主动地参与学习过程，而非被动地从教师那里获得信息。在主动学习过程中，学生通过操作、读写等主动学习，能记住90%的内容。相关研究已经表明使用技术和学习策略能够帮助学生发掘在学习过程中主动探索信息的潜力。[5]

主动学习不是单纯记忆知识的学习，而是指学生能够积极地应对各种课题，并富有实感支撑的学习。基于"核心素养"的教学指向培育学生成为出色的问题解决者。人的学习是在具体的情境之中产生的，只有学生作为当事者"参与"用知识解决问题的真实社会实践之中，"学习"才得以实现。

三、互动式个性化学习资源设计应考虑的策略

（一）个性化学习资源的有效应用需要考虑学生特征

上述论述中提到，设计个性化学习资源时，除了考虑学习资源的呈现形式需要多样化之外，还需要考虑学生自身的一些特征。因为学生认知基础不同，认知能力不同，使用同一份学习资源进行学习与测试所取得的效果也会不同。可见，根据学生的特征来设计学习资源

---

1 Tsai C C. Enhancing science instruction: the use of conflict maps[J]. International Journal of Science Education, 2000(3): 285-302.
2 权载述. 权载述认知冲突模型[J]. 物理教育杂志,1989(1): 1-9.
3 费斯汀格. 认知失调理论[M]. 郑全全,译. 杭州：浙江教育出版社,1999: 45.
4 钟启泉. "能动学习"与能动型教师[J]. 中国教育学刊,2020(8): 82-88.
5 Hung, H. T. Flipping the classroom for English language learners to foster active learning[J]. Computer Assisted Language Learning, 2015(1): 81-96.

是必要的。根据学生的认知状况、接受能力、学习习惯等特征,开发有针对性的学习资源,可以使学生快速有效地开展学习。在基于学生的认知起点设计学习资源时,需要充分考虑到学生的认知起点,即根据学生对学习内容存在的认知冲突设计开发学习资源,有针对性地根据学生的认知状况推送相对应的学习资源,从而为更好地开展个性化学习提供依据。

(二) 互动式个性化学习资源的设计需要关注学生参与

关于基于交互技术设计的互动式学习资源,有研究表明,仅通过交互界面开展简单的人机交互学习对学生的知识获取和浅层的知识记忆会有帮助,但对深层的知识迁移和知识构建帮助不大,不匹配的交互功能和学习期望还会阻碍内容学习。[1] 有研究指出,设计互动式学习资源时,要考虑学生和学习内容的交互设计和交互技术特征之间的关系。建议设计让学生一定有参与互动学习机会,让他们成为参与者,感受到与教学环境的联系,而不是仅作为旁观者。[2] 基于上述分析,在基于认知起点开展互动式学习资源设计时,不仅要考虑在资源界面上如何进行互动,还要着重考虑在互动过程中如何更好地让学生参与其中,即学生在和学习资源进行互动时,要基于学生存在的认知起点设计互动环节使其主动参与。学生在主动参与的过程中进一步强化认知冲突,在强烈对比中利用技术促进自身认知发展。

(三) 互动式个性化学习资源应促进学生认知发展

在设计具有互动功能的个性化学习资源时,需要重视学生和学习内容的互动并强调学习内容,使得学生在交互学习过程中专注于内容。[3] 这些互动能够促进学生思考、自我调节、反思和支持内容的深层处理,能够帮助学生建立对内容理解的信心,并获得学习收益。研究发现,学生与学习内容的主动互动及学生和学生之间的互动在自我反思、主动关注内容和学习过程中可促进学生认知发展。[4] 在基于认知起点开展互动式学习资源设计时,要着重考虑如何才能让学生在与学习资源互动过程中引发主动思考,从而对自身存在的认知进行反思,然后消除认知冲突,进而更好地促进自身认知发展。

---

[1] Akdemir, O. & Koszalka, T. Investigating the relationships among instructional strategies and learning styles in online environments[J]. Computers & Education, 2008(4):1451-1461.

[2] Lamb, R. L., Annetta, L., Firestone, J. & Etopip, E. A meta-analysis with examinations of moderators of student cognition, affect, and learning outcomes while using serious educational games, serious games, and simulations[J]. Computers in Human Behavior, 2018(80):158-167.

[3] Murray, M., Pérez, J., Geist, D. & Hedrick, A. Student interaction with content in on-line and hybrid courses: Leading horses to the proverbial water[J]. Informing Science, 2013(16):99-115.

[4] Harvey, M., Coulson, D. & McMaugh, A. Toward a theory of the ecology of reflection: Reflective practice for experiential learning in higher education[J]. Journal of University Teaching and Learning Practice, 2016(2):1-20.

第二节
基于认知起点的
个性化学习资源设计方法

目前数字化学习资源设计越来越重视学生使用学习资源的效果,即学习资源能否有效地促进学生个体的认知发展。如果不考虑学生,设计的学习资源可能不仅不能促进学习,反而降低学习效果,使学生的认知负荷加重,难以实现利用技术促进学习的预期效果。因此,如何基于学生的认知起点,有针对性地设计个性化学习资源是开展个性化学习中应重点关注的问题。

一、基于认知起点的互动式个性化学习资源设计依据

在对学习资源的研究中,大多是基于认知学习理论和认知负荷理论探讨如何进行学习资源设计开发,基于学生的认知起点(学生和学习内容之间的关系)开展有针对性的设计研究较少。技术要想促进个性化学习,应始终以学生为中心。基于学生的认知起点,利用技术设计开发符合学生认知特征的个性化学习资源,并以之为载体,实现学生和学习内容的互动,使学生在互动过程中得到认知发展,达到技术有效促进学习的目的。

本研究团队在数十年的研究中,主要基于学生的认知偏差开展研究,通过分析偏差类型及其成因,利用技术结合认知冲突策略来设计符合学生认知偏差类型的学习资源,通过技术主动干预学生的认知偏差,使学生在认知冲突过程中得到认知发展。本研究团队的最新研究成果(第一章)是在认知偏差基础上,以学生的认知起点为研究基础,关注技术支持的基于认知发展的个性化学习。在最新研究理论指导下,基于认知起点的个性化数字学习资源设计也将在原有的认知冲突策略研究基础上,探索如何在学生学习过程中,通过引导学生与学习内容互动,进而引导学生主动开展学习,使其在自我思考和主动学习过程中完成认知发展。换言之,设计基于认知起点的互动式个性化数字学习资源时,应分析学生的认知起点(学生与学习内容的关系),结合相关理论呈现符合认知起点的资源内容,使学生通过互动开展学习。在技术支持下,充分尊重学生的个体差异,支持学生依据自身实际情况定制学习内容,满足其个性化需求,从而达到技术促进学习的目的。具体的学习资源设计依据主要包括以下方面。

(一) 基于认知起点设计学习资源内容

基于学习技术范式,学生的学习应在其认知起点基础上开展。在学习之前,需要诊断出学生认知起点类型并分析认知起点形成的原因。诊断认知起点的目的主要是探究出学生和学习内容之间的关系,并在此基础上分析学生要学什么、如何学。然后据此设计学习资源,而不仅仅基于学习内容本身设计。学习不再仅基于知识点,而是要基于学生的内在需求而开展。学习资源设计不再纯粹地基于内容,而是要基于学生要学什么(认知起点)。学生的所学内容不再统一,而是根据各自的认知起点,是个性化的。

在基于认知起点设计学习资源时,通过掌握学生认知起点背后存在的原因,还可利用技术有针对性地对学生进行认知干预,通过相关认知冲突策略设计符合学生需求的数字化学习资源,使学生在学习过程中,不断强化认知冲突,从而更有效地开展个性化学习。同时,基于认知起点设计相应的学习资源,还可减少学生的内在和外在认知负荷,让学生更有针对性地学习其需要学习的内容。

(二) 基于情境设计学习资源呈现形式

情境认知理论强调情境的主要作用有两个:第一,将学习内容和学生的原有经验联系起来;第二,促进知识、技能与经验的联系。研究表明,学生在日常生活中熟悉的经历,通常是激发其原有认知的最佳情境。[1] 因此,在设计基于认知起点的学习资源时,在资源呈现方面,应根据学生的认知起点及其成因,基于学生存在的问题创设学习情境,通过形象化的手段强化学生存在的认知冲突,引导学生表达自己的观点,同时引导学生通过独立探索、协作学习获得新认知。在情境化的学习环境中,学生可经历认知冲突从产生到解决的过程,同时激发自身情感体验,形成主动学习,这有助于学生将知识和技能迁移到新的情境中。

此外,在呈现情境化学习资源时,应尽量采用贴近学生生活的真实或虚拟角色,引导学生积极学习。当学生处于低年龄阶段时,资源内容呈现尽量采用动态媒体,表达采用简约语句,尽量引导学生探究,利用技术能促进其积极学习。

如何让学生在学习过程中提升学科素养,也是目前设计学习资源时需要考虑的问题。因此在设计学习资源时,可通过情境化的资源设计把学科素养要求体现出来,使学生在情境化的学习过程中,通过解决具体的问题达到学科素养要求,培养其学科素养。

1　Vosniadou, S., Ioannides, C. From Conceptual Development to Science Education: A Psychological Point of View[J]. International Journal of Sciences Education, 1998, 20(10): 1213-1230.

(三) 基于交互技术设计学习资源互动内容

基于认知起点设计资源内容时,一方面利用技术设置情境化的认知冲突可以有效干预学生认知冲突;另一方面,在干预学生认知冲突时,通过设置合适的互动环节,还可以让学生在互动学习过程中专注于内容。学生和学习资源的互动,其本质可以理解为学生对学习资源做了什么,学习资源对于学生的行为给出了什么样的反馈。学生在这样的互动中获得对学习内容的理解。对学习资源进行合理的互动功能设计,是引导并促进学生学习的有效办法。

随着技术的发展,交互技术愈发成熟。互动式学习资源,不仅要体现技术上、形式上的互动,还要引导学生与学习内容的互动,包括学生与学习内容界面的互动、与学习内容信息等相关元素的互动及与自身认知的互动3部分。因此,在设计互动式学习资源时,一方面需要设计界面上、形式上的互动,帮助学生知识获取和浅层的知识记忆;另一方面,还需要更多地考虑信息互动和学生自身认知互动,通过强化学生和学习内容的互动,促进学生对知识的自主建构。良好的互动式学习资源设计,需处置好学习内容与学生之间互动的问题,克服单向学习模式的弊端,在激发学习兴趣、提高学习积极性基础上,强化学生的认知互动,促进学生对学习内容的意义建构。

二、基于认知起点的互动式个性化学习资源设计框架

(一) 不同认知起点类型的个性化学习资源设计原则

根据学习技术范式,在基于学生的认知起点设计学习资源时,针对不同认知起点类型及成因,需采用不同的认知冲突策略设计情境化的认知冲突场景。为了方便快速地设计资源,本研究团队在基于认知冲突策略、资源设计相关理论基础上,归纳总结了基于认知起点类型的个性化数字学习资源设计原则及相应的技术干预手段。具体学习资源设计原则如下:

原则一:引起惊讶,消除认知冲突。有些学生的认知起点类型是概念模糊,其成因是和自身已有认知发生冲突,引起认知的负迁移,对相关概念的定义理解过于表面,从而导致认知错误。针对此类型认知起点,可结合多媒体学习认知理论、情境学习理论和认知冲突理论,利用对比法,用图文描述、动画模拟、数据统计图等多种呈现方式对混淆的事物进行对比分析,帮助学生理解相关概念,从而有效消除认知冲突。基于该原则,在考虑如何利用技术设计具体学习资源时,可以通过技术实现互动模拟操作或动画演示,引导学生通

过互动或观看动画演示学习相关内容,并和自己存在的认知起点进行对比,进一步加深认知冲突,从而为认知发展提供转变基础。

原则二:引导主动发现理解错误。规则混淆认知起点类型的成因是对规则存在认知偏差,或者由于概念不清导致对相关规则理解错误。针对此类型认知起点,可根据情境学习理论和主动学习理论,使用发现法,引导学生通过交互操作、错误场景模拟、动画对比等方式,主动发现规则,从而形成正确的规则认知,促进自身学习。基于该原则,在考虑如何利用技术设计具体学习资源时,可以通过交互操作、错误场景模拟等引导学生发现错误,从而为认知发展提供转变基础。

原则三:引起惊讶或主动发现理解错误。理解泛化等认知起点类型是由于对概念或规则的某个特点的过渡泛化,或是由生活经验导致理解错误。针对其成因,根据情境学习理论、主动学习理论和认知冲突策略,可利用澄清法,引导学生通过操作或观察、模拟场景等纠正其错误理解,有效干预学生的认知,促进其认知发展。基于该原则,在考虑如何利用技术设计具体学习资源时,可引导学生通过交互模拟发现错误,从而为认知发展提供转变基础。

(二)基于认知起点的互动式个性化学习资源设计框架

本研究团队根据认知起点、资源设计理论、交互技术等理论,结合基于认知起点的学习资源设计原则,构建出技术支持下的基于认知起点的互动式个性化学习资源设计框架,该框架包括内容设计、场景设计(内容呈现设计)、互动设计,具体如图2-1所示。

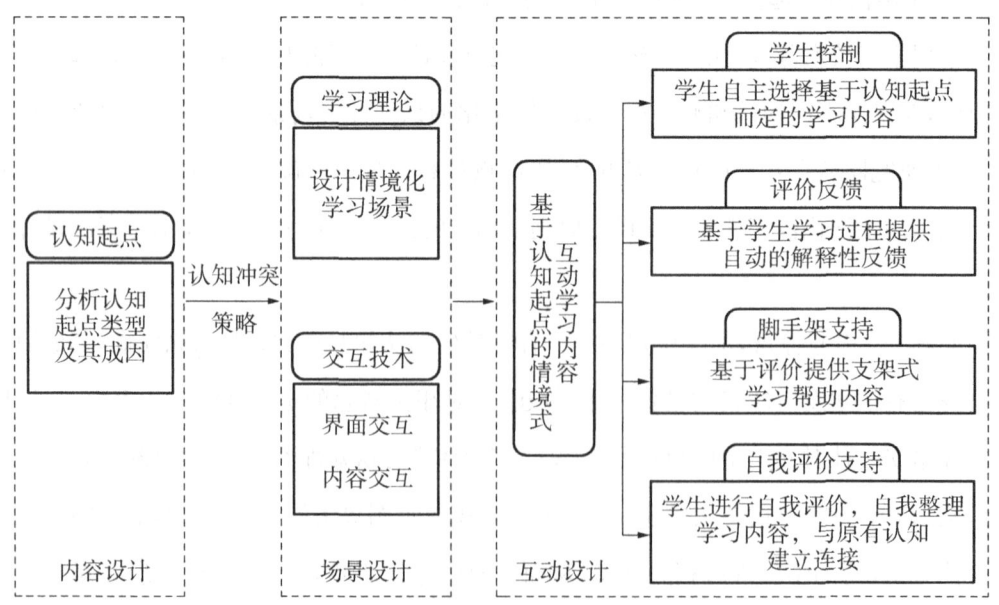

图2-1 基于认知起点的互动式个性化学习资源设计框架

1. 内容设计

在该资源设计框架中,内容设计是指要基于学生的认知起点,根据学生和学习内容的关系来设计学习资源。首先要分析具体的学习内容及学习目标,同时分析学生的认知起点、学段和学习特点。然后基于学生的认知起点类型和成因确定具体的个性化学习内容和要求。最后根据学习资源设计原则设计认知冲突策略,为场景设计提供基础。

2. 场景设计

场景设计是设计基于问题的情境化学习场景。该场景能够将学习任务和学生的原有经验联系起来,使学生通过操作、观察进行直观感受,产生共鸣,激发头脑中的原有认知,进而使不同学生呈现不同的认知冲突交互选择。不同学生在情境认知冲突过程中,通过选择不同的认知冲突选项,学习不同的内容,通过选择、拖动等交互方式开展个性化学习。在设计场景时,还需考虑如何和学科素养结合,以便在促进学生认知发展的过程中提升学生的素养。

3. 互动设计

在基于问题的情境化学习场景中,学生根据自身认知起点和情境问题开展个性化互动学习,在互动和主动思考中获得新知识。在此过程中,可根据学生的学习情况,提供过程性评价,并基于学生的反馈为其提供相应的脚手架,强化学生的学习过程。学生在学习完相应内容之后,可以通过自我评价完成对知识的自我建构,在相应提示下进行总结、意义建构,从而完全实现认知起点转变,使认知得以发展。

如何设计合适的互动方式非常重要。针对"概念模糊"认知起点类型,可利用交互技术,设计测试游戏等对相关内容进行对比。在操作或演示过程中,可设计供学生总结或选择的选项,设计根据学生的选择跳转不同学习资源,并针对不同题目答案设计个性化的反馈效果。针对"规则混淆"类型,可设计为故事演示的形式,实现与学生已有知识的概念性交互,通过交互技术使学生对学习内容进行重新认知。可设计根据学生的选择跳转不同学习资源,并针对不同回答设置个性化的反馈效果。针对"理解泛化"认知起点类型,可设计动画和切换效果实现与学生视觉上的交互。同时使学习内容根据学生的点击或滑动操作而呈现,实现学生与学习内容上的交互。

三、技术支持下的互动式个性化学习资源设计流程及应用过程

基于上述的框架结构可根据教学过程中的教学设计流程,按分析、设计、开发、应用、

评价的步骤来设计制作互动式个性化学习资源。

（一）具体设计流程

（1）分析。该阶段主要是对学习内容、学生以及教学目标进行分析。首先根据教学目标要求，确定具体的教学内容和详细目标，以此作为开发学习资源的内容依据。在分析阶段，需要对学生的认知起点及成因进行分析，即分析学生和学习内容之间的具体关系，从而为后续的情境设计和认知冲突设计提供依据。此外，在分析阶段，还需根据具体的学科，分析其学科素养要求，考虑如何提高学生的学科素养，实现学生从具体知识的掌握到素养能力都有提升。例如新课程改革凸显情境在数学课程学习中的重要地位，强调要让学生在情境中获得知识，在情境中培养能力，使学生在面对复杂、不确定的生活情境时，能够运用所学数学知识、数学思想、数学方法解决现实情境中的问题。可见，将情境学习理论应用于培养学生数学核心素养，可有效提高学习效果。

（2）设计。设计阶段是在分析阶段形成的结果的基础上，以互动式个性化学习资源设计框架为依据进行学习内容设计、情境呈现方式设计和交互方式设计。设计主要按照"提出互动问题—针对性解释（适当采用相应技术手段）—评价反馈"的流程，帮助学生纠正错误认知。首先基于认知起点类型设计情境式的互动问题，并根据学生的互动选择显示不同的学习内容，然后对学生学习过程进行评价，根据评价结果为学生提供不同的类似脚手架式的帮助内容，最后引导学生在相应提示下进行主动解释，进而进行意义建构。

（3）开发。开发阶段是基于设计内容，选择相应的媒体制作工具或者程序设计语言按照交互要求和情境设计要求，开发出具体的互动式个性化学习资源。

（4）应用。应用阶段是将设计制作出的互动式个性化学习资源应用于教学实践当中。应用过程中可收集相关数据，为学习资源的评价和改进提供依据。

（5）评价。评价阶段的目的是收集用户对学习资源的设计意见和试用或应用后的改进意见，从而对学习资源进行完善修改，保障学习资源的实际课堂应用。

（二）具体应用过程

应用互动式个性化学习资源时，首先呈现具体的学习情境，强化学生的认知冲突，让学生在情境化的认知冲突环境中，和其之前存在的前认知进行对比。此时学习资源并不直接帮助学生解决认知冲突，而是基于对比呈现出不同的内容。学生根据自身存在的认知冲突进行不同的选择，从而开展个性化的学习。

在学习过程中，互动式个性化学习资源可让学生通过与学习内容的互动，引发其新旧认知的强烈对比,通过引导学生与学习内容不断互动,帮助学生理解掌握正确的知识。同时,通过设置评价,检测学生是否真正发生认知转变,如发现学生还存在一定的认知偏差,则继续为学生提供脚手架式的帮助,直到学生完成认知转变。

在学生完成认知转变后,互动式个性化学习资源会再次提供评价,让学生在相应提示下进行自我解释,主动思考,然后针对学生的思考提供反馈,从而帮助学生进行意义建构,实现互动式个性化学习资源的设计目的。

第三节
基于认知起点的
个性化互动式学习资源应用实证研究

基于上述研究基础,本研究团队以数学学科中统计与概率教学内容中的"中位数与众数"为实验研究内容,在第一轮实验研究的基础上(详见第一章第三节),重点研究基于认知起点的互动式个性化学习资源对学生学习效果的影响,为互动式个性化学习资源设计研究提供实践依据。

平均数、中位数与众数是数学统计中的 3 个重要统计量,且与生活较为贴近。《数学课程标准(2011 年版)》中将"统计与概率"确定为一个重要的学习领域,强调要培养学生从统计的角度思考问题、解决问题的意识,即让学生初步学会从数学的角度发现问题,提出问题,并能综合运用所学的知识和技能解决问题。

基于上述分析,本实证研究主要验证基于认知起点的互动式个性化学习资源能否促进学生的认知发展,不同的互动式个性化学习资源是否对学生的认知发展产生不同的影响,基于情境的互动式个性化学习资源是否比无情境的单向式个性化学习资源更能促进学生的认知发展。

一、教学实验方案

(一) 实验假设

本实证研究假设:基于学生认知起点的个性化学习能更好地促进学生认知发展;同样基于认知起点的个性化学习,基于情境的互动式个性化学习资源比无情境的单向式学习资源能更好地促进学生认知发展。

(二) 实验对象

基于上述实验假设开展准实验研究,实验对象为上海市某学校小学四年级共 73 名学生(男生 40 人,女生 33 人)。为保证实验数据的有效性,实验前将学生随机分成 3 个组分别为:对照组,共 24 人(男生 14 人,女生 10 人);实验 1 组,共 24 人(男生 11 人,女生 13 人);实验 2 组,共 25 人(男生 14 人,女生 11 人)。

(三) 实验变量与测量工具

本实验对照组和实验组的整体教学保持一致,实验变量是学习形式和学习资源。实验时,对对照组开展集中授课教学;对实验1组开展个性化教学,采用基于认知起点类型设计的单向式学习资源;对实验2组开展个性化教学,采用基于认知起点类型设计的互动式个性化学习资源。三个组均进行同样的前后测,以保证实验的有效性。以上实验可探究基于认知起点的不同形式的学习资源对学习效果的影响。

为研究认知起点对学生学习的影响,本实验首先基于情境或问题设计开放式问卷,收集学生的认知起点及产生该认知起点的原因,对原因进行归纳整理,形成包括认知起点和原因的二阶测查问卷。然后通过验证,结合学科教师、研究专家意见形成最终的二阶测查问卷和前后测问卷,明确学生的认知起点和形成原因,为后续的学习资源设计提供依据。实验的信度检验 Cronbach's Alpha 为 0.812。

(四) 认知起点诊断

本次二阶测查问卷是根据教学知识点、重难点和容易混淆知识点而设计的,主要对中位数和众数的概念及应用进行认知起点测查。问卷通过基于情境或问题而设计,主要用于确定学生的认知起点类型,问卷的设计具有针对性。

本研究在上一轮中位数与众数实验的认知起点测查二阶测查问卷基础上,增加情境化内容,形成本轮实验的认知起点测查工具,并在教学中运用于测查学生的认知起点。本次实验,学生的认知起点分类主要参照之前的类别,分为三种类型:概念模糊、规则混淆和理解泛化。由于已经对学生的认知类型有具体的归类了,因此在本轮实验中,可以直接在课堂上对学生开展认知起点诊断。本实验利用自主研发的个性化学习支持系统,使用二阶测查问卷对实验组学生进行认知起点诊断,诊断出每个实验组学生的认知起点类型,据此实时为学生推送学习资源。二阶测查问卷样题如下所示。

二阶测查问卷样题

1. 班级里5名学生在比赛投篮,他们进篮的个数分别是15、2、2、4、5。分析这组数据,你认为这组数据的中位数是(　　)。

A. 15　B. 2　C. 4　D. 5　E. 8.5　F. 没有中位数

你选择该答案的理由是(　　)。

① 中位数就是中间的那个数字

② 因为有相同的数据

③ 排序后得到中间位置的数字

④ 中位数是最大值和最小值的平均数

⑤ 其他,请填写_____

(五) 实验教学设计

本实验中对照组的教学是按照目前常规班级教学开展的,实验组的教学过程是教师首先根据日常生活情境引入中位数和众数的概念,然后对学生进行认知起点测查,在此基础上推送学习资源,引导学生开展个性化学习。对照组和实验组的教学设计流程如表2-1所示。

表2-1 对照组、实验组教学设计对比

对照组	实验1组	实验2组
引入中位数和众数概念	引入中位数和众数概念	引入中位数和众数概念
师生通过例题共同学习中位数和众数	学生登录个性化学习支持系统,进行认知起点诊断,根据推送的学习资源(单向式个性化学习资源)进行个性化学习	学生登录个性化学习支持系统,进行认知起点诊断,根据推送的学习资源(基于情境的互动式个性化学习资源)进行个性化学习
师生互动巩固知识	在线测试 师生互动巩固知识	在线测试 师生互动巩固知识
教师讲解	学生自主探究	学生自主探究
师生讨论	小组讨论 全班讨论	小组讨论 全班讨论
课堂小结	课堂小结	课堂小结

在具体教学过程中,3个组的导入环节(本节课共35分钟,导入环节占6分钟)的安排是一致的,都是由教师统一讲解中位数与众数的概念,保证所有学生在进行下一环节的学习之前掌握的概念是一致的。

导入环节结束后,对照组学生进入集中学习环节,实验1组和实验2组学生分别开展自主学习,该教学环节共8分钟。实验1组和实验2组学生首先登录个性化学习支持系统,在系统中进行认知起点诊断,获取系统根据诊断结果推送的相应学习资源,开展个性化学习。学习过程中,系统会根据学生的学习情况给予一定的反馈。在学习完推送的学习资源后,学生也可以根据自身实际情况自主选择其他资源开展学习。

之后,系统会进行在线测试。教师根据学生的测试结果开展师生互动,帮助学生强化相关内容。在线测试和师生互动讨论合计4分钟。

自主学习完成之后,课堂进入探究学习阶段,该教学环节共12分钟。对照组按照常规教学进行,即教师讲解相关内容,师生开展互动讨论。实验组学生则是先独立完成教师发放的学习任务单,然后,借助个性化学习支持系统开展自主探究,形成自己的认知思维。之后,开展小组讨论和班级互动讨论,进一步促进学生的认知发展。

最后进行课堂小结(共2分钟),教师对相关内容进行总结,和学生互动,完成课堂教学任务。

从整个教学设计环节可以看出,基于认知起点的个性化学习中共有22分钟是学生开展自主学习。整个教学过程,技术能够帮助教师开展协作工作,使其从集中讲授中解脱出来,从而可以针对学生出现的问题进行个别帮助,或总结学生出现的具体问题供讨论环节分析,掌握学生存在的认知偏差,使教学更具时效性。基于个性化学习支持系统的人机协同教学模式使个性化的教与学成为可能,使教学更具针对性,同时也使技术的作用得以发挥。

本实验主要是使用本研究团队自主研发的个性化学习支持系统帮助学生开展个性化学习。所有的学习资源都集成在个性化学习支持系统中。针对学生认知起点和本次教学知识点的特点,该学习支持系统共分成两大模块,即针对学生认知起点设计的自主学习模块和促进学生认知发展的自主探究模块。

(六) 基于认知起点的个性化学习资源设计

基于学习资源设计原则,本实验设计了单向式和互动式两种不同形式的个性化学习资源,以研究何种形式的资源更有利于学习。两种不同形式的学习资源基于相同的学习资源设计原则来设计认知冲突情境。不同的是两者的交互方式和学习过程不同:单向式个性化学习资源主要是基于情境向学生展示相关认知冲突,在此过程中,学生基本无互动和主动思考行为;而互动式个性化学习资源是向学生提供基于认知起点类型设计的情境式互动问题,可根据学生的不同选择显示不同的学习内容。学习过程中,可对学生的学习过程进行评价,基于评价结果为学生提供不同的类似脚手架式的帮助内容,最后通过相应提示引导学生进行主动解释,从而进行意义建构。

1. 单向式个性化学习资源设计

该学习资源是基于学生的认知起点类型进行个性化设计。在设计过程中,首先根据认知起点类型及成因设计认知冲突。由于数学统计的知识有些抽象,因此可利用技术制作动态图表来对认知冲突和学习内容进行呈现,便于学生理解学习内容。

可根据学生在中位数与中间数、中位数与极值的关系、偶数个数的中位数、众数的个数等内容中存在的认知偏差的成因设计相应的学习资源,以干预学生的认知起点。如针对中位数与中间数存在概念上的认知偏差类型,在设计学习资源时,首先显示出一组数,接着显示该组数的折线图,然后对该组数进行排序,得到折线图,让学生判断该组数据的中位数,最后给出中位数的具体解释和中间数的区别。这样便通过图形的变化让学生掌握了中位数与中间数的具体差别。

在设计单向式个性化学习资源时,强调如何开展认知冲突,使学生通过冲突直接掌握相关内容。使用这种学习资源时,学生很少主动思考,主要以直接接受资源给定的内容开展学习。学生和资源之间的互动较少。

2. 互动式个性化学习资源设计

基于认知起点的互动式个性化资源设计框架开展具体的资源设计,首先根据学生的认知起点类型开展内容设计,在分析认知起点类型及其成因的基础上,结合资源设计原则和技术介入方式针对每种认知起点类型设计资源内容,具体如表2-2所示。

表2-2 基于认知起点类型的资源设计方法

认知起点类型	成因分析	设计方法	资源设计原则	技术介入
概念模糊	和已有认知发生冲突,引起负迁移;对概念的定义理解过于表面而没有深入其核心	对比法	引起惊讶,消除认知冲突	利用动画演示或互动程序,让学生在互动过程中和已有认知进行强烈对比,意识到认知冲突,进而形成正确的认知
规则混淆	对规则存在认知偏差,或由于概念模糊导致对相关规则理解错误	发现法	引导主动发现、理解错误	利用技术设计具体的错误互动场景,让学生在操作和互动过程中,发现存在的问题,从而形成正确的认知
理解泛化	对概念或规则的某个特点过度泛化,或是由生活经验导致理解泛化	澄清法	引起惊讶和主动发现错误	利用技术设计含有错误点的互动程序,让学生在互动过程中主动发现错误点或根据错误点提示理解正确的内容。

在确定具体的设计方法之后,可根据设计框架对每种认知起点类型开展基于问题的

情境设计,如针对规则混淆类型,情境化的互动式资源设计步骤如下:

(1) 基于认知起点,引入情境对话。首先根据成因分析直接通过生活情境展示出认知冲突。例如基于规则混淆认知起点,即学生对奇偶个数的中位数如何计算存在认知偏差,首先设计生活化的场景:有5个小朋友比高低,他们按从高到低的身高进行排序。向学生提出问题:小朋友们的身高中位数是多少?待学生思考之后,可以给出中位数就是中间数的提示。在此基础上,可通过动画显示又来了一个小朋友,按照排序,他排在了中间那个小朋友的旁边。这时,可以直接向学生提出问题:此时的中位数又是多少?像这样直接给出符合学生认知冲突的场景,而不是直接给出结果,可让学生在互动中主动思考。

在设计情境化场景时,还可结合学科素养设置具体的情境,让学生在情境中培养学科素养,如本实验涉及的小学数学学科素养有数学意识、数据分析、运算能力等。学生在学习"中位数与众数"时,需提升几何直观、数据分析观念、数据计算等方面的核心素养。在资源设计时可通过情境导入和互动,引导学生思考,培养学生的数学思维和意识。并在学生学习过程中,通过对数据进行整理,培养学生的数据分析和运算能力。

(2) 基于情境设计互动问题。在学生思考过程中,设计不同的结果选项供学生选择。选项都是根据学生存在的认知起点成因而设计的,因此,选项符合学生的认知冲突。学生在基于情境进行思考后,一种情况是认知冲突经历了产生、得到初步解决的过程,学生可能会直接选择正确的选项。另一种情况是基于情境进一步刺激了学生的认知冲突,其存在的原有认知不仅没有解决,反而更加强烈,基于此情况,学生会选择错误的选项。选择不同的选项会进入不同的学习内容,因此,通过互动问题的设计,可以更进一步掌握学生存在的认知情况,掌握学生是不是解决了认知冲突。如果没有,则继续根据学生的选择帮助其学习。互动的作用此时得到显现,此时的互动不仅是技术上的互动、界面上的互动,更是学生和学习内容的互动,这会让学生产生深度思考和学习的可能。

(3) 针对不同问题,设计不同的互动学习内容。在设计不同问题选项时,需根据不同的问题设计不同的学习内容。学生选择相应的问题后,就会进入相对应的学习内容。学生根据选项选择,进一步强化认知冲突。此时通过技术再次让学生通过直接操作或者拖拽的方式强化认知冲突,如针对偶数的中位数计算,可让学生在6个小朋友中增加一个小朋友,使其位于中间的位置。学生可在学习资源中直接拖动某个小朋友,不同的拖动结果会有不同的提示,拖动错误则该小朋友直接回到原点。学生通过不断的尝试,可掌握错误的原因,一旦拖动成功,学习资源便会给出相应正确的提示。

(4) 对互动结果，提供脚手架式的反馈内容。学生拖动操作结束后，根据学生的选择，学习资源会提供类似脚手架式的帮助，提示学生拖动正确的小朋友会怎样，引导学生进一步思考，并给出相应解释，进一步强化相关学习内容，让学生在顿悟或尝试的过程中获得认知发展。如一次不行，可以尝试多次，通过不停的互动，让学生掌握内容，消除认知冲突。

学生在掌握学习内容之后，还可进行相应练习，获得系统给出的评价，进一步检测学习效果。同时学生也可根据自身需求，学习其他的知识，实现个性化学习。

在设计互动式个性化资源时，需将重点置于如何结合互动开展认知冲突，使学生通过互动，对认知冲突开展主动思考，跟踪学生和学习内容的互动，对学生的学习过程进行相应评价，基于评价结果为学生提供不同的类似脚手架式的帮助内容，让学生在相应帮助下开展主动学习。

3. 单向式和互动式个性化学习资源设计对比研究

在本实验研究中，本研究团队设计了两种类型的学习资源：单向式学习资源基于本研究团队之前的研究，其主动学习过程较少；互动式个性化学习资源基于对学生和学习内容开展的互动研究，利用互动开展个性化的主动学习，在不同交互过程中，分别提供不同的脚手架以便学生开展主动学习。学生在基于认知起点类型进行个性化学习之后，根据系统提供的学习情况反馈，结合自身学习再次选择相关内容进行学习，同时还可以通过竞赛的形式巩固学习内容，检测学习效果。

在基于互动式个性化学习资源开展学习的过程中，不仅学生可以获得相关评价数据，并基于数据开展思考，同时教师也可通过对学生学习过程的数据分析，开展有针对性的师生互动和小组讨论，进一步加深学生对学习内容的互动和理解，为基于认知起点的个性化学习提供支持。这也为本研究团队的基于认知起点的学习资源设计提供一些设计框架和依据。

二、数据分析

本实证研究，统计了学生前测与后测成绩及学习过程相关数据，分别从前后测数据、学习内容具体分析、互动式个性化学习资源应用情况等方面对实验结果开展研究分析。

（一）前后测数据分析

实验组与对照组的前后测成绩分析结果如表2-3所示：对于前测成绩，实验1组为28.19分，实验2组为29.74分，对照组为30.00分，T检验结果显示3个组前测成绩无明显差异；对于后测成绩，实验1组为75.84分，实验2组为89.10分，对照组为68.61

分,T检验结果显示3个组具有显著性差异,其中实验2组和其他两组对比,具有极其显著的差异。这表明,根据学生的认知起点设计的互动式个性化学习资源能够有效地改善学生的学习效果,提高学习成绩。

表2-3 实验组与对照组前后测数据对比

测试类别	对照组	实验1组	实验2组	独立样本T检验
前测成绩（百分制）	30.00分	28.19分	29.74分	实验1组、对照组前测 sig=0.752>0.05,无显著性差异 实验2组、对照组前测 sig=0.964>0.05,无显著性差异 实验1组、实验2组前测 sig=0.790>0.05,无显著性差异
后测成绩（百分制）	68.61分	75.84分	89.10分	实验1组、对照组后测 sig=0.029<0.05,存在显著性差异 实验2组、对照组后测 sig=0.000<0.05,存在极其显著性差异 实验1组、实验组后测 sig=0.000<0.05,存在极其显著性差异

(二) 学习内容分析

中位数与众数的主要学习内容包括中位数与众数的概念,中位数与众数的计算,中位数与众数的应用,中位数、众数与平均数的联系。通过前后测的数据对这些学习内容进行分析对比,可以得到3个组在学习前后对各学习内容的掌握情况,如图2-2所示。

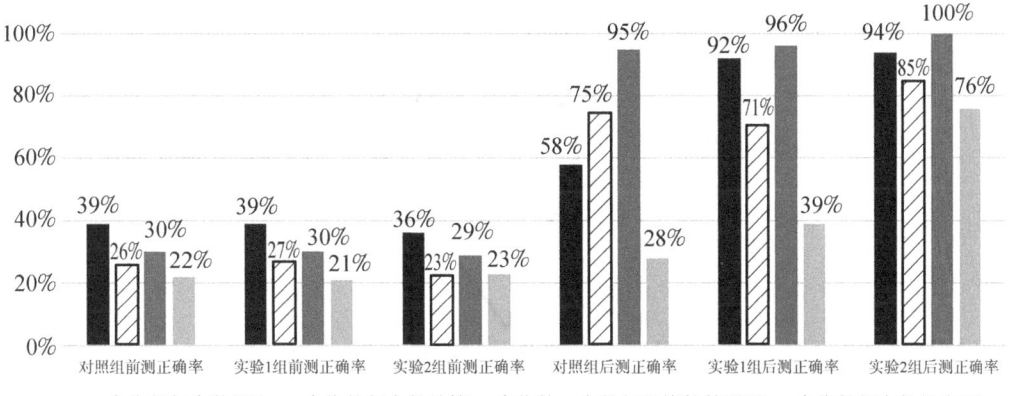

图2-2 对照组、实验1组和实验2组学习前后的正确率对比图

在学习之前,对照组、实验 1 组和实验 2 组对各学习内容的理解基本一致,但学习之后,实验 2 组整体掌握情况要优于实验 1 组和对照组。在具体学习内容分析上,实验 1 组、实验 2 组对"中位数与众数概念"的掌握和理解明显优于对照组,说明基于认知起点的个性化学习资源能够对认知起点进行干预,有效地促进学生的认知发展。实验 2 组和实验 1 组对"中位数与众数概念"的掌握情况差别不大,说明在基于认知起点设计学习资源时,有无互动式学习资源,对学生基本概念理解的影响不大。但是,在"中位数与众数的应用"方面,实验 2 组的整体掌握水平要高于实验 1 组,说明经过不同技术支持下的个性化学习,学生的理解应用能力的提升是不同的。基于交互技术的个性化学习能够在交互过程中对学生的学习过程给予不同的脚手架帮助,在互动学习过程中促进学生的主动思考和深度学习。这也验证了基于学生和学习内容的关系设计的互动式学习资源能有效地促进学生的主动学习。

对比实验 1 组和实验 2 组前后测数据可知,基于认知起点的互动式个性化学习资源能够全面均衡地促进学生学习。学生在学习过程中,通过和学习内容的互动,可根据自身认知情况在不同时段分别获取不同的学习脚手架,促进自身积极主动思考。这说明通过不同技术支持下的个性化学习,学生的认知发展提升程度是不同的。基于交互技术干预的个性化学习是有效的,具体学习内容前后测数据对比如图 2-3 和图 2-4 所示。

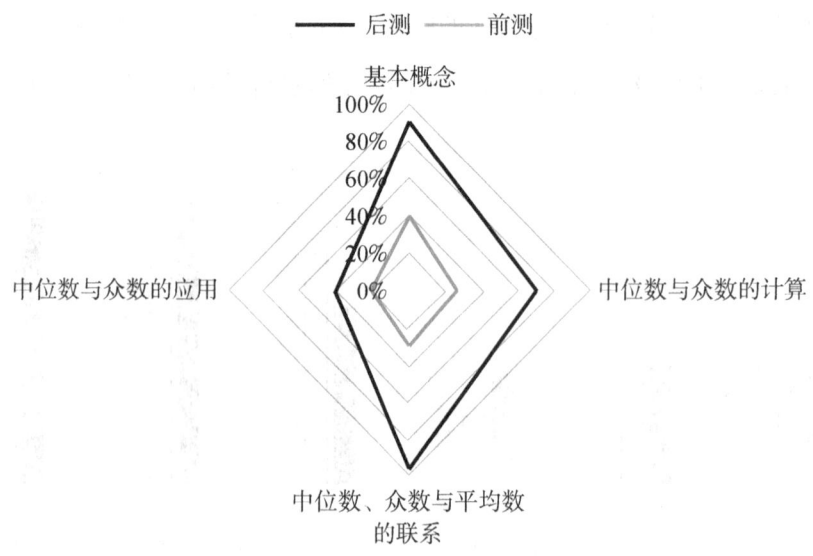

图 2-3　实验 1 组前后测数据对比雷达图

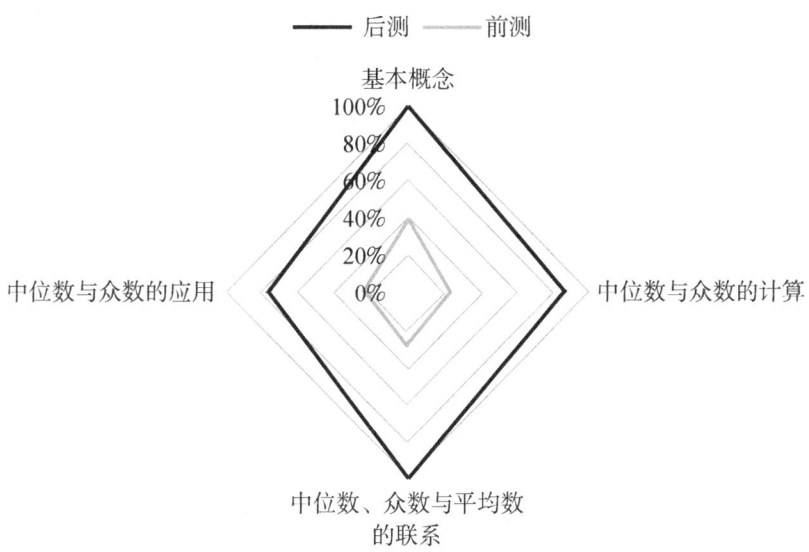

图 2-4 实验 2 组前后测数据对比雷达图

（三）不同认知程度学生相关数据分析

根据学生的前测数据,可以将学生按照学习前对学习内容的认知程度分为低(前测成绩为 0~15 分)、中(前测成绩为 16~35 分)、高(前测成绩为 36 分及以上)3 类。对比 3 类学生的前后测平均值(百分制)数据可发现,实验 1 组和实验 2 组的 3 类学生在学习后,对学习内容掌握情况均明显优于对照组的相应类别,说明经过技术干预的个性化学习,能使学生获得更优的学习效果。具体数据如图 2-5 所示。

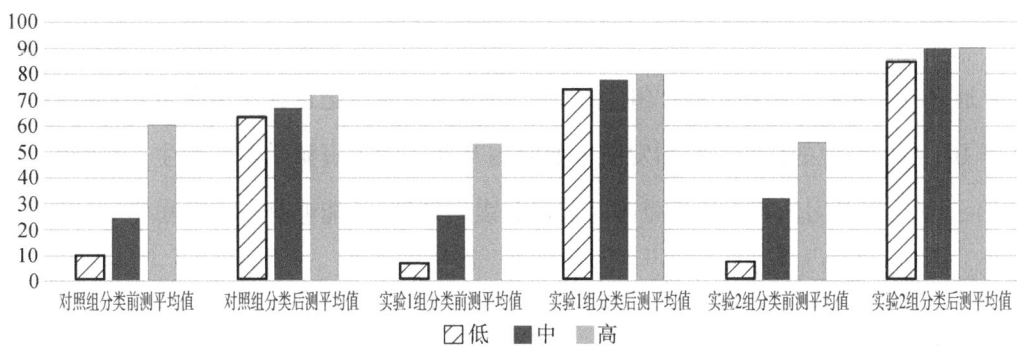

图 2-5 对照组、实验 1 组和实验 2 组的低、中、高 3 类学生前后测平均值对比图

此外,实验 2 组的 3 类学生在学习后,后测成绩均优于实验 1 组相应类别学生,说明互动式学习资源对学生的影响要优于无交互的学习资源。根据实验 2 组的低中高三类学生前后测数据可以发现,实验 2 组的低、中类学生在经过交互技术干预后,和高类学生的

学习效果相近。特别是中、高类学生的后测平均值几乎相同,即中等认知程度的学生在经过技术干预后,学业成绩和高认知程度学生相当,说明交互技术对中低认知程度学生(特别是中认知程度学生)的干预效果要优于高认知学生。技术支持的个性化学习对中、低认知程度的学生更有效。

(四)互动式学习资源应用数据分析

本数据分析以中位数规则混淆中偶数个数的中位数计算为例,对互动式学习资源和非互动式学习资源的使用情况进行分析,获取了学生应用互动式学习资源的访问记录,显示了学生对各类型的互动式学习资源的交互过程。从分析可以看出,在交互过程中,每个选项都有学生选择,说明在学习过程中,通过情境互动式方式开展学习,可以对学生的认知起点进行干预。对学生在学习和认知发展过程中存在的各种问题及时进行干预和帮助,通过交互学习,使学生改变自身存在的认知偏差,不断地进行主动思考,进而使认知得到发展。具体的互动式学习资源访问数据如表2-4所示。

表2-4 互动式学习资源访问记录统计情况

知识点	认知起点类型	认知起点类型具体内容	交互选项选择率统计	交互学习后测试
中位数	规则混淆	不清楚排序规则或计算方法(奇数、偶数)	(1)有两个中位数(23%) (2)没有中位数(12%) (3)是中间两个数的平均数(63%) (4)以上都不对(2%)	正确率100%

通过分析实验1组和实验2组学习过程中的相关测试题目回答情况可知,使用单向式学习资源的学生的认知过程和发展不如使用互动式学习资源学习的学生,说明经过交互学习,学生对学习内容不仅是简单的记忆和表层理解,更能够进行主动思考,并在主动思考过程中促进自身学习。

三、研究结论

本次实验聚焦基于认知起点的互动式个性化学习资源的设计,通过实证研究对基于认知起点的互动式个性化学习资源对学业成绩和认知发展的影响进行验证,证明基于学生和学习内容之间的关系(即认知起点)而设计的互动式学习资源进行个性化学习的过程是基于深层认知开展的交互过程,学生通过和学习内容的互动,不仅能强化记忆,还能在学习过程中不断获得类似脚手架的帮助,促进自身主动学习和自我调节,从而积极开展自我反思和自我评价,在认知冲突互动过程中建构新的认知,提高学业成绩,促进自身均衡发展。

(一) 促进学生的认知发展

本次实验研究基于学习技术范式,以学生认知起点作为切入点,开展个性化学习。从实验结果可以看出,实验组100%的学生的认知偏差得以纠正,认知得到发展,说明利用相关认知理论根据学生的认知起点设计相应的个性化学习资源,能有效干预学生认知冲突,促进学生认知发展。

本研究团队致力于研究技术如何促进学习,通过分析学习内容和学生之间的关系,选择合适的技术对学生进行认知干预。结合学生的个体差异,针对不同认知起点类型的学生采用不同技术进行干预,支持学生依据自身实际情况选择学习内容,满足其个性化需求,从而达到技术促进学习的目的。本次实验研究再次证明了本研究团队提出的技术支持下的基于认知起点开展学习是有效的。

(二) 促进具有中、低认知程度的学生的学业成绩提高

对比分析低、中、高3类认知程度的学生的前后测实验数据可知,在学习之前,实验组和对照组的3类学生对学习内容的理解基本一致,但学习之后,实验组的3类学生学业成绩优于对照组中相应类别的学生。针对中等认知程度的学生,通过技术干预其学习后,其学业成绩和高认知程度学生的成绩相当,特别是运用互动式个性化学习资源学习后,两者成绩几乎一致。说明技术支持下的个性化学习对提高中、低认知程度的学生学业成绩效果更加明显,技术支持的个性化学习对中、低认知程度学生更有效。通过分析可知,技术的有效应用和学生学习前认知程度的高低有关系。因此,在根据不同认知起点类型设计学习资源时,对于简单的概念或规则不清的认知起点类型,应多考虑技术(特别是交互技术)的应用,在基于情境的交互学习环境中更好地促进学生学习。

(三) 能促进学生知识建构和主动学习

通过对实验数据从整体和个体两个维度分析可知,实验2组利用互动式学习资源开展学习,学生的认知发展和学业成绩都优于对照组和实验1组的学生。特别是在认知发展和解决问题能力方面,实验2组学生的学习效果整体远优于对照组和实验1组。

互动式个性化学习资源能有效地促进学生全面发展。首先,互动式个性化学习资源是基于学生和学习内容之间的关系而设计的互动,不是简单地针对学习内容。学生在交

互过程中能感受到该过程就是自己的所思所想,因此愿意主动参与其中,不是简单地强化浅层记忆,而是在思考过程中主动学习和意义建构。其次,在互动过程中提供的帮助和脚手架功能,有助于学生建立学习信心,不断深入学习,自我反思,主动思考,从而促进自身认知发展。

本章小结

学习技术范式认为,技术促进学习应从认知起点入手,明确每个学生的认知起点不同,学习资源也应不同,因此需要根据学生认知起点设计学习资源并推荐该学习资源,才能有效地实现技术支持下的个性化学习。

本章从认知起点出发,介绍了基于认知起点的互动式个性化学习资源设计的依据、设计框架、设计过程及应用效果。并通过实验验证了学生在学习过程中,基于认知起点的互动式个性化学习资源能够促进学生认知发展。第一节介绍了目前关于数字化学习资源,特别是个性化数字资源的研究现状。通过目前国内外的相关研究提出团队要开展基于认知起点的个性化学习资源设计研究的原因,并以目前相关实证研究分析在进行数字资源设计时需要考虑的方面,即设计数字资源时,除了考虑资源呈现的方式和多样化之外,还需要考虑学生本身的特征及如何设计互动资源来吸引学生,引起学生的主动学习和思考。第二节是在第一节的基础上,探讨如何设计基于认知起点的互动式个性化学习资源,首先介绍了学习资源设计的依据,即要以认知起点为基础开展内容设计,根据相关学习理论有效设计资源内容的呈现方式,与此同时还需要通过设计交互来促进学生的学习。其次,在学习资源设计依据基础上,探讨构建了基于认知起点的互动式个性化学习资源设计框架,包括内容设计、形式设计和互动设计3个部分。第三节主要是在学习资源设计研究基础上,以数学中"中位数与众数"学习内容为例开展实证研究,通过准实验来验证基于认知起点的互动式个性化学习资源是否比没有互动的学习资源更有效果,具体包括实验设计流程、具体实验教学设计过程,不同形式的学习资源的详细介绍,并对实验结果进行相关数据分析,得出相关结果。实验证明基于认知起点的互动式个性化学习资源能更有效地促进学生的认知发展。学生在学习过程中,可进行自我知识建构,实现同化和顺应,达到深度学习的效果。

本章主要研究互动式个性化学习资源设计。在设计基于认知起点的个性化学习资源时,除了考虑资源如何设计外,还可考虑如何基于认知起点开展学习资源库的建设。该资源库包含学生模型数据、学习资源模型数据、学习活动模型数据等。学生模型是指利用认知起点诊断和学习行为的相关数据对学生进行建模,并对学生进行聚类和分层。学习资源模型通过对学习资源的类型、互动形式、干预策略、设计原则等数据进行分析建模,将其数据存储到数据库中。学习活动模型分析主要是对学习过程中的互动、学习活动项目、学习时长、关联的学习内容、资源使用情况等数据进行分析,并存储到数据库中。该数据库的构建,能够为学生个性化学习提供技术支持。

问题与回答

1. 基于认知起点的互动式个性化学习资源设计和其他如自适应学习中的个性化学习资源设计有何不同?

【回答】本研究团队研究的个性化学习是基于认知起点的个性化学习,因此,学习资源也是基于认知起点而设计的,针对不同认知起点的学生设计不同的学习资源,从而实现基于认知起点的个性化学习资源设计。在设计基于认知起点的学习资源时,不仅考虑学习内容本身,还要根据学生对当前内容的理解及理解背后存在的原因,即学习资源的设计是基于学生和学习内容的关系开展设计的,并不是以学生是否掌握了该学习内容为设计依据,而是强调要挖掘出学生出现认知偏差的原因,据此去设计学习资源,从而有效地解决学生的认知冲突,实现认知发展,促进学业水平提升。

2. 使用基于认知起点的互动式个性化学习资源开展学习时,如何引导学习过程?

【回答】基于认知起点开展个性化学习时,教师可以对学习过程进行引导和控制。首先教师引导学生开展认知起点测查,在基于认知起点测查的基础上,通过个性化学习支持系统为学生推送相应的学习资源。教师可以在学生个性化学习过程中,对学生出现的问题进行及时指导,帮助学生顺利开展学习。学生在个性化学习之后,教师可以对学生在学习过程中出现的问题进行统一讲解,通过师生互动练习检测学生学习效果,及时反馈纠正出现的问题,进一步帮助学生认知发展。

3. 基于认知起点的互动式个性化学习资源中的"互动"主要体现在哪些方面?

【回答】"互动"主要体现在以下两方面:首先是技术上的互动,通过设计界面上的交互控件,使学生可以开展互动学习。其次是学生和学习内容之间的互动设计,即信息和内容交互,这也是交互设计中重要的部分。通过对学生和内容之间的关系开展交互设计,可以更好地促进学生主动思考,在知识建构过程中实现同化和顺应,并达到深度学习的效果。

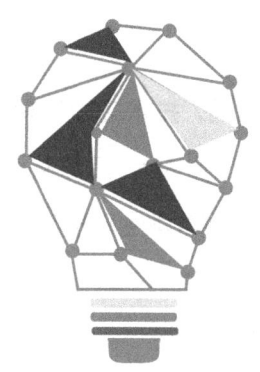

第三章

技术促进师范生认知发展：个性化协作式学习的设计与实施

本章导言

"**技**术促进学习"是教育技术学研究的核心问题。然而,技术应用的有效性却受到广泛质疑,从而导致一线教育中常态化的技术应用也受到了阻碍。[1] 为解决问题,研究者需聚焦学生的需求和发展,深层次挖掘技术应用对学生与学习内容间关系的作用。目前,聚焦学生需求与发展的技术促进学习研究多集中于基础教育领域,鲜有高等教育领域的研究。国外具有代表性的研究成果来自马西娅·林团队,该团队提出了"知识整合框架"[2],围绕初高中学段开展了技术促进科学学习的研究[3]。国内具有代表性的研究成果来自未来教育高精尖创新中心研究团队,该团队围绕基础教育阶段,在小学语文、初中物理、初中历史等学科开展技术促进学习的研究。[4][5][6] 高校学生多样化引发了高等教育需求的多样化,而大学教师难以满足这种需求的矛盾,是当下我国高校教学面临的主要困境和挑战。[7] 高等教育背景下,来自五湖四海的学生具有多种多样的发展需求,技术有效进入高校课堂的研究不可缺少。但是,聚焦高等教育领域学生需求和发展的技术促进学习研究相对较少,同时教师的教育观念、个人能力和综合素质的局限也对技术进课堂增加了阻力。

本研究团队在基础教育领域对"技术促进学习"10余年的探索,充分证明了技术支持下基于认知发展的个性化学习是改善课堂教学的切入点,是提高学生学业成绩的保

---

1 董玉琦,高子男,于文浩,等.学习技术(CTCL)范式下的技术促进学习研究进展(1):基本认识、研究设计与初步成果[J].中国电化教育,2021(9):32-41.

2 Linn, M. C. Designing computer learning environments for engineering and computer science: The scaffolded knowledge integration framework[J]. Journal of Science Education and technology, 1995, 4(2): 103-126.

3 Bichler, S., Gerard, L., Bradford, A., et al. Designing a Remote Professional Development Course to Support Teacher Customization in Science[J]. Computers in Human Behavior, 2021, 123: 106814.

4 罗莹,谢晓雨,董少彦.初中物理精准教学课堂的构建及实践[J].中国电化教育,2019(1):48-53.

5 吴娟,王智颖,袁欢欢.智慧学习环境下语文生成性阅读教学对文本解读的影响[J].电化教育研究,2021,42(6):81-87.

6 郑林,刘徽娜,王小琼,等."智慧学伴"促进初中历史精准教学的探索[J].中国电化教育,2019(1):65-69.

7 陈武元,曹荭蕾.如何促进我国高校教学从"良心活"向"用心活"转变:基于某研究型大学调查的思考[J].现代大学教育,2020,36(5):92-101.

障。本章将基于认知发展的个性化学习研究拓展至高等教育领域，融入协作式元素，以上海某高校 30 名物理专业师范生为对象，以光的双缝干涉为学习内容，在认知起点测查的基础上，设计技术支持的个性化协作式学习方案，开展准实验研究，探究技术支持的个性化协作式学习对师范生学业成绩的影响。

在混合式教学模式下开展基于认知发展的个性化协作式学习研究，巩固了已有认知起点测查方法，并进一步充实了认知起点分类方法，细化了个性化学习资源的设计原则，丰富了个性化学习资源的类型。同时，还设计并创新了融入"协作"元素的学习活动及方式。本研究不仅是学习技术范式首次在高等教育领域的应用探索，也是学习技术范式迈向技术促进全学段学习的一次有效尝试，也为学习技术范式在理论层面的完善和发展提供了支撑。此外，本研究还研究个性化和协作式的配合，也是本研究团队在个性化与社会化方面融通的一次尝试。

第一节
认知起点测查与分类

"认知起点是学生与学习内容间关系的表征"[1],利用认知起点对学生进行的认知状态诊断不局限于认知的表象,如答案的对错等,还包括形成该表象的原因。学生认知起点是研究"个性化协作式学习"设计的依据。本节的内容是认知起点的测查与分类。在认知起点的测查方面,本研究团队借鉴 Peterson 和 Treagust 等人[2]设计出的"二阶诊断法"进行问卷设计。设计的问卷有两种:一为"一阶开放问卷",旨在通过学生的开放式回答总结归纳学生的认知状态;二为"一般二阶问卷",是对"一阶开放问卷"的优化,由半开放式问题构成。在认知起点的分类方面,本研究团队利用布鲁姆的知识分类体系,更为标准化地对学生的认知起点做了分类。

一、基于一阶开放问卷的测查

一阶开放问卷的设计基于二阶诊断法,旨在通过学生的开放式回答发现学生对正确答案的误解。本研究的问卷设计借鉴了二阶诊断法,在选择题后要求学生回答选择相应选项的原因,并要求学生写下详细解答过程。然后,通过分析学生的开放式回答找到学生回答错误背后的原因并预测同类型学生可能出现的错误。

在一阶开放问卷的具体内容设计方面,本研究首先了解了高中教材和大学教材中的相关主题教学内容;然后随机选取若干本科生进行访谈,获知学生对光的双缝干涉知识的掌握情况;接着与大学一线教师一起分析教学内容、教学重难点和教学目标;最后,依据加涅的学习结果分类理论,对选定的教学内容(12 个知识点)进行内容分类,具体内容分类情况见表 3-1。

---

1 董玉琦,林琳,林卓南,等. 学习技术(CTCL)范式下技术促进学习研究进展(2):技术支持的基于认知发展的个性化学习[J]. 中国电化教育,2021(10):17-23.
2 Treagust, D. Evaluating students' misconceptions by means of diagnostic multiple choice items[J]. Research in Science education,1986,16(1):199-207.

表 3-1 教学内容的初步分类

	概念	规则与原理	问题解决
实验装置		相干光的条件	杨氏双缝干涉实验如何用普通光找到相干光
实验现象		双缝距离与干涉条纹间距大小关系；双缝和屏幕距离与干涉条纹间距大小关系	利用单色光形成多彩条纹
实验原理	光的干涉、相位差、光程差、干涉相消、相干光	光程差的计算方法；光程差与干涉相长、干涉相消的关系	

同时，经过与大学一线教师的讨论，本研究开发了由 12 道开放式测查题所构成的如下一阶开放问卷。

一阶开放问卷的测查题目样例

第一题：小明对"杨氏双缝干涉实验"这一章节的相关知识掌握得不够扎实，于是来向你请教。请你结合已有的相关知识，给他解释以下名词。

光的干涉：_____；

相位差：_____；

光程差：_____；

干涉相消：_____；

第五题：为了能使小明更直观地理解"杨氏双缝干涉实验"的原理及过程，你带小明去学校实验室进行了实验。在观察干涉图像的过程中，你和小明发现了以下特点：

(1) 使用单色光（波长 λ 一定），调整双缝之间的距离可以发现条纹间距变化规律是：_____；
调整双缝和屏幕的距离可以发现条纹间距变化规律是：_____
_____。

(2) 小明突发奇想，将光源前后移动，这时条纹的变化规律是：_____
_____。

(3) 小明觉得单色光形成的干涉条纹颜色单一、不够美观，他希望形成彩色的条纹。你会给小明的建议是：_____。

然后,本研究对上海一大学的某级物理学专业(师范类和非师范类)本科生进行了基于一阶开放问卷的测查。此次测查共发放问卷102份,回收有效问卷92份,有效问卷回收率为90.2%。

经过分析,研究者发现学生对每个知识点都有2～7个不同的理解,表3-2所示为整理出的学生对部分知识点的理解,这可以作为一般二阶问卷选项开发的依据。

表3-2 对部分知识点的理解汇总

知识点	序号	学生的理解
1-1. 光的干涉（概念）	1	光源照射双缝屏幕,在光屏上显示出明暗相间的条纹
	2	不同光波相遇产生明暗相间的现象
	3	光的波动性和周期性
	4	频率相同,ϕ相同,振动方向相同的两列波
	5	两束光相遇后,若频率相同,则相互影响
	6	两束光相遇引发强度差,从而全部重新分布
	7	两光波相遇并重叠
1-2. 相位差（概念）	1	当光波反射时,会产生一定的相位差
	2	光具有波动性,两道从不同缝隙中射出的光在同一点的波函数不同,所以产生了相位差
	3	光的波动性的体现,类似于机械波,也有相位的概念,相位差是两波起振波长的差异
	4	两个相邻波峰和波谷之间的差值
	5	各频率相同的交流电相位的差
	6	一个波峰到下一个波谷的沿X轴的距离
	7	两个作周期变化的物理量的相之间的差值
1-3. 光程差（概念）	1	当光波在某一点出现不同光时,就会出现光程差
	2	某个点到两个波源的距离的差
	3	波长差距
	4	两束光传播的路径之差

知识点	序号	学生的理解
1-3. 光程差（概念）	5	两束光的光路通过的几何路程之差
	6	在通过不同介质之后,两段光线之间的差值
	7	光传播的几何路程与介质折射率的乘积

二、基于一般二阶问卷的测查

通过对一阶开放问卷测查结果进行分析和反思,研究者协同一线教师开发了一般二阶问卷。该问卷由9道题目构成,题目均为半开放式的题型。题目设置依据为:(1)在题目内容的选择上,依据上述一阶开放问卷的学生理解条目;(2)在题目形式的拟定上,依据二阶诊断法的原则,即在要求学生回答对错的情况下,进一步追问为何如此回答,对学生的认知起点进行更为全面的测查。一般二阶问卷示例如下。

一般二阶问卷的测查题目样例

第一题：你认为"光程差"是(　　)。

A. 光程为光束在规定时间内通过某种介质所对应的路程,光程差即光程之差

B. 光程为光束经过的路程与其通过介质折射率的乘积,光程差即光程之差

C. 光程差即两束光所对应波长的差值。若两束光的波长相等,则光程差为零

D. 以上选项都不对,我认为：_____

(必填)我选择以上选项的理由是：_____

第九题：关于两相干光相遇时,干涉相长和干涉相消的条件,描述正确的选项有(　　)。

A. 光程差是半波长的偶数倍时,干涉相长；光程差是半波长的奇数倍时,干涉相消

B. 光程差是半波长的偶数倍时,干涉相消；光程差是半波长的奇数倍时,干涉相长

C. 光程差是波长的偶数倍时,干涉相长；光程差是波长的奇数倍时,干涉相消

D. 光程差是波长的偶数倍时,干涉相消；光程差是波长的奇数倍时,干涉相长

E. 以上选项都不对,我认为_____

(必填)我选择以上选项的理由是：_____

然后,本研究对30名参与教学实验的学生进行问卷调查,并对答题情况进行分析。

表 3-3 展示了前 3 题对应的答题情况(表 3-3 仅描述错误情况,下一节将对学生的认知起点进行详细的描述与分类)。

表 3-3　前三题答题情况分析

题号	选项—正误	理由—正误	错误情况描述
第一题	A—答案错误	理由错误	字面理解光程差
			不理解介质对光传播的影响
			错误—说不出理由
	B—答案正确	理由正确	/
		理由错误	不理解介质对光传播的影响
			光程的应用场景与物理意义缺失
			正确—说不出理由
	C—答案错误	理由错误	光程的应用场景与物理意义缺失
			错误—说不出理由
	D—答案错误	理由错误	光程的应用场景与物理意义缺失
			字面理解
			错误—说不出理由
第二题	A—答案正确	理由正确	/
		理由错误	初相与相位混淆
			相位的几何描述缺失
			正确—说不出理由
	B—答案错误	理由错误	相位的几何描述缺失
			错误—说不出理由
	C—答案错误	理由正确	/
	D—答案错误	理由正确	/
		理由错误	相位的几何描述缺失
			初相与相位混淆

续 表

题号	选项—正误	理由—正误	错误情况描述
第三题	A—答案错误	理由错误	干涉和干涉相消混淆
			错误—说不出理由
	B—答案正确	理由正确	/
		理由错误	不清楚干涉相消不一定为零
			不清楚干涉相消可以相消为零
			不清楚干涉相消需使光强减小为最小
			正确—说不出理由
	C—答案错误	理由错误	不清楚干涉相消时的光强变化
			不清楚干涉相消不一定为零
	D—答案错误	理由错误	错误—说不出理由
	E—答案错误	理由错误	不清楚干涉相消不一定为零
			干涉和干涉相消混淆

三、基于测查的认知起点分类

认知起点的分类对于学习技术范式来说是一个非常重要的环节。本节采用的认知起点分类方法相较于本研究团队以往研究中采用的方法更具标准化。为便于理解,本研究将认知起点的类型拆分为3个部分:一是知识的维度,研究采用布鲁姆的知识维度对知识进行分类。该分类是安德森和索斯尼克等人吸收了当代认知心理学的成果后,在对布鲁姆教育目标分类学进行了批判分析和反思的基础上提出的,收录在2001年出版的《面向学习、教学和测评的分类理论——布鲁姆教育目标分类学修订版》一书中。修订后的布鲁姆教育目标分类框架在原来分类基础上增加了知识维度。学生学习的知识,包括事实性知识、概念性知识、程序性知识和元认知知识4类,这也是本研究所借鉴的四种知识维度;二是知识的种类,有"单个知识"和"两个知识间关系"两种;三是学生的认知情况包括有缺失、不完整(混淆等)和完整3种。

通过对上述3个部分进行排列组合,可形成24种认知起点类型。其中,有待发展的认知起点类型有18种。经过分析一般二阶问卷的结果,本研究测得了6种认知起点类型,包含具体认知起点 18 种,见表 3-4。

表 3-4 认知起点情况

认知起点类型	具体认知起点
事实性知识缺失	衍射概念错误
	字面理解光程差
	不理解干涉相消
事实性知识间混淆	初相与相位混淆
	干涉和干涉相消混淆
	复色光与单色光混淆
概念性知识缺失	不理解介质对光传播的影响
概念性知识间关系缺失	不知道干涉相消与光强的关系
	不知道波长与条纹特征间的关系
	光程差与相位差转化内容缺失
	公式记忆偏差(光程与干涉相长、干涉相消)
程序性知识理解不完整	相位的几何描述缺失
	干涉条件遗漏
元认知知识缺失	不明白光程的应用场景与物理意义
	不明白单、双缝板的设计原理
	结论记忆,原理不明(光程与干涉相长、干涉相消)
	结论记忆,原理不明(干涉条件)
	不明白干涉条纹变化原理

布鲁姆的知识维度类目的引入与本研究团队原先认知起点的分类存在很强的对应性。其中,事实性知识指学生通晓一门学科或解决其中的问题所必需知道的基本要素,包括术语知识、具体细节和要素的知识;概念性知识,指能使各成分共同作用的较大结构中的基本成分之间的关系,包括分类或类目知识、原理和概念知识、理论模型和结构的知识。程序性知识指如何做,即研究方法和运用技能、算法、技术和方法的标准。元认知知识,指

一般认知知识和有关自己的认知的意识和知识,包括策略性知识、含背景和条件知识在内的认知任务知识及自我知识。本研究中:单个事实性知识缺失都指向学生的"生活推理"(个人经验推理);两个事实性知识间的混淆指向了学生的"张冠李戴";单个程序性知识理解不完整指向了"以偏概全";单个概念性知识缺失指向了"性质使然";单个元认知知识缺失指向了"表未及里"。此外,学生的回答中出现了无法用以上原始认知起点分类所能涵盖的两个概念性知识间关系缺失,其指向更接近本研究团队在之前研究中提出的"概念模糊"。同时,本研究引入布鲁姆的知识维度类目,在学生的外显行为与认知起点间增加了一个无须人为决策的机械判断,这为认知起点分类的机械化作出了一定的贡献。

第二节
技术支持的
个性化协作式学习设计

"光学"是高等师范院校物理专业的主干课程。"光的双缝干涉"是学习和理解光的干涉的第一个部分,非常重要,但抽象的概念(如光程)和看似简单的实验容易让学生对知识点产生误解。如何更好地引导学生正确理解该知识成了教学的一个难点。有必要探索有助于改善常态课堂教学的学习方式。皮亚杰认为,个体发展的方向是从个体化到社会化,且社会互动的作用以个体的认知结构为前提。[1] 为应对高校教学改革的挑战,本研究提倡:(1)引入个性化学习以关注学生的多样化学习需求,同时辅以协作式学习完善学生的个体发展;(2)基于现有的教学模式,利用成熟的技术,让教师易于接受改变;(3)结合创新的教育理念保证课堂变革的有效性,促使技术有效改善学习。

本节在认知起点测查与分类的基础上,以技术支持的基于认知发展的个性化学习、认知冲突等理论为指导,针对"光的双缝干涉"这部分知识和在线学习的形式和特征,开发学习内容与作业相结合的多元个性化学习资源,设计自主学习和协作学习相结合的学习活动。

一、理论基础

(一)技术支持的基于认知发展的个性化学习

在个体层面,技术的应用旨在调节学生和学习内容的关系;在群体层面,技术的应用旨在为学生的个性化学习需求提供保障,并促进不同要素之间的互动。另外,学习技术范式中技术作用于认知起点,为个性化学习提供可能。具体表现为,基于学生和学习内容选择恰当的技术,改善学习效果,解决学习问题,促进学生发展。本研究沿着这个方向继续探索高校教学改革中技术促进教学的可行方向。

在认知维度,本研究团队基于学习技术范式提出"技术支持的基于认知发展的个性化学习"[2],利用"认知起点"表征学生与学习内容的关系,并以认知起点作为抓手进行技术

---

[1] 沈映珊.认知建构主义与社会建构主义在学习观的分析比较[J].现代教育技术,2008,18(S1):21-23.
[2] 董玉琦,林琳,林卓南,等.学习技术(CTCL)范式下技术促进学习研究进展(2):技术支持的基于认知发展的个性化学习[J].中国电化教育,2021(10):17-23.

促进学习的研究。认知起点的引入给予认知发展的研究一个看得见、摸得着的抓手,也为个性化学习的研究提供了一个具体的目标方向。本研究所指"个性化"指基于"认知起点"的个性化。

在技术支持的基于认知发展的个性化学习中,技术应用与教育研究的核心价值在于解决当前学生的学习质量低、效能不高、不能适应学习文化变革等现实问题。认知发展是推动实现个性化学习的机理所在,能够让个性化学习落实到每一个教学环节中,使其有据可循。本研究团队在经过多项研究的实践与检验之后,总结提出了基于认知发展的个性化学习流程。该流程包括以下具体步骤:第一,测查与分类认知起点;第二,基于认知起点设计学习目标与学习资源;第三,基于认知起点与学习目标设计学习路径;第四,设计与开展教学活动;第五,开展学习评价。本研究将本研究团队基础教育领域的研究成果拓展至高等教育领域,将研究对象从中小学生转向高等院校的师范生,尝试将"协作"元素融入个性化学习,设计技术支持的基于个性化的协作式学习,关注认知冲突在学生认知发展历程中的作用,助力学生的认知发展。

(二) 计算机支持的协作学习

随着对混合式学习研究的不断深入,研究者不断吸取协作学习、主动学习等学习形式的精髓,逐步将这些形式运用到混合学习中来。1996 年,Koschmann 提出计算机支持的协作学习(Computer Supported Collaborative Learning,简称 CSCL),这是教育技术中继计算机辅助教学(Computer Assisted Instruction,简称 CAI)之后的一种新型学习范式[1]。随着技术与理论的发展,计算机支持的协作学习在教育技术学科领域、计算机应用学科领域得到了广泛重视,并在教学中得到了应用。[2] Koschmann[3] 在 2002 年的 CSCL 大会上提出,CSCL 是一个这样的领域:它主要关注在共同的活动情景中意义与意义建构的实践,以及通过设计人工制品作为中介而实现这种实践的途径。他把 CSCL 看作"意义形成的中介",而"意义和意义建构的实践是公共的、可观察的社会共有现象"。

CSCL 中的 CS 更偏向于一种手段的支持,重要的部分还是应当关注 CL,也就是协作

1　Smith, K. Learning together and alone: Cooperation, competition, and individualization [J]. NACTA journal,1979,23(3):23-26.
2　彭绍东. 从面对面的协作学习、计算机支持的协作学习到混合式协作学习[J]. 电化教育研究,2010(8):42-50.
3　Koschmann, T. Dewey's contribution to the foundations of CSCL research[A]. Proceedings of the Conference on Computer Support for Collaborative Learning: Foundations for a CSCL Community[C]. Boulder, Colorado: International Society of the Learning Sciences,2002.17-22.

学习。不少学习理论都可支撑协作学习,其中建构主义学习理论是比较典型的一种。按建构主义理论的观点,知识不是通过教师传授得到,而是学生在一定的情境,即社会文化背景下,借助其他人(包括教师和学习伙伴)的帮助,利用必要的学习资料,通过意义建构的方式而获得。因此,建构主义学习理论认为"情境""协作""会话"和"意义建构"是学习环境中的四大要素或四大属性。[1] 由此看来,优质的协作学习能够促进意义建构的发生。技术的发展,使得 CS 为 CL 提供了时空上延展的可能性,进一步提升了协作学习促进知识建构的可能性。

结合上述 CTCL 等理论基础,可以发现:在协作学习的过程中,通过利用"认知起点"触发认知冲突是一种较好的知识建构方式。除此之外,在协作学习的知识建构过程中,认知冲突可以为持续的有意义协商、知识建构与创生提供内部动力。例如,赵海霞、王靖等人的研究,提出了一种在协作知识建构过程中,使学生的认知冲突得以有效消解,从而促进知识建构持续、有效地开展借助支架进行协作学习的方式。[2][3]

(三) 认知冲突理论

对"技术有效促进学习"的研究,少不了对学生认知发展规律的探究。如皮亚杰提出"认知发展"需经过同化、顺应和平衡 3 个阶段;多媒体学习的认知理论将"认知过程"描述为将选择的材料进行组织并连贯表达,以此激活原有的知识进行整合[4],它包括选择、组织和整合 3 个部分[5];Bartlett 将"认知过程"分为钝化、锐化和合理化 3 个阶段[6]。不难发现,促使学生发生"同化""选择"或是"钝化"的端由皆是"不平衡",它是新平衡的前提条件[7],也是心理上的矛盾冲突导致的主体结构与客体结构之间的某种失调状态[8]。

波斯纳在"概念转变模型"中吸取了皮亚杰的观点,认为"认知冲突"是促进学生达成概念转变的条件之一。本研究也认为,学生原有的认知和科学认知之间的差异(不平衡)

---

1 何克抗.建构主义:革新传统教学的理论基础(中)[J].电化教育研究,1997(4):25-27.
2 赵海霞.翻转课堂环境下深度协作知识建构的策略研究[J].远程教育杂志,2015,33(3):11-18.
3 王靖,王琦,邓雯心.协作知识建构中认知冲突消解支架设计与实证[J].电化教育研究,2021,42(9):84-90.
4 Mayer, R. Applying the Science of Learning: Evidence-Based Principles for the Design of Multimedia Instruction[J]. The American psychologist, 2008, 63: 760-769.
5 Mayer, R. Multimedia Learning: Second Edition[M]. Cambridge University Press, 2009.
6 Bartlett, F., Burt, C. Remembering: A Study in Experimental and Social Psychology[J]. British Journal of Educational Psychology, 2011, 3: 187-192.
7 吴庆麟,胡谊副.教育心理学:献给教师的书[M].上海:华东师范大学出版社,2003.
8 陈允成,何洁,徐琳,等.教育心理学:实践者:研究者之路[M].上海:上海人民出版社,2007.

所导致的认知冲突是认知发展的初始条件,也是学生认知发展历程的首要环节。然而,学生原有认知和科学认知的差异可能会被学生所忽视。有研究发现,当学习内容与学生的预期、概念和记忆不一致时,学生常常无法发现这些不一致。[1] 例如,高校学生可能不会注意到一个段落中有不一致的或者不够确切的信息,他们觉得自己能够充分理解段落的内容。[2][3]

认知冲突不仅有主体内冲突,还有主体间冲突。[4] 皮亚杰认为,合作过程是产生有效认知冲突的过程。更有研究者认为,主体间的认知冲突对学生的学习有积极作用。例如,Slavin 认为主体间的互动会发生认知冲突,并使得推理不足之处被发现并加以修正,最终促进高质量的理解[5];Johnson 等认为分歧会增加个体结论的不确定性,促使其更积极地重新形成知识或结论,也将使其对学习内容掌握得更好、更牢固[6];Webb 认为小组学习可以使个体通过给予和接受帮助认识到自己理解与他人观点的差距或矛盾,从而推动差距消除和矛盾解决[7]。

认知冲突的引发对于本章所介绍的研究而言是至关重要的。与本研究团队以往研究不同的是,本研究中,研究者对认知冲突的把握不局限于主体内认知冲突,还关注主体间的认知冲突。对主体内认知冲突和主体间认知冲突的把握构成了个性化协作式学习的一大设计原则。

二、学习资源设计

在测查与分类认知起点的基础上,如何设计适切的学习资源是关键的研究内容。为了设计与开发更优的学习资源,设计时应注意:(1)学习资源应当具备对于学习内容的适

---

1 Sedgwick, H. Thinking and Seeing: Visual Metacognition in Adults and Children[J]. Optometry and Vision Science — OPTOMETRY VISION SCI, 2005, 82: 645 - 646.
2 Dunlosky, J., Lipko, A. R. Metacomprehension: A brief history and how to improve its accuracy [J]. Current Directions in Psychological Science, 2007, 16(4): 228 - 232.
3 Mcnamara, D. S. Measuring deep, reflective comprehension and learning strategies: challenges and successes[J]. Metacognition and Learning, 2011, 6(2): 195 - 203.
4 李海峰,王炜. 经验认知冲突探究法:一种翻转课堂模式下的深度协作知识建构学习策略探索[J]. 电化教育研究,2020,41(1): 99 - 106.
5 Slavin, R. E. Developmental and motivational perspectives on cooperative learning: A reconciliation [J]. Child development, 1987: 1161 - 1167.
6 Johnson, D. W., Johnson, R. T. Making cooperative learning work[J]. Theory into practice, 1999, 38(2): 67 - 73.
7 Webb, N. M. Peer interaction and learning in small groups[J]. International journal of Educational research, 1989, 13(1): 21 - 39.

应性;(2) 学习资源应当充分考虑学生认知起点的特征;(3) 若要满足个性化学习的需求,学习资源中的技术支持也是一个重要的因素。基于此,本研究根据学生的认知起点,设计并形成了3种个性化学习资源,分别为"个性化视频学习资源体系""交互式仿真软件"和"个性化作业"。

(一) 个性化视频学习资源体系

本章所介绍的研究中,"个性化视频学习资源"是数量最多的一种学习资源。对该学习资源形式的选择源于两点:一是受制于在线环境;二是参照 Mayer 的"多媒体原则"[1],期待利用认知冲突促使学生自身认知的调节与重建。本研究基于学生的认知起点,设计了个性化视频学习资源体系。具体包含:个性化视频学习资源、公共视频学习资源两部分内容。

个性化视频学习资源。在开发个性化视频学习资源时,首先设计视频学习资源稿本,然后将"光的干涉"已有的学习资源(如 PPT)进行重新设计,形成符合学生认知起点的、有指导性的视频学习资源。课程原有视频学习资源虽然具备较高的知识覆盖度,但也存在时间过长、没有针对性等问题。因此,调整原有视频学习资源的长度和内容,将视频重新剪辑为与具体知识点直接相关的多个短视频,以便直接给予学生所需要的学习资源,从而减少无关内容对学生的干扰,避免学生产生认知负荷,提高学生的学习效率。另外,考虑到正式教学采取混合学习模式,学生主要在线上进行学习,为避免学生低效地浏览性学习,故设计在视频学习资源中嵌入一定的讲解,以强调重要知识。

资源内容的设计基于学生的认知起点。如学生存在对"单缝板设计原理"的无认知知识理解不完整的问题。研究者分析此认知起点的产生原因是"视觉局限"[2],且处于戴尔经验之塔与视听教学理论[3]中的"抽象的经验"层次,因此设计利用微视频将光通过单缝板的先后变化进行直观呈现,以此促进学生更顺利地发展主体内的认知。同时,研究者多次依据 Paivio 的具体性效应[4],将相位情况与具体波纹对应,如图 3-1 所示,尽量减少无

---

1 Mayer, R. Applying the Science of Learning: Evidence-Based Principles for the Design of Multimedia Instruction[J]. The American psychologist, 2008, 63: 760 - 769.
2 伊亮亮,董玉琦,钱薇旭.基于"视觉局限补偿"机理的微视频设计模型:以初中物理"光现象"单元的学习为例[J].中国电化教育,2017(3):121-126.
3 Dale, E. A truncated section of the cone of experience[J]. Theory into Practice, 1970: 96 - 100.
4 Paivio, A. Imagery and verbal processes[M]. New York (N. Y.): Holt, 1971.

关内容对学生的干扰,避免学生产生认知负荷。为督促学生保持学习专注度,研究者还设计了配合视频学习资源的个性化作业。

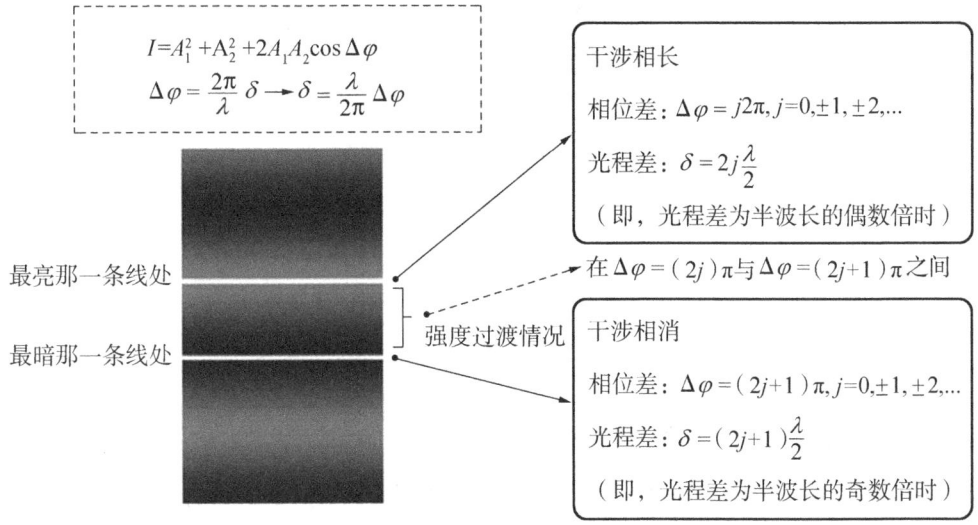

图3-1 "干涉相长与干涉相消原理"视频学习资源截图

公共视频学习资源。制作个性化视频学习资源难免对部分学习内容造成割裂,为此,研究者增设了公共视频学习资源,实现在公共视频学习资源的学习顺序逻辑上,按需插入个性化视频学习资源。这样既保证学习过程的整体性与连贯性,也保证每一名学生能够获取针对性的学习资源进行学习。公共视频学习资源可实现在个性化学习资源基础上补充指导性的辅助意见,能够更好地帮助学生明确需要重点掌握的内容。

(二)交互式仿真软件

"交互式仿真软件"学习资源针对的认知起点为"不明白干涉条纹变化的原理"的元认知知识缺失和"不知道波长和条纹特征间关系"的概念性知识间关系缺失。因为光的干涉现象抽象程度比较高,学生难以通过眼睛直接观察到光的干涉现象,只能通过记忆形成对这一内容的认知,相当多的学生对杨氏双缝干涉实验的条纹特征的认知起点还有待发展。同时实际的混合式教学中不具备"杨氏双缝干涉实验"的实验条件,因此本研究在技术支持的思路下,在实际教学中采用了"杨氏双缝干涉实验仿真软件"(界面如图3-2所示)。使用该软件有以下两点好处:一是创设了一定的实验情境,当实际情境中的变化与学生认知起点发生冲突时,可促使学生进行相关知识的建构;二是学生能够自己动手操作软件,从而获得更多的具体经验,这有利于学生知识建构。

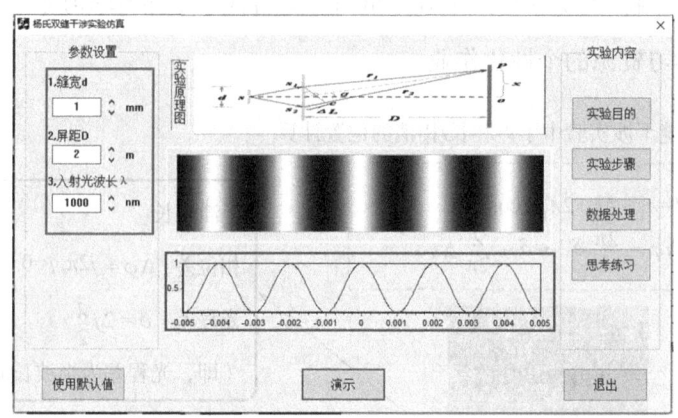

图3-2 "杨氏双缝干涉实验仿真软件"操作界面

(三) 个性化作业

本次教学采用了线上与线下的混合式教学,为了能够督促学生学习并检验学生对知识的掌握情况,本研究团队基于认知起点设计了配合视频学习资源的个性化作业,如表3-5所示。个性化作业与个性化的视频学习资源匹配。学生学习完相应的视频学习资源后,需完成对应的个性化作业。

表3-5 基于认知起点的个性化作业

序号	学生问题提炼(表象)	个性化作业
1	衍射概念错误(1人)	/
2	字面理解光程差	介质的变化会如何影响光程差?
3	不理解干涉相消	干涉相消时的振幅何时为零,何时不为零?
4	初相与相位混淆(1人)	/
5	干涉和干涉相消混淆	干涉与干涉相消是什么关系?
6	复色光与单色光混淆(1人)	/
7	不理解介质对光传播的影响	光从水中射入酒精中,光速是否会发生变化,如何变化?
8	不知道干涉相消与光强的关系	请写出真空中光强与合振幅的关系式
9	不知道波长与干涉条纹特征间的关系	*见软件任务
10	光程差与相位差转化内容缺失	请写出光程差与相位差的关系式
11	公式记忆偏差(光程与干涉相长、干涉相消)	请写出光程与干涉相长的转化关系式

续 表

序号	学生问题提炼(表象)	个性化作业
12	相位的几何描述缺失	/
13	干涉条件遗漏	请补充干涉的条件
14	不明白光程的应用场景与物理意义	请写出光程的物理意义
15	不明白双缝板的设计原理	请写出双/单缝板的设计原理
16	只知结论,不明原理(光程与干涉相长、干涉相消)	请写出光程与干涉相长的转化关系式
17	只知结论,不明原理(干涉条件)	请补充干涉的条件
18	不明白干涉条纹变化原理	*见软件任务

三、学习过程设计

本研究在光学课程已经进行的教学改革基础上展开,即在混合式教学模式下开展基于认知发展的个性化学习设计。基于认知发展的个性化学习要融入混合式教学,通过线上自主学习切入最为适合。过去的线上自主学习大多是为学生提供自学的平台和学习资源,但对学生的学习过程缺少干预和引导。实践结果显示,在缺乏对学生学习过程干预和引导时,线上的学习内容和任务会增加学生的负担而且无法产生很好的学习效果。基于此,本研究对混合式教学模式中的线上自主学习模块进行了协作式学习设计。

研究表明,学生间的认知冲突可以为持续的有意义协商、知识创生提供内部动力。[1] 本研究安排实验组的 15 名师范生完成在线学习后,进入在线会议进行协作式学习,时间为 10~15 分钟。本研究将这 15 名师范生依据认知起点进行同质分组,每组 3 人,共分为 5 组,以期同质学生在待发展的认知起点上产生冲突,并通过协作式学习达成科学的共识。

依据出声思维[2]的理念,在协作环节中,学生需要用自己的话说出与原有概念冲突的想法,并解释对应内容。解释时,听者可能会根据发言人的描述对自己已有心理模型重新解释加工[3],有助于学生深度理解所学知识。[4] 解释过程中,学生有机会体验成为一名

---

1 王靖,王琦,邓雯心.协作知识建构中认知冲突消解支架设计与实证[J].电化教育研究,2021,42(9):84-90.
2 Duncker, K., Lees, L. S. On problem-solving.[J]. Psychological monographs, 1945, 58(5): 113.
3 Vosniadou, S., Brewer, W. F. Mental models of the earth: A study of conceptual change in childhood[J]. Cognitive psychology, 1992, 24(4): 535-585.
4 Mayer, Richard. The Cambridge Handbook of Multimedia Learning ‖ The Self-Explanation Principle in Multimedia Learning[J]. 2014, 10(17): 413-432.

小老师,这又进一步提升学习效果。此外,已有研究发现在知识建构过程中,为学生提供支架有助于学生认知冲突的有效消解,促进知识建构持续、有效地开展。[1] 鉴于此,本研究为学生在小组讨论的协作式学习中设计并提供了两类支架:分享支架与讨论支架。

在不改变原有混合式教学模式的基础上,对照班和实验班均采用线上自主学习和线下课堂教学混合的教学形式,如表3-6所示。在学习资源方面,对照班在线上学习环节主要采用基于教师教学经验设计的网课视频及网课文本等学习资源;实验班主要采用基于认知起点设计的个性化学习资源和协作式学习资源。在线下教学环节中,两个班级采用相同的教学资源。在学习活动方面,对照班在线上学习中主要采用自主学习,不增加任何干预;实验班的学习活动主要为个性化协作式学习;线下学习中对照班和实验班都是听讲和课堂练习。依据上述的学习过程设计,本研究的实验班和对照班具体学习过程(包括线上线下学习环节、各环节的具体活动内容简述和时长)设计如表3-7所示。

表3-6 对照班和实验班学习设计对照表

	对照班	实验班
教学模式	混合式教学	混合式教学
学习形式	线上自主学习+线下课堂讲练结合	线上技术支持的个性化协作式学习+线下课堂讲练结合
学习资源	线上学习资源: 1. 课前资源:自学用思考题 2. 课中资源:a.《光学》网课视频 b.《光学》网课文本 线下教学资源: 1. 导入抢答题(1题) 2. 全班练习题(8题) 3. 评讲例题(1题)	线上学习资源: 1. 课前资源:自学用思考题 2. 课中资源:a. 个性化视频学习资源 b. 交互式仿真软件 c. 个性化作业 线下教学资源: 1. 导入抢答题(1题) 2. 全班练习题(8题) 3. 评讲例题(1题)
学习活动	线上:自主学习 线下:听讲、课堂练习	线上:个性化协作式学习 线下:听讲、课堂练习

---

1 王靖,王琦,邓雯心.协作知识建构中认知冲突消解支架设计与实证[J].电化教育研究,2021,42(9):84-90.

表 3-7 对照班和实验班的具体学习过程

日期,课时时长	序号	对照班 环节	对照班 内容简述	对照班 时长	实验班 环节	实验班 内容简述	实验班 时长
9月18日,90分钟	1	阅读思考题	自学前阅读预设思考题,带着问题进行线上自学活动	5分钟	阅读思考题	自学前阅读预设思考题,带着问题进行线上自学活动	5分钟
	2	线上自主学习	学生通过学习通进行线上自学活动,自学资源为《光学》网课资源	85分钟	线上自主学习(个性化)	学生通过学习通进行线上自学活动: 1. 学生观看自学资源(基于认知起点设计的个性化学习资源) 2. 学生观看自学资源的同时完成个性化作业 3. 部分学生按照要求通过虚拟仿真软件进行自主探究学习并完成相关个性化作业	40~60分钟
					线上协作学习	学生通过线上协作平台分组开展协作学习(运用提供的支架进行讨论)	25分钟
9月23日,39分钟	1	抢答题导入	共1题,由全班同学抢答,引入光的干涉教学	5分钟	抢答题导入	共1题,由全班同学抢答,引入光的干涉教学	5分钟
	2	思考题讲解	教师讲解自学的思考题,将线上学习与线下学习联结	8分钟	思考题讲解	教师讲解自学的思考题,将线上学习与线下学习联结	8分钟
	2	全班课堂练习	共8题选择题。学生在课堂上完成选择题,教师根据答题情况评讲	16分钟	全班课堂练习	共8题选择题。学生在课堂上完成选择题,教师根据答题情况评讲	16分钟
	3	全班例题评讲	共1道例题,由教师进行评讲	10分钟	全班例题评讲	共1道例题,由教师进行评讲	10分钟

本研究针对实验班与对照班分别采用不同的学习资源,对照班使用的学习资源主要依据一线教师的教学经验而设计,以视频和文本的形式为主;实验班使用的学习资源主要以学生的认知起点为依据而设计,所用的形式多是视频、文本、软件和作业。两者在具体学习环节的差别在于,对照班只有自主学习,而实验班由自主学习和小组讨论组成,如表3-8所示。

表3-8 实验班与对照班学习方式对比

	对照班	实验班
学习资源设计	基于教师教学经验	基于学生认知起点
资源形式	视频、文本	视频、文本、软件、作业
学习环节	自主学习	自主学习+小组讨论

学习完成之后,学生马上进入在线会议进行小组讨论,各自分享所学的知识,以及学习前后认知起点的变化情况。研究者为学生在小组讨论的协作学习中提供了分享与讨论的支架,具体支架参考如下:

讨论过程中,可以按照以下形式进行分享:针对……我曾经认为……现在我明白了……

讨论过程中,可以按照以下形式进行讨论:我的观点是……我的解释是……我认为你的观点应该补充/修改为……;我不同意你的观点……因为……,所以我坚持观点……

对照班线上教学环节与详细教案如表3-9所示。实验班线上学习过程设计与详细教案如表3-10所示。线下教学环节设计与详细教案(实验班与对照班相同)如表3-11所示。

表3-9 对照班线上教学教案

环节	内容	详细教案
(一)签到		学生提前进入学习通平台进行签到,确保每一位学生都进入光学课程的学习

续表

环节	内容	详细教案
（二）阅读思考题（5分钟）	题目： 1. 请学生上台画出杨氏双缝干涉装置示意图，并标出主要物理量的数量级 2. 杨氏双缝干涉中的光程差怎么（近似）算？干涉极大、极小的光程差、相位差条件是什么？ 3. 杨氏双缝干涉中条纹间距是多少？条纹有什么特点？白光入射会出现什么样的干涉现象？	学生自学前阅读预设题目，带着问题进行线上自学活动
（三）线上自主学习（85分钟）	自学资源为《光学》网课资源	学生带着问题展开线上自学活动，观看《光学》网课资源

表3-10　实验班线上教学教案

环节	内容	详细教案
（一）签到		学生提前进入学习通平台进行签到，确保每一名学生都进入光学课程的学习
（二）阅读思考题（5分钟）	题目： 1. 请学生上台画出杨氏双缝干涉装置示意图，并标出主要物理量的数量级 2. 杨氏双缝干涉中的光程差怎么（近似）算？干涉极大、极小的光程差、相位差条件是什么？ 3. 杨氏双缝干涉中条纹间距是多少？条纹有什么特点？白光入射会出现什么样的干涉现象？	学生签到后，将在学习平台导学案中看到三道题目。学生阅读思考题及学习指导，准备好作业答题纸，进入各自的学习任务
（三）线上自主学习（40~60分钟）	不同学生的认知起点不同，因此相应的自主学习设计有所不同，所需时间也不同 1. 学生观看基于认知起点设计的个性化学习资源 个性化学习资源1的设计思路：针对学生不理解为什么在光程的计算中要考虑折射率，采用动画形式，展现光在相同的时间内，通过不同介质，走过的路程是不同的，从而引导学生关注到必须考虑介质的影响	学生进入各自的学习任务中：不同学生的学习任务不同，包含了基于其认知起点设计的个性化学习资源和个性化作业。学生按照提示展开自主学习 提示如下： 同学你好，接下来你需要学习两部分资源： 1. 必学资源包括：① 光程与光程差　② 杨氏双缝实验装置　③ 杨氏双缝实验条纹

续 表

环节	内容	详细教案
（三）线上自主学习（40~60分钟）	个性化学习资源2的设计思路：举例子、用动画引起冲突，让学生看到频率的变化对光传播速度的影响 个性化学习资源3的设计思路：利用图像的最小值最大值找到相长相消最大最小的构成原因 个性化学习资源4的设计思路：将现象与公式结合，在现象上找到干涉相消、相长的位置 个性化学习资源5的设计思路：推导为主，以先导的小公式作为支架 个性化学习资源6的设计思路：利用动画，将不可视的内容可视化，使学生直观地看到实验变化 个性化学习资源7的设计思路：利用反例，引起冲突 2. 学生观看自学资源的同时完成个性化作业 3. 部分学生按照要求通过虚拟仿真软件进行自主探究学习并完成相关个性化作业 软件资源设计思路：学生按照要求被动操作软件，主动发现现象的变化 学生主动探索发现	2. 个性化学习资源包括：① 关于光程差与相位 ② 杨氏双缝实验中单/双缝板的设计原理 ③ 介质对光传播的影响（预计花费时长：60分钟） 需要你完成两个任务： 1. 个人任务：针对个人的题目，拍照上传答案至学习系统 2. 协作任务：按照"……"或"……"的句式就所学内容提出观点或针对别人的观点展开讨论（小组长录屏并提交） 1. 学生展开自主学习，观看个性化学习资源。学习通平台会提醒观看时间 2. 学生收到即时的个性化作业，将作业思考和答案撰写在作业纸上 3. 部分收到自主探究学习活动提示的学生需下载虚拟仿真软件进行自主探究学习，完成要求的探究作业 学生结束自主学习后，整理作业，准备在线上课程结束后拍照上传作业
（四）线上协作学习（25分钟）	学生结束线上自主学习后，立即进入线上协作学习 1. 工具：学习通平台、在线会议 2. 分组：同质分组（预计3—5组），每组确定一名组长 3. 要求：提前开好在线会议室，组长负责录屏 4. 协作学习内容：依据认知起点确定的讨论主题 5. 协作学习原理：认知冲突 6. 协作学习方式：利用认知冲突消解支架展开协作学习	学生结束线上自主学习后，根据提示进入线上协作学习 学生选择讨论主题进入相应小组，根据收到的在线会议号进入线上会议室，展开小组协作学习 学生按要求利用提供的支架进行交流讨论 各小组的组长负责录屏，便于后续复盘 协作学习结束后，学生整理个性化作业的答案并拍照上传

表 3-11 线下教学环节设计与详细教案

环节	内容	详细教案
(一)点名		教师在课前利用学习通系统进行点名,确保全体学生已经进入课堂,并且将实验班和对照班的分组提前告知学生
(二)导入(5分钟)	教师通过抢答题引入光的干涉教学 问题:获取相干光的原则是什么?典型方法有哪些? 答案:原则是任何时刻到达同一点的两光,应该是同一批原子发出的光,经过不同的光程而成的两列波 典型方法有分波面法,如:杨氏双缝、菲涅耳双面镜干涉、劳埃德镜;分振幅法,如:薄膜干涉、迈克尔逊干涉仪的干涉	师:通过在学习通上的自学,同学们对光的干涉都有了一定的了解,老师有两个问题想问大家。获取相干光的原则是什么?典型方法有哪些?请同学们举手抢答
(三)思考题讲解(8分钟)	教师讲解自学的思考题,将线上学习与线下学习联结,题目如下: 1. 请学生上台画出杨氏双缝干涉装置示意图,并标出主要物理量的数量级 2. 杨氏双缝干涉中的光程差怎么(近似)算?干涉极大、极小的光程差、相位差条件是什么? 3. 杨氏双缝干涉中条纹间距是多少?条纹有什么特点,白光入射会出现什么样的干涉现象	师:老师在课前给同学们布置了 3 个思考题,想必同学们对于杨氏双缝干涉实验有了更深入的了解,老师接下来将选择其中一部分内容进行讲解
(四)课堂练习(16分钟)	投屏选择题(共8题) 1. 光通过 ABC 光路所需要的时间 $\Delta t=10^{-8}$ 秒,已知 AB 段为真空,且 $AB=1$ 米,BC 段为水,其折射率 $n=4/3$,则: (1) 光路 ABC 的光程为____ 答案:3 m (2) BC 段的光程为____ 答案:2 m (3) BC 两点间的距离为____ 答案:1.5 m (4) 光通过 BC 段所需要的时间为____ 答案:$\frac{2}{3}\times 10^{-8}$ s (5) 波长 $\lambda=600$ nm 的单色光通过 ABC 时,C、A 两点间的位相差	师:通过自学和这些思考题的讨论,接下来我们在课堂上完成一些练习题,检验一下大家的学习情况

续　表

环节	内容	详细教案
（四）课堂练习 （16分钟）	$\phi_C - \phi_A = $ _____　　答案：$10^7\pi$ 2. 杨氏双缝干涉装置中，如果光源 S 向上移动，干涉条纹有何变化？（答案：C） 　A. 条纹不变　　　　　B. 条纹变宽 　C. 条纹间距不变、条纹整体下移 　D. 条纹间距不变、条纹整体上移 3. 杨氏双缝干涉装置中，如果光源 S 前后移动，干涉条纹有何变化？（答案：A） 　A. 条纹不变　　　　　B. 条纹变宽 　C. 条纹间距不变、条纹整体下移 　D. 条纹间距不变、条纹整体上移 4. 以下干涉装置和杨氏双缝干涉原理相似的有哪些？（答案：A、B） 　A. 菲涅耳双面镜　　　B. 劳埃德镜 　C. 迈克尔逊干涉　　　D. 维纳驻波实验 5. 如图，S_1、S_2 是两个相干光源，它们到 P 点的距离分别为 r_1 和 r_2。路径 S_1P 垂直穿过一块厚度为 t_1，折射率为 n_1 的介质板，路径 S_2P 垂直穿过厚度为 t_2，折射率为 n_2 的另一介质板，其余部分可看作真空，这两条路径的光程差是多少？（答案：B） 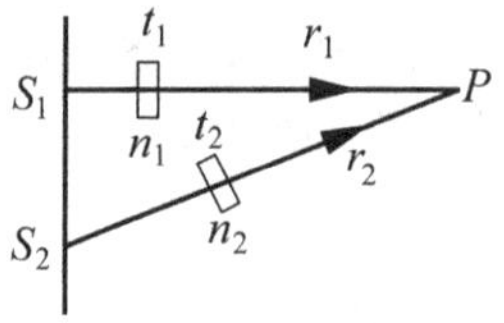 　A. $(r_2 + n_2 t_2) - (r_1 + n_1 t_1)$ 　B. $[r_2 + (n_2-1)t_2] - [r_1 + (n_1-1)t_2]$ 　C. $(r_2 - n_2 t_2) - (r_1 - n_1 t_1)$ 　D. $n_2 t_2 - n_1 t_1$ 6. 在同一媒质中两列相干光的强度之比是 $\dfrac{I_1}{I_2} = 4$，则两列相干光的振幅之比是多少？（答案：B） 　A. $\dfrac{A_1}{A_2} = 4$　　　　B. $\dfrac{A_1}{A_2} = 2$ 　C. $\dfrac{A_1}{A_2} = 16$　　　D. $\dfrac{A_1}{A_2} = \dfrac{1}{4}$ 7. 下列杨氏双缝干涉图样中，你认为最正确的干涉图样是哪一个？（答案：C）	根据教师的引导，学生在课堂共同完成 8 道题目。学生回答每一题后，教师都给出正确答案，并简单讲解原因

环节	内容	详细教案
（四）课堂练习（16分钟）	8. 在杨式双缝干涉实验中，为使屏上的干涉条纹间距变大，可以采取的办法是什么？（答案：B） A. 使屏靠近双缝 B. 使两缝的间距变小 C. 把两个缝的宽度稍微调窄 D. 改用波长较小的单色光源	
（五）例题评讲（10分钟）	教师根据学生线上学习情况，选择一题典型易错题，进行评讲 例：在杨氏实验装置中，两小孔的间距为 0.5 mm，光屏离小孔的距离为 50 cm，以折射率为 1.60 的透明薄片贴住小孔 S_2 时，发现屏上的条纹移动了 1 cm，试确定该薄片厚度。 [解]在小孔 S_2 未贴薄片时，从两小孔 S_1 和 S_2 至屏上 P_0 点的光程差为零。当小孔被薄片贴住时，零光程差点从 P_0 移到 P 点，按题意 P 点相距 P_0 为 1 cm，P_0 点光程差的变化量为 $$\delta = \frac{d}{r_0}y = \frac{0.5}{500} \times 10 \text{ mm} = 0.01 \text{ mm}$$ P 点光程差的变化等于 S_2 到 P 的光程的增加，即 $$\delta = nd_0 - d_0$$ 上式中 d_0 表示薄片的厚度，设空气的折射率为1，则 $$(n-1)d_0 = \frac{d}{r_0}y$$ $$d_0 = \frac{d}{(n-1)r_0}y = \frac{0.5 \text{ mm}}{0.6 \times 500 \text{ mm}} \times 10 \text{ mm}$$ $$= 1.67 \times 10^{-2} \text{ mm}$$	师：同学们，通过8题的练习，大家对于光的干涉这部分内容一定有了更深的认识，老师在总结学生线上自学情况时，发现有一道经典的易错题目，我们可以进一步探讨 【投屏 PPT 放例题】 师：请两位同学来说说这一道题的答案 生1回答自己的答案 生2回答自己的答案 师做总结

线下课程结束后，对两个班级立即进行后测，两组花费时间均为15分钟。

第三节
教学实践的数据分析

本节将通过对前测与后测的数据分析,了解学生的认知发展与学业成绩提升情况,进一步得出技术支持的个性化协作式学习在高校混合式教学中的应用效果及结论。

一、前测与后测试卷的设计

本研究采用了问卷和访谈两类测量工具,如表 3-12 所示。其中,问卷包括测查问卷、前测问卷和后测问卷。测查问卷的对象为不参与正式实验教学的 107 名学生。问卷的设计基于二阶诊断法,在原先题目的基础上追问学生作出相应解答的原因,基于此找到学生对于该学习内容的若干种认知起点。该问卷为前后测问卷的编制与个性化学习资源的设计提供了基础。

表 3-12 测量工具说明

工具名称	测量对象	测量人数(人)	主要测量内容
测查问卷	不参加教学实验者	107	认知起点情况
前测问卷	实验班和对照班	30	认知起点情况和学业成绩
后测问卷	实验班和对照班	30	学业成绩
访谈提纲	实验班	15	满意度与针对性评价

(一) 出题依据

本研究结合二阶测查问卷结果及教学目标编制并形成最终的教学前测问卷及后测问卷。前测问卷与后测问卷需要遵循知识点和难度一致的基本原则。试题来源于上海某大学物理系已使用多年的"光学"课程试题库,具有权威性。本研究从试题库中筛选出了 9 道试题,经物理学与教育学多位专家的两轮审查,通过增删调整,最终形成了总题量为 6 题的前测问卷与后测问卷。前、后测具体情况见下文。前、后测问卷的对象为正式实验教学的 30 名学生。

本研究中的前后测试卷将认知起点测查与学业水平检测结合,主要作为实验班学生认知起点分类的依据,同时作为判断实验班与对照班的认知状况与学业成绩是否处于同一水平的标准,并为下一步针对实验班学生进行个性化学习的资源与活动设计提供重要的依据。前测卷情况如下所示(后测卷与前测卷的难度和题型一致):

前测问卷的题目样例

第三题:光波发生干涉的条件是( )。

A. 两列或多列光波,各光波的频率不同、相位差恒定、振动方向一致

B. 两列或多列光波,各光波的频率相同、初相差恒定、振动方向一致

C. 两列或多列光波,各光波的频率相同、振幅相同、振动方向存在平行分量

D. 两列或多列光波,各光波的频率相同、振动方向一致

E. 两列或多列光波,各光波的频率相同、相位差恒定、振动方向存在平行分量

F. 两列或多列光波,各光波的频率相同、相位差恒定、振动方向一致

第六题:将杨氏双缝干涉装置分别作如下变化,写出屏幕上干涉条纹产生的变化。

(1) 将双缝间距 d 变小:＿＿＿＿＿＿＿＿＿＿＿＿＿＿＿＿

(2) 将整个装置浸入水中:＿＿＿＿＿＿＿＿＿＿＿＿＿＿＿＿

(3) 将单缝宽度变大:＿＿＿＿＿＿＿＿＿＿＿＿＿＿＿＿＿＿

简述杨氏双缝干涉实验装置中单缝板、双缝板的作用:

＿＿＿＿＿＿＿＿＿＿＿＿＿＿＿＿＿＿＿＿＿＿＿＿＿＿＿＿＿＿

(二) 问卷信效度

本研究利用被试作答后测问卷的情况对前测问卷和后测问卷进行信效度检验。信度检验采取内部一致性检验方式,对 30 个样本数据进行检验并得到克隆巴赫值 $\alpha=0.777>0.7$,表示问卷的整体信度可以接受。本研究中的效度检验利用 KMO 和巴特利特检验,得到 KMO 值为 0.673,说明效度尚可。通过信效度检验,可以得出以下结论:本研究所使用的前测问卷与后测问卷信度与效度均满足研究要求,可以作进一步的数据分析。

(三) 评分者信度

除问卷的编制与信效度检验外,问卷的评分同样是一个非常重要的环节。

本研究审视了答卷评分的一致性,利用评分者信度表征一致性。在对答卷进行评分之前,本研究先确定了问卷中各题对应权重(权重由上海某大学物理系副教授给出,如表 3-13 所示)。

表 3-13 题号与对应权重

序号	题号	相对权重
1	2	5
2	5(1)	5
3	5(2)	5
4	5(3)	5
5	5(4)-1	3
6	5(4)-2	6
7	6(1)	9
8	6(2)	9
9	6(3)	9
10	6(4)-1	8
11	6(4)-2	8

另外,本研究对前后测问卷的赋分规则进行确定,该赋分规则同样经过了与高校一线教师的多轮讨论。具体赋分规则如表 3-14 所示。

表 3-14 赋分规则

序号	题号	赋分规则
1	2	A—0分;B—3分;C—4分;D—0分
2	5(1)	答到整数倍—2分;写对公式—4分;计算正确—6分
3	5(2)	答到整数倍—2分;写对公式—4分;计算正确—6分
4	5(3)	答到整数倍—2分;写对公式—4分;计算正确—6分
5	5(4)-1	答到存在问题—3分
6	5(4)-2	答到数量级—6分
7	6(1)	光强变弱—3分;间距变大/条纹变宽/条纹变疏—6分
8	6(2)	光强变小—3分;条纹间距不变—6分
9	6(3)	折射率发生变化—4分;间距变小/条纹变窄/条纹变密—6分

续 表

序号	题号	赋分规则
10	6(4)-1	单一光—3分；稳定光源—5分；稳定平行光—8分
11	6(4)-2	初相相同—3分；频率相同—3分；相干波—6分；分波面法得到相干波—8分

经过以上步骤后，进行答卷评分的一致性检验。问卷分数的评定由5位评卷人独立批改。评卷人之间不进行相互沟通，而是独自根据评分规则进行改卷。得到的结果进行评分者信度分析，得到5位评卷人改卷结果的肯德尔协同系数为0.968，具有非常高的评分一致性。说明问卷的批改是客观的，得到的分数可以进一步作数据分析。

（四）分数标准化处理

由于各题难度不同，本质上使得各题的量纲存在差异，不宜采用单纯的分数累加。因此本研究采用了标准分对各题得分进行转化，并利用各题的标准分之和获得每名被试的测试总得分。各题分数标准化的过程与得分的累加过程依据如下两个公式：

$$z_j = \frac{x_{ij} - \overline{x_j}}{s}; \quad Z_i = \sum z_j$$

其中，z_j指代小题j的标准分，x_{ij}为学生i在小题j的得分情况，$\overline{x_j}$为所有学生对应小题的平均得分，s为该题得分的标准差。Z_i表示任意学生i的各小题标准分之和。由于标准分存在小于零的情况，观感上不符合正常的评卷习惯，因此本研究最终利用转化标准分表征各个被试的最终得分情况。转化标准分的计算如下公式所示。其中，Z'_i表示转化标准分，α为各小题得分中的最大标准差，$\overline{X}$为所有被试原始分数的均值。

$$Z'_i = \alpha \cdot Z_i + \overline{X}$$

二、实验结果

（一）数据分析方式

1. 定量调查

本研究从各题分数的标准化处理、权重及赋分规则的确定，以及评分者信度3个方面确保评分的科学性。

2. 定性研究

本研究访谈了实验班的全体师范生（15人），并记录了访谈的全部过程，旨在了解个性化学习资源和协作式学习环节的有效性及针对性。同时,从学生的角度分析技术支持的基于个性化的协作式学习设计中各个环节的合理性。

(二) 基于学业成绩的结果分析

1. 前、后测成绩分析

通过对实验班与对照班的前后测试卷进行分析,对照班的前测平均成绩为30.80分,实验班的前测成绩为31.45分。通过独立样本T检验,两班的前测成绩没有显著性差异,显著性结果如表3-15和表3-16所示。

表3-15 实验班、对照班前测成绩均值比较

	人数(人)	平均值(分)	标准偏差	标准误差平均值
对照班前测	15	31.445	7.382	1.906
实验班前测	15	30.803	8.299	2.143

表3-16 实验班、对照班前测成绩显著性分析

	莱文方差检验		平均值t检验					
	F	显著性	t	Sig.(双尾)	平均值差值	标准误差差值	95%置信区间	
							下限	上限
假设等方差	1.453	0.238	0.225	0.824	0.644	2.868	−5.230	6.519
不假设等方差			0.225	0.824	0.644	2.868	−5.234	6.523

经过3个课时的线上线下混合式教学,对照班的后测成绩为52.00分,实验班的后测成绩为68.02分,实验班比对照班的平均成绩高出16.02分。通过独立样本T检验,两班的后测成绩具有极其显著性差异,具体均值情况与显著性情况如表3-17和表3-18所示。

表3-17 实验班、对照班后测成绩均值比较

	人数(人)	平均值(分)	标准偏差	标准误差平均值
实验班后测	15	68.023	9.393	2.425
对照班后测	15	52.002	11.455	2.958

表 3-18 实验班、对照班后测成绩显著性分析

莱文方差检验		平均值 t 检验				95%置信区间	
F	显著性	t	Sig.（双尾）	平均值差值	标准误差差值	下限	上限
假设等方差 2.090	0.159	4.189	0.000	16.021	3.825	8.186	23.856
不假设等方差		4.189	0.000	16.021	3.825	8.173	23.870

可见，对照班与实验班在课前的水平一致，经过学习后，两组学生的学业成绩都有大幅提升（同班后测成绩与前测成绩之差）。值得注意的是，实验班学生的学业成绩提升幅度相对于对照班学生的更大，且两班之间存在极其显著的差异，说明本研究对学生的学习干预是有效的，即在混合式教学模式下，基于认知发展的个性化学习与基于教学经验的传统学习对学生学业成绩的影响不同，并且基于认知发展的个性化学习在混合式教学模式下更为有效。

2. 高成绩组与低成绩组学生学业表现对比情况

将两班学生的前测与后测共 4 组成绩分别进行由高到低的排序，将每班成绩排前三分之一的学生归类为高成绩组，将成绩排后三分之一的学生归类为低成绩组。在实验班和对照班的两组后测成绩中，实验班和对照班的高成绩组学生均分差值为 10.93 分，低成绩组学生均分差值为 18.94 分，不同成绩组学生的均分差值存在巨大的差异，具体统计情况如表 3-19 所示；在实验组的前测成绩中，低成绩组学生在后测中的进步幅度（提高分数的均分）为 46.37 分，高成绩组学生的进步幅度为 30.30 分。可见两者之间同样存在着不可忽视的差距。

表 3-19 高成绩组与低成绩组学生学业成绩统计

测试类型	学生类型	组别	人数(人)	平均值(分)	标准偏差	均分差值(分)
后测	高成绩组	实验班	5	75.705	4.197	10.926
		对照班	5	64.779	4.869	
	低成绩组	实验班	5	58.856	10.306	18.942
		对照班	5	39.915	4.687	

续　表

测试类型	学生类型	组别	人数(人)	平均值(分)	标准偏差	均分差值(分)
后测减前测	高成绩组	实验班	5	30.300	4.616	16.072
	低成绩组	实验班	5	46.372	4.611	

由上述分析可知,相较于传统的混合式学习,技术支持的基于个性化的协作式学习能够有力促进学生学业成绩的提升。值得关注的是,本研究的设计能有效控制同组学生间学业成绩的分化,缩小同组学生学业成绩的差距,换言之,低成绩组的学生更能够在技术支持的基于个性化的协作式学习中获益。

3. 后测学业成绩基本统计数据分析——箱型图

两个班前、后测学业成绩的箱型图(图3-3)可以直观地显示出对照班和实验班的均值与中位数在前测时相差无几,在后测时拉开差距。

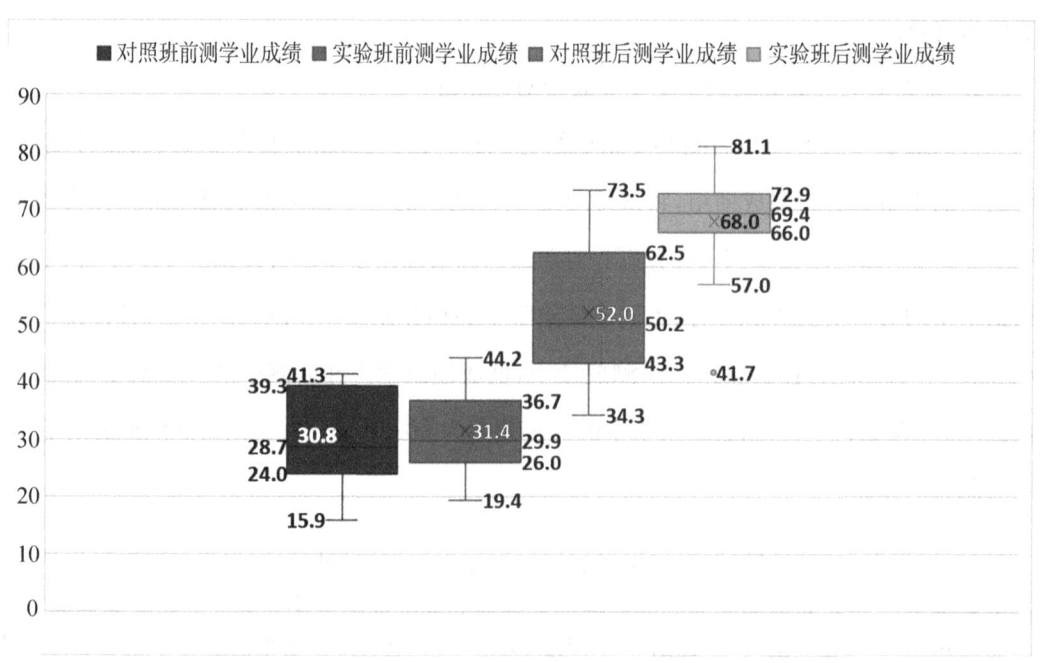

图3-3　实验班、对照班前、后测学业成绩箱型图

根据图3-3中最大值与最小值数据,可以发现如下现象:

现象一:对照班中,后测最高分比前测最高分高32.2分;实验班中,后测最高分比前测最高分高36.9分;对照班中,后测最低分比前测最低分高18.4分;实验班中,后测最低

分比前测最低分高 37.6 分。

实验班的数据中,最高分与最低分的变化均高于对照班数据,可见实验班的学习使得低成绩组的学生与高成绩组的学生都得到了更好的发展。同时,对照班的学习对低成绩组学生成绩的提升效果明显差于实验班。本研究分析,现象所表达的本质是低成绩组学生的需求满足程度低于高成绩组的学生。在对照班中,仅有高成绩组学生的学习对其个人而言是个性化的。究其根源,是对照组采用统一的学习内容导致了此现象的发生,这是学习内容一致所不可消除的弊端。因此,在高校课堂教学中,个性化学习是必要的。

现象二:在去除异常值的情况下,对照班数据中最高分与最低分的差值在学习后逐渐拉大(从 25.4 分到 39.2 分);而实验班数据中最高分与最低分的差值在学习后稍有变小,但差距不大(从 24.8 分到 24.1 分)。

现象三:通过观察箱型图 3-3 中涂色区域的高度(上四分位数与下四分位数的差值),可以直观地发现,对照班的涂色区在学习后变长(差值从 15.3 分变为 19.2),而实验班变短(差值从 10.7 分到 6.9 分)。

综合现象二与现象三,可以发现对照班的得分情况变得更加分散,而实验班的得分情况变得更加集中。对照班的情况不符合一般规律,在教学足够有效的情况下,低成绩组的学生应该会得到比例更高的提升,此现象再度暴露了统一的教学对部分学生需求的忽视而造成的教学低质问题。

4. 学业成绩异常值分析——折线图

图 3-4 反映了对照班和实验班前、后测的所有得分情况。从中,可以发现学生学业成绩大多分布在中位数附近,但实验班后测中的数据 6 离开中位数的距离偏远。

本研究通过查看该学生的学习数据,发现该学生的前测标准分为 31.0 分,后测标准分为 41.7 分,提升幅度仅为 10.7 分。通过该学生的前后测得分情况(如表 3-20)可以发现,第 2 小题得分有下降的情况,并且 5(1)、5(2)、5(3)、5(4)、6(1) 和 6(2) 6 小题几乎没有得分上的变化。这 6 小题围绕的是杨氏双缝干涉条纹变化规律、光程差与相位差的转化及条纹间距的计算 3 块内容。可能设计的个性化学习并没有给该学生带来较好的影响,也可能在该学生身上并未发生个性化学习。

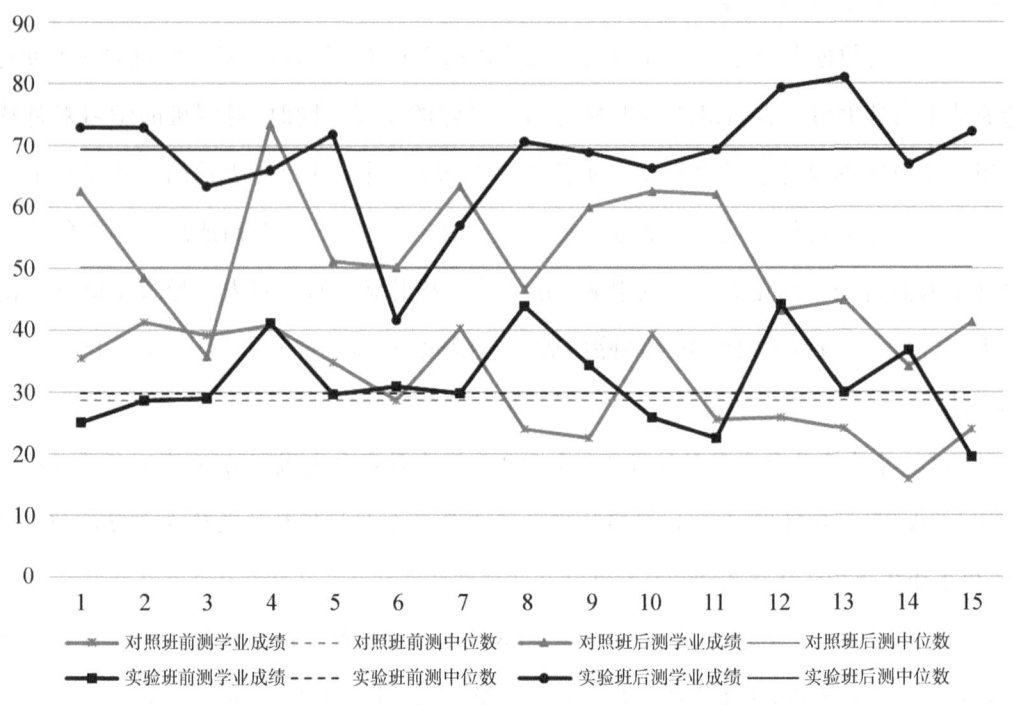

图 3-4 实验班、对照班前、后测学业成绩折线图

表 3-20 异常值学生前后测得分情况

题号	2	5(1)	5(2)	5(3)	5(4)	5(5)-1	5(5)-2	6(1)	6(2)	6(3)	6(4)-1	6(4)-2
前测得分	5	0	0	0	0	3	6	0	0	3	0	5
后测得分	0	0	0.8	0	0	3	6	0	0	5.4	2.6	6

随后,本研究针对此异常值学生的个性化学习的各个环节进行分析。该生的认知起点测查结果为"单个事实性知识缺失——字面理解光程差""单个概念性知识缺失——不理解介质对光传播的影响""两个事实性知识间混淆——干涉与干涉相消混淆""单个元认知知识缺失——不理解光程的应用场景与物理意义"。从后测的认知结果来看,4个认知起点中的3个已经得到认知发展("单个事实性知识缺失——字面理解光程差""单个概念性知识缺失——不理解介质对光传播的影响""两个事实性知识间混淆——干涉与干涉相消混淆"),然而结合后测的学业成绩,可以判断该学生在杨氏双缝干涉条纹变化规律、光程差与相位差的转化及条纹间距的计算3部分内容上存在问

题,有待发展。

然而,在进行认知起点测查时却未能成功将其检测出。该学生的案例一定程度上反映了二阶测查问卷的有限试题对认知起点测查的局限性。但就此次实验而言,异常案例在实验班全体被试 15 例中仅有一例,虽需要进一步优化但可以被接受。

值得注意的是,出现"测查没问题,后测有问题"的内容所指向的认知起点均为单个元认知知识缺失,可见存在具有统一特征的认知起点类型存在相对较大的测查难度,难度体现在题目较少时"测不准"。测查的稳定性是实验开展的首要环节,测量误差的出现导致了学习资源推送的遗漏,使得学生的发展不理想,是此次异常值出现的一大可能性路径。推送即有提升、未推送即没有提升,两类情况的同时出现也恰恰证明了学习资源的适切是学生认知发展的关键,是促使学业成绩提升的关键。此次研究中测查与学习资源设计的统一导致了此情况的发生。

5. 逐题分析雷达图

本研究将对照班与实验班学生每题的答题通过率统计在雷达图中,如图 3-5 所示。通过图 3-5 可以发现,■折线所代表的对照班数据大多都在●折线内部,说明实验班的答题通过率均高于对照班的答题通过率(第二题除外)。本研究针对第二题进行进一步

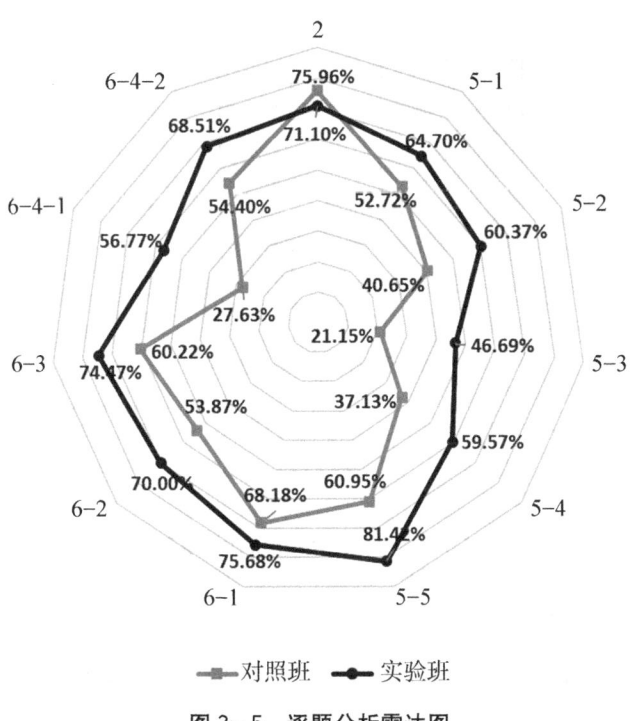

图 3-5 逐题分析雷达图

分析后发现,在实验班学生的前后测卷对比中,在第二题处出现了大量的后测得分低于前测得分的情况,对应内容所关联的认知起点被研究者诊断为"无"。此处出现的"异常"情况是可喜的,它表明认知起点的检测出现一定数量的"测不准"情况,需要通过对特定类型的认知起点检测题的质量或是数量进行优化。也从侧面展现了起点分类的准确性及适切学习资源的缺失对于学生的直接影响。

(三) 基于协作与访谈的结果分析

1. 实验班学生的协作情况

根据访谈获取的信息,本研究将实验班的 15 名师范生按照协作式学习的情况分成 3 类,包括:高表现者(在协作中产生认知冲突并得以发展的学生 3 名)、高表现者组员(高表现者 3 人所在的讨论组中的其他成员 9 名)、低表现者(反馈协作式学习对其没有帮助的学生 3 名)。三类学生的学业成绩均分的增值分别为 42.41 分、38.71 分和 24.34 分(如图 3-6 所示)。从均分可以看出,协作式学习环节中经历认知冲突并得以发展的 3 名高表现者在学业成绩上表现最好,9 名高表现者组员的学业成绩次之,而 3 名低表现者的学业成绩最差。

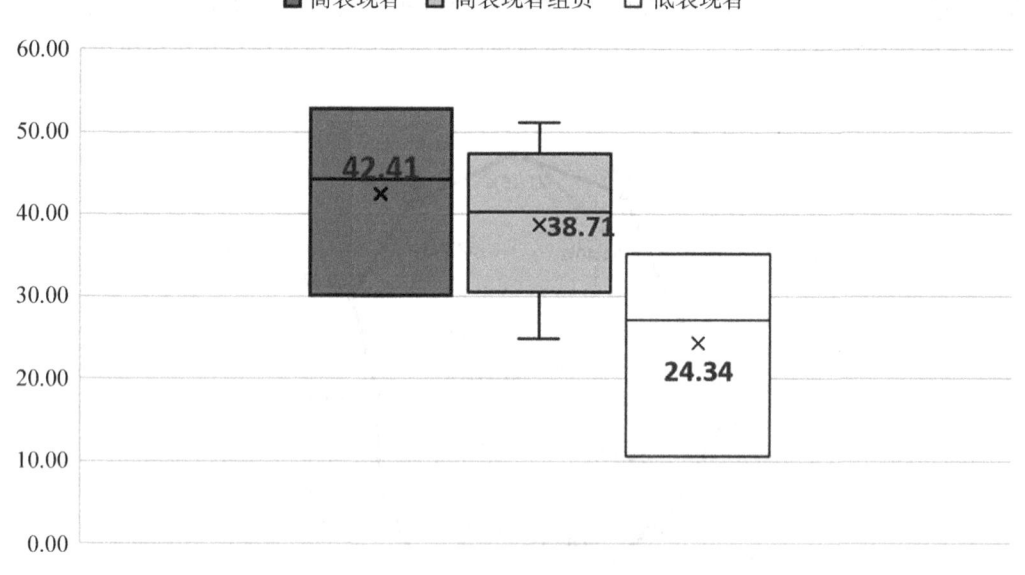

图 3-6 实验班学生协作情况图

2. 实验班学生的访谈情况

线下教学结束后,本研究对实验班全体 15 名学生进行了访谈。访谈针对整体线上学习的设计、个性化学习资源的针对性、个性化作业对学生的帮助及小组讨论对学生的帮助

4个方面。本访谈旨在进一步探究实验班师范生的学习经历,包括以下5个访谈问题:(1)课程学习内容对你学习光的双缝干涉内容有没有帮助?(2)课程学习内容具体在什么方面帮助到了你?(3)课程学习内容的针对性如何?(4)课程学习中的讨论环节对你是否有帮助?(5)课程学习中的讨论环节具体在什么方面帮助到了你?

通过访谈可知,实验班学生对线上学习资源的满意度很高,100%的学生认为个性化学习资源对自己有帮助,或帮助其理解了原先不理解的内容,或帮助其纠正了原先错误的理解。此外,多名学生直接地表达了个性化课程学习内容具有针对性,具体体现在如"光程差的概念"和"杨氏双缝实验设计"等,这与研究预设相一致。这在一定程度上说明了个性化设计的适切性和合理性。

实验班学生对协作环节的意见不统一。12名学生认为协作环节是有帮助的,如纠正了理解有误的内容,提醒了没有注意的内容,巩固了知识。认为协作环节纠正了其原有误理解的3名学生出现了认知冲突,且最终发展为共识。有3名同一讨论组的学生认为协作环节对其没有帮助。本研究通过分析该组讨论时的录屏发现,该组成员仅各自完成了分享支架,均未完成讨论支架,导致组内没有形成有效的互动。这可能是该组学生对协作式环节满意度较低的原因。在后续研究中,可考虑在组内增加助教来实现对学生的学习进行一定的监督或引导。

三、研究结论

本研究通过在高校物理专业师范生中开展的实证研究发现:技术支持的基于个性化的协作式学习可以促进师范生学业成绩的提升;对比不同成绩组学生学习成绩发现,技术支持的基于个性化的协作式学习更有利于促进低成绩组学生的学习;经历过从认知冲突到共识达成的学生获得了更好的学业成绩。

(一)技术支持的基于个性化的协作式学习提高了师范生的学业成绩

技术支持的基于个性化的协作式学习可以促进高校物理专业物理课堂中师范生的学业成绩。其机理如下:首先,对学生需求的深层关注是技术有效促进学习的必要条件,而基于学生的认知起点展开的学习设计满足了该条件,它是实验成功的关键。其次,个性化学习资源设计和协作式学习环节设计都获得了较高的学生满意度。这些设计以认知起点作为基础,依赖研究者对学生认知发展历程的关注。通过技术支持的基于个性化的协作式学习,诱发学生主体内和主体间的认知冲突是研究者预设的认知发展历程之始。研究发现,部分学生在产生认知冲突后,经历了调节和重建的主动建构过程,并最终达成了共识,获得了认知发展。最后,个性化与协作式两要素在本研究的设计中起到了缺一不可的作用。访谈中,学生认为个性化学习资源和协作式学习环节共同帮助其纠正原先认识错误的认知,这说明认知冲突的产生来源于个性化和协作式的共同支撑。个性化和协作式起到的作用各有侧重,个性化帮助学生理解了不理解的内容,协作式额外起到了提醒和巩固的作用。

(二) 技术支持的基于个性化的协作式学习更有利于低成绩组学生的学习

技术支持的基于个性化的协作式学习对高成绩组与低成绩组学生的学业成绩均有较大的促进作用,其中对低成绩组学生的影响更大。其机理如下:研究者关注每个人作为独立个体的学习需求,低成绩组学生的学习需求更加多且更离群。因此,针对个体学习需求进行的干预不仅在增值评价视角下带来了更大幅度的提升,而且较于统一授课相对全面且精准地带给了学生个体如何提升的着力点。通过对照班和实验班的前后测得分变化可以发现,对照班的后测得分相比前测更离散,而实验班则趋于收敛。对照班的情况不符合一般规律,在教学足够有效的情况下,低成绩组的学生应该得到更高的提升,而实验却并未得到该结果。此现象暴露了统一教学对部分学生学习需求的忽视,即原教学模式对低成绩组学生的需求存在忽视。换而言之,对照班学习资源无法同时满足高成绩组与低成绩组学生的学习需求。由此可见,高校师范生教育亟待个性化元素的参与,基于认知起点的设计是一个积极的选择。

此外,基于认知起点同质化的协作式学习也打破了当前协作式学习的主要障碍,即在协作与讨论中,个别最有能力的学生会作为主宰者主导小组协作,忽略组内能力较弱的成员,导致低能力学生学习积极性低下,参与被动,甚至成绩下滑。同质化的协作学习有助于调动能力较低的学生的学习积极性,提升学习参与度和学业成绩。由此可见,在学习技术范式现有个性化研究的基础上,增加协作式元素的初步尝试得到实证支持,即技术支持的基于个性化的协作式学习可以促进学生认知发展。

(三) 认知冲突到共识达成的协作过程有利于师范生的学习

通过对数据的分析发现,学生学业成绩的增值与学生在协作式学习中的表现有关。在协作式学习中,经历了从认知冲突走向达成共识的学生相比于其他学生,学业成绩获得了更大的提升。虽然由于对应样本的数量有限,此结论没有统计学支持,但此现象的出现值得进一步探究。

本章小结

本章所介绍的研究是学习技术范式在基础教育领域深耕的基础上,在高等教育领域的第一次探索与实践。本研究在学习技术范式现有个性化学习的基础上,融入"协作"元素,设计技术支持的个性化协作式学习。另外,本研究所采用的认知起点分类相较于以往研究具有一定创新性,利用布鲁姆知识维度的分类和排列组合的方式,使得认知起点的分类标准化。本研究遵循"技术支持的基于认知发展的个性化学习"方向,以学生认知发展为切入点,在混合式教学模式下,展开个性化学习设计。通过对研究数据的分析,可以看到本实验对促进高校学生的学习具有有效性。本实验中,技术支持的基于个性化的协作式学习提高了师范生的学业成绩,技术支持的基于个性化的协作式学习更有利于低成绩组学生的学习,认知冲突到共识达成的协作过程有利于师范生的学习。但是,本研究对象的数量存在一定局限。虽然参与测查的人数具备一定数量,但参与正式的实验教学的人数仅有 30 人,是本研究的局限所在。基于研究结果,研究者希望进一步将技术支持的基于个性化的协作式学习拓展到物理课程的其他学习内容或其他学习课程之中。教师也可以更多地基于学生的认知起点关注其认知发展历程,通过设计适切的主体内和主体间的认知冲突促进学生学业成绩的提升。

问题与回答

1. 两个知识点间的关系是如何测得的?测得之后又是如何进行聚类的?

【回答】两个知识点间的关系是通过一个或多个题目进行测量的,对应的认知起点通过分析学生的大体情况而得来。关于认知起点的聚类,可以分为两个步骤:(1)分类,指在未获得学生数据前对可能出现的认知起点进行划分;(2)归类,指获得学生数据后,将其归到已分好的类别中,得到学生的认知起点。本研究是将知识维度的分类、单个知识和知识间关系的区分、学生的认知情况 3 个方面进行排列组合,将认知起点类型划分为 24 种,有待发展的认知起点类型有 18 种。本研究团队目前的分类方式是人工分析,暂没有形成成熟的机械化归类途径。本书第八章所介绍的实践研究中,研究者进行了归类方式的机械化尝试。

2. 在协作式学习环节中,为何对学生进行同质分组,而非异质分组?

【回答】协作式学习环节是根据认知起点的测查情况而设计的。本研究中所提及的"同质"指的是同班中学生的认知起点相同或存在相同。本研究期待同质的学生在相同的、待发展的认知起点上产生主体间冲突,并通过协作式学习达成科学的共识。

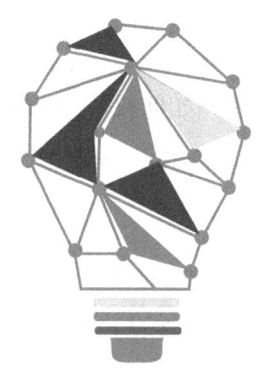

第四章

学科核心素养提升：
技术促进计算思维的发展

本章导言

国内计算思维实践研究较国外晚。国内目前还在研究"如何教"的阶段，并以思辨性的定性研究为主。国外已从"如何教"的研究转变到"怎么有效教"的研究，并以定量研究为主。

为研究"怎么有效教"，本章聚焦于认知发展视野下学生计算思维的培养，从关注学科知识习得转向关注知识、思维发展的内在一致性，建构起基于认知发展的计算思维培养的学习设计模型，并深入教学实践展开实证研究。本章集中解决的核心问题有两个：一是计算思维如何教？二是如何更有效地实施指向计算思维培养的教学？

以高中生作为研究对象，以"算法三种基本结构"为学习内容，本研究团队基于学习设计模型开展了为期十五周的促进计算思维发展的教学实证研究。以文献研究法、德尔菲法、内容分析法、访谈法和基于设计的研究法为研究的核心方法，对模型建构、实验设计、成效检验和机理总结等方面进行了系统的研究。具体研究了基于学习设计模型与计算思维评价工具的实践应用；通过尝试开发计算思维评价工具，确立了由计算思维态度和计算思维技能组成的评价框架；构建了促进学生计算思维发展的学习设计模型；以技术和个性化学习目标作为干预变量开展教学实证研究。实验表明：（1）个性化学习可促进计算思维态度和技能的发展；（2）技术的使用对计算思维技能的促进效果较为明显；（3）"个性化—技术介入型学习"有利于计算思维态度的培养；（4）学生的认知发展、学习成绩提升与计算思维发展水平存在正相关。

计算思维作为高阶思维活动，不仅需要学科知识作为基础，更需要支持深度加工的有效学习设计作为支撑。这样才能使学生在问题解决中实现学科知识习得与计算思维发展的内在一致性，通过科学、系统的研究设计、理论建构和教学实施，本研究共得到3个重要结论：（1）认知发展是实现计算思维发展的有效切入点；（2）学习设计模型是计算思维培养的实践依托；（3）技术支持的个性化学习是促进计算思维发展的关键因素。

第一节
计算思维培养的研究基础

本节从核心概念界定入手展开系统分析,包括计算思维概念界定、计算思维构成要素和相关内容,并确定将学习技术范式、皮亚杰认知发展理论和概念转变理论作为研究展开的理论基础。本节是在核心概念内涵剖析的基础上对支持本研究的理论的一次理性选择,这对后续理论模型的建构及实证研究同样起到基础性作用。

一、计算思维的核心意蕴

(一) 计算思维的"技能说"和"过程说"

计算思维萌芽于算法思维和程序思维,自 2006 年美国卡内基·梅隆大学周以真首次正式提出完整的定义以来,关于计算思维的研究与实践便开始在国内外逐渐升温。这些研究主要分为两类:一类是"技能说",强调计算思维是一种思维技能。例如,Hemmendinger 认为计算思维是学生像计算机一样探索、发现、解决问题的能力[1];Brennan 等提出计算思维包括计算概念、计算实践和计算观念 3 个维度共 16 个方面的技能[2];美国国际教育技术协会解读计算思维是创造力、算法思维、批判性思维、问题解决、合作思维和沟通技能的共同体现[3]。另一类是"过程说",强调计算思维是思维的过程。例如,计算机科学教师协会与美国教育技术协会提出计算思维是一个问题解决过程[4],Aho 认为计算思维是形式化问题的过程[5],王飞跃认为计算思维是数据驱动的思维过程[6]。英国中小学信息术课程提到的计算思维综合了"技能说"和"过程说"的相关观点,

---

[1] Hemmendinger D. A plea for modesty [J]. ACM Inroads,2010,1(2):4-7.
[2] Brennan K, Resnick M. New Frameworks for Studying and Assessing the Development of Computational Thinking [C]. The 2012 Annual Meeting of the American Educational Research Association,2012:1-25.
[3] ISTE. CT leadership toolkit [EB/OL]. http://www.iste.org/docs/et-documents/et-leadershipt-toolkit.pdf?sfvr sn=4. 2018-1-15/2020-5/18.
[4] ISTE & CSTA. Computational thinking teacher resources [EB/OL]. http://iste.org/computational—thinking. 2016-11-15/2020-5-18.
[5] Aho A V. Computation and Computational Thinking [J]. The Computer Journal,2012,55(7):832-835.
[6] 王飞跃.面向计算社会的计算素质培养:计算思维与计算文化[J].工业和信息化教育,2013(6):4-8.

认为用计算机来解决问题分为两个步骤：(1)想好解决问题的具体步骤；(2)运用专业技术能力，借助计算机解决问题。计算思维描述了我们思考如何利用计算机来解决问题的过程与方法。2013年Selby和Woollard提出，计算思维包括算法思维、评估、分解、抽象、概括这5个方面的要素。[1]

(二)计算思维的基本定义与构成要素

我国的《普通高中信息技术课程标准(2017版2020年修订)》中提出，"计算思维"是指个体运用计算机科学领域的思想方法，在形成问题解决方案的过程中产生的一系列思维活动。该思维活动以计算机领域的学科方法界定问题、抽象特征、建立结构模型、合理组织数据，通过判断、分析与综合各种信息资源，运用合理的算法形成解决问题的方案，总结利用计算机解决问题的过程与方法，并可迁移到与之相关的其他问题解决中的一种学科思维。[2] 分析该定义发现，其蕴含的要素与Selby和Woollard提出的"五要素"比较接近。为了使计算思维在实际教学中更加容易表征与评价，本节将"五要素"作为计算思维技能性指标，包括：(1)"分解"，指一个事物或问题拆分成几个组成部分或几个子问题(这些组成部分或子问题又可以分别被理解、解决和评估)的思维过程；(2)"抽象"，指通过减少不必要的细节使一个事物或问题更容易被理解的过程。它的关键部分是选择事物或问题的主要特征来表示整个事物或问题，抽象后的事物或问题可使人更容易思考；(3)"概括"(也称"模式识别")，指解决一些特定问题的算法可以适用于解决整个类别的类似问题，它具有相似性和连接性的特征；(4)"算法思维"，指一种通过对每个步骤的清晰定义得到问题解决方案的思维方式。它是一种以序列和规则来思考解决或理解问题的能力，是学生计算思维发展中的核心技能；(5)"评估"，指验证一个方案、算法、系统或者步骤是否为完成目标最恰当的、最适合的一个过程。解决方案的各种属性需要被评估，是否正确？是否能够快速实现？是否方便使用？能否提升适当的经验？这些都需要评估。

二、计算思维的相关关系梳理

计算思维是一种思维活动，因此具有深刻性、逻辑性等思维品质，而良好的思维品质

---

[1] Selby C, Woollard J. Computational Thinking: The Developing Definition [DB/OL]. http://eprints.soton.ac.uk/356481, 2014-06-23/2020-05-18.

[2] 中华人民共和国教育部.普通高中信息技术课程标准(2017年版2020年修订)[M].北京：人民教育出版社,2018:5.

的形成需要高质量的深度学习。同时,计算思维又是信息技术学科主要的核心素养,从课程标准对计算思维的定义来分析,问题解决是培养核心素养的主要途径。因此,深度学习、核心素养和问题解决是与计算思维关联最密切的3个概念。

(一) 计算思维与深度学习的关系

高阶思维能力是深度学习的核心特征,已有研究分别从受众[1]、认知加工过程[2]、认知技能[3]等角度论证了该观点。从认知发生的角度,可认为深度学习是学生思维逐步形成概念并使其发生转变的动态过程,是学生本身内在认知思维品质的提升,外在表现为对学习过程与结果的归纳、总结、批判、反思等外显行为,是"思维结果"。张玉孔等认为深度学习和具体学科结合是发展学生核心素养和高阶能力的重要途径。[4] 深度学习的内涵又可与布鲁姆的分类目标相联系。在布鲁姆等人对认知领域的学习目标分类中,知道、领会是对事实的记忆和初步理解,在此基础上的应用、分析、综合、评价则更加注重高阶思维认知水平的发展,与深度学习较为对应。可以说,高阶思维能力是深度学习的核心特征。因此,教学应力求通过深度学习发展学生的高阶思维能力。

计算思维的核心是用计算机科学的概念解决问题,尤其是问题解决中的知识融合、应用、决策、创造等认知活动。用计算机科学概念解决问题是一种高阶思维能力。首先,有研究者提出计算思维是信息技术课程的一种内在价值[5],是信息技术学科核心素养培养的核心议题[6]。可见,计算思维在信息科技学科中处于重要地位,关注计算思维对学生的信息技术学科核心素养的培养来说至关重要。其次,编程教育是信息技术学科中有效促进计算思维提升的途径。相较于传统文本编程环境,采用可视化编程工具的学生计算思维提升更为明显,并能够完成更为复杂的创意作品。[7] 国内外不少研究者开展了大量利

---

1 杜娟,李兆君,郭丽文.促进深度学习的信息化教学设计的策略研究[J].电化教育研究,2013,34(10):14-20.
2 胡航,董玉琦.深度学习内容及其资源表征的实证研究[J].中国远程教育,2017(8):57-63.
3 康淑敏.基于学科素养培育的深度学习研究[J].教育研究,2016(7):111-118.
4 张玉孔,郎启娥,胡航,等.从连接到贯通:基于脑科学的数学深度学习与教学[J].现代教育技术,2019,29(10):34-40.
5 李锋,王吉庆.计算思维:信息技术课程的一种内在价值[J].中国电化教育,2013(8):19-23.
6 张立国,王国华.计算思维:信息技术学科核心素养培养的核心议题[J].电化教育研究,2018,39(5):115-121.
7 傅骞,解博超,郑娅峰.基于图形化工具的编程教学促进初中生计算思维发展的实证研究[J].电化教育研究,2019,40(4):122-128.

用可视化编程工具进行计算思维培养并促进学生深度学习的研究。[1][2][3] 最后,国内研究者研究了利用不同工具培养学生的技术思维,例如,T-maze 编程工具[4]、App Inventor[5]、Scratch[6] 等。由此可知,编程教育是计算思维培养的天然依托,可以借助其相关课程开展提高学生计算思维水平的实证研究。

(二)计算思维与学科核心素养的关系

核心素养是国家对于基础教育的顶层设计,被誉为基础教育的 DNA。核心素养的落实要与具体的学科课程教学建立联系,这是一个系统的、完整的工程,这一工程的开端就是学科核心素养的确立。换而言之,就是体现"学科"对核心素养的特殊影响,"强调学科思维在学科核心素养体系中的重要性、价值性和根本性"。[7] 学科核心素养在学科课程教学中发挥着统领作用,有研究者将其粗略地描述为"凸显学科本质,具有独特、重要育人价值的素养"[8],并归纳了学科核心素养的三个辨别标准:体现学科本质、具有普适性意义、承载不可替代的学科育人价值。[9] 学科核心素养具有以下特征:(1)学科核心素养强调思维,是知识、能力发展的更高层次,这是与常规教学最大的不同所在;(2)学科核心素养指向未来,对于学生个体而言,学科教学要充分观照"终身发展";(3)学科核心素养渗透着独特的方法和育人价值,核心素养是"顶层设计",学科核心素养则是在学科中的具体表征。

---

[1] Brennan K, Resnick M. New Frameworks for Studying and Assessing the Development of Computational Thinking [C]. The 2012 Annual Meeting of the American Educational Research Association, 2012: 1-25.

[2] Basawapatna, A. Alexander Meets Miehotte: A simulation tool based on pattern programming and phenomenology[J]. Educational Technology&Society, 2016, 1(19): 277-291.

[3] Sáez-López J M, Román-González M, Vázquez-Cano E. Visual programming languages integrated across the curriculum in elementary school: A two year case study using "Scratch" in five schools[J]. Computers & Education, 2016, 97: 129-141.

[4] 郑德强.计算思维教育如何落地[EB/OL]. http://www.fjedu.cn/index.php?r=studio/post/view&sid=550&id=6890,2018-01-07/2020-05-18.

[5] 郭守超,周睿,邓常梅,等.基于 App Inventor 和计算思维的信息技术课堂教学研究[J].中国电化教育,2014(3):91-96.

[6] 赵兰兰.运用 Scratch 软件培养中学生计算思维的研究[D].上海:上海师范大学,2013.

[7] 解月光,杨鑫,付海东.高中学生信息技术学科核心素养的描述与分级[J].中国电化教育,2017(5):8-14.

[8] 曹培英.从学科核心素养与学科育人价值看数学基本思想[J].课程.教材.教法,2015,35(9):40-43,48.

[9] 曹培英.小学数学学科核心素养及其培育的基本路径[J].课程.教材.教法,2017,37(2):74-79.

信息技术作为一个教育科目,应当及时回应社会需求,特别是要关注这些技术对人的发展产生的影响。2014年我国教育部启动了高中信息技术课程标准的修订工作。这次修订工作围绕"核心素养"这一关键内容。《普通高中信息技术课程标准(2017年版,2020年修订)》确定了信息意识、计算思维、数字化学习与创新、信息社会责任4个学科核心要素。有研究者明确表示,计算思维应是主导要素。[1] 这次改革最为亮眼之处是引入"计算思维",要求学生"在信息活动中,能够采用计算机科学领域的思想方法界定问题、抽象特征、建立结构模型、合理组织数据"。计算思维为何能作为学科核心素养?从内涵上讲,它是运用计算机科学领域的思想方法,能够体现学科本质,在形成问题解决方案的过程中产生的一系列思维活动。[2] 这种学科素养在学科教学中能够找到合适的载体,例如必修模块设计有"算法和程序实现"的内容,承担了发展学生计算思维的载体作用。相比之下,程序设计是更为具体的教学内容,而计算思维是应用信息技术解决问题的能力解决问题的一般方法。因此,综合以上分析,计算思维作为信息技术学科核心素养,不论是自身的内涵和外延,还是从教学内容间的关联上看,都是合理的。

(三) 计算思维与问题解决的关系

关于问题解决的特征,不同研究者亦有不同的理解和阐述。Anderson认为,问题解决有目的性、操作序列和认知操作3个基本特征。[3] 杨栋认为问题解决有3个基本特征:(1)问题解决过程是一种思维活跃的过程;(2)问题解决有很强的目的性,解决某一个问题的过程是为了实现某一个目标;(3)问题解决包含一系列的操作,在解决问题的过程中,学生的认知状态和心理活动都在不断地发生变化。[4] "问题解决"是人类最重要的获取和建构知识的手段,而培养具有问题解决能力的人才是21世纪的重要发展目标,其重要性体现在联合国教科文组织[5]、欧盟[6]等国际组织颁布的纲领性文件中。我国《国家中

---

1 于颖,于兴华.学科核心素养统领的高中信息技术教学内容结构建构[J].现代教育技术,2019,29(8):120-126.
2 教育部.教育部关于印发《普通高中课程方案和语文等学科课程标准(2017年版)》的通知[EB/OL]. http://www.moe.edu.cn/srcsite/A26/s8001/201801/t20180115_324647.html,2018-12-14.
3 Anderson, J. R. Cognitive psychology and its implications[M]. New York. W. H. Freeman. 1980.
4 杨栋.基于问题解决的教学游戏设计及应用研究[D].西安:陕西师范大学,2011.
5 张恩铭,盛群力.培育学习者的数字素养:联合国教科文组织《全球数字素养框架》及其评估建议报告的解读与启示[J].开放教育研究,2019.6:58-65.
6 CHAI C S, DENG F, TSAI P S, et al. Assessing multidimensional students' perceptions of twenty-first-century learning practices[J]. Asia pacific education review,2015,16(3):389-398.

长期教育改革和发展规划纲要(2010—2020)》[1]和《中国学生发展核心素养》[2]也强调了问题意识和问题解决能力的重要性。可见,问题解决能力是学生的关键能力,教育教学工作应重视学生问题意识、解决问题能力的培养,以此促进学生全面、优质发展。

国内外许多课程改革风潮中,都很强调培养学生问题解决的能力,皆把问题解决当作重要的教育目标之一。[3][4][5] 我国《基础教育课程改革纲要(试行)》明确提出,通过课程实施和学习方式的变革,培养学生解决问题等能力。[6]《普通高中信息技术课程标准(2017版2020修订)》强调,在问题解决过程中提升信息素养,鼓励学生在不同的问题情境中,运用计算思维形成解决问题的方案,体验信息技术行业实践者真实的工作模式和思考方式。[7] 计算思维是针对具体问题进行问题解决和算法实现,并迁移到与之相关的其他问题解决中的一种学科思维。[8] 多数研究者认为计算思维是解决问题能力的具体表征。解决问题的方式有多种,计算思维不是唯一的解决问题的方式,但是当要解决真正复杂的技术问题时,计算思维是必要的思维模式。计算思维并不是必需用与计算机解决问题相同的方式解决问题,而是鼓励使用计算机科学概念和技术进行批判性思考,进而应用于解决问题中。因此,计算思维是问题解决的先决条件,是融合在问题解决之中的。

三、计算思维培养的理论基础

20世纪70年代,有关科学教育领域的概念转变研究兴起。有研究者意识到,学生在学习前持有迷思概念[9],因此科学概念转变研究也日渐成为教育研究者所关注的焦点。

---

1 中华人民共和国教育部. 国家中长期教育改革和发展规划纲要(2010—2020年)[DB/OL]. http://www.moe.gov.cn/jyb_xwfb/s6052/moe_838/201008/t20100802_93704.html, 2010 - 07 - 29.
2 核心素养研究课题组. 中国学生发展核心素养[J]. 中国教育学刊,2016(10):1 - 3.
3 杨金勇,孟红娟. 利用技术变革学习:新版《美国国家学生教育技术标准》解读[J]. 中国电化教育,2018(6):86 - 90.
4 郭绍青,张筱兰,吴宏伟. 关于英国的ICT教育与中国信息技术教育的比较研究[J]. 电化教育研究,2001(6):67 - 71.
5 陈鹏,黄荣怀,梁跃,等. 如何培养计算思维:基于2006—2016年研究文献及最新国际会议论文[J]. 现代远程教育研究,2018(1):98 - 112.
6 基础教育课程改革纲要(试行)[EB/OL]. http://www.edu.cn/20010926/3002911.shtml, 2019 - 09 - 12.
7 高中信息技术课程标准修订组. 高中信息技术课程标准修订说明[J]. 中国电化教育,2016(12):1 - 3.
8 李锋,赵健. 高中信息技术课程标准修订:理念与内容[J]. 中国电化教育,2016(12):4 - 9.
9 Vosniadou S. International Handbook of Research on Conceptual Change [M]. New York: Routledge, 2008.

21世纪以来,随着认知科学的蓬勃发展,有两个命题受到了普遍的认可:学生在学习之前,头脑并非是空白的;学习理论的发展不断地印证了文化在教育技术学研究中的重要作用。

(一)学习技术范式:问题解决的基本框架

学习技术范式是在文化(Culture)统整下,将技术(Technology)、学习内容(Content)、学生(Learner)相统合,对学生进行了充分、深层次的关注。学习技术范式中,"文化"影响整个系统中的每个要素,它倡导的是以人为本的研究文化和追求学习品质的学习文化。[1]"技术"要素包括"物化"和"智化"两种形态。[2] 技术要素需建立在对学生与学习内容充分统整的基础之上,其使用要考虑与其他要素的契合性,以便有利于促进学习效果的改善。[3] 技术本身并不能带来学习的优化,只有基于学习文化,有机融合学生的学习与学习内容的相互适应性而恰当使用技术才能促进学习。因而,技术应用的有效性应当是基于学生及其学习内容的属性。"学习内容"要素在学科视阈下不局限于单一的学科,还包括学科之间的交融。在学科形态下,涉及分科形态、综合形态等课程。"学生"要素包括学生"个体"和学习共同体层面的学生"群体",蕴含了丰富的"社会"内涵,包括真实社会情境和虚拟社会环境等。由此可见,该范式特别关注和强调技术对问题解决路径的优化作用,即学生使用技术改善其自身的学习认知,并感受到认知的差异性,使研究者、教师充分认识学生与学习内容这一统合体。

(二)皮亚杰认知发展理论:认知发展探究的支撑方法

21世纪初,随着新一轮基础教育课程改革的启动,有研究者从皮亚杰思想中汲取新的能量,将皮亚杰的活动教学观与素质教育相关联,为我国的素质教育事业的顺利发展寻找理论依据。这一时期的研究有很强的时代特征,融合了当时教育领域的新思想。甚至有研究者直言:"素质教育改革可溯源于皮亚杰的建构主义学说"。[4] 皮亚杰思想中对新课改产生了深远影响的观点:(1)关于主客体之间的关系问题。皮亚杰认为,主体的认知结构是非常关键的,它决定着主体对客体的认知,折射到教学过程上,为教师摒弃传统的

---

1 董玉琦,王靖,伊亮亮,等.CTCL:教育技术学研究的新范式(1):基本构想与初步研究[J].远程教育杂志,2012,30(2):3-14.
2 刘美凤.广义教育技术定位的确立[J].中国电化教育,2003(6):9-16.
3 边家胜,董玉琦.CTCL视角下日美两国概念转变策略研究谱系及其启示[J].中国电化教育,2015(11):18-27.
4 程利国,林彬.皮亚杰建构主义动力学模型及其对素质教育的启示[J].福建师范大学学报(哲学社会科学版),2003(3):122-127.

灌输模式提供了理论支撑;(2)关于"活动"的价值。皮亚杰的活动教学观隐含了"教学研究需要从活动开始"[1]的观点,在主体认识客体所做动作(同化、顺应)的过程中,知识得以建构。学生在获得某种科学概念之前,在日常生活中已经学会了一些相关的概念,积累了感性的认识。这些概念可能存在偏见和误解,但这正是教学的起点;(3)教师主导和学生主体的问题。皮亚杰思想中处处渗透着对学生主体的认可,他认为出自儿童本身的自发、主动地学才是真正的学习,学生的兴趣、意愿等必须得到重视。尽管教师具有主导地位,但教师能做的仅仅是促进学生的学习而不是把现成的知识灌输或者强加给学生。

(三)对概念转变的研究:学习资源设计的理论指引

"概念转变模型"主要包括两个部分:一是学生个体原有的概念发生改变的 4 个条件,包括:学生不满足于当前概念;新概念具有可理解性;新概念具有合理性;新概念具有有效性[2]。二是影响概念转变的概念生态圈。Posner 等人用概念生态(Conceptual Ecology)作为学生概念形成的环境,它借用了图尔明(Toulmin)关于知识生态的提法。所谓知识生态,就是学生个体与环境的交互作用催生了知识的发展[3],相似地,学生概念形成的环境会影响学生概念转变的发生[4]。在提出概念转变模型之后,关于概念转变的理论研究不断涌现。Chi 提出了概念转变的难度与概念本体属性的相关理论来分析概念转变过程。[5] Chi 的概念转变不相容假说认为,概念转变的难易与概念的本质有关。概念转变应分本体类别内的概念转变和本体类别间的概念转变。Vosniadou 从框架理论的角度,认为概念改变有两种:(1)"丰富",即在原有知识上增加新信息;(2)"修正",修正主要发生在新信息和具体理论或框架理论产生差异之时,学生的变化将是实质性的。相比之下,后者比前者更难以解决。该研究者通过对儿童所理解的地球形状的研究发现,"地球是平的或碟状的"误解普遍存在于不同文化背景的儿童当中,不过随着年龄的增长,持有误解的人数逐渐减少。[6]

过去研究中,概念转变理论多用于科学教育。本研究将这一理论作为信息技术教育

1　皮亚杰.发生认识论原理[M].王宪细,等译.北京:商务印书馆,1981:22.
2　袁维新.科学概念的建构性教学模式与策略探析[J].教育科学,2007(1):24-28.
3　吴復中,林陈涌.概念生态对中学生"呼吸作用"概念发展的影响[EB/OL]. http://www.nknu.edu.tw/-gise/17years/D42.doc,2001-07-18.
4　Posner G J, Strike K A, Hewson P W, et al. Accommodation of a Scientific Conception: Toward a Theory of Conceptual Change[J]. Science Education, 1982, 66(2): 211-227.
5　吴娴,罗星凯,辛涛.概念转变理论及其发展述评[J].心理科学进展,2008(6):880-886.
6　唐小俊.概念转变理论研究新进展及其对科学教学的启示[J].教育导刊,2008(6):4-6,22.

的基础,既是可行的,也是合理的。首先从学习的概念来讲,学生的任何学习都可以视为在学生前概念基础上发生的。[1] 如若教师对学生先前的认知没有充分的关照,只是让学生为了考试而识记,那么学生很难在知识结构上发生改变,甚至很难对新的知识产生认同。其次,从信息技术学科角度讲,前概念确实存在于这一学科当中,前人对此已进行了详细的调查与实证研究。王靖、董玉琦曾以高中信息技术中信号存储、模数转换、算法、网络拓扑结构等八个知识点为例,调查了125名没有学过该知识点的高中生和137名学过该知识点的高中生[2]。结果发现,学生对上述知识点均存在不科学的"前概念",由此可以进一步得出,信息技术学科是存在前概念的,而信息技术教学必须重视这一挑战。这从另一个侧面证明,概念转变理论作为信息技术教学策略的理论基础是合理且必要的。

---

[1] Donovan M S, Bransford J D. 学生是如何学习的——课堂中的科学[M]. 宋时春,译. 桂林:广西师范大学出版社,2011:3-4.
[2] 王靖,董玉琦. 高中信息技术学习之前的认知状况调查:基于CTCL的信息技术学科学习心理研究(1)[J]. 远程教育杂志,2012,30(5):56-62.

第二节
计算思维培养的工具开发与模型建构

计算思维教育正从关注培养方式向重视培养效果转变,评价就成为这一趋势不可或缺的环节。但是,现有的评价工具绝大多数适合国外教育情境。现急需一个本土化、经严格论证的测量工具来有效推进我国计算思维培养的教学实践。本节基于上述现状,尝试开发计算思维评价工具,依据"全人发展"教育目标描述模型对促进计算思维发展的学习设计做出理论演绎并形成模型结构,对模型中的学科知识、问题解决、计算思维和学生四大要素做详细的解释,并探讨主要要素间的关系,完成学习设计模型的建构。

一、计算思维评价工具开发

(一) 评价指标的确定与分解

计算机科学教师协会(CSTA)和美国教育技术协会(ISTE)共同发布的《CSTA计算思维教师资源手册》,提供了较为系统和翔实的教学实践案例。每个案例都附有计算思维操作指南,包括该案例活动所要培养的计算思维技能、须达到的计算思维态度及教师教学时所使用的计算思维词汇。[1] 本研究的计算思维评价框架采用 CSTA 和 ISTE 的部分观点,将框架分为计算思维技能和计算思维态度两个维度,再对每个维度进行指标分解,从而形成二级指标,并根据其操作性定义确定更具体的关键指标,如图 4-1 所示。

图 4-1 计算思维评价框架及主要指标

---

[1] CSTA. Computational Thinking [EB/OL]. https://www.csteachers.org/page/CompThinking, 2020-01-30.

1. 计算思维技能的指标分解

本研究确定的计算思维技能的二级指标,包括分解、抽象、概括、算法和评估。

(1) 分解既是运用计算思维进行问题解决的起点,也是复杂问题简单化、逻辑化的重要方法。分解就是将一个事物或问题拆分成几个可以被理解、解决和评估的部分或子问题,以利于促进问题解决的思维过程[1]。因此,分解是计算思维的重要组成之一。分解包括拆分、有序和递归等关键能力,具体表现为:① "拆分",根据问题及任务的特点,能将问题及任务分解成不同的组成部分,使它们更易处理;② "有序",能对分解好的组成部分进行分析,建立不同部分之间的联系及逻辑顺序;③ "递归",能使用计算机学科中的递归和分步解决策略将不同部分转化成子问题集。

(2) 抽象是将问题从事实描述转变为符号表达的重要手段,也是运用"算法"解决问题的必要步骤。抽象通过减少不必要的细节使一个事物或问题变得更简单、更容易,又不丢失任何重要的部分[1]。抽象的关键是选择事物或问题的主要特征来表示整个事物或问题,抽象后的事物或问题可使人更容易思考。因此,抽象是计算思维重要的技能。抽象包括删除、过滤、提取和符号化等关键能力,具体表现为:① "删除",针对复杂问题或任务时,能通过删除不必要的细节来降低问题或任务的复杂性;② "过滤",在充分认识问题及解决方案的基础上,能过滤解决方案中一些不必要的信息;③ "提取",解决问题过程中,能提取、搜集或创建与问题解决相关的关键数据;④ "符号化",能将现实问题通过符号化的表达方式来降低问题的复杂性。

(3) 概括(也称"模式识别")是指解决一些特定问题的算法可适用于解决整个类别问题的一种思维能力。概括的基础是以前的问题解决方案,核心是在以前经验的基础上快速解决同类新问题的方法。[1] 因此,概括也是计算思维的重要组成之一。概括包括识别共性、迁移方案和迁移情景等关键能力,具体表现为:① "识别共性",面对多个问题需要解决时,能识别问题或任务的共性;② "迁移方案",在完成特定问题的解决方案后,能修改该方案并使之适用于类似问题的解决;③ "迁移情景",在完成某一特定情景的问题解决方案后,能将想法和解决方案从一个问题情景迁移到另一个情景中去。

(4) 算法是将问题解决从符号表达转化为计算模型的关键步骤,它是一种通过对每个步骤的清晰定义得到解决方案的思维方式,也是一种以序列和规则来思考解决或理解

1　Mark D. CAS Computational Thinking: A Guide for Teachers[EB/OL]. https://community.computingatschool.org.uk/resources/2324/single, 2020-01-30.

问题的能力[1]。因此,算法是计算思维的核心技能。算法包括描述步骤和创建算法等关键能力,具体表现为:①"描述步骤",在对问题进行分析和解决时,能描述问题解决的具体步骤;②"创建基于经验的算法",在碰到已抽象好的算法问题时,能根据已学算法进行问题求解;③"创建基于真实世界的算法",在碰到真实问题时,能将实际问题抽象成算法问题,从而创建问题解决的算法描述,以便更好地理解它们。

(5)评估是保证提取一个最恰当、最适合的方案、步骤或者算法的过程,包括方案、步骤或算法的正确性、可行性、迁移性,通过权衡利弊,从中找到一个适用的理想解决方案[1]。因此,基于计算思维的评估,对方案或算法的细节极为关注。评估包括正确性、结果解释、方案优化和论证严格等关键方面,具体表现为:①"正确性",对于给定的算法方案,能评估算法方案的正确性;②"结果解释",对于给定的算法方案,能测试算法方案并解释测试结果;③"方案优化",对于多个算法方案,能运用适当的方法评估不同算法方案中的最优方案;④"论证严格",能运用计算机学科的严格论证的测试方法检查算法方案的可用性或性能。

2. 计算思维态度的指标分解

Brennan 和 Resnick 认为计算观念是学生对自己、与他人的关系及周围世界的理解,具体表现为表达、联系与质疑技术世界中的各种现象和观点。[2] 计算机科学教师协会与美国教育技术协会发布的"计算思维学习经验案例"则将计算思维态度定义为学生意识到成为一个计算思维思考者应具备的态度,其中不仅包括对问题解决的承受力、自信心及持之以恒的态度等,还包括与他人合作解决问题的能力等。[3] 英国 Computing 课程将计算思维培养作为核心目标,不仅包括学生理解和应用原理、概念及问题解决等技能性目标,还强调学生应具备有责任心、有能力、有自信心、有创造力等态度类目标。[4] 李锋等提出计算思维评价需要有效表征学生在学习活动中的行为过程、能力表现及学习效果,关键是

1　Mark D. CAS Computational Thinking:A Guide for Teachers[EB/OL]. https://community.computingatschool.org.uk/resources/2324/single,2020-01-30.
2　Brennan K,Resnick M. New frameworks for Studying and Assessing the Development of Computational Thinking[C]. The 2012 Annual Meeting of the American Educational Research Association,2012.
3　Grover S,Pea R. Computational Thinking in K-12 A Review of the State of the Field[J]. Educational Researcher,2013,42(1):38-43.
4　牛杰,刘向永. 从ICT到Computing:英国信息技术课程变革解析及启示[J]. 电化教育研究,2013(12):108-113.

确定学生计算思维的表现性指标,即知识、技能与态度。[1]

《普通高中信息技术课程标准(2017 版 2020 年修订)》明确提出,学科核心素养是立德树人育人目标在学科教学中的具体落实,而计算思维又是信息技术学科核心素养的关键要素,也是学生掌握知识与技能、过程与方法、情感态度与价值观的综合表现。同时,课标要求教师在设计相应教学情境时,通过组建互助小组,在"尝试→验证→修正"的过程中引导学生在交流互助的问题解决中共同发展和提高计算思维能力[2]。本研究主要根据课标关于计算思维培养的要求,借鉴国外研究成果,将计算思维态度分为情感态度、思维品质及合作学习 3 个二级指标。[3]

(1)情感态度是思维活动中学生个体所持有的学习兴趣、学习责任及科学态度。计算思维是学生利用计算机学科的思想方法去解决问题。因为问题解决的主体是学生,所以学生对知识的兴趣、责任及科学方法等情感态度直接影响问题解决的动力与深度。[4] 学生情感态度的表现是计算思维的重要部分。情感态度包括对待问题的态度和解决问题时的情感反应等关键能力,具体表现为:

① "好奇心",对问题探究抱有好奇心;

② "承受力",在问题解决过程中,碰到不确定问题时,应具有较好的承受力;

③ "自信心",始终具有解决复杂问题的自信心;

④ "持之以恒",解决复杂问题时,不管遇到困难与否都怀有持之以恒的态度。

(2)思维品质是指在计算思维活动过程中学生表现出针对相同问题的不同思维特点,其主要体现在思维的深度、广度、反应力、缜密性和反思性等方面。[5] 思维品质是计算思维态度的重要组成之一。思维品质包括发现、分析、表达和解决问题等关键能力,具体表现为:

① "深度",分析问题时,善于发现问题的本质和规律,能抓住问题的关键点进行系统

---

[1] 李锋,王吉庆.计算思维:信息技术课程的一种内在价值[J].中国电化教育,2013(8):19-23.
[2] 中华人民共和国教育部.普通高中信息技术课程标准(2017 年版 2020 年修订)[M].北京:人民教育出版社,2018:6.
[3] Korkmaz Ö,Çakır R, Özden M Y. A Validity and Reliability Study of the Computational Thinking Scales[J]. Computers in Human Behaviours,2017(72):558-569.
[4] CSTA. Computational Thinking [EB/OL]. https://www.csteachers.org/page/CompThinking, 2020-01-30.
[5] 于颖,周东岱,于伟.计算思维的意蕴解析与结构建构[J].现代教育技术,2017(5):60-66.

的分析;

②"广度",分析问题时,能从不同视角出发思考问题,能对问题进行全面而又有条理的分析;

③"反应力",处理和解决问题时,能正确地判断,迅速地作出反应,有条理地表达观点;

④"缜密性",体现为思维活动的有序程度,能整合问题的不同处理方法,及时总结优化;

⑤"反思性",体现为分析、解决问题时独立发现和批判的程度,能对同一问题的解决方案提出疑问。

(3) 合作学习是学生运用计算思维解决开放性问题时采取的主要学习方式,它强调学生围绕一个问题或任务分工合作进行问题求解,在求解过程中共同发展计算思维。合作学习主要体现在与他人合作的意愿、勇于表达自己的观点及相互协调制订方案等方面。[1] 合作学习也是计算思维态度的重要组成之一。合作学习包括意愿、倾听、主动、尊重和坚持己见等关键行为,具体表现为:

①"意愿",解决问题并在碰到困难时,有寻求与他人合作解决问题的意愿;

②"倾听",合作讨论问题的解决方案时,能认真倾听并了解他人解决问题的方法;

③"主动",合作交流时,能主动将自己的方案与他人分享,也会引导他人交流各自解决问题的方法;

④"尊重和坚持己见",当别人的解决方案与自己的方案不一致时,能认可别人解决问题的方法,同时又能持有与之不同的解决方法。

(二) 评价指标体系的开发与修订

本研究将评价指标体系的开发分为指标体系确定和验证两个阶段,如图 4-2 所示。

指标体系确定阶段,本研究团队通过文献法初步编制评价指标体系,运用德尔菲法对指标体系中各级指标进行评分,根据评分对指标体系进行修订,经 3 轮迭代后形成评价指标体系。验证阶段,本研究团队在确定好评价指标体系的基础上,通过文献法编制测量量表,并进行样本试测,依据试测数据进行结果分析及指标修订,经两轮迭代后形成较完整的指标体系。

---

[1] 李艺,钟柏昌.信息技术课程核心素养体系设计问题讨论[J].电化教育研究,2016(4):5-10,61.

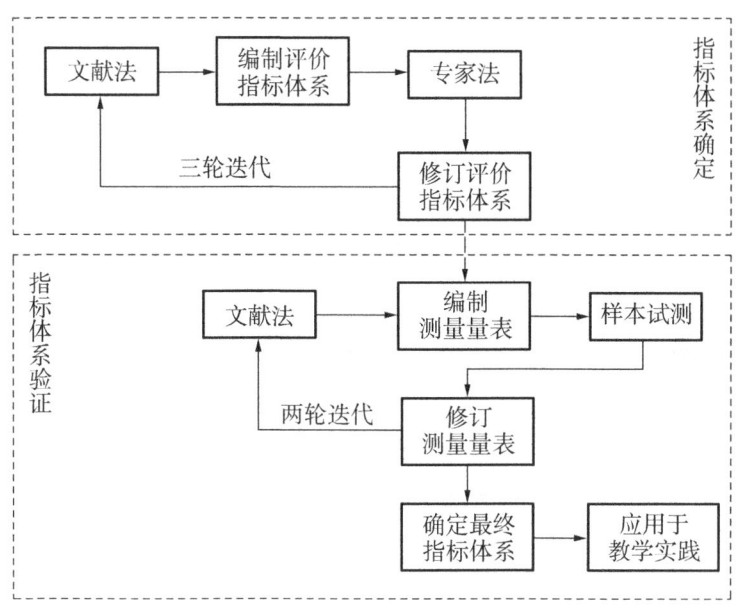

图 4-2 计算思维评价指标体系的开发过程

二、内容分析框架构建

（一）内容分析框架的设计原则

随着深度学习对学生关键学习结果的强调，深度学习的评价也趋向于对学生批判、反思等高阶认知学习结果的测评。美国学业质量评价联盟 PARCC（Partnership for Assessment of Readiness for College and Careers）和 SBAC（Smarter Balanced Assessment Consortium）以共同核心标准（21 世纪技能中规定的学生应掌握的知识和技能目标）指向，开发了评价体系，用以全面评估学生是否达到了复杂思维、交流、问题解决等关键能力，并以此引导学生开展深度学习活动[1]。有研究者讨论了 SOLO 分类理论和布鲁姆分类框架对深度学习的评价意义[2][3]。国内研究者结合克拉斯伍情感目标分类、辛普森动作技能目标分类、布鲁姆认知目标分类及 SOLO 分类制作了深度学习层次对应

1　Herman J，Linn R. On the Road to Assessing Deeper Learning：The Status of Smarter Balanced and PARCC Assessment Consortia. CRESST Report 823. [J]. National Center for Research on Evaluation Standards & Student Testing，2013：20.
2　Tracy Wilson Smith，Susan A. Colby. Teaching for Deep Learning[J]. Clearing House A Journal of Educational Strategies Issues & Ideas，2007，80(5)：205-210.
3　Phillips A W，Smith S G，Straus C M. Driving deeper learning by assessment：an adaptation of the Revised Bloom's Taxonomy for medical imaging in gross anatomy[J]. Academic Radiology，2013，20(6)：784-789.

表,形成了有助于建构深度学习的评价模式,深度学习对应层次如图4-3所示,深度学习评价模式如图4-4所示[1]。

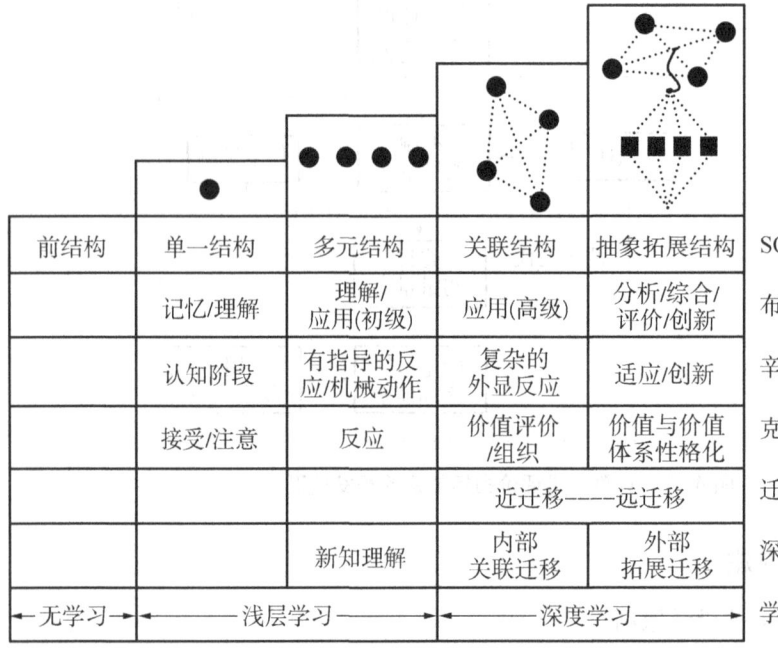

图4-3 深度学习层次

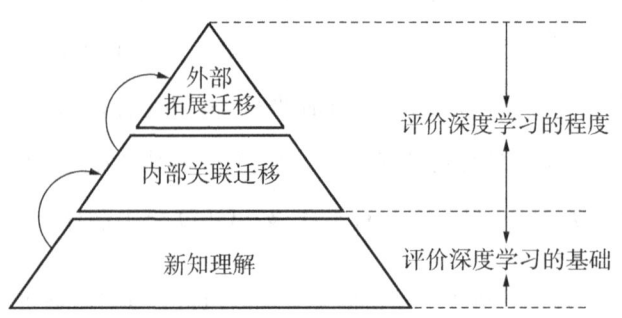

图4-4 深度学习评价"3+2"评价模式

---

1 刘哲雨,郝晓鑫.深度学习的评价模式研究[J].现代教育技术,2017,27(4):12-18.

信息技术课程的目标是培养和提升学生的核心素养,围绕学科大概念(数据、算法、信息系统、信息社会)设置多元的课程结构,通过项目学习的方式,将核心素养渗透在课程各要素中,对学习需求、学科知识(技能)、思维发展进行一体化的设计。《普通高中信息技术课程标准(2017年版2020年修订)》明确提出了信息技术学科的核心素养为:信息意识、计算思维、数字化学习与创新、信息社会责任。学科核心素养是学生发展核心素养在学科中的具体落实,也是学科育人价值的具体体现。因此,信息技术学科核心素养是在分析学科核心素养要素的基础上对应学生发展核心素养,提炼出信息技术核心素养的具体名称。具体映射关系如图4-5所示。

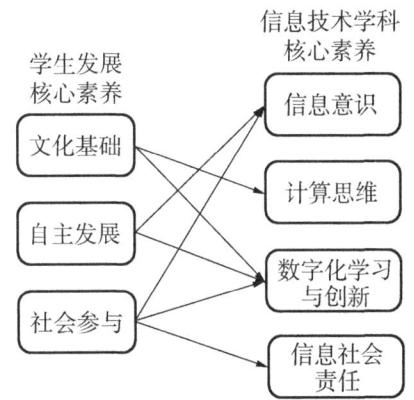

图4-5 信息技术学科核心素养与学生发展核心素养的映射关系[1]

(二) 内容分析框架的具体设计

1. 流程图分析框架的确定及阐释

流程图是信息技术学科常见的作品形式,也是学生展示问题解决方案的常见方法。流程图能够将学生对算法问题解决的内在逻辑进行显性化呈现。计算思维是一种利用计算机学科的思想与方法解决问题的思维方式。这种思维方式嵌在问题解决中,是内隐的,而具体问题的解决又是外显的,实际教学中一直缺少内隐机制支持外显成果的工具。因此,计算思维培养过程中急需一种思维加工的辅助工具,用以记录并显性化呈现学生的思维从识别问题到形成方案的全过程。

2. 分析框架确立的基本原则

在对流程图作品进行分析时,教师应该充分把握学生内在思维加工过程及可视化原

---

[1] 任友群,黄荣怀.普通高中信息技术课程标准(2017年版2020年修订)解读[M].北京:高等教育出版社,2020:150.

理。思维加工过程主要体现在学生通过分析问题后,以流程图的形式呈现解决方案的过程中,但当教师看到流程图时,实际上看到的仅是学生的思维结果(问题解决方案),思维过程的体现完全依靠教师对于学生任务(问题)的设计。

(1) 思维加工过程原则

思维加工过程就是问题解决的过程。围绕问题的解决,学生要能发现主客体的属性及它们之间的各种价值逻辑,并将这些关联复合在一起加以提炼抽象,同时还要能识别和评价出最佳解决方案。[1] 思维加工过程原则指教师在分析流程图时不仅关注结构、语句的正确性,还要通过对流程图作品的解读洞察学生内在的思维过程。通俗地讲,问题解决的要求是一样的,但问题解决的方案可以是多样的。基于此,在设计问题时,应着重体现问题的开放性,即体现问题方案的非唯一性。在设计流程图分析框架时,则要把握学生作品的独创性。

(2) 思维可视化原则

思维可视化指向的主体是学生,即可视化的对象是学生解决问题时的思维活动。流程图作品是静态的,而思维活动是动态的。静态的流程图作品需要承载动态的思维活动,这考验着教师的教学设计能力。流程图可作为计算思维技能培养中抽象表达的形式化工具,有效展现问题解决的细节分解和过程演绎[2],故可视化效果是流程图作品分析的一个考量因素。可视化效果的好坏取决于教师前置引导性环节的设计意图,更取决于学生抽象具体问题时的符号化、形式化、逻辑化能力。这些能力可体现在图示符号的正确性与丰富性,也体现在主题元素间的关系逻辑和过程演绎上。

3. 分析框架的基本内容

计算思维技能包括分解、抽象、概括、算法和评估5个方面的思维能力,思维承载工具只有能很好地对这些要素加以展示,才能有效呈现问题解决时计算思维的形成与演变过程。[3] 因此,本研究将流程图分析框架分为基于内容本体的分析框架和基于计算思维的分析框架。

---

1 王荣良.机器人教育与工程思维关系之研究[J].中国教育信息化,2008(24):27-29.
2 Gouws, L. A., Bradshaw, K., & Wentworth, P. Computation-al thinking in educational activities: An evaluation of the educationalgame light-bot[C]. Proceedings of the 18th ACM conference on innovation and technology in computer science education. ACM, 2013(7):10-15.
3 郁晓华,王美玲.流程图支持下的计算思维培养实践研究[J].中国远程教育,2019(9):83-91.

(1) 基于内容本体的分析框架的阐释

如表4-1所示,基于内容本体的流程图作品分析框架主要由两级指标组成。一级指标主要针对流程图的正确性和观赏性。流程图的正确性主要指向流程图结构和流程两个评价主体,体现在结构的完整性和合理性,以及流程设计的创新性。结构完整性对应流程图中框、线的正确使用;结构的合理性则聚焦在表达式(即框中的内容)的正确性,结构选择与问题情境的一致性等;流程的创新性指向学生的能动性表现,即是否用自己独创的方法描述算法,使之更简化、更优化。流程图观赏性的高低不会影响流程图执行功能,其主要指向流程框大小、框中的内容字体、大小等格式的一致性;整齐主要指流程图中框、线的对齐程度。需要补充的是,在使用该框架进行作品评价时,可根据课程实施的具体要求设定各指标的权重,以对应教学目标的达成。

表4-1 基于内容本体的流程图作品分析框架

序号	一级指标	二级指标	详细说明
1	流程图的正确性	结构的完整性	流程图中框、流程线是否与框相连;分支和循环结构是否完整;判断框是否有判断结果等
2		结构的合理性	执行流程的类型与框是否一致;问题情境与算法结构是否一致;框内的内容是否正确等
3		流程的创新性	流程是否简化;流程是否优化等
4	流程图的观赏性	大小一致	流程图中框大小是否一致;框内文字字体、大小是否一致等
5		整齐	流程框是否对齐、流程线是否横平竖直

(2) 基于计算思维的分析框架的阐释

如表4-2所示,基于计算思维的流程图作品分析框架主要在计算思维技能与流程图内容间建立对应关系,其核心是通过分析学生的流程图内容,推测学生计算思维技能发展的状况。例如,当问题情境比较复杂时,引导学生先将问题进行分解,形成可处理的子问题集,然后针对子问题寻求具体解决方案,从而培养学生分解思维。又如,当针对同一问题出现多个解决方案时,要引导学生分析方案的合理性,以及比较具体情境下各个方案的优劣势,从而培养学生的评估思维。使用该框架进行作品评价时,可根据作品的特点及教学内容要求，确定各技能指标的权重，再对具体作品量化评价。此外，根据问题情境的不同，结合深度学习评价，对计算思维的发展程度进行深入和详细的分析。

表4-2 基于计算思维的流程图作品分析框架

计算思维技能	流程图内容的关注点
分解	流程图可采用分级制对不同颗粒度的问题用不同级别的流程图表示，以此方式实现对问题的分解与细化[1]
抽象	流程图对从问题情境中抽取的对象、指令、模式等，通过符号框进行表示，然后使用恰当的算法结构建构它们之间的关系，以此方式实现对问题的抽象[2]
概括	善于总结具体问题解决方案中的共性问题，实现使用通用对象、指令、模式等解决同类问题，以此实现对同类问题的概括
算法	流程图中的流程等体现了算法的处理步骤和输入输出实现（显性），而决策、分支和重复等体现了算法在不同条件下的控制策略（隐性，需借助其他工具），以此方式展现算法的计算机制[2]
评估	针对问题情境，可以甄别和选择适合的算法进行方案描述，针对给定流程图可以推算问题执行的过程和结果并提出改进意见，以此实现对问题解决的评估

三、学习设计模型建构的基本原理

（一）"全人发展"教育目标描述模型

"全人发展"模型指向人的全面发展，而人的全面发展应该包含"全面"和"全人"双重内涵。"全面"指向人的发展结果，"全人"则指向人的发展过程，过程与结果的协调一致，才有可能实现理想教育目标。运用皮亚杰认知发展理论来分析"全人发展"与"人的发展"，"知识"由物理范畴和逻辑数学范畴共同运行而发生，逻辑动态的运行中蕴含着"思维"的过程和思维的样式。该观点汲取了皮亚杰用两个范畴说所刻画的认知过程的观点，将从中提取知识、思维和过程（逻辑的动态运行过程）作为认知发生的三要素，在知识和思维间创造性地增加问题解决层，以表达两者非隔断而应融合的内涵，即知识与思维是认知发生过程的一个统合体，它们借助那个"逻辑的动态运行过程"（简称"过程"）有机联系在一起的[3]。知识、过程和思维，形成一个分层模型原型[3]，如图4-6所示。

---

[1] 郁晓华，王美玲. 流程图支持下的计算思维培养实践研究[J]. 中国远程教育，2019(9)：83-91.
[2] 郁晓华，王美玲. 流程图支持下的计算思维培养实践研究[J]. 中国远程教育，2019(9)：83-91.
[3] 李艺，冯友梅. 支持素养教育的"全人发展"教育目标描述模型设计：基于皮亚杰发生认识论哲学内核的演绎[J]. 电化教育研究，2018(12)：5-12.

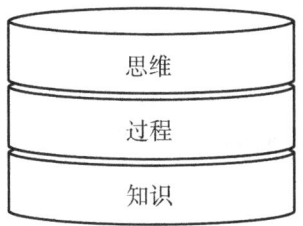

图 4-6　全人发展教育目标分层模型原型

分层模型中所指的知识,直接指向具体的"知识"或者"学科知识"。"过程"指向逻辑动态运行过程,即人(学生)内部"运演"的过程,就是学生内部问题解决过程。但这里的问题解决涵盖的意义更加广泛,不仅包括实际问题的解决,更包括"逻辑动态运行"是否发生、发生了什么作为问题解决的依据。思维指向获取知识过程中的逻辑结构。由此,李艺提出使用学科知识、问题解决、学科思维替换知识、过程、思维三个概念,从而得到一个面向学科的全人教育(教学)目标描述模型,如图4-7所示。

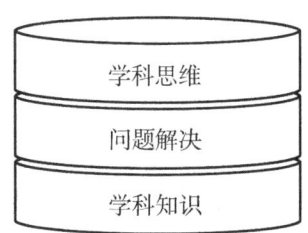

图 4-7　面向学科的全人教育目标描述模型

该模型以皮亚杰发生认识论(哲学)为基础,体现了对知识本质和学习过程(问题解决过程)的深刻理解,揭示了知识与思维的关联性,为学习内容的选择提供了理论依据,即应选择与学科思维联系比较紧密的学科知识进行研究,还揭示了知识、思维发生与转化的载体是"问题解决",而"问题解决"的过程就是"认知冲突"解决的过程,即学生认知发展的过程。

(二) 活动理论的主要思想

1. 学习设计模型内涵特征

活动理论强调个体活动的社会属性,即人在活动时或多或少要与外界的人或物接触,在与其各种交互活动中实现活动目标。活动理论中的活动系统包括主体、客体、工具、共同体、规则、分工六个要素。其中,主体、客体和共同体是核心要素,工具、规则和分工为次要要素。[1] 人类活动的结构模型如图4-8所示,主体是从事活动的人或集体,在活动中处

1　余亮,黄荣怀.活动理论视角下协作学习活动的基本要素[J].远程教育杂志,2014,32(1):48-55.

于核心位置,客体是主体所要追求的一切事物。在进行具体活动时,工具是主体意识作用于客体并在活动中为达到理想结果所采用的一切方法、手段,主、客体通过工具建立关联。规则主要是指共同体内部的文化认同、价值判断、道德约束及行为规范等,其使主体与共同体建立了联系。分工是共同体内,个体对客体施加影响的角色分配。正是由于"分工"的存在才使客体与共同体能各司其职又相互促进。

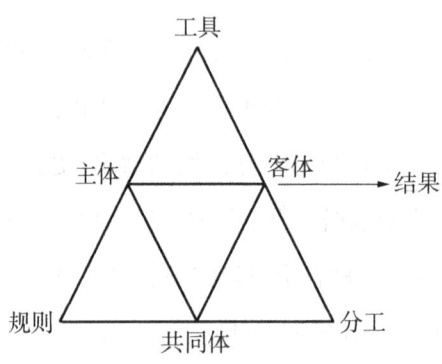

图 4-8　人类活动的结构图

2. 学习设计模型实践启示

活动理论揭示了人类开展活动时所涉及的要素及其相互关系。教学活动作为活动的一种方式,具有活动理论的基本特性。促进学生计算思维发展的学习活动结构如图 4-9 所示。学生是教学活动的主体,而教师处于主导地位,根据教学目标、设计教学活动、选择教学资源和教学策略、组织学生开展学习活动。客体主要指学习内容,当然也包括支持承载学习内容的教材、资源等。教学的最终目的不是教师将学习内容传授给学生,而是学生完成对学习内容的认知与实践,内化成自己的知识与思维。工具是学生在学习时所用到一切材料、设备、学习工具等,可认为是一种技术,包括教师为学生计算思维发展所做的教学设计、环境准备和智力支持等。综上,活动理论作为学生学习活动设计的基础性理论,可对促进计算思维发展的活动设计提供指导与支持,为更好地开展学习设计活动提供理论保障。

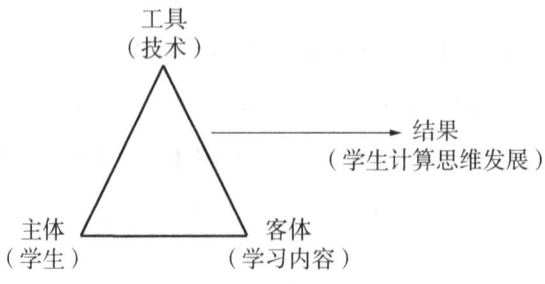

图 4-9　促进学生计算思维发展的学习活动结构图

四、学习设计模型的要素剖析

(一) 模型建构的机理

周以真认为,计算思维是一种思想过程,是一种能够设计可由计算机、人类或两者的组合执行的问题解决方案。[1] 英国的信息技术课程"Computing"指出:计算思维是在形成问题解决方案过程中的一系列思维活动。[2] 计算机科学教师协会发布的K-12计算机科学标准认为:计算思维是一种为计算机解决问题提供了分析问题和设计问题解决方案的独特方法。[3]《高中信息技术课程标准(2017年版2020修订)》提出,计算思维是个体运用计算机科学领域的思想方法,在形成问题解决方案的过程中产生的一系列思维活动。

由面向学科的全人发展教育目标描述模型出发,基于计算思维的特点进行理论演绎,不难发现,促进学生计算思维发展的学习设计模型可分为学科知识、问题解决和计算思维三层,即全人发展中学科知识指向信息技术学科的本体性知识,学科思维指向信息技术学科的计算思维,问题解决则是通过学习实现知识获取与思维发展。学科知识与计算思维借助问题解决过程有机结合在一起,即"逻辑的动态运行过程"实现了学科知识与计算思维的内在一致性,旨在刻画学生学习过程中知识、思维的内在发生机制促进计算思维发展的学习设计原型,如图4-10所示。

图4-10 促进计算思维发展的学习设计原型

由学习设计原型推演出的学习设计模型,如图4-11所示,主要包括学科知识、问题解决、计算思维、学生4个要素。学习设计模型结构上沿用三层分层结构,每一层对本层所要指向的具体要素做了阐释,其中问题解决做了更为详细的设计与说明。模型

---

[1] Jeannette M. Wing. Computational Thinking [J]. Communications of the ACM, 2006, 49(3): 33-35.
[2] 牛杰,刘向永. 从ICT到Computing:英国信息技术课程变革解析及启示[J]. 电化教育研究,2013(12): 108-113.
[3] CSTA. Computational thinking [DB/OL]. https://www.csteachers.org/page/CompThinking, 2019-11-08.

可运用于进行计算思维发展的学习设计,使用者主要为教师,所表现的过程是学生学习时的动机、冲突、行为等。在问题解决总体框架指引下,运用活动理论中主客体间工具(技术),帮助学生找到解决问题的最佳方案,从而实现学生知识、思维的共同发展。

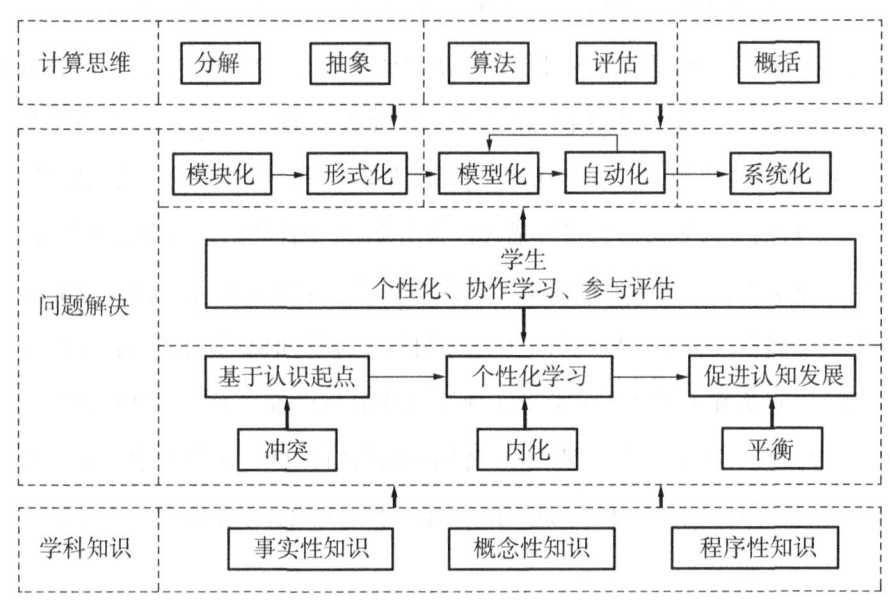

图4-11 基于认知发展的计算思维培养的学习设计模型

(二) 模型要素间的关系

学科知识是问题解决的基础,而问题解决的目的是促进学生计算思维发展,即基于计算思维的问题解决活动使学生计算思维发展成为可能,甚至必然。学科知识是计算思维发展的保障,而问题解决则是计算思维发展的核心,三者有机联系、相互依存、共同促进成为统合体。

1. 学科知识与问题解决的关系

从学科内容的角度分析可发现,信息技术学科知识主要有事实性知识(Factual Knowledge,简称"FK")、概念性知识(Conceptual Knowledge,简称"CK")、程序性知识(Procedural Knowledge,简称"PK")三种类型。学科知识的掌握表现为抽象问题的解决,通过抽象问题的解决,可达到把握知识本质的目的,即实现知识理解。同时,抽象问题的解决为具体问题解决(知识运用)提供知识基础。只有具备了一定的知识基础才能更好地进行知识运用,继而实现思维的发展。因此,解决抽象问题是计算思维发展的前提。

2. 计算思维与问题解决的关系

计算思维包括技能类和态度类要素。学习设计模型主要关注技能类要素的发展。在信息技术学科中，具体问题的解决过程可分为模块化、形式化、模型化、自动化、系统化五个层级，与计算思维技能的五要素形成更具学科特性的映射关系。由此发现，计算思维技能培养依托于具体问题的解决，具体问题的解决是计算思维培养的主要途径，思维不会凭空发生，也不会在知识本质（抽象问题）的把握过程中高水平发展。因此，实现对具体问题解决是计算思维发展的核心。

3. 问题解决是实现学科知识和计算思维发展的关键要素

抽象问题与具体问题关系是相对的，没有先后关系。抽象问题解决虽是具体问题解决的基础，但并不是说先有抽象问题解决再有具体问题解决，两类问题正所谓相互交错，互相渗透。具体问题解决依赖于"已有"抽象问题解决，抽象问题的解决也会伴随着具体问题的解决产生新的抽象问题，从而形成更高层次抽象问题的解决。两类问题的"产生—解决—再产生—再解决"的过程呈现螺旋式上升的趋势，这种迭代发展过程不断促进计算思维迈向更高层次的发生、发展。

第三节
计算思维培养的
学习设计模型教学优化研究

本节基于上一节构建的学习设计模型开展预实验,以验证模型的有效性,回答"计算思维如何教"的问题。预实验后,以技术和个性化学习目标作为干预变量开展正式实验,回答"指向计算思维培养的教学如何更有效"的问题。

一、预实验设计

本实验的学习内容为"算法的三种基本结构"。本实验选取了上海市某学校高一年级三班和四班作为实验对象,并从三班随机抽取22人(男生12人,女生10人)组成对照班,从四班随机抽取21人(男生11人,女生10人)组成实验班。实验班采用上一节构建的学习设计模型的教学方式,对照班采用常规教学方式进行授课。本实验的自变量是基于认知发展的计算思维培养的学习设计模型;因变量是学生的学业水平(计算思维发展水平和本体性知识掌握程度)。

实验结束后,通过数据分析发现:实验前,两班不存在显著差异,实验后,两个班级计算思维水平(计算思维态度、计算思维技能)存在显著性差异。通过对具体数据做进一步对比研究发现,基于学习设计模型的教学能够更有效地促进计算思维的发展,基于认知起点的教学对抽象问题的解决具有促进作用,基于学习设计模型的教学的实际效果明显优于常规教学的效果。利用学习设计模型进行教学设计与实施,其计算思维培养的教学效果优于常规教学,进一步说明学习设计模型可以作为计算思维培养的教学实践的理论依据,也可以指引一线教师更好地开展教学实践。根据以上预实验的分析,实验可以进行以下三点改进:一是教学上不仅需要认识到学生认知起点的存在及其重要性,还要解决对学生认知起点进行精准定位的问题。对此,可采用本研究团队多年来的研究成果,即使用二阶诊断工具测查学生认知起点。二是对于抽象问题的解决可以根据概念转变理论利用技术开发供学生使用的学习资源,对于具体问题的解决则侧重根据"五化"(模块化、形式化、模型化、自动化、系统化)来设计思维可视化的学习支架,使学生利用问题解决实现认知和计算思维共同发展。三是差异化教学应采用"学生中心"的个性化学习方式,主要包括设计个性化的学习路径、学习目标等来改善学习效果。

二、正式实验设计与实施

(一) 实验准备

为使研究设计具有整体性、研究结果具有可比性,本次实验对象为上海某学校高一年级5班和6班的学生,共计86人,其中男生58人(占67.4%),女生28人(占32.6%)。在兼顾性别的基础上,本研究将两个班级学生随机分成A(21人)、B(22人)、C(22人)、D(21人)四组,其中A、B、C组为实验组,D组为对照组。实验共计15周。实验设计阶段,主要由教师团队完成,包括选择学习内容,分析并编制测查范围,开放式问卷编制、发放开放式问卷、编制和发放一般二阶问卷、编制和发放二阶诊断问卷及实验准备;实验实施阶段,由教师与学生共同完成,包括发放顺序、分支、循环结构的测查问卷,访谈学生,对实验组和对照组学生进行计算思维前测,进行实验组教学设计、对照组与实验组的教学实施、计算思维后测、本体性知识测试、数据分析等。

(二) 实验设计

本研究设计一个对照组和三组实验组。三个实验组都基于模型和认知起点进行学习,实验的自变量为不同干预方式,因变量是学生的学业水平(计算思维发展水平和本体性知识掌握程度),如表4-3所示。

表4-3 实验设计情况

	组别	学习类型	
D	对照组	常规学习 (Conventional Learning,简称"CL")	基于模型和认知起点,学生在教师统一讲解下进行学习
C	实验1组	技术介入型学习 (Technical Support Learning,简称"TSL")	基于模型和认知起点,学生在技术介入(问题解决流程图、逻辑图表、概念表征图、自制的交互程序)下进行学习
B	实验2组	个性化学习 (Individualized Learning,简称"IL")	基于模型和认知起点,学生依据计算思维前测水平设定各自的学习目标,进行个性化学习
A	实验3组	个性化-技术介入型学习 (Individualized Technical Support Learning,简称"ITSL")	基于模型和认知起点,学生在技术介入下进行个性化学习

为最大限度减少无关变量对实验活动的干扰,本研究采用以下手段对变量加以控制:(1)在开展教学实验前,确保四组的学业水平不存在显著性差异;(2)由两位经历、资历相当并通过严格培训的教师进行教学实验活动(教学设计和课堂教学);(3)组成学科团队对四组学生的学业水平进行客观评价;(4)实验组和对照组采用单盲实验的方法,即参与实验的教师知道变量的控制情况,四个组别的学生均不知道自己正在参与教学实验,更不知道自己属于实验组还是对照组,尽量规避了实验过程中实验对象的主观因素对实验效果影响的风险。

(三)实验实施

1. 测查工具的设计与使用

认知起点是指学生与学习内容之间的关系。认知起点测查是指确定测查工具,初步了解学生对于即将学习的内容具有哪些认知,以及分析产生这些认知的成因,从而为后续的学习提供设计依据。学科知识测查的工作由研究团队、授课教师、学科专家负责讨论、组织和实施。首先,对所要学习的"算法的基本结构"进行知识结构的分析,提取18个教学知识点;其次,对知识点进行充分讨论、辨析及汇总后进行知识类型的归类(事实性、概念性、程序性);再次,根据知识点及其类别分别编制开放式问卷、一般二阶问卷、二阶诊断问卷等;最后,使用二阶诊断问卷对所有学生实施学科知识的起点测查。

(1) 开放式问卷

开放式问卷的结构如表4-4所示,分为题干(流程图)和题目两部分,需学生仔细阅读题干中的流程图后,回答题目所指向的问题。这是以"顺序结构的特征""依次读取流程图的步骤"和"表达式"三个知识作为测查点而编制的问卷。

(2) 一般二阶问卷

一般二阶问卷主要包括3部分,即题干、题干的选择项(第一阶)、选择项的理由(第二阶)。该问卷根据开放式问卷的学生回答情况而编制,题目数量、内容与开放式问卷基本一致。第一阶选项内容从开放式问卷的回答中提取,第二阶理由则采用开放式回答。

(3) 二阶诊断问卷

二阶诊断问卷与一般二阶问卷的区别在于,二阶诊断问卷的第二阶是选择项,而不是让学生开放式回答。编制二阶诊断问卷时,需根据一般二阶问卷第二阶的回答情况,汇总、归纳数据,合并相关信息,从中选择比较典型的回答作为选择项。

表 4-4 "顺序结构"开放式问卷结构

题号	题干	题目	主要知识点
1	(流程图：开始→输入X→X=X*8→X+9→输出X→结束)	流程图存在什么问题？	顺序结构的特征
			依次读取流程图的步骤
			表达式的正确使用

2. 认知起点的分析

（1）测查结果的汇总

如表4-5所示，通过测查发现除"基本科学"类型外，顺序、分支和循环结构都有，但不一定相同的两种认知起点类型。各类型的操作性定义为："概念混淆"指未认知到事物的特性，与其他事物互相干扰；"性质使然"指未理解不同领域的知识，导致互相之间混用；"张冠李戴"指将其他领域的知识直接套用到本领域的相关内容上；"表未及里"指只理解字面意思，未掌握事物本质；"以偏概全"指只认知到事物的部分特性，将其当作事物的全部。[1]

表 4-5 "算法基本结构"部分知识的认知起点

基本结构	知识点		认知起点		编号
	内容	知识类型	起点类型	具体描述	
顺序结构	从始到止，依次执行	FK	概念混淆	出现流程线交叉、双向等现象	2
		CK	以偏概全	必须从上到下执行	3

---

[1] 陈兴冶,王昌国.高中信息技术学科计算思维培养的实证研究[J].电化教育研究,2019,40(12):97-102.

续 表

基本结构	知识点		认知起点		编号
	内容	知识类型	起点类型	具体描述	
分支结构	A-1 分支结构的入口和出口数量	CK	概念混淆	分支结构等同判断框	2
		FK	以偏概全	"分支"等同分支结构出口	3
		CK		输入数量等同"分支"数量	4
	A-2 判断框有1个入口,2个出口	FK	概念混淆	分支结构出口与判断框出口	2
		FK	以偏概全	结果输出数量等同分支结构出口	3
	A-3 判断框、分支和处理流程的关系	FK	概念混淆	空分支不是一个处理流程	2
		CK	张冠李戴	分支入口数量与变量数量有关	3
		CK		分支入口决定变量	4
循环结构	B-1 循环体的确定	PK	概念混淆	程序表达式等同数学表达式	2
			性质使然	不能从处理流程中抽象循环体	3
	B-2 循环条件的确定	FK	概念混淆	混淆计数器和数学函数	2
		PK	性质使然	不会确定循环边界	3
				不会将循环条件符号化	4
	B-3 计数器和累加器的使用	PK	表未及里	未能准确理解计数器初值与循环次数的关系	2
			性质使然	忽视累加器的初值	3
				判断终止条件不准确	4
				数学计算错误	5

注:A-1、B-1中的1代表基本科学

(2) 实验前的学生访谈

在对认知起点进行测查后,随机抽取部分学生对分支、循环两个学习内容进行访谈,以更深入地了解学生学习前对新知识的认知状况,为学习资源开发提供更充分的事实依据。例如,根据"内容分析框架"中面对面访谈的设计原则,结合本次学习内容的特点,基于知识本体和认知水平两个维度共8个评价指向,设计了学生访谈的基本思路。

接着,汇总与分析访谈的内容并对其进行评价。例如,通过对学生访谈的内容汇总并分析后发现,在学习"分支结构"前,学生呈现出不同的认知水平,尤其在分支结构的判断、分支结构与判断框的关系、分支结构的入口与出口等方面存在明显差异,但深入分析得出,这些差异可分为以下几类:(1)认为分支结构的出口数与分支数等同;(2)认为分支结构的入口数与分支数等同;(3)认为输出数量与出口数是同一概念;(4)认为分支结构与判断框是同一个概念。上述信息为认知起点的精确定位及教学实验方案的精准设计提供了有力的参考材料。

3. 计算思维前测

计算思维前测是指使用计算思维量表对学生进行教学前的水平评估,以便进行基于思维水平的教学设计。例如,使用已经验证过的计算思维评价工具对高一年级 5 班、6 班两个班计算思维水平进行独立样本 t 检验,发现两个班级没有显著性差异(sig=0.103>0.05)。

4. 教学设计

(1)教学过程的设计

学完算法基本结构的核心内容共需 6 课时。本研究的学习内容比较适合新授和实践两种课堂类型,可实现在教学科知识的同时将计算思维的培养贯穿整个教学过程。

① 学科知识方面的设计。新授型课堂在学科知识方面,主要设计了新知导入、新知巩固、概念辨析 3 个环节。各环节的具体设计如下:新知导入,通过分析生活事例或展示游戏活动,引出将要学习的知识,主要关注学生的模块化能力以培养其分解思维;新知巩固,通过读流程图及观察不同输入带来的变化,巩固对新知的理解,主要关注学生的模型化能力以培养其算法思维;概念辨析,如果学生对学习的知识与原有知识存在混淆现象,可通过图示进行知识的分析与比较,主要关注学生的系统化能力以培养其概括思维。实践型课堂在学科知识方面,主要设计了知识回顾这一环节,具体为:知识回顾,通过问题、图表等对知识进行梳理,以便学生深度理解所学知识,主要关注学生的形式化和系统化能力以培养其抽象和概括思维。

② 问题解决方面的设计。新授型课堂在问题解决方面,主要设计了新知运用、总结两个环节。具体设计为:新知运用,通过逻辑图表进行问题分析,根据个性化学习目标进行流程图绘制等,主要关注学生的模块化和形式化能力以培养其分解和抽象思维;总结,

主要关注学生的自动化能力以培养其评估思维。实践型课堂在问题解决方面,主要设计了流程图绘制、作品展示、作品修改、总结四个环节。具体设计为:流程图绘制,使用逻辑图表分析具体问题,以个性化目标为指导利用 Visio 软件进行算法描述,主要关注学生的模型化能力以培养其算法思维;作品展示,交流展示、分析与点评流程图作品,主要关注学生的自动化能力以其培养评估思维;作品修改,根据作品展示时获取的点评与修改意见对流程图进行完善,主要关注学生的模型化能力以培养其算法思维;总结,主要关注学生的系统化能力以培养其概括思维。

(2)"技术"的介入

① 技术的分类及使用。智化技术主要有:问题分析流程表,主要帮助学生辨析关键信息,达到理解概念的目的,一般应用于事实性知识的教学;逻辑图表,即学生利用逻辑图表将流程图中的各变量值的变化情况记录下来,从而推算流程图最终结果及具体功能,一般应用于概念性知识的教学;功能性表格,即让学生根据表格中的提示语对流程图涉及的变量、执行步骤及执行流程进行分析,然后再绘制流程图,一般应用于程序性知识的教学;"毛坯"型流程图,即让学生根据前后步骤推算空缺关键步骤的具体内容,一般应用于程序性知识的教学。

物化技术主要有:自制交互式程序,即学生可以改变输入的参数来观察输出的变化,利用程序运行的过程理解知识及其原理;Visio 软件,学生在学习支架的帮助下,使用 Visio 对具体算法进行描述,一般应用于程序性知识的教学。

② 学习资源(自制交互式程序)的设计。在进行抽象问题解决时,可依据学科知识的测查结果,选择学生普遍存在认知偏差的知识并使用适切的技术设计学习资源。设计的基本原则是,基于认知冲突及概念转变理论,通过真实情境激发认知冲突,建立生活实例与新概念的联系,最后动手操作体验确立概念合理性和有效性。同时,在进行学习资源设计时应注重可视化效果,尽可能应用视觉表征促进知识的创造与传递[1]。

(3)"个性化"的介入

① 学习目标的内涵特征。国内外研究者都把学习的目的归为学会问题解决,认为通过问题解决学生会逐渐体会学习的意义与价值。较多研究者提出,学习目标是促进核心素养落地的关键因素和有效抓手,是促进人的全面发展的关键因素。从教育学视角看,学

---

[1] 赵国庆,黄荣怀,陆志坚.知识可视化的理论与方法[J].开放教育研究,2005(1):23-27.

习目标可分为广义的学习目标和狭义的学习目标。广义的学习目标可理解为所有学习活动的总和,目标是促进人的发展。而狭义的学习目标更多聚焦于学科或学科知识的学习,目标是高效接受学科知识,充分发展学科思维,广泛培养学科价值观念。本研究所涉及的学习目标属于狭义的学习目标范畴。

② 个性化学习目标的确定。学习目标的个性化设计主要根据测查成绩将实验组学生划分成3种不同的水平。以A组学生学习"顺序结构"为例,该学习内容的主要知识点为"从始到止,依次执行"。经过测查,学生存在3种认知起点,将"基本科学"学生(23.8%)的学习目标设定为水平3,该群体中90%以上学生计算思维的水平处于前30%;将"概念混淆"学生(57.1%)的学习目标设定为水平2,该群体中88%以上学生计算思维的水平处于前30%;将"以偏概全"学生(19.1%)的学习目标设定为水平1,该群体中85%以上学生计算思维的水平处于后25%。

(4) 实验单的设计

实验单是问题分析流程表、逻辑图表、功能性表格、"毛坯"型流程图等智化技术使用的载体。学生个性化学习目标体现在学习单内容的不同。

案例1:问题分析流程表

教师在PPT上展示单分支结构流程图(求绝对值的算法),提供实验单,并让学生填写,提问学生,引导学生读单分支结构流程图。如图4-12所示,对"分支结构"问题进行

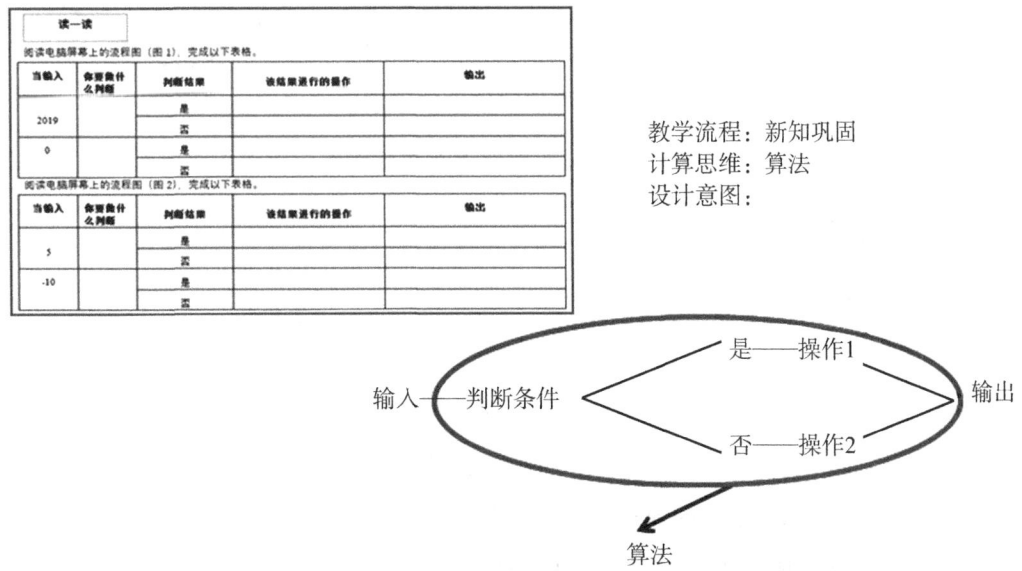

图4-12 问题分析流程表的使用与分析

算法描述,利用问题分析流程表引导学生确定判断条件、每条支路所要执行的操作及最后的输出,逐步提高学生问题解决时的模型化能力以培养其算法思维。

案例2:功能性表格

(a)在刚刚的猜数字游戏过程中,主要有以下步骤,请你根据游戏过程,将下面步骤补充完整。(b)根据游戏流程和上面的表格,完成以下问题。

上述过程中,将学生报数次数设为n(n=1,2,3…)。

如图4-13所示,通过第一个功能性表格将问题分解成步骤,再分析每个步骤中的循环条件、变量情况及循环体等信息,关注学生的模块化能力以此培养其分解思维;通过第二个功能性表格将具体问题的解决逐步实现成一般问题的抽象,关注学生的系统化能力,以此培养学生的概括思维。

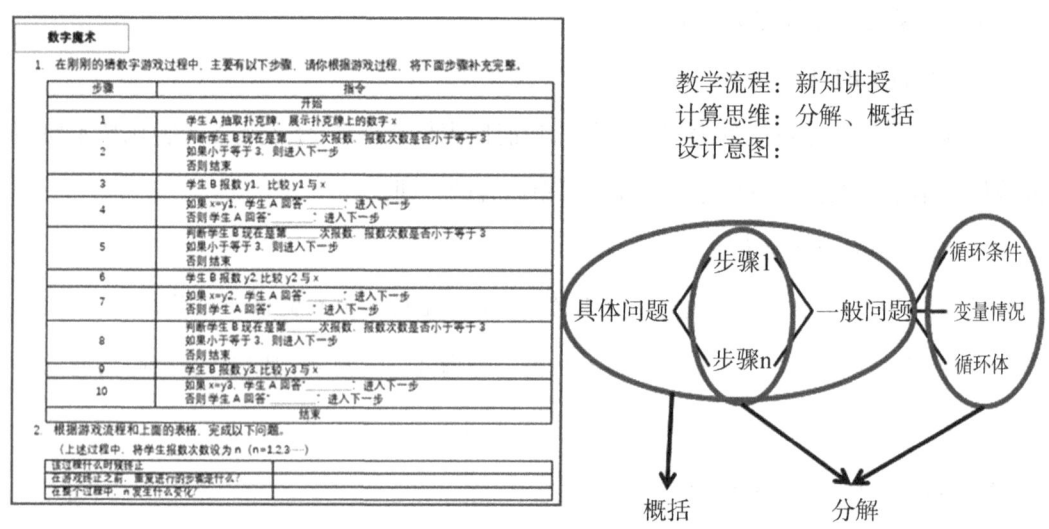

图4-13 功能性表格的使用与分析

三、实验数据分析

(一) 样本分析

实验结束,对A、B、C、D 4组学生进行计算思维、认知状况、学业情况的后测,共发出测试量表和试卷各86份,回收测试量表和试卷各86份,回收率100%。经仔细核对、分析,所有回收数据均有效,有效样本量占100%。对有效样本的计算思维量表得分数据进行K-S检验,发现峰度偏度的绝对值为0.098,小于1且渐近显著性概率为0.087大于(双侧)0.05,表明数据呈现正态分布,量表有效。

（二）实验结果分析

1. 实验组与对照组前测数据对比分析

表 4-6 中列出了计算思维、认知状况、学业成绩的前测数据。对四组两两进行独立样本 t 检验，P 值均大于 0.05，表明实验前四组学生在学业成绩方面不存在显著性差异。

表 4-6 各组前后测数据对比

组别	计算思维			认知状况			学业成绩		
	前测(分)	后测(分)	差值(分)	前测(分)	后测(分)	差值(分)	前测(分)	后测(分)	差值(分)
A	72.34	112.91	+40.57	39.21	79.52	+40.31	42.86	83.94	+41.08
B	69.89	111.48	+41.59	49.90	76.36	+26.46	32.30	79.88	+47.58
C	70.19	111.74	+41.55	41.25	69.90	+28.65	41.25	90.14	+48.89
D	72.98	102.07	+29.09	41.17	56.98	+15.81	41.10	71.48	+30.38

注：计算思维满分 140 分，其他满分 100 分

2. 实验组与对照组后测数据对比分析

表 4-7 中列出了计算思维、认知状况、学业成绩的后测数据，分别计算各实验组（A、B、C 组）与对照组（D 组）的 P 值，均小于 0.05，说明实验组与对照组学生在学业成绩方面实验后存在显著性差异。

表 4-7 各组在不同计算思维维度的独立样本 t 检验

维度	组间	P 值	
		前测	后测
计算思维态度	A-D	0.415	0.172
	B-D	0.509	0.722
	C-D	0.858	0.280
计算思维技能	A-D	0.876	0.016
	B-D	0.447	0.011
	C-D	0.273	0.009

续 表

维度	组间	P值 前测	P值 后测
计算思维总表	A-D	0.870	0.018
	B-D	0.379	0.020
	C-D	0.375	0.016

3. 实验组、对照组在计算思维各维度上的数据对比分析

对计算思维做进一步的分析，所得结果如表4-8所示。

表4-8 各组别在计算思维二级指标上前后测成绩比较

维度	二级指标	组别	前测(分)	后测(分)	增值(分)	增幅(%)
计算思维态度	情感态度	4组	17.21~18.26	18.27~19.74	0.91~2.43	5.24~14.04
	合作学习	A	8.89	14.86	5.97	67.15
		B	9.51	14.42	4.91	51.63
		C	9.49	14.36	4.87	51.32
		D	9.90	13.65	3.75	38.88
计算思维技能	分解	A	8.81	15.90	7.09	80.48
		B	7.95	16.14	8.19	103.02
		C	8.00	15.82	7.82	97.75
		D	8.19	14.05	5.86	71.55
	抽象	A	9.64	14.93	5.29	54.88
		B	10.33	14.58	4.25	41.14
		C	10.04	14.40	4.36	43.43
		D	11.16	12.46	1.3	11.65
	算法	A	9.24	14.90	5.66	61.26
		B	9.18	14.91	5.73	62.42
		C	10.05	13.64	3.59	35.72
		D	10.62	13.10	2.48	23.35

续 表

维度	二级指标	组别	前测(分)	后测(分)	增值(分)	增幅(%)
计算思维技能	概括	4组	7.11～8.67	16.45～17.26	8.43～9.94	97.23～139.66
	评估	A	8.93	15.98	7.05	78.95
		B	8.02	15.95	7.93	98.88
		C	7.98	16.52	8.54	107.02
		D	8.64	13.50	4.86	56.25

从计算思维态度维度看,情感态度指标中,四组的前测得分在17.21～18.26,后测得分在18.27～19.74,增值在0.91～2.43,增幅在5.24%～14.04%。合作学习指标中,D组的前测得分最高(9.90),A组的前测得分最低(8.89),A组的后测得分最高(14.86),D组的后测得分最低(13.65)。由此发现,A组的增值最大(+5.97),增幅为67.15%,B组次之(+4.91),增幅为51.63%,D组的增值最小(+3.75),增幅为38.88%。

从计算思维技能维度看,分解指标中,A组的前测得分最高(8.81),B组的前测得分最低(7.95),B组的后测得分最高(16.14),D组的后测得分最低(14.05)。由此发现,B组的增值最大(+8.19),增幅为103.02%,C组次之(+7.82),增幅为97.75%,D组最小(+5.86),增幅为71.55%。抽象指标中,D组的前测得分最高(11.16),A组的前测得分最低(9.64),但A组的后测得分最高(14.93),D组的后测得分最低(12.46)。由此发现,A组的增值最大(+5.29),增幅为54.88%,C组增值次之(+4.36),增幅为43.43%,D组增值最小(+1.3),增幅为11.65%。算法指标中,D组的前测得分最高(10.62),B组的前测得分最低(9.18),B组的后测得分最高(14.91),D组的后测得分最低(13.10)。由此发现,B组的增值(+5.73),增幅为62.42%,A组增值次之(+5.66),增幅为61.26%,D组的增值最小(+2.48),增幅为23.35%。概括指标中,四组得分比较均衡,前测得分在7.11～8.67,后测得分在16.45～17.26,增值在8.43～9.94,增幅在97.23%～139.66%。评估指标中,A组的前测得分最高(8.93),C组的前测得分最低(7.98),C组的后测得分最高(16.52),D组的后测得分最低(13.50)。由此发现,C组的增值最大(+8.52),增幅为107.02%,B组的增值次之(+7.93),增幅为98.88%,D组的增值最小(+4.86),增幅为56.25%。

4. 实验组、对照组在计算思维各维度前后测发展趋势对比分析

从计算思维态度的发展趋势看,在情感态度指标上,四组比较均衡,如图4-14所示,其中A组和D组相当,C组最强;在合作学习指标上,A组最强,D组最弱。

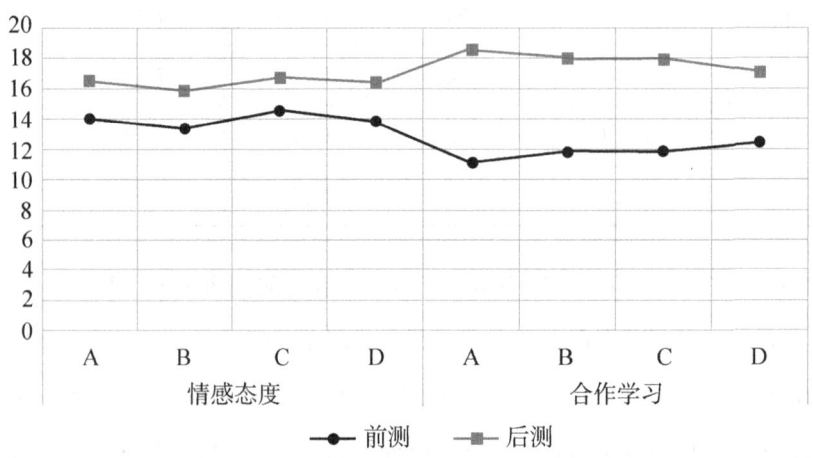

图4-14 计算思维态度前后测发展趋势

从计算思维技能的发展趋势看,在分解指标上,B组最强,D组最弱;在抽象指标上,A组最强,D组最弱;在概括指标上,C组最强,D组最弱;在算法指标上,A组和B组相当,D组最弱;在评估指标上,C组最强,D组最弱,如图4-15所示。

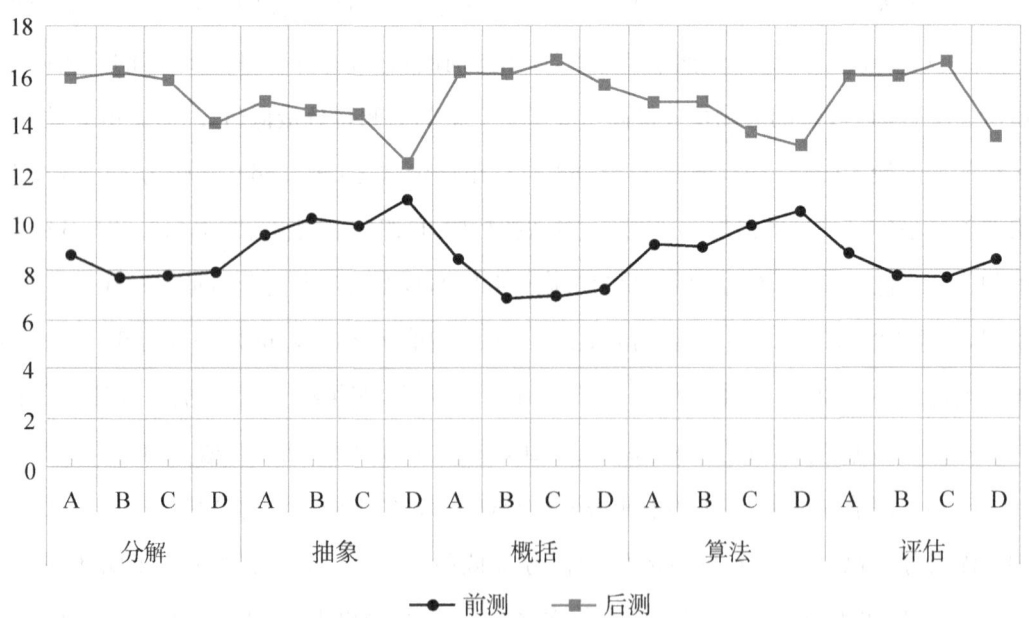

图4-15 计算思维技能前后测发展趋势

5. 认知发展情况分析

（1）认知水平分析

本研究认知测试题按思维单一性、多样性、关联性和抽象性4个方面进行设计，具体情况如表4-9所示。

表4-9 学科知识测试占比情况

组成	类型	认知水平	占比(%)
测试卷	流程图	单一性	9.6
		多样性	9.6
		关联性	6.4
		抽象性	6.4
	其他知识	单一性	14.4
		多样性	14.4
		关联性	9.6
		抽象性	9.6
实验单	/	单一性	6
		多样性	6
		关联性	4
		抽象性	4

注：认知测试总分＝各部分按比例折算后相加，满分100分

如图4-16所示，从认知水平前测情况看：单一性维度B组平均成绩最高，为19，A组平均成绩最低，为16.61；多样性维度B组平均成绩最高，为19.5，A组平均成绩最低，为13.2；关联性维度B组平均成绩最高，为9.8，D组平均成绩最低，为8.74；抽象性维度B组平均成绩最高，为1.6，A组平均成绩最低，为0.5。从认知水平后测情况看：单一性维度A组平均成绩最高，为27.3，D组平均成绩最低，为25.12；多样性维度A组平均成绩最高，为25.51，B组平均成绩最低，为21.15；关联性维度A组平均成绩最高为17.54，D组平均成绩最低为14.61；抽象性维度A组平均成绩最高为14.57，D组平均成绩最低为9.44。从认知水平发展情况看，各组学生的思维水平都有所提升，其中A组各维度的

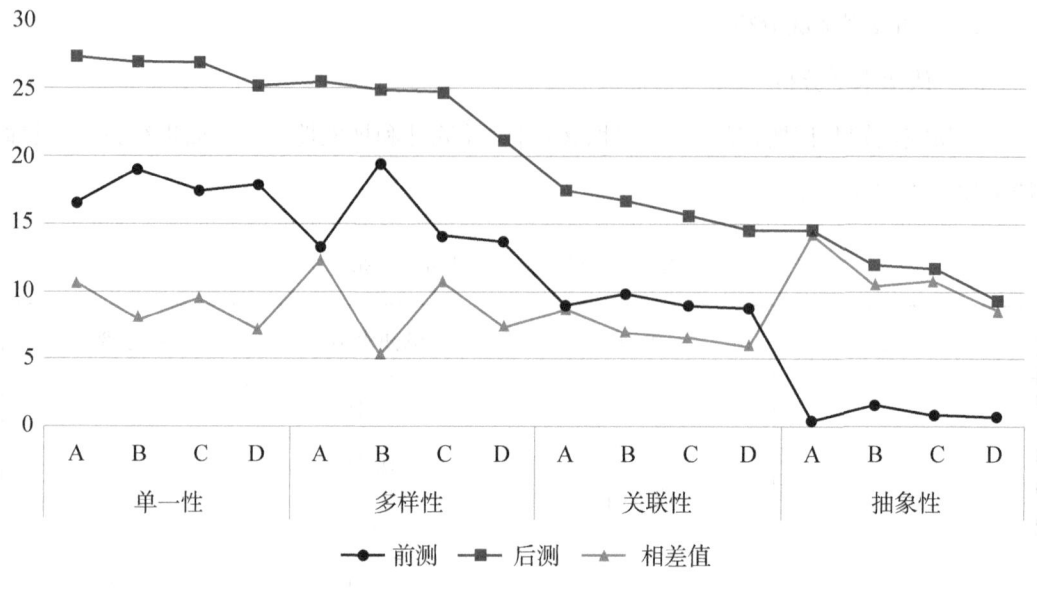

图 4-16 认知水平前后测变化情况

发展最强,D 组最弱。

(2) 认知发展程度的分析

将各组学生所完成的实验单中的"学习感悟"汇总,依据文字描述类访谈的分析指标对内容进行评价与分析后得出:描述"不积极"中 A 组比例最低(9.1%),D 组最高(23.8%);描述"积极"中 A 组比例最低(9.5%),D 组最高(19.1%);描述"较积极"中 C 组比例最低(9.2%),A 组最高(14.3%);描述"非常积极"中 D 组比例最低(47.6%),A 组最高(71.4%),如表 4-10 所示。

表 4-10 认知发展程度分析

序号	等级划分	等级描述	人数(人)/占比(%)			
			A	B	C	D
1	非常积极	通过详细描述本课内容体现思维加工、思维发展的过程	15/71.4	13/59.1	14/63.6	10/47.6
2	较积极	通过描述主要内容体现思维加工过程	3/14.3	3/13.6	2/9.2	2/9.5
3	积极	通过描述部分内容能体现思维过程	2/9.5	4/18.2	3/13.6	4/19.1
4	不积极	基本不能描述内容	1/4.8	2/9.1	3/13.6	5/23.8

6. 认知发展、学业成绩与计算思维发展的相关性分析

为验证认知发展、学业成绩与计算思维发展之间的相关性,本研究利用SPSS24.0软件将各组学生的认知发展及计算思维前后测的差值进行相关性分析,如表4-11所示。A组学生的认知发展与计算思维发展存在一般正相关(r=0.393,P=0.078),B组学生的认知发展与计算思维发展存在正相关(r=0.251,P=0.261),C组学生的认知发展与计算思维发展存在显著正相关(r=0.490,P=0.021<0.05),D组学生的认知发展与计算思维发展存在负相关(r=-0.126,P=0.568)。此外,实验组(A+B+C组)学生的认知发展与计算思维发展存在显著正相关(r=0.354,P=0.004<0.01)。

表4-11 认知发展、学业成绩提升与计算思维发展的相关性分析

组别	人数	认知发展与计算思维		学业成绩提升与计算思维	
		相关系数 r	显著性(双侧)P	相关系数 r	显著性(双侧)P
A	21	0.393	0.078	0.579**	0.005
B	22	0.251	0.261	0.255	0.065
C	22	0.490*	0.021	0.594**	0.004
D	21	-0.126	0.568	-0.309	0.172
A+B+C	65	0.354**	0.004	0.425**	0.000

**表示在0.01水平(双侧)上显著相关;*表示在0.05水平(双侧)上显著相关

将各组学生的学业成绩提升及计算思维前后测的差值进行相关性分析,A组学生的学业成绩提升与计算思维发展存在显著正相关(r=0.579,P=0.005<0.05),B组学生的认知发展与计算思维发展存在一般正相关(r=0.255,P=0.065),C组学生的认知发展与计算思维发展存在显著正相关(r=0.594,P=0.004<0.05),D组学生的认知发展与计算思维发展存在负相关(r=-0.309,P=0.172)。此外,实验组(A+B+C组)学生的认知发展与计算思维发展存在显著正相关(r=0.425,P=0.000<0.01)。

(三)实验结论

本研究基于学习模型进行教学实验,对4组学生的计算思维、认知状况和学科知识的前后测数据进行配对样本t检验,所有组在计算思维、认知状况和学科知识方面的P值均小于0.05,说明四组学生在实验前后的两项得分存在显著性差异。研究发现,基于学习

模型的教学能够有效促进计算思维的发展。对独立样本 t 检验结果进一步分析发现,在学科知识、认知状况和计算思维三方面：实验前,四组之间均不存在显著性差异；实验后,3 个实验组之间的后测数据不存在显著性差异,但它们与对照组之间均存在显著性差异。由此表明,采用技术或个性化的学习活动能明显促进包括学科知识、认知状况和计算思维的发展。实验数据表明：采用技术、个性化干预的实验组学生在学科知识建构的同时可以促进自身计算思维发展。其中技术的促进作用较为明显,整合了技术的个性化学习的促进作用次之,而个性化学习目标在知识建构和思维发展方面的促进作用相对较弱。采用常规学习方式的对照组认知发展、学业成绩提升与计算思维存在显著负相关,即知识建构的过程没有促进计算思维的发展,这再一次验证了基于模型的学习虽能促进计算思维发展,但没有技术或个性化的有效介入,其较难与学科知识实现内在一致。

综上所述,不同的学习方式虽可以促进知识增长、思维发展,但有效性差强人意。其原因在于,对知识本质的把握可以通过简单的识记和浅层的理解来获取,但知识的运用则需在知识理解基础上进行深度信息加工,其涉及认知领域高阶思维的发展。计算思维作为高阶思维活动,不仅需要学科知识作为基础,更需要支持深度加工的有效学习设计作为支撑,从而在问题解决中以实现学科知识习得与计算思维发展的内在一致性。

本章小结

本章在理论梳理的基础上,开发了计算思维培养评测工具,结合实验的分析结果并通过理论演绎提出了面向计算思维发展的学习设计模型,并在高中一年级学生中开展了教学验证工作。在教学验证中,基于学生的认知起点,通过技术的适切使用和个性化学习目标的设计来对学习活动进行干预,旨在实现高中学生认知发展并促进计算思维水平的显著提升。

本章通过对计算思维的概念、教育政策、教学实践、评价等进行充分的研究,提出了计算思维培养的教学理论,经过探索性实验,不断修正完善实验设计,对所提出的理论进行了两轮迭代实验。但是,通过对研究过程和成果的深入分析、总结和反思,发现仍然存在以下不足,如:教学实验周期有待延长、作为载体的教学内容有待丰富等。

基于本研究所总结的创新之处和现有研究的不足之处,未来的研究将从理论与实践两方面进行深入:一是立足学习设计模型进行迭代研究并完善理论,利用认知留痕,可开展教学迭代研究。二是开发指向计算思维培养的教师指导课程。计算思维培养的教学实施将成为研究者、教师今后相当长时间内的主要任务。三是以本研究成果撬动信息素养的全面提升,实现信息素养、学科核心素养和学科知识的贯通,更好地彰显信息技术学科的育人价值。

问题与回答

1. 本研究通过"算法三种基本结构"来进行学习设计模型教学实证,那么对于高中的其他内容,比如数据处理与应用,该模型的适用性如何?

【回答】目前实验内容的选择比较保守。当时想法主要是算法三种基本结构和计算思维的联系相对紧密,为保证实验质量,所以选择该内容。后续将基于模型开展更深入的推进研究,拓展学科内容的广度,把实证做得更充分,以提升学习设计模型适用性和有效性。

2. 认知发展是实验设计中的一个中间变量,其设计思路是什么?

【回答】从研究的整体框架看,认知发展确实是本研究的中间变量,即通过技术干预促进学生认知发展,从而提升学生计算思维,进而发现认知发展与计算思维发展之间的相关性。这是本研究团队基于学习技术范式开展研究的基本框架,可从多个切入口开展实证研究,除了关注认知和情绪外,还可以关注意志、态度等。本研究中教学实验的起点是学生的认知起点,基于学生的认知起点进行计算思维培养的教学实践。所以,认知发展的确是研究过程中非常重要的中间变量。

3. 本研究采用 DBR 的研究方法,通过三轮迭代不断逼近研究目标,其研究过程是什么?

【回答】本研究基于 DBR,通过三轮迭代实验来开展教学实证。实验的缘起,主要是计算思维作为核心素养进入信息技术课标,但教学中教师还是用原来的方式,认为计算思维的教学就是编程教学,所以想尝试通过一种理论或模式的指导,帮助一些教师突破以往的编程教学困扰,真正使指向学科核心素养的教学得到落实。因此,第一步,先找学习理论,通过理论(包括学习技术范式)、中间变量来进行教学验证,通过学习资源的设计,检验学生认知发展的同时是否也能提升其计算思维。第二步,思考学习理论落实到具体学科时,必须有和学科紧密相连的理论或模式,所以构建模型成为必然。第二轮实验自变量是模型,用以检验其有效性。第三步,教学实验是在验证模型可靠的情况下,做进一步迭代,找到基于模型的哪一种路径更优化。技术、个性化介入则是各组之间不同的干预手段。

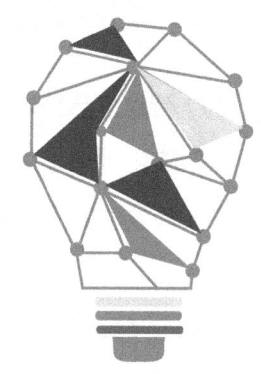

第五章

促进学生认知发展：基于认知起点的个性化实验教学开发

本章导言

《普通高中信息技术课程标准（2017年版2020年修订）》建议信息技术学科应该采用实验方式创设真实问题情境，通过软硬件操作来简化概念理解，明确了信息技术学科实验教学的重要性，但是课程标准提出后如何将实验教学实施和推广则是需要关注的问题。

本章依据《上海市中小学信息科技课程标准（试行稿）》，结合《普通高中信息技术课程标准（2017年版2020年修订）》的建议和要求，围绕"如何基于学生的认知起点设计实验及学习资源来影响学生的认知发展"这一核心问题，主要研究了：（1）上海市六年级学生在学习计算机网络内容前的认知起点是什么？如何分类？（2）如何针对不同的认知起点类型合理设计不同的实验资源？（3）基于认知起点的实验教学能否有效影响学生的认知发展和学业成绩？本研究基于学生对上海市六年级《计算机网络及其基本功能》内容的认知情况设计《初识计算机网络》实验和不同学习资源，对"传统讲授班""传统实验班""探究实验班""基于认知起点的实验班"的四个班级进行教学实践，以学习系统作为工具实现基于认知起点设计学习资源的实时准确推送，从而检验基于认知起点的实验教学能否促进学生的认知发展。本章共分为三节：第一节内容围绕实验教学中如何测查认知起点并分类；第二节内容围绕基于认知起点的实验教学如何开展；第三节内容围绕基于认知起点的实验教学实践效果如何。

第一节
实验教学认知起点
的测查与分类

学生认知起点是学生认知结构的侧面体现。为了更有针对性地开展实验教学，首先需要了解学生的认知起点，然后设计基于学生认知起点的实验内容并开展实证研究。本节重点阐述测查认知起点的必要性、认知起点测查工具的开发和学生在特定内容上的认知起点表征情况。

一、实验教学中测查认知起点的必要性

上海市教育委员会2017年发布的《上海市中小学信息科技课程标准（试行稿）》[1]初中阶段（六到九年级）的课程目标部分中强调：初中信息科技课程要帮助学生重点掌握促进终身学习的知识和技能，使学生具有基本的实验动手操作能力和科学探究精神。《普通高中信息技术课程标准（2017年版2020年修订）》也明确提出："利用信息技术实验室建立问题情境，向学生提供从信息系统设计规划到软硬件操作的实践体验机会[2]。"

《上海市中小学信息科技课程标准（试行稿）》和《高中信息技术课程标准（2017年版2020年修订）》均强调学生需提高实验动手能力和科学探究能力，这反映出培养探究能力和动手实践能力成为当前人才培养不可或缺的部分。实验教学能在信息技术课程中有效帮助学生提高这些能力，同时有利于激发学生的小组团队意识，提高学生的基本合作交流能力，但实际教学中却存在实践困难。明确如何正确设计实验教学，采用何种有效的手段去规范实验教学是当今信息技术实验教学顺利实施的关键。

在以上背景下，本研究将对实验教学进行重点研究，重点关注个性化学习，尝试突破性地将实验教学和个性化学习进行融合。而测查学生的认知起点是能否进行以上研究的基础，因为基于学生认知起点，才能为其推送更具针对性的实验资源，从而促进学生的认知发展。

1　上海市中小学信息科技课程标准（试行稿）[M].上海：上海教育出版社,2011.
2　中华人民共和国教育部.普通高中信息技术课程标准（2017年版2020年修订）[M].北京：人民教育出版社,2017.

二、认知起点测查工具

认知起点测查工具需有助于测查学生在学习《计算机网络及其基本功能》之前的认知起点。

(一) 测查内容的选取与确定

选取与确定测查内容的依据主要有：(1)《上海市中小学信息科技课程标准(试行稿)》中相关条例的建议；(2)《上海市初中信息科技教学基本要求》中对信息科技教学的建议；(3)《中小学信息技术指导纲要》的相关建议；(4) 一线教师的建议。根据以上四个依据，最终确定测查的四个主要知识点：(1) 计算机网络的概念；(2) 计算机网络的基本功能；(3) 资源共享的含义；(4) 数据传输的含义。

(二) 认知起点测查问卷的开发细则

认知起点测查问卷是了解学生认知起点状况的主要工具。通过测查问卷的发放、测试和回收能有效了解学生的认知状况，进而进行实验教学设计，所以测查问卷的开发非常重要。已有研究发现学生在学习前存在认知起点，且这些认知起点存在不同的类型。本次测查问卷的设计原则是能测查出学生的认知起点，了解学生对于计算机网络存在哪些类型的认知起点。测查内容将从学生的生活入手，使其能够更容易理解知识点。

开发认知起点测查问卷需先确定知识点，而后设计一般二阶测查问卷，根据学生答题情况设计二阶测查问卷，形成前后测问卷。主要的开发细则详见表 5-1。

表 5-1 开发测查问卷细则

设计目标	具体操作步骤	设计依据的资源	形成的成果
确定测查知识点	1. 初步确定实验内容和测查知识点 2. 与两位一线教师、学生、导师商讨后确定知识点	1.《上海市初中信息科技学科教学基本要求(试行版)》 2.《上海市中小学信息科技课程标准(试行稿)》 3. 一线教师、学生、导师的经验	确定测查知识点和实验研究内容
形成一般二阶测查问卷初稿并测查	3. 初步形成测查问卷 4. 进行试测	1. 上海市六年级使用的《初中信息科技第一册(试用本)》 2.《上海市初中信息技术学科教学基本要求(试行版)》	确定测查问卷初稿

续 表

设计目标	具体操作步骤	设计依据的资源	形成的成果
形成一般二阶测查问卷终稿并实施测查	5. 最终形成测查问卷 6. 再次施测	1.《上海市初中信息科技学科教学基本要求(试行版)》 2. 一线教师、学生、导师的建议	1. 最终形成测查问卷并进行结果统计分析 2. 明确认知起点分类
形成二阶前后测查问卷	7. 形成二阶测查问卷(包含前后测查问卷)	1. 测查问卷的结果分析 2. 一线教师与导师的共同建议	形成前后测查问卷并施测

(三) 认知起点测查问卷的形成

认知起点测查问卷主要依据教师的建议和信息技术学科课程标准编制而成,目的是初步了解学生头脑中的认知情况,通过梳理学生回答的理由,确定认知起点类型,形成最终二阶测查问卷(理由部分由填空改为选择选项),即前后测问卷。

研究者根据测查的知识点和学生的知识情况设计了测查问卷,之后选取了上海市松江区的某中学进行试测。经过与一线教师(两位)、学生和导师共同商讨后完善测查问卷初稿,形成了测查问卷的终稿。测查问卷主要采用一般二阶式问卷的形式:第一阶是选择题,选项为题目答案;第二阶是让学生填写选择该选项的理由,以便了解学生存在的认知起点类型。测查问卷主要测试四个知识点:"计算机网络的概念""计算机网络的基本功能""资源共享的含义""数据传输的含义"。详细信息如表5-2所示。

表5-2 测试内容与题目对应关系表

编号	测试内容	对应测查题号
A	计算机网络的概念	1
B	计算机网络的基本功能	2
C	资源共享的含义	3
D	数据传输的含义	4

认知起点测查问卷共包括4个题目,具体的题目如下:

1. 小明新家安装了路由器,搭建了Wi-Fi"无线网络"。家中手机、计算机等设备可以通过无线网络上网。下列关于计算机网络的描述,你认为正确的是(　　)。【单选】(注:

若下列选项都不符合你的理解,请选择其他,并将你的理解填在横线上)

  A. 计算机网络是使用通信线路(如光纤、蓝牙等)和设备把计算机连接起来实现通信和共享的系统

  B. 计算机网络是由相同地点的计算机(或附属设备)连接起来实现通信和共享的系统

  C. 计算机网络是不使用网络软件相互联系,终端设备可为手机、打印机等的系统

  D. 计算机网络是生活和工作中能够实现资源共享和聊天的互联网(Internet)

  E. 其他_____

请说出你选择上述选项的理由:
_____

2. 小明使用网络做了很多事情,例如查阅、下载资料等。一般而言,计算机网络最主要的功能体现在( )。【双选】

  A. 网络社交 B. 资源共享 C. 网上购物 D. 数据传输 E. 信息共享
  F. 浏览信息 G. 网上聊天 H. 收发邮件 I. 其他_____

请写出你选择上述选项的理由:
_____

3. 网络中可以进行资源共享,比如小明向同学共享作业文件包等。下列资源中,不可以在计算机网络中共享的资源有( )。[多选]

  A. 硬件 B. 打印机 C. 摄像头 D. 信息 E. 软件
  F. 显示器 G. 纸质教材 H. 防火墙关闭的文件夹 I. 数据
  J. 其他_____

请写出你选择上述选项的理由:
_____

4. 网络中可以进行数据传输,例如我们向朋友发送消息。下列选项中,体现数据传输的有( )。[多选]

  A. 保存文件 B. 在线播放电影 C. 下载电影 D. 将文件发布在网上
  E. 浏览网络信息 F. 新建并命名文件 G. 回复QQ消息 H. 收发邮件

请写出你选择上述选项的理由：

_____

(四) 认知起点测查问卷的结果分析

本研究使用测查问卷对上海市松江区某初中的六年级学生进行测查。测查开展于信息技术课堂上。测查时，研究者和教师在旁共同监督，保证了问卷的真实性和有效性。

共发放30份测查问卷，共回收30份测查问卷，回收率100%。经筛查，除了一份第二阶开放式理由全部"空白"的无效问卷外，其余29份测查问卷皆有效，有效比例96.67%。分析结果详见表5-3。

表5-3 测查问卷结果分析表

题号	第一阶选项	选择人数(人)	比例(%)	第二阶开放式理由类型	选择人数(人)	比例(%)
1[单选]	A	5	17.2	(1) 计算机网络是通信设备连接起来实现网络功能的计算机系统	1	3.4
				(2) 无理由	3	10.3
				(3) 做题技巧	1	3.4
	B	7	24.1	(1) Wi-Fi就是相同地点的计算机或手机使用的网络	5	17.3
				(2) 计算机网络有共享性和其他的实用性	2	6.9
	C	3	13.8	(1) 只有手机、计算机才可以连接网络	1	3.4
				(2) 网络具有强大的功能	1	3.4
				(3) 无理由	1	3.4
	D	14	44.9	(1) 网络是计算机连接进行资源共享和聊天的系统	1	3.4
				(2) 生活中通过网络使用QQ、微信聊天和资源共享	10	34.5
				(3) 生活中使用互联网查询知识	2	6.9
				(4) 因特网就是计算机网络	1	3.4

续 表

题号	第一阶选项	选择人数(人)	比例(%)	第二阶开放式理由类型	选择人数(人)	比例(%)
2[双选]	A、C	3	10.3	生活中运用网络主要进行社交和购物	3	10.3
	A、D	3	10.3	(1) 网络社交是生活中常用的功能,数据传输是网络主要功能	1	3.4
				(2) 网络社交和数据传输让生活更加便利	2	6.9
	A、E	4	13.8	计算机的社交和共享能力很强	4	13.8
	A、F	6	20.8	生活中网络主要用来社交和浏览信息	6	20.8
	B、D	2	6.9	计算机基本功能是数据传输和资源共享	2	6.9
	B、F	3	10.3	生活中经常使用网络共享和浏览信息	3	10.3
	D、E	5	17.3	计算机可以用于信息传输和信息共享	5	17.3
	D、F	3	10.3	生活中常常通过网络收发信息和使用百度浏览信息	3	10.3
3[多选]	A	7	24.1	(1) 实物、纸质都不可以共享	11	37.9
	B	6	20.7	(2) 给别人后自己就没有了,所以不能共享	3	10.3
	C	13	44.8			
	D	2	6.9	(3) 涉及隐私和安全的文件不能共享	8	27.6
	E	3	10.3			
	F	7	24.1	(4) 不能在网络中保存的文件就不能共享	1	3.4
	G	14	48.3			
	H	10	34.5	(5) 计算机自带设备只能连接计算机本身,不能共享	2	6.9
	I	2	6.9			
	J	0	0	(6) 不知道	4	13.8

续　表

题号	第一阶选项	选择人数(人)	比例(%)	第二阶开放式理由类型	选择人数(人)	比例(%)
4[多选]	A	10	34.5	(1) 数据传输就是发送消息	6	20.7
	B	7	24.1	(2) 数据传输就是把消息从一个地方传到一个地方	6	20.7
	C	14	48.3			
	D	20	69.0	(3) 数据传输就是告诉别人信息，能看见某些信息	7	24.1
	E	11	37.9			
	F	4	13.8	(4) 数据传输是输出和传递	1	3.4
	G	19	65.5	(5) 有传输显示条就是数据传输	1	3.4
	H	17	58.6	(6) 数据传输是生活中方便交流的事情	4	13.8
				(7) 不知道	4	13.8

1题是单选,2题是双选,所以上表中的第二阶开放式理由与一阶的选项是对应的。3、4题是多选,每个学生的选择各不相同,所以对每个选项都进行筛选并计算其所占比例。第二阶开放式理由则是对整个题目选择的理由陈述,所以在表中与第一阶选项没有左右对应。

三、认知起点的分类

通过归纳整理测查问卷,本研究发现大部分学生对测查的四个知识点均存在不同程度的认知偏差。

总体分析:(1)第一个题目关于计算机网络的概念,正确答案为 A。选择正确的学生共 5 名,占比为 17.2%,但填写第二阶开放式理由时,只有 1 名学生能回答出计算机网络是通信线路连接起来的实现网络功能的计算机系统,占比为 3.4%。(2)第二个题目关于计算机网络的基本功能,正确答案为 B、D。选择正确的学生共 2 名,占比为 6.9%。他们都能在第二阶开放式理由中明确写出计算机网络的基本功能是资源共享与数据传输。(3)第三个题目关于资源共享,是多选题,正确答案为 F、G、H。较多学生能选出 G、H,选择人数和占比分别为 14、48.3% 和 10、34.5%,但错误答案中,选择 A、B、C 选项的人数较多,占比分别为 24.1%、20.7%、44.8%。选出全部正确答案的学生人数为 0,所有学生存在不同程度认知偏差,较多学生认为实体的东西无法共享。

(4) 第四个题目关于数据传输也是多选题,正确答案为 B、C、D、G、H,选择人数和占比分别为 7、24.1%,14、48.3%,20、69.0%,19、65.5%,17、58.6%。此题正确率较高,但是也有许多学生选择错误选项,完全选出所有正确选项的学生为 0,所有学生存在不同程度的认知偏差。

对所有学生的第二阶开放式理由进行细致的归纳和分类,发现学生的认知起点状态主要表现为四种类型:基本科学、生活推理型、以偏概全型和张冠李戴型。结合王靖[1]提出的概念类型特征,本研究明确学生认知起点如表 5-4 所示。

表 5-4 具体认知起点类型和认知偏差具体内容对应关系

知识点	认知起点类型	认知偏差具体内容	特征
计算机网络的概念	基本科学	计算机网络是计算机连接的通信网络	分支欠缺,较为合理
	生活推理型	(1) 计算机网络是生活中主要用来聊天、查询资料、浏览信息的工具,如 QQ、微信、百度等 (2) 计算机网络是使生活更方便的物品	分支多余:由生活经验引申多余连接
	以偏概全型	(1) 只有手机和计算机才能构成计算机网络 (2) 平常使用的 Wi-Fi 就是计算机网络	(1) 连接线错误 (2) 分支多余
	张冠李戴型	互联网就是计算机网络	连接线错误
计算机网络的基本功能	生活推理型	(1) 生活中网络经常用来社交和购物 (2) 生活中网络经常用来社交和浏览信息 (3) 生活中网络经常用来收发信息和浏览信息	分支多余:由生活经验引申多余连接
	以偏概全型	(1) 单一认为计算机网络基本功能是资源共享或者数据传输,另一个功能理解为网络社交 (2) 对于网络的共享功能,只知道信息共享,而非资源共享	连接线错误
	张冠李戴型	计算机网络的基本功能就是互联网的基本功能	连接线错误

---

1 王靖,董玉琦.概念转变视域下的概念类型及结构研究:基于 CTCL 的信息技术学科学习心理研究(4).远程教育杂志,2015(1).

续 表

知识点	认知起点类型	认知偏差具体内容	特征
资源共享的含义	基本科学	软硬件资源的网络共享	分支欠缺,较为合理
	生活推理型	(1) 实物、纸质不能共享 (2) 给别人自己就没有了的东西都不能共享(如摄像头、打印机)	分支多余:由生活经验引申多余连接
	以偏概全型	(1) 计算机自带设备都只能连接计算机本身,不能共享,如摄像头等 (2) 不能保存就不能共享	(1) 连接线错误 (2) 分支多余
数据传输的含义	基本科学	数据的发送和接收	分支欠缺,较为合理
	生活推理型	(1) 有传输显示条就是数据传输,没有就不是,例如电影下载进度条 (2) 数据传输就是告诉别人信息,能看见信息	分支多余:由生活经验引申多余连接
	以偏概全型	数据传输就是发送消息	连接线错误

四、前后测查问卷的形成

在收集和分析测查问卷的结果之后,本研究对学生回答的第二阶选项进行了归类,分析得到了学生目前存在的认知起点类型,最终将得到的第二阶开放式理由编制成选项,依此修改第二阶题目为"你选择上述答案的理由是(　　)。【单选】",选项为对应的认知起点类型。最终形成由选择题组成的二阶测查问卷,即前后测查问卷。前后测查问卷主要用于分析认知起点变化和学业成绩的变化。

第二节
实验教学设计开发与实施

本节将基于学生的认知起点类型设计不同的实验课程内容和实验资源,同时设计学习系统,将学习资源内置于其中开展教学实践。

一、实验教学设计阶段

实验教学设计阶段主要选取实验内容并根据认知起点情况进行具体的实验设计,开发基于认知起点的微视频学习资源。内容选取依据和设计与开发的依据如下:

(一) 实验内容的选取和确定

选取和确定研究内容的理论依据如下:

1. 课程标准和指导纲要建议

《高中信息技术课程标准(2017年版2020年修订)》中提出高中信息技术课程中要增加实验课程,指出了实验课程在信息技术课程中的重要地位,明确了实验教学对提高学生动手操作能力的巨大作用。《上海市中小学信息科技课程标准(试行稿)》提出上海市中小学课程的基本理念是关注学生的发展,培养全体学生的全面发展,注重学生个性的健康和可持续发展。《上海市中小学信息科技课程指导纲要》提出上海市信息科技课程是以提升学生在信息环境下的信息素养和学习能力为目标,以计算机和网络作为实现的技术手段,以学习信息技术、运用信息技术、了解信息技术、利用信息技术学习为基础课程。基于此,本研究在确定《计算机网络及其基本功能》这节内容后,最终选取了计算机网络的概念、计算机网络的基本功能、资源共享的含义和数据传输的含义四个知识点进行实验教学设计,旨在通过实践探究让学生了解概念、掌握技能和学会资源共享与文件传输的方法,让学生更好地理解生活中常见的计算机网络。

2. 《上海市初中信息科技教学基本要求(试验本)》的建议

本研究中的实验内容选自上海市华东师范大学出版社出版的六年级《初中信息科技第一册(试用本)》第一单元第二节《神奇的网络世界》。该节内容在《上海市初中信息科技教学基本要求(试验本)》中归属于模块一信息科技基础中的第二单元计算机网络。计算机网络的广泛应用是信息化时代到来的非常重要的特征,计算机网络是进行搜索并获取信息、进行信息交流并提供分享的虚拟空间。计算机网络和计算机一起成为信息科技课程学习的主要载体和工具。该单元学习要求为2课时,主要包括以下学习内容。

表5-5 学习内容

学习要求		
第1课时	3.1 计算机网络及其基本功能	3.1.1 计算机网络
		3.1.2 计算机网络的基本功能
第2课时	3.2 因特网及其应用示例	3.2.1 因特网及其常见应用
		3.2.2 因特网应用示例
		3.2.3 接入因特网

本研究实验内容选取了第1课时:3.1计算机网络及其基本功能。该课时的学习内容详见图5-1。

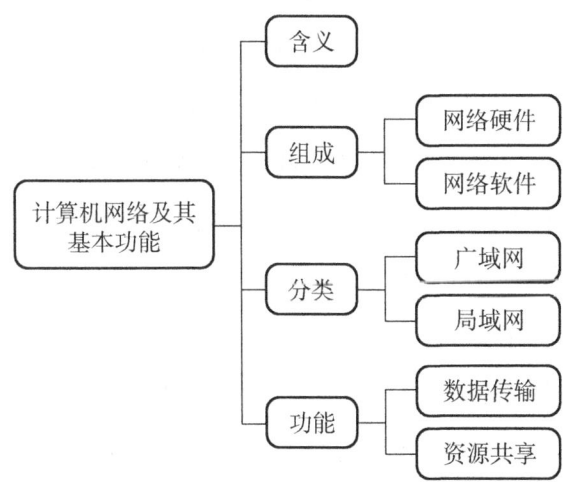

图5-1 第1课时学习内容结构图

教学指导对该课时的具体要求为:尝试通过收发电子邮件、设置访问共享文件夹等实验的方式说明计算机网络的基本功能。本实验名称定为《初识计算机网络》。本课时知识点较多,根据实际情况共选取两个大的知识点:计算机网络含义和计算机网络的基本功能。计算机网络组成和分类的知识点在计算机网络含义(概念)教学时进行补充和说明。由于教学基本要求中明确提出:计算机网络的基本功能是数据传输和资源共享,故据此进行教学设计并规定计算机网络的基本功能只包括数据传输和资源共享。

3. STS教育理念适用于信息技术课程

从发展历程上来看,信息技术是从计算机教育中拓展出来的分支,因此信息技术课程也应该附带计算机教育的某些特点,例如注重培养技术能力等特点。STS(Science、Technology、Society首字母缩写)是一个关注并研究技术、科学、社会三者相互关系的学术交叉性的研究领域。STS教育理念关注技术的研究理念顺应信息技术的学科特点,适用于信息技术课程,所以设计信息技术课程时应该重视信息的社会化、信息的技术性和信息的科学性。王秋爽[1]以STS教育理念视角去构建信息素养内涵,以信息素养作为基础去引领学生认识信息社会、信息技术和信息科学,以STS三维度构建信息素养的教育及课程内容,另外基于STS教育理念去思考信息技术课程内容的发展趋势时提出如下观点:(1)信息社会、信息技术、信息科学等相关的内容一起构成了信息技术学科的课程内容。(2)信息社会、信息技术和信息科学等关联的内容之间是相互作用并且联系的。可见,STS教育理念适用于信息技术课程结构。基于STS教育理念,本研究的实验教学内容更加关注社会、技术和科学,从社会角度出发,使用合适的技术手段,设计合适的实验资源进行实验教学,培养学生具备科学的知识和能力,形成健康的科学文化和精神。计算机网络已经渗透到生活中的方方面面,学生接触的机会较多,他们对计算机网络有一定的生活经验基础,所以符合从社会出发培养学生的能力的要求。另外采用实验的方式运用智化技术和物化技术的手段可最终培养学生对计算机网络的概念和功能的科学理解,提高学生对网络技术的兴趣,使学生更热爱信息技术,更关注社会。

4. 一线教师的指导建议

一线教师指出上海市初中六年级学生在学习计算机网络内容时存在概念疑惑,对于计算机网络抽象的概念难以理解。除此之外,一线教师还指出平时教学过程中会采用一定方式让学生去上机操作。基于此,本研究选取计算机网络与基本功能这节课程作为测查和实验设计的内容,选取了计算机网络的概念、基本功能、资源共享的含义、数据传输的含义四个比较重要的知识点进行测查。

(二)实验设计的理论基础

实验课程的整个教学环节借鉴5E教学模式进行设计,实验的具体开发主要依据《上

---

1 王秋爽.信息技术学生实验课程开发[D].长春:东北师范大学,2015.

海市中小学课程指导纲要》和王秋爽提出的 IP‐COS 模型设计内容和资源。

1.《上海市中小学信息科技课程指导纲要》的建议

《上海市中小学信息科技课程指导纲要》明确指出上海市信息科技课程的教学理念包括以下 5 条:(1) 课程的主要目标是培养学生信息素养;(2) 课程内容与课程形式更加丰富;(3) 创设合适软硬件设施利于学生在信息化平台学习;(4) 创造学生独立学习的环境;(5) 建立真正促进学生学习发展的多元化评价体系。

针对以上 5 条课程理念,本研究中的实验设计将关注以下方面:(1) 实验课程内容包含信息技术知识,即计算机网络部分的基础知识,让学生通过学习本实验课程后具备一定的信息处理和解决问题的能力,形成和提高信息素养。(2) 本课程采用实验教学的形式进行授课。(3) 实验资源均使用信息化学习平台推送,使用信息化学习平台辅助实验课程的顺利开展。(4) 实验教学中更加关注学生,例如基于学生的认知起点设计实验资源。(5) 课程评价主要以学习系统中前后测问卷的成绩变化和课堂观察及实验学习单的完成情况为评价依据,实现评价的多元化。

2. 基于实验课程 IP‐COS 设计开发模式设计实验

IP‐COS 设计开发模式是王秋爽提出的一种中小学信息技术实验课程设计开发模式,该模式的根本性前提主要为社会自身发展的现实需要、学生自身发展的现实需要和信息技术课程本身的发展。IP‐COS 设计模式中的 IP(Information Processing)主要是指信息处理能力,其中的 C(Cooperation)指合作性,O(Operation)指操作性,S(Science)指科学性。基于 IP‐COS,本实验课程资源将以培养学生的信息处理能力作为最终目标,实验设计关注 3 点:(1) 具备合作性:采用小组探究的实验方式培养学生的合作交流能力。(2) 具备操作性:实验过程中设置学生动手操作环节,使学生通过调节警视卫软件来观察并实现高清摄像头硬件共享和设置,使用 serv-U 软件实现数据共享和数据传输,体验计算机网络的基本功能,最终培养学生的动手操作能力。(3) 具备科学性:实验过程中,通过理论知识的探究学习和实践学习相结合最终使学生掌握科学的计算机网络基础知识,形成科学的信息技术文化。

5E 教学模式是基于建构学习理论提出的一种探究式教学模式。该教学模式关注学生的探究,共包括导入(Import)、探究(Explore)、解释(Explain)、迁移(Migration)和评价(Evaluate)5 个环节[1]。

---

[1] 赵呈领,赵文君,蒋志辉.面向 STEM 教育的 5E 探究式教学模式设计[J].现代教育技术,2018,28(3):106‐112.

本研究将实验课程 IP-COS 设计开发模式融入 5E 教学模式,即在导入、探究、解释、迁移、评价的环节基础上融入合作性、操作性和科学性,以提升学生的信息处理能力为最终目标,如图 5-2 所示。

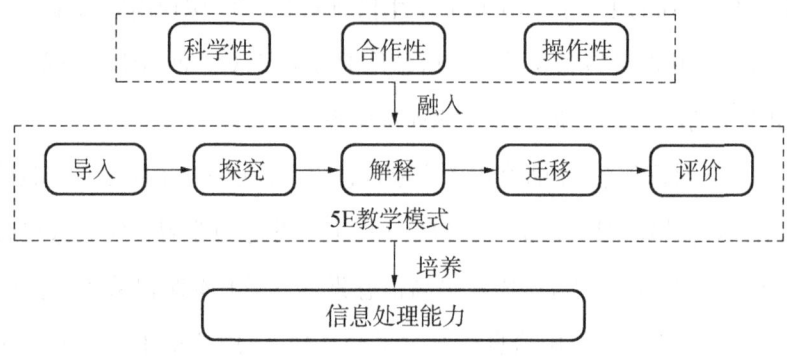

图 5-2　实验设计模式框架

二、实验教学资源开发阶段

(一) 基于认知起点实验班的实验资源设计

基于测查得出的学生认知起点类型,结合王靖提出的不同的教学策略与方法设计和开发实验资源,并将其内置于学习系统中。学习系统通过学生的前测结果得出的学生个人认知起点类型匹配实验资源后进行推送,实现基于学生认知起点的实验资源的推送。相比之前的实验教学,本实验过程更关注学生,符合学习技术范式中的关心学生、善用技术、关注学习内容,详细的设计与开发如下:

1. 基于认知起点的实验班教学设计

本研究基于认知起点设计不同的实验资源。学生通过学习系统能够获取不同的实验资源进行观看和上机操作,完成实验内容。该教学设计采用 5E 教学模式,包括导入—探究—解释—迁移—评价等步骤。(1) 导入环节通过生活中计算机网络在"衣食住行"等方面的重要作用展开话题,吸引学生注意力,让学生从生活场景展开计算机网络的学习。(2) 探究环节是学生通过学习系统推送的微视频学习资源展开学习探究并完成学习任务单。(3) 解释环节由教师对上述知识点进行教学小结。(4) 迁移环节通过上述理论学习进行实践体验,通过共享高清网络摄像头(硬件)和 serv-U 软件及文件传输体验计算机网络的基本功能(资源共享和数据传输),通过实验法加深对理论知识的学习和认知发展。(5) 评价环节通过师生问答方式和最后的教师点评来完成,教师最终进行总结。由于课堂时间较短,教师评价和学生互评时间有限,所以评价均匀分布在课堂中。教学设计如表 5-6 所示。

表5-6 基于学生认知起点的实验设计环节

环节	主要内容	时间(分)	形式
导入	通过案例"衣食住行"引入"计算机网络"	2	教师讲解;学生听讲
探究	学生自主学习计算机网络概念(分类微视频) 学生自主学习基本功能(分类微视频) 学生完成学习任务单	10	学生自主学习系统推送的学习资源;教师小结
解释	教师总结知识点	5	
迁移	学生体验共享网络资源与数据传输 1. 共享高清网络摄像头(硬件) 2. 共享 serv-U 软件和文件传输(软件)	20	在教师辅助下,学生上机操作完成
评价	教师点评与总结	3	教师讲解;学生听讲

2. 基于认知起点的微视频学习资源设计

根据测查卷的统计结果发现,对于四个知识点,学生存在不同类型的认知起点,根据统计分类发现知识点1、2的认知起点主要表现为3到4类认知状态:生活推理型、张冠李戴型、以偏概全型、基本科学型(1较少,2无);知识点3、4的认知起点主要表现为三类认知状态:生活推理型、以偏概全型、基本科学型(3.4均较少)。其中认知起点中均存在偏差认知类型和基本科学的认知类型。Posner 等认为,想要转变认知偏差,正常情况下应符合的一个条件是对原有认知的不满。[1] 此后王靖等学者经过数年的偏差认知转变研究后,基于偏差认知形成机制与内在形成机理,提出了改变偏差认知的具体教学策略。在学习技术范式下,王靖借用维果斯基的最近发展区理论设计了支架教学策略并开展实证研究。其认为该策略的核心要素共3点:(1)激起认知冲突的方法。(2)对原有认知的合理反思。(3)发生认知转变的真实情境。[2] 关注教学策略的要素,实现认知偏差转变最终促进认知发展是研究的核心和重点。基于王靖提出的支架类型和设计原则(详见表5-7),本研究针对不同的认知偏差类型设计出了不同的微视频学习资源。基本科学类认知起点由于概念掌握较为全面且人数较少,所以没有专门设计对应类型学习资源。本着从生活出发的原则,学习系统将记录学生的作答情况为其推送生活推理类微视频资源进行学习。

---

[1] Posner, G. J., Strike, K. A., Hewson, P. W., et al. Accommodation of A Scientific Conception: Toward A Theory of Conceptual Change [J]. Science Education, 1982(2): 211-227.
[2] 王靖,董玉琦.促进偏差认知转变的教学策略构建与应用研究[J].电化教育研究,2016(12):74-81.

表 5-7 引发认知冲突方法表

认知偏差类型	方法	支架类型	设计原则
张冠李戴	对比法	对比支架	通过操作和混淆事物进行比较； 通过观察和混淆事物进行比较； 通过文字叙述和混淆事物进行比较
以偏概全	发现法	发现支架	通过操作发现原有认知外的其他可能性； 通过观察发现原有认知外的其他可能性
生活推理	过渡法	过渡支架	从偏差认知出发过渡到科学认知

根据测查，学生在计算机网络概念上存在四类认知起点，即生活推理、张冠李戴、以偏概全、基本科学。针对前三类认知偏差类型，本研究结合支架策略设计了不同的微视频学习资源来促进学生的有偏差的认知转变为较为科学的认知状态。其中关于计算机网络概念的三类微视频设计主要包括以下要点：生活推理类资源根据生活经验呈现直观情景，让学生从"小明家"的具体网络构成情况学习计算机网络概念；张冠李戴类资源呈现图片，辨析互联网和计算机网络的关系；以偏概全类资源呈现某社区计算机网络的构成动画，提问发现计算机网络的概念。采用不同的支架策略设计的微视频学习资源具有针对性和多样性特点，满足不同学生的需求。

表 5-8 "计算机网络概念"微视频设计框架

生活推理(情境导入型)	张冠李戴(任务驱动式)	以偏概全(任务驱动式)
过渡法	对比法	发现法
呈现直观情景 动态呈现小明家的 网络构成情况 ↓ 1. 了解计算机网络连接设备 2. 认识计算机网络概念 ↓ 引入概念并解析概念	呈现图片 呈现互联网示意图、 计算机网络分类表 ↓ 1. 辨析计算机网络、互联网区别 2. 对比计算机网络基本组成 ↓ 引入解析新概念	呈现动画 呈现某社区家庭无线 网络构成动画 ↓ 1. 计算机网络系统有哪些连入设备？ 2. 除 Wi-Fi 外还存在什么类型网络？ ↓ 引入概念并解析概念

测查结果显示学生对于计算机网络的基本功能的组成存在三类认知起点：生活推理型、张冠李戴型、以偏概全型。结合支架策略设计微视频教学框架如表 5-9 所示，其中：

生活推理型呈现直观情景,让学生观看小明一天的网络行为,分析行为过渡到计算机网络的基本功能;张冠李戴型呈现连线小游戏,采用对比法和任务驱动式让学生学习计算机网络的功能;以偏概全型呈现直观问题,采用发现法让学生学习计算机网络的基本功能组成。

表5-9 "计算机网络功能"微视频设计框架

生活推理(情境导入型)	张冠李戴(任务驱动式)	以偏概全(任务驱动式)
过渡法	对比法	发现法
呈现直观情景 呈现小明的网络生活日记 介绍生活中的网络行为 ↓ 分析小明一天中的网络行为 ↓ 引入新概念	呈现小游戏 连一连:列举生活中的网络行为,连线归类 ↓ 对比了解计算机网络的功能 ↓ 引入新概念	呈现问题 1. 大家为什么要上网? 2. 网络世界比现实世界易获取资源吗? ↓ 发现计算机网络功能组成 ↓ 引入新概念

测查结果显示对于资源共享学生存在3类认知起点:生活推理、以偏概全、基本科学,微视频资源框架如表5-10所示。生活推理呈现直观情景,如生活中常见的打印机无线连接计算机打印或常见软件共享的生活场景引入资源共享的概念;以偏概全类呈现案例,使学生总结发现资源共享的含义。基本科学类学生人数少且基本正确,故采用生活推理类资源学习。

表5-10 "资源共享"微视频设计框架

生活推理(情境导入型)	以偏概全(任务驱动式)
过渡法	发现法
呈现直观情景 呈现生活中实物共享的案例,如打印机等 ↓ 引导学生发现生活中的部分实物也是可以共享的 ↓ 引入新概念	呈现案例 呈现某硬件、软件、数据等共享的案例 ↓ 引导学生发现资源共享中的资源分类 ↓ 引入新概念

测查结果显示对于数据传输概念,学生存在3类认知起点:生活推理、以偏概全、基本科学,微视频资源框架如表5-11所示。生活推理类呈现直观情景,如从生活中常见的数据传输的生活场景(下载资源和发送资源)引入数据传输的概念;以偏概全类资源呈现数据传输的示意图,让学生归纳总结发现数据传输的概念。基本科学类学生人数少且其认知基本正确,未专门设计视频资源,故采用生活推理类资源学习。

表5-11 "数据传输"微视频设计框架

生活推理(情境导入型)	以偏概全(任务驱动式)
过渡法	发现法
呈现直观情景 呈现生活中下载资源和发送资源的案例场景 ↓ 引导学生发现数据传输的含义 ↓ 引入新概念	呈现示意图 直接呈现数据传输示意图 ↓ 引导学生发现数据传输的含义 ↓ 引入新概念

以上资源将会嵌入学习系统。学习系统会前测了解学生的认知起点,然后在课堂上为每名学生推送专属微视频学习资源,实现基于认知起点的理论学习。

(二)探究实验班的资源设计

3个班级都采用实验教学的方式进行教学,而探究实验班是采用探究活动与动手实践方式展开课程内容,本研究未基于学生的认知起点进行针对性的探究活动设计。学习资源基于IP-COS开发设计模式而开发设计,从社会出发,关注学生的动手操作能力培养,培养学生的科学知识和科学文化。探究实验班教学设计采用5E教学模式进行详细设计,共有导入、探究、解释、迁移、评价五大教学环节:(1)探究环节是小组合作探究计算机网络概念活动和计算机网络的基本功能,完成探究活动一和二(学生按之前已有的表现进行分组,小组之间水平相当);(2)迁移环节是动手操作,即共享高清网络摄像头(硬件)和共享serv-U软件和文件传输。基于认知起点,实验班和探究实验班在实验设计总流程和设计依据上不存在差异性,其最大的不同在于有无基于认知起点的微视频学习资源的推送和实验任务单。实验班的基于认知起点的实验任务单是完成微视频中提出的问题或任务,而探究实验班的实验任务单是完成探究活动中提出的问题和完成表格。探究性实验设计环节如表5-12所示。

表5-12 探究性实验设计环节表

环节	主要内容	时间(分)	形式
导入	通过"衣食住行"事例导入"计算机网络"	2	教师讲解；学生听讲
探究	探究活动一、二 小组学习计算机网络概念与基本功能	10	学生小组探究；教师小结
解释	教师知识点小结	5	
迁移	共享网络资源与数据传输 1. 共享高清网络摄像头（硬件） 2. 共享serv-U软件和文件传输（软件）	20	在教师辅助下，学生上机操作完成
评价	教师点评与总结	3	教师讲解；学生听讲

（三）传统实验班和讲授班教学设计

传统实验教学设计以一线教师的建议、中小学信息技术课程标准和教学基本要求为依据进行，教学环节有导入、讲授新知、巩固联系（动手体验）、小结、布置作业等环节。导入环节主要从生活中常见的网络行为出发，拉近网络与学生的距离。然后教师讲授计算机网络的概念、基本功能、资源共享的含义、数据传输的含义等知识点，最后让学生动手共享高清网络摄像头和共享serv-U软件进行传输来体验计算机网络基本功能，小结并布置课后作业。

传统讲授班与传统实验班教学设计相似，不同点在于有无软硬件资源的共享体验。传统讲授班主要以教师讲解为主，教师根据课本详细讲解概念，抓住重点，反复强调内容，增强学生的理解记忆。传统实验班教学设计更强调学生的动手实践，锻炼学生的动手能力并加强学生的体验感受。

三、实验教学实施阶段

本节将对准实验研究的设计与实施进行详细阐述，对教学后学习系统提供的学业成绩和认知类型变化情况进行数据分析，对教学录像和访谈结果进行质性分析，从而得出结论。

（一）实验教学研究设计与实施

实证研究设计将采用不等控制组设计，为了解答子问题三（基于认知起点的实验教学能否有效促进学生的认知发展），本实验选取多组实践对照并观察结果。实验对象选自上海市虹口区某中学六年级的 1(30 人)、2(30 人)、3(30 人)、4(31 人)共 4 个班级,其中 6(1)班采用传统讲授形式进行授课,6(2)、6(3)、6(4)班采用不同的实验教学形式进行授课,以 6(1)班与 6(2)、6(3)、6(4)班进行对照分析实验教学与非实验教学效果的区别。王秋爽等人提出信息技术实验类型包括验证性实验、探究性实验和设计性实验 3 类。本研究选取贴合研究内容且使用范围更广的验证性实验和探究性实验进行教学实践。故 6(2)班将采用传统实验(验证性实验)的形式授课,6(3)班将采用探究性实验的形式授课,6(4)班将采用基于学生的认知起点类型的实验教学的形式授课。3 个班级与 6(1)班进行对照的同时,各班之间也相互对照,最终本研究将通过 4 个班级的教学结果来解答子问题三,从而间接解答核心问题。实验设计的自变量为不同的教学模式,因变量为学生的成绩变化和认知类型变化情况。4 个班级属于平行分班,符合研究的样本同质性要求,具体实验设计如表 5-13 所示。

表 5-13 实验设计属性表

组别		变量属性	组别属性
6(1)	传统讲授班	教师讲授	对照组
6(2)	传统实验班	教师讲授+动手实践	实验组 1
6(3)	探究实验班	小组探究+动手实践	实验组 2
6(4)	基于认知起点实验班	自主学习+动手实践	实验组 3

(二) 实验教学技术支持——学习系统

前后测查问卷发放与测试均在上海市虹口区某中学六年级完成。本次前测的目的如下:(1) 确定 4 个班级学生在《计算机网络概念与基本功能》内容方面处于同一认知水平;(2) 了解基于认知起点实验班学生的认知起点情况,设计并进行基于认知起点的实验教学。后测的目的是了解学生经过不同的教学干预后认知发展变化情况(具体表征为认知偏差类型转变),从而得出研究结论。前后测查问卷将嵌入自主开发的学习系统中,通过系统自动发放。学习系统还能收集数据,内置于数据库中,自动匹配学生对应的认知起点类型的微视频学习资源,实时精准推送,有利于实现课堂上的基于认知起点实验的顺利开展。

学习系统是本次教学研究顺利开展的有效工具,系统的具体功能依据本研究的任务和要求设计和开发。本研究的学习系统分为学生端和教师端。学生端的使用流程图如图 5-3 所示。

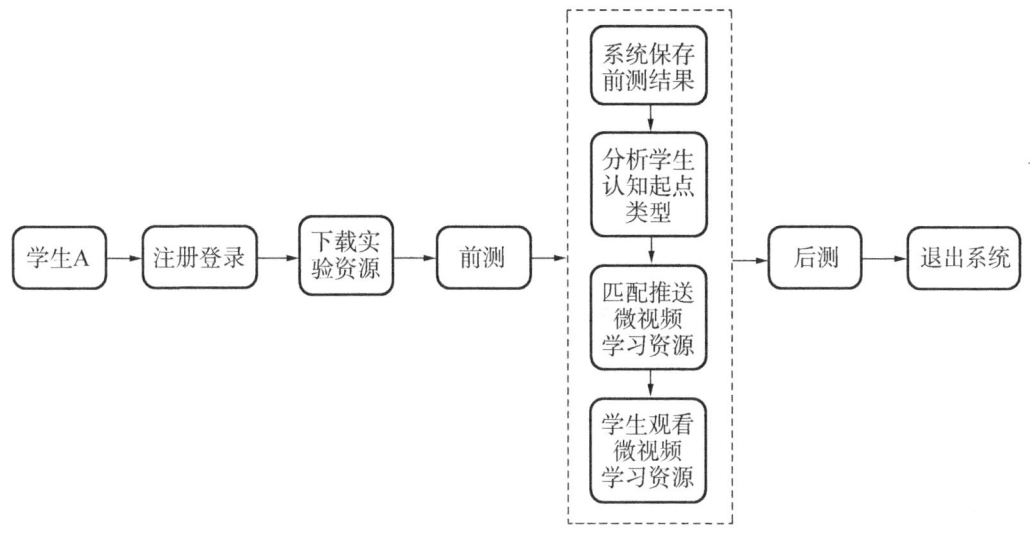

图 5-3 学习系统学生端使用流程图

学生端主要功能包括：(1) 学习开始前,学生注册并登录学习系统完成教学前测(见图 5-4、图 5-5)。(2) 学习系统将每名学生的前测结果保存在数据库中并匹配对应认知起点类型的微视频学习资源和实验资源。(3) 学习过程中,学生输入学号后学习系统会自动推送匹配的学习资源。学生可以观看这些学习资源(见图 5-6)。(4) 学生在学习结束后可登录学习系统完成教学后测。

图 5-4 学习系统登录界面

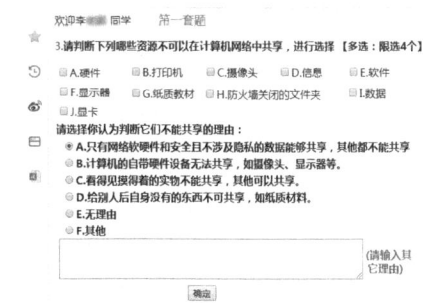

图 5-5 学习系统测试界面

教师端可供教师使用。教师登录学习系统后能够查看学生前后测问卷的学业成绩表和认知起点类型变化表,继而分析这两方面的数据情况,主要的流程图如图 5-7 所示。

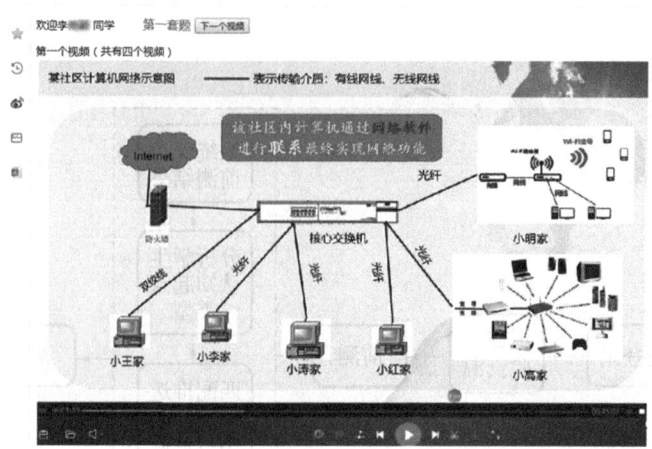

图 5－6 微视频界面

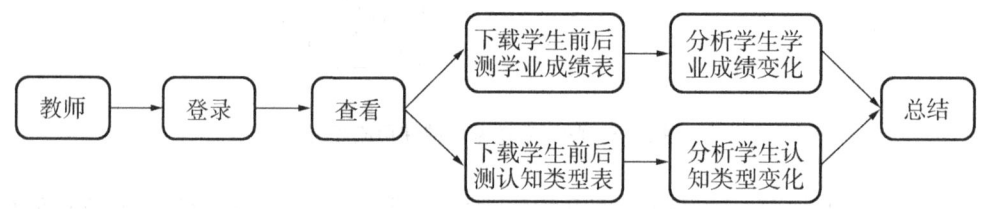

图 5－7 学习系统教师端使用流程图

教师使用学习系统可实现：(1) 登录系统并了解系统自动生成的学生前测、后测认知起点类型，判断学生的认知起点类型变化从而分析偏差认知转变情况，判断学生的认知发展情况。(2) 下载学生的教学前后测问卷的成绩表，分析学生的学业成绩变化情况(如图 5－8)。

转换成CSV文件　查看结果

共 30 名学生

前测　后测

班级：6(1)　6(2)　6(3)　6(4)　全部

测试结果

学号	姓名	性别	1	1理由	1类型	1理由类型	2	2理由	2类型	3	3理由	3类型	4	4理由	4类型	得分
	正确答案		A	E			B	B		FGHJ	A		BCGH	C		20
101	吴*敏	女	B	B	以偏概全	生活推理	B	C	张冠李戴	BGHJ	D	生活推理	CDEH	A	生活推理	9
102	黄*其	女	A	A	基本科学	以偏概全	A	A	生活推理	FGHJ	A	基本科学	DEGH	D	以偏概全	11
103	李*颖	女	E	D	张冠李戴	张冠李戴	E	D	以偏概全	BEGH	E	生活推理	BCGH	D	以偏概全	6
104	徐*怡	女	D	D	生活推理	张冠李戴	B	C	张冠李戴	DEFI	A	基本科学	AEGH	D	以偏概全	8
105	张*悦	女	D	D	生活推理	张冠李戴	A	C	张冠李戴	BCGH	D	生活推理	ADGH	B	生活推理	4
106	余*言	女	D	F	生活推理	生活推理	A	E	生活推理	FGIJ	D	生活推理	AEGH	F	生活推理	5
107	胡*妮	女	A	A	基本科学	以偏概全	B	B	基本科学	FGHJ	A	基本科学	EFGH	A	生活推理	16
108	李*	女	B	C	以偏概全	以偏概全	B	A	生活推理	BCFI	B	以偏概全	BCEG	A	生活推理	8
109	陈*雅	女	E	A	张冠李戴	以偏概全	A	A	生活推理	BFGJ	D	生活推理	CEGH	A	生活推理	6
110	王*妮	女	C	C	以偏概全	以偏概全	D	D	以偏概全	ACGJ	D	生活推理	ABEG	C	基本科学	5
111	陆*娜	女	E	D	张冠李戴	张冠李戴	B	B	基本科学	CFGJ	E	生活推理	BCDH	F	生活推理	11

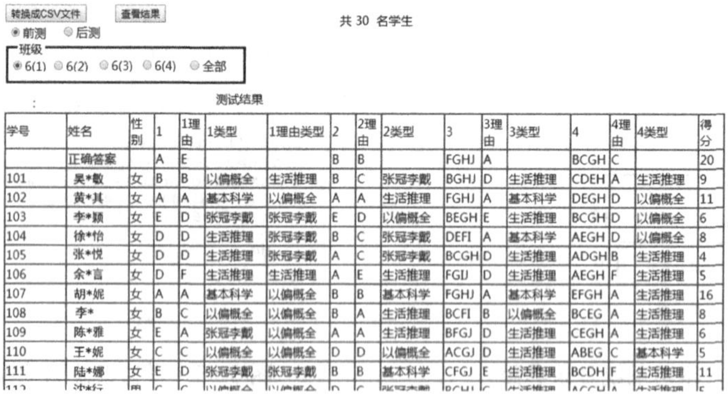

图 5－8 教师端查看成绩与类型界面

学习系统可实现学生认知起点类型和学习资源的精准匹配，有助于个性化趋势下的实验教学的开展和实施，从而将实验教学规模化与个性化的初步融合推向新的研究起点。

第三节 实验教学效果的数据分析

前测收集了 4 个班级学生在教学之前的具体认知起点类型和学业成绩,后测收集了 4 个班级学生在教学之后转变的具体认知起点类型和学业成绩。前后测数据能反映出学生在教学前后的认知转变情况和学业成绩变化情况。

一、学业成绩分析与统计

(一)教学前测结果统计与分析

前测是学生在学习开始前在学习系统中完成,由任课教师监督,数据确保准确。前测一共发放 121 份问卷,回收 121 份问卷,有效问卷为 120 份,回收率 100%,有效率 99.2%(无效问卷来自 6(1)班,故统计时将 6(1)班,即传统讲授班人数定为 29 人)。前测问卷共 4 题,包括 2 道单选题与 2 道多选题,每题有两个子问题,分别考察的是学生的知识掌握情况和学生的认知起点状况。具体对应的题目赋分情况如表 5-14 所示。

表 5-14 前测问卷赋分情况

作答结果情况	得分(分)
第一阶问题和第二阶选择理由均回答正确	5
第一阶问题回答正确第二阶选择理由回答错误	4
第一阶问题回答错误第二阶选择理由回答正确	1
第一阶问题回答与第二阶选择理由均回答错误	0

1. 总体分析

根据具体作答情况,对 4 个班级的学生测查结果进行赋分与数据统计,同时将分数折合成百分制,所得结果汇总如表 5-15 所示:

由表 5-15 可知,四个班级的百分制平均分最大值与最小值差值不超过 3 分,即 4 个班级的前测学业成绩差距较小,4 个班级学生对该教学内容的认识情况相差较小。

表 5-15 前测成绩平均分对比

班　　级	人数(人)	平均分(分,总分为 20 分)	百分制平均分(分)
传统讲授班	29	6.3	31.5
传统实验班	30	6.3	31.5
探究实验班	30	6.8	34.0
基于认知起点实验班	31	6.5	32.5

2. SPSS 单因素方差分析

由表 5-16 可知 P 值＝0.758＞0.05,即方差是齐性,说明在不同的教学干预之前,学生的认知处于同一水平,可作为研究对象进行实验研究。

表 5-16 前测成绩方差齐性

前测成绩　levene 统计量	Df1	Df2	显著性(P)
0.394	3	116	0.758

由表 5-17 可知,前测成绩的 F 值对应的 P 值＝0.877＞0.05,说明 4 个班级的前测成绩不存在显著差异,可以进行教学研究。

表 5-17 前测成绩 ANOVA 分析

前测成绩	平方和	df	均方	F	显著性(P)
组间	5.218	3	1.739	0.228	0.877
组内	884.782	116	7.627		
总数	890.000	119			

表 5-18 前测成绩多重比较分析

(I)教学模式	(J)教学模式	均值差(I-J)	标准误	显著性(P)	95%置信区间	
					下限	上限
传统讲授	传统实验	−0.023	0.719	0.975	−1.448	1.402
	探究实验	−0.523	0.719	0.469	−1.948	0.902
	基于认知起点实验	−0.206	0.713	0.774	−1.619	1.207

续 表

(I)教学模式	(J)教学模式	均值差(I-J)	标准误	显著性(P)	95%置信区间	
					下限	上限
传统实验	传统讲授	0.023	0.719	0.975	−1.402	1.448
	探究实验	−0.500	0.713	0.485	−1.912	0.912
	基于认知起点实验	−0.183	0.707	0.797	−1.584	1.218
探究实验	传统讲授	0.523	0.719	0.469	−0.902	1.948
	传统实验	0.500	0.713	0.485	−0.912	1.912
	基于认知起点实验	0.317	0.707	0.655	−1.084	1.719
基于认知起点实验	传统讲授	0.206	0.713	0.774	−1.207	1.619
	传统实验	0.183	0.707	0.797	−1.218	1.583
	探究实验	−0.317	0.707	0.655	−1.718	1.084

注：均差值的显著性为 0.05

表 5-19　前测成绩同类子集分析

教学模式	人数(人)	Aipha=0.05 的子集
		1
传统讲授	29	6.310 3
传统实验	30	6.333 3
探究实验	30	6.516 1
基于认知起点实验	31	6.833 3
显著性(P)		0.884

注：* 在 0.05 水平上存在显著性差异

从表 5-18 和表 5-19 可知，4 个班之间的所有的 P 值均大于 0.05，同类子集均在同列，说明 4 个班级的前测成绩不存在显著差异，即 4 个班级学生对即将学习的计算机网络知识的认知在同一水平，4 个班级是同质的。综上数据可以说明，4 个班级学生在实验教学开始之前都处于同等认知水平，学生的认知起点对教学结果影响较小，学生可以作为研究对象。

(二) 教学后测结果与统计分析

学习结束后,学生可重新登录学习系统,完成后测测试。后测是在学习结束时立即测查,有任课教师监督,可确保测查结果真实有效。后测共发放并回收 121 份问卷,有效问卷 120 份,回收率 100%,有效率 99.2%。

1. 总体分析

通过 EXCEL 软件对 4 个班级的后测成绩进行统计分析,详细结果如表 5-20 所示。由表 5-20 可以看出 4 个班级的后测成绩存在差异。总体上看,经过教学干预后,基于认知起点的实验班在计算机网络知识点上取得的学业成绩最佳,而传统讲授班相较于其他 3 个班级教学效果较差。

表 5-20 后测结果汇总表

班级	人数(人)	平均分(分,总分为 20 分)	百分制平均分(分)
传统讲授班	29	11.5	57.5
传统实验班	30	12.8	64.0
探究实验班	30	14.2	71.0
基于认知起点实验班	31	15.4	77.0

2. SPSS 单因素方差分析

通过 SPSS 软件对 4 个班级的后测成绩进行了单因素方差分析,具体结果分析详见表 5-21、表 5-22、表 5-23 和表 5-24。由表 5-21 可知,4 个班级 SPSS 的后测成绩的 P 值 = 0.077 > 0.05,说明 4 个班级的后测成绩方差是齐性的,可以进行单因素方差分析。表 5-22 看出 F 值对应的 P 值 = 0.000 < 0.05,说明 4 个班级的学生后测成绩存在显著性差异。表 5-23 和表 5-24 多重比较和同类子集比较看出 4 个班之间的所有 P 值均小于 0.05,同类子集均不在同列,说明 4 个班级学生经过不同的教学干预后所取得的学业成绩存在显著差异。从均值来看,4 个班级的成绩由低到高分别为传统讲授班、传统实验班、探究实验班、基于认知起点的实验班,说明基于认知起点的实验班后测成绩均值最高,学业成绩水平最高,这反映出基于认知起点设计的实验能提升学生的学业成绩,可以解答子问题三,即基于认知起点的实验能有效提升学生的学业成绩。

表5-21 方差齐性检验

后测成绩 levene 统计量	Df1	Df2	显著性(P)
2.343	3	116	0.077

表5-22 后测成绩 ANOVA 分析

后测成绩	平方和	df	均方	F	显著性(P)
组间	261.602	3	87.201	16.628	0.000
组内	608.323	116	5.244		
总数	869.925	119			

表5-23 后测成绩多重比较分析

(I)教学模式	(J)教学模式	均值差(I-J)	标准误	显著性(P)	95%置信区间	
					下限	上限
传统讲授	传统实验	-1.251	0.596	0.025	-2.53	-0.17
	探究实验	-2.751	0.596	0.000	-3.93	-1.57
	基于认知起点实验	-3.937	0.592	0.000	-5.11	-2.76
传统实验	传统讲授	1.351	0.596	0.025	0.169	2.53
	探究实验	-1.400	0.591	0.020	-2.57	-0.23
	基于认知起点实验	-2.586	0.586	0.000	-3.75	-1.42
探究实验	传统讲授	-2.751	0.596	0.000	1.57	3.93
	传统实验	1.400	0.591	0.020	0.23	2.57
	基于认知起点实验	2.586	0.586	0.045	-2.35	-0.02
基于认知起点实验	传统讲授	3.937	0.592	0.000	2.76	5.11
	传统实验	2.586	0.586	0.000	1.42	3.75
	探究实验	1.186	0.586	0.045	0.02	2.35

注：均差值的显著性为0.05

表 5-24 后测成绩同类子集分析

教学模式	人数(人)	Aipha=0.05 的子集			
		1	2	3	4
传统讲授	29	11.482 8			
传统实验	30		12.833 3		
探究实验	30			14.233 3	
基于认知起点实验	31				15.419 4

注：在 0.05 水平上存在显著性差异

(三) 前后测统计结果总体分析

通过 EXCEL 软件和 SPSS 软件对数据进行汇总分析和处理，得到的结果可以显示各个班级的教学干预是否有效提升学生的学业水平，详细如表 5-25 所示。由表 5-25 可知 4 个班级的后测成绩均高于前测成绩，百分制平均分分别提升 26.0 分、32.5 分、37.0 分、44.5 分，4 个班级的后测成绩均有所提升。对比其他 3 个班级，基于认知起点实验班的学业成绩提高幅度最大，学业成绩变化效果最佳。

表 5-25 前后测成绩平均分对比

班级	测试类型	人数(人)	平均分(分，总分 20 分)	百分制平均分(分)
传统讲授班	前测	29	6.3	31.5
	后测	29	11.5	57.5
传统实验班	前测	30	6.3	31.5
	后测	30	12.8	64.0
探究实验班	前测	30	6.8	34.0
	后测	30	14.2	71.0
基于认知起点实验班	前测	31	6.5	32.5
	后测	31	15.4	77.0

使用 SPSS 软件分别对 4 个班级的前后测成绩进行配对样本 T 检验，发现 4 个班

级的前后测成绩配对样本 T 检验中双尾概率 Sig 值=0.000<0.05,说明 4 个班级的前后测成绩均存在显著性差异,如表 5-26 所示。由此可知,经过不同的教学干预后,4 个班级学生经过教学实践后,其学业成绩,均得到大幅度提升,这也反映出 4 个班级的教学设计合理性强,适合学生的认知特点和水平,能促进学生的学业成绩的提高。

表 5-26 前后测成绩配对样本 T 检验

成对样本检验	成对差分					t	df	Sig（双侧）
	均值	标准差	均值的标准误	差分的 95%置信区间				
				下限	上限			
对 1 班：传统讲授前测—传统讲授后测	−5.17	2.77	0.513	−6.224	−4.120	−10.072	28	0.000
对 2 班：传统实验前测—传统实验后测	−6.50	3.79	0.691	−7.913	−5.087	−9.406	29	0.000
对 3 班：探究实验前测—探究实验后测	−7.40	3.50	0.639	−8.707	−6.093	−11.581	29	0.000
对 4 班：基于认知起点实验前测—基于认知起点实验后测	−8.90	2.50	0.467	−9.857	−7.950	−19.07	30	0.000

（四）学业成绩总体分析

《上海市初中信息科技学科教学基本要求》中对《计算机网络及其基本功能》章节提出了学习的具体要求。其中,对计算机网络的基本要求包括:(1) 能够复述计算机网络的含义。(2) 合理说出计算机网络的基本组成:网络硬件和网络软件。(3) 说出计算机网络按照地理覆盖范围的分类。对计算机网络的基本功能的基本要求:(1) 解释计算机网络的基本功能:资源共享和数据传输。前后测问卷根据教学要求设置题目,第一题题中计算机网络的概念中的一阶选择题考查学生对概念的掌握情况,正确选项为计算机网络概念的正确复述,错误选项中考查了计算机网络的教学要求中的其他要点,例如:前测题目中的选项 C:计算机网络使用手机和计算机连接就能上网,该选项间接测试学生是否掌握了计算机网络的基本组成包括网络硬件和网络软件;选项 D:计算机网络就是互联网又叫因特网,该选项考查学生是否掌握了计算机网络的分类,包括局域网、城域网和广域网。如果学生在前后测时回答由错误变为正确,那可以说明学生对计算机网络概念的知识已经能够熟练掌握。前后测第二题考查学生是否掌握计算机网络的基本功能,包括资源共享和数据传输。如果学生能在众多选项中选出正确答案,说明学生已经掌握计算机网络的基本功能。前后测第三题则考查学生是否理解资源共享的概念,其中的资源包括软件资源、硬件资源和其他信息资源,如果学生能够在多项选择题中完全选择正确,那可以说明学生对资源共享的概念理解正确,若漏选某一软件资源或硬件资源则说明学生对该知识的掌握程度有所提升但未掌握全面。前后测第四题则考察数据传输的概念解释。如果学生能够选择正确我们便认为学生已经对概念能够正确解释。因此,学生的前后测成绩能够体现出学生对知识掌握情况。本研究通过分析成绩变化能够比较学生知识掌握情况来体现不同班级的教学效果。

从前、后测学业成绩的平均成绩与SPSS数据分析中可以发现:4个班级的前测成绩不存在显著差异,即4个班级学生对该章节内容的认知处于同一水平,后测成绩存在显著差异(变高),并且各班之间的前后测成绩均存在显著差异,这说明4个班级在教学干预后,学生的学业成绩均出现提升的现象,但是班级之间知识掌握提升程度各不相同。从前、后测的学业成绩的平均值来看,基于认知起点的实验班的学业成绩提升幅度最高,平均分提升44.5分。后测平均分分别比传统讲授班、传统实验班、探究实验班高19.5分、13.0分、6.0分,这说明基于认知起点的实验班在教学干预后学生学业成绩提升最高,知识掌握程度最佳;其次从自身平均分提升幅度来看,4个班级从高到低的顺序分别为基于认知起点实验班(提高44.5分)、探究实验班(提高37.0分)、传统实验班(提高32.5分)、传统讲授班(提高26.0分),说明实验教学在提升学业成绩,促进知识掌握方面要高于传统讲授教学。

二、基于认知起点的认知发展数据分析

(一)认知起点实验班认知起点情况分析

本研究对所有学生进行了前测,获得了他们的认知类型和成绩。而认知起点实验班因为需要根据认知起点类型设计不同学习资源,故对认知起点实验班学生的认知起点情况进行单独分析。

测查问卷第一题如下所示:

1. 小明新家安装了路由器,搭建了 Wi-Fi"无线网络"。家中手机、计算机等设备可以通过无线网络上网。下列关于计算机网络的描述,你认为正确的是(　　)。【单选】(4分)

A. 计算机网络是使用通信线路(如光纤、蓝牙)和设备把计算机连接起来实现通信和共享的系统

B. 计算机网络是只由计算机和手机这样的终端设备在不同地点连接起来形成的通信系统

C. 计算机网络是计算机和手机在不同地点工作时连接使用的 Wi-Fi 信号网络

D. 计算机网络是生活中常进行聊天和查询资料的搜索引擎等软件系统

E. 计算机网络是人们使用计算机或手机等设备能够使用的互联网(Internet)

你选择上述答案的理由是(　　)。【单选】(1分)

a. 计算机网络就是工作生活中常用的 Wi-Fi 网络

b. 生活中计算机网络经常用来聊天、查询资料、浏览信息等

c. 使用手机和计算机连接就能使用网络

d. 计算机网络是方便生活的因特网又叫互联网(Internet)

e. 计算机网络是互连的共享和通信系统

本题正确答案为 A/e。

经过细致梳理数据,得到基于认知起点实验班学生第一题的认知起点情况如表 5-27 所示。

表 5-27　基于认知起点实验班学生第一题认知起点状况分析表

第一阶选项	选择人数(人)	所占比例(%)	第二阶选项	认知起点类型	选择人数(人)	所占比例(%)
A	16	51.6	a	以偏概全	8	25.8
			b	生活推理	2	6.5
			d	张冠李戴	3	9.7
			e	基本科学	3	9.7
B	2	6.4	c	以偏概全	1	3.2
			d	张冠李戴	1	3.2

续 表

第一阶选项	选择人数（人）	所占比例(%)	第二阶选项	认知起点类型	选择人数(人)	所占比例(%)
C	6	19.4	a	以偏概全	2	6.5
			b	生活推理	3	9.7
			c	以偏概全	1	3.2
D	3	9.7	c	以偏概全	1	3.2
			d	张冠李戴	2	6.5
E	4	12.9	b	生活推理	3	9.7
			d	张冠李戴	1	3.2

注：表中仅统计学生作答的情况，不统计第二阶中未被学生选择的选项

由表5-27可知，基于认知起点实验班学生在学习计算机网络概念时存在4类认知起点：张冠李戴(7人，22.6%)、生活推理(8人，25.8%)、以偏概全(13人，41.9%)、基本科学(3人，9.7%)。

测查问卷第二题如下所示：

2. 小明家使用网络做了很多事情，例如查询资料、下载资料等。一般而言，计算机网络最主要的功能体现在(　　)。【单选】(4分)

A. 网络社交、信息搜索　　B. 资源共享、数据传输　　C. 网上购物、浏览信息

D. 数据传输、信息共享　　E. 信息传输、信息共享　　F. 浏览信息、网上聊天

你选择上述答案的理由是(　　)。【单选】(1分)

a. 生活中经常使用计算机网络进行聊天和查询信息

b. 计算机网络主要功能只限于资源共享和数据传输

c. 计算机网络基本功能是互联网的基本功能，如网络社交、资源共享等

d. 计算机网络主要功能是进行信息共享和信息传输

e. 无理由或其他

本题正确答案为B/b。

经过细致梳理数据，基于认知起点实验班学生第二题的认知起点情况如表5-28所示。

表 5-28 基于认知起点实验班学生第二题认知起点状况分析表

第一阶选项	选择人数（人）	所占比例(%)	第二阶选项	认知起点类型	选择人数（人）	所占比例(%)
A	11	35.5	a	生活推理	8	25.8
			c	张冠李戴	3	9.7
B	1	3.2	c	张冠李戴	1	3.2
C	1	3.2	c	张冠李戴	1	3.2
D	6	19.4	c	张冠李戴	2	6.5
			d	以偏概全	4	12.9
E	10	32.3	c	张冠李戴	2	6.5
			d	以偏概全	8	25.8
F	2	6.5	a	生活推理	1	3.2
			d	以偏概全	1	3.2

注：表中仅统计学生作答的情况，不统计第二阶中未被学生选择的选项

由表 5-28 可知，关于计算机网络基本功能，基于认知起点实验班学生认知起点分为 3 类：张冠李戴(9 人,29.0%)、生活推理(9 人,29.0%)、以偏概全(13 人,41.9%)。

测查问卷第三题如下所示：

3. 网络中可以进行资源共享，例如小明向同学共享了作业文件包等。下列资源中，不可以在计算机网络中共享的资源有(　　)。【多选：限选四项，共 4 分】

A. 硬件　　B. 打印机　　C. 摄像头　　D. 信息　　E. 软件　　F. 显示器

G. 纸质教材　　H. 防火墙关闭的文件夹　　I. 数据　　J. 显卡

你选择它们的理由是(　　)。【单选 1 分】

a. 只有网络软硬件和安全且不涉及隐私的数据能够共享，其他都不能共享

b. 计算机的自带硬件设备无法共享，如摄像头、显示器等

c. 看得见摸得着的实物不能共享，其他可以共享

d. 给别人后自身没有的东西不可共享，如纸质材料

e. 无理由或其他

本题正确答案为 FGHJ/a。

经过细致梳理数据,基于认知起点实验班学生第三题的认知起点情况如表5-29所示。

表5-29 第三题学生认知起点状况分析表

第一阶选项	选择人数（人）	所占比例(%)	第二阶选项	认知起点类型	选择人数（人）	所占比例(%)
A	16	51.6	a	基本科学	4	12.9
B	15	48.4				
C	21	67.7	b	以偏概全	9	29.0
D	9	29.0				
E	14	45.2	c	生活推理	9	29.0
F	9	29.0				
G	18	58.1	d	生活推理	8	25.9
H	11	35.5				
I	2	6.5				
J	9	29.0	e	无理由	1	3.2

注：题目为多选题,所以一二阶选项没有对应关系;表中仅统计学生作答的情况,不统计第二阶中未被学生选择的选项

由表5-29可知,关于资源共享的含义,基于认知起点实验班学生认知起点共存在3种类型:生活推理型(18人,58.1%)、以偏概全型(9人,29.0%)、基本科学型(4人,12.9%)。

测查问卷第四题如下所示:

4. 网络中可以进行数据传输,例如我们向朋友发送消息。下列选项中,体现数据传输的有(　　)【多选：限选4个,共4分】

　A. 保存文件　　B. 在线播放电影　　C. 下载电影　　D. 文件编辑

　E. 浏览网络信息　　F. 新建并命名文件　　G. 回复QQ消息　　H. 收发邮件

你选出它们的原因是(　　)【单选1分】

a. 下载电影有下载进度条就是数据传输

b. 可以告诉他人信息就是数据传输

c. 数据传输就是数据或信息的传递和输出

d. 数据传输就是发送资料、文件、信息等

e. 数据传输就是数据的浏览和下载

f. 无理由或其他理由

本题正确答案为 BCGH/c。

经过细致地梳理数据,基于认知起点实验班学生第四题的认知起点情况如表 5-30 所示。

表 5-30 第四题学生认知起点状况分析表

第一阶选项	选择人数(人)	所占比例(%)	第二阶选项	认知起点类型	选择人数(人)	所占比例(%)
A	15	48.4	a	生活推理	11	35.4
B	18	58.1	b	生活推理	6	19.4
C	14	45.2	c	基本科学	3	9.7
D	15	48.4	d	以偏概全	6	19.4
E	17	54.8				
F	11	35.5	e	以偏概全	4	12.9
G	14	45.2				
H	19	61.3	f	无理由	1	3.2

注:题目为多选题,所以一、二阶选项没有对应关系

由表 5-30 可知,关于数据传输含义,基于认知起点实验班学生的认知起点共存在三种类型:生活推理型(18 人,58.0%)、以偏概全型(10 人,32.3%)、基本科学型(3 人,9.7%)。其中,无理由归到生活推理型。

(二)所有学生认知发展情况分析

根据测查问卷的结果可知学生在初识计算机网络章节存在 4 种认知起点类型,即张冠李戴型、生活推理型、以偏概全型和基本科学型。本研究的认知发展具体表征为学生经过教学干预后认知起点类型转变为较为科学的认知类型,即四个班级基本科学类型增长的人数及所占比例越高,说明认知发展越好。具体的认知发展情况分析如表 5-31 所示。

表 5-31 认知发展情况分析表

班级	认知起点	计算机网络概念			计算机网络基本功能			资源共享的含义			数据传输的含义		
		前(人)	后(人)	转变幅度(人)	前(人)	后(人)	转变幅度(人)	前(人)	后(人)	转变幅度(人)	前(人)	后(人)	转变幅度(人)
传统讲授班(29 人)	生活推理	8	4	−4	11	6	−5	13	9	−4	11	2	−9
	以偏概全	7	5	−2	8	7	−1	12	4	−8	11	8	−3

续 表

班级	认知起点	计算机网络概念			计算机网络基本功能			资源共享的含义			数据传输的含义		
		前(人)	后(人)	转变幅度(人)	前(人)	后(人)	转变幅度(人)	前(人)	后(人)	转变幅度(人)	前(人)	后(人)	转变幅度(人)
传统讲授班(29人)	张冠李戴	13	6	−7	9	1	−8	——			——		
	基本科学	1	14	+13	1	15	+14	4	16	+12	7	19	+12
传统实验班(30人)	生活推理	9	4	−5	10	5	−5	17	8	−9	19	6	−13
	以偏概全	11	8	−3	6	4	−2	12	8	−4	9	7	−2
	张冠李戴	8	2	−6	13	4	−9	——			——		
	基本科学	2	16	+14	1	17	+16	1	14	+13	2	17	+15
探究实验班(30人)	生活推理	8	7	−1	12	6	−6	18	7	−11	18	6	−12
	以偏概全	5	3	−2	5	5	0	7	6	−1	9	4	−5
	张冠李戴	12	3	−9	12	1	−11	——			——		
	基本科学	5	17	+12	1	18	+17	5	17	+12	3	20	+17
基于认知起点实验班(31人)	生活推理	8	1	−7	9	2	−7	18	7	−11	18	4	−14
	以偏概全	13	2	−11	13	6	−7	9	4	−5	10	5	−5
	张冠李戴	7	2	−5	9	1	−8	——			——		
	基本科学	3	26	+23	0	22	+22	4	20	+16	3	22	+19

1. 传统讲授班认知发展情况

统计发现,传统讲授班的学生经过教学实践后,其偏差认知逐渐向基本科学类型转变,四个知识点基本科学类型增长人数及比例分别为:13、44.8%;14、48.3%;12、41.4%;12、41.4%,但是也存在部分学生的偏差认知类型未转换。例如关于计算机网络概念,在经过教师讲授之后,存在生活推理类认知偏差的学生仍有4人,以偏概全类学生仍有5人,张冠李戴类学生仍有6人,这说明仍存在部分学生对计算机网络概念模糊不清的现象,后续的教学与练习中需要加深学生对概念的理解。可见,传统讲授班的部分学生在学习后有明显的认知发展,也有部分学生仍存在认知偏差。

2. 传统实验班认知发展情况

传统实验班四个知识点基本科学类型增长人数及比例分别为:14、46.7%、16、

53.3%;13、43.3%;15、50.0%,从人数和比例上看比传统讲授班要好,但是从教学后认知起点类型的人数来看,4个知识点仍有4到8人认知偏差。总体上,传统实验班的认知发展情况优于传统讲授班,但也存在不足,需要进一步改进。

3. 探究实验班认知发展情况

探究实验班四个知识点基本科学类型增长人数及比例分别为:12、40.0%;17、56.7%;12、40.0%;17、56.7%。实验班与传统实验班相比,认知发展总体情况相近,在某几个知识点的掌握情况上优于传统实验班。探究实验班和传统实验班的总体情况明显优于传统讲授班,可见,在计算机网络基本功能章节,从学生认知发展效果来看,传统讲授教学模式不如实验教学模式。

4. 基于认知起点实验班干预效果分析

基于认知起点实验班的学生通过观看与认知起点类型相匹配的微视频和体验软硬件共享和传输后偏差认知类型有极大转变,4个知识点的认知类型(包括生活推理类、以偏概全类、张冠李戴类)学生人数均有大幅度降低,其中生活推理类学生4个知识点的减少人数及占原有该类型人数比例分别为:7、87.5%;7、77.8%;11、61.1%;14、77.8%。以偏概全类学生的减少人数及占该类型原有人数比例分别为:11、84.6%;7、53.8%;5、55.6%;5、50.0%。张冠李戴类学生前两个知识点的减少人数及比例分别为:5、71.4%;8、88.9%。总体上,可以看出每种认知类型的学生人数均减少50%以上,生活推理类认知转变人数和所占比例最高,说明使用直观情景的方式对认知转变效果最好。通过数据发现生活推理类认知转变比例在第一题(计算机网络概念)中最高,占原有人数比例高达87.5%,这说明使用过渡法呈现直观情景对网络概念知识点比较适合,学生可以通过小明家的网络连接情况理解计算机网络的概念,促进认知发展。以偏概全类认知转变比例在第一题中也最高,占比84.6%,说明使用发现法呈现制作的小动画能有效转变以偏概全类学生,促进这部分学生更好地了解计算机网络的类型,从而更全面理解计算机网络概念。张冠李戴类认知转变人数比例在第二题中最高,占比88.9%,说明使用对比法并呈现连线小游戏能激发学生兴趣,转变学生偏差认知,让学生对计算机网络的基本功能记忆更加深刻。从每个知识点的认知转变比例可以发现第一题(计算机网络概念)认知转变比例最高的是生活推理型,占比87.5%。第二题(计算机网络功能组成)认知转变比例最高的是张冠李戴型,占比88.9%。第三题(资源共享)认知转变比例最高的是生活推理型,占比61.1%。第四题(数据传输)认知转变比例最高的是生活推理型,占比77.8%,这说明对于该类认知类型学生,使用直观情景能够让学生转变生活中的认识,从而形成新的、正确的理解。

从数据可知基于认知起点实验班与其他 3 个班级相比,基本科学类型增加的人数及比例最高,分别为：23、74.2%;22、71.0%;16、51.6%;19、61.3%,可见基于认知起点的教学实验干预对学生认知发展效果明显。

综上发现,各个班级学生在经过教学干预后,对各个知识点的偏差认知均存在向基本科学转变的情况,但是转变情况不同。其中转变人数和比例最高的是基于认知起点实验班,说明学生认知发展效果最好,转变人数和比例最低的是传统讲授班,说明学生认知发展效果较差。探究实验班和传统实验数据居中,其班学生认知发展效果相近。

三、课堂录像观察分析

本研究使用摄像机对教学过程进行了录像。观察分析录像可发现三个实验班在动手操作环节,学生均有较高的积极性,都喜欢进行摄像头共享和 serv-U 软件的共享。其中基于认知起点实验班学生专注力很高,全部学生都能聚精会神地观看视频并思考问题,大部分学生积极完成任务单。探究实验班的学生在小组讨论时存在部分学生参与度不高的情况,但是积极主动的学生会带领小组同学完成探究活动。传统实验班的学生在听教师讲解时专注力较低,部分学生会出现开小差或者说话的情况。传统讲授班学生听教师讲授后期,学生注意力不集中的情况会增加。对比观察发现基于认知起点实验班学习效果最佳,传统讲授班学习积极性、参与性较差。

四、总结

采用不同的教学方式,4 个认知水平相同的班级学生的学习效果不同。本研究分析学生认知发展、学业成绩、课堂表现等方面数据发现:《计算机网络及其基本功能》内容可以采用实验的形式开展教学,实验形式教学在促进学生认知发展和提升学业成绩等方面有积极的效果。基于学生的认知起点设计实验进行教学对促进学生的认知发展和提升学业成绩的效果最佳,学生在课堂中表现得更加积极,课堂兴趣和氛围最佳。本研究中学生的认知发展主要表现为学生在教学干预后对计算机网络的概念和基本功能有新的理解,许多偏差认知也转变为基本科学的认知,实现了认知发展。本研究的数据证明在实验教学中融入个性化学习的这种教学形式能够有效促进学生的认知发展,提升学生的学业成绩。后续的实验教学研究可以从个性化学习视角进行研究创新,使实验教学的相关资源和学习路径更个性化和智能化,符合信息科技课程标准的教学建议要求,推动信息科技学科的实验教学实践。

本章小结

本章在学习技术范式视域下,基于认知起点设计初中信息技术实验课程并进行实验教学以验证基于认知起点的实验教学能促进学生的认知发展。本研究测查了学生的认知起点并分类,设计基于学生认知起点状态的实验资源,依托学习系统实现前后测和实验资源的推送。本研究结论如下:(1)学生学习《计算机网络及其基本功能》时的认知起点可测量,可分类。(2)基于学生认知起点类型,《计算机网络及其基本功能》适合采用发现法、对比法、过渡法3种教学支架设计实验资源。(3)基于认知起点的实验教学在信息技术学科能有效促进学生的认知发展,提升学生学业成绩。本研究有助于学习技术(CTCL)范式下认知发展的持续探索,是对基于学生认知起点的实验进行的成功尝试,填补了信息科技学科实验教学的研究空白。

虽然本研究的实践效果较好,但是本研究尚存在不足之处,例如:(1)设计开发的实验课程课时较少,缺少长期的实践和研究;(2)实验内容比较典型,后续的实验内容可以更加广泛;(3)实验设计具有一定的个性化学习的体现,但是在操作内容和学习路径等方面还需加强个性化;(4)认知起点的测查可以划分更加详细,学习系统还可更加完善等。

后续研究者可以更多关注个性化实验教学的实施,比如设计更个性化的实验资源和学习路径,还可以在实验教学中更多关注学生的认知具体变化,比如从认知水平的具体提高层面去分析和界定认知发展等。

问题与回答

1. 实验授课时间为1节课,整个研究的工作量体现在哪些方面?

【回答】本研究重点在于测查卷的设计、学生认知起点类型的划分及不同实验资源的设计和教学实践。本研究两次测查学生的认知起点类型并据第一次测查结果更改和完善测查问卷,使其能够更详细、准确地测查学生的认知起点。另外本研究根据学生认知起点设计不同的微视频学习资源,设计了4个班级的教案,开发了学习系统并设置学习资源。

2. 实验设计的理论基础是什么？

【回答】本研究实验设计与开发的依据是《上海市中小学信息科技课程指导纲要》和王秋爽提出的 IP-COS 实验设计模型。本研究在 5E 教学模式的流程环节中，融入 IP-COS 实验设计模型，使实验更加注重合作性、创新性和科学性。

3. 创新点是什么？

【回答】最新信息技术课程标准提出实验教学，但是在实践教学中很少有人去实施，另外新课程标准提倡的个性化学习也没能在实验教学中凸显。本研究主要的创新点是：理论上，在实验教学模式下更关注学生，以学生为中心展开实验教学；实践上，首先采用了基于学生认知起点的实验教学的形式，其次在资源共享内容中加入了硬件共享的内容。

4. 划分学生认知发展等级的依据是什么？

【回答】划分依据来自王靖提出的概念类型的外显行为特征。本研究对王靖提出的每一类外显行为进行分析，根据学生的回答来分析其属于哪一类外显行为，从而划分其认知起点类型，从而得出每个知识点共有几类认知起点。在认知发展分析部分，本研究将所有具有偏差认知的认知起点类型转化为基本科学的认知起点类型认定为认知发展。

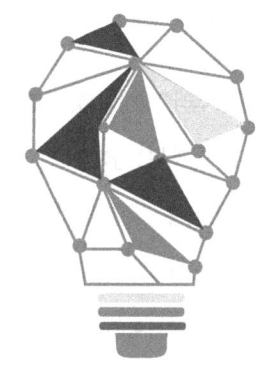

第六章

规则类知识教学:
基于认知起点的个性化学习

本章导言

随着技术在教学中的应用，如何有效利用技术来促进教学这一问题不断被深入研究。针对该问题，本研究团队在学习技术范式支持下寻找学生概念类知识的认知偏差，再利用技术对症下药，进而促进学生认知发展，目前未开展规则类知识的相关研究。规则类知识与概念类知识存在本质差异，一则学生在生活中接触规则类知识较少，产生认知偏差的概率较低；二则能否通过概念类知识的测查问卷测得关于规则类知识的认知偏差产生的真正原因，尚未可知。

本章基于学习技术范式，探究如何在技术支持下设计规则类知识个性化学习来促进学生的认知发展，提升学业水平。本研究分为3部分：（1）探究学生规则类知识认知起点的测查方法；（2）探究学生规则类知识认知起点分类的方法；（3）探究如何在技术支持下设计规则类知识的个性化学习来促进学生认知发展，提升学生的学业水平。本章以"一元二次方程的解法"作为教学内容，将研究分为3个阶段：（1）前期准备阶段，明确开展技术支持的基于认知发展的个性化学习研究的基本流程；（2）前期研究阶段，测查学生的认知起点，然后探究学生认知起点分类的方法；（3）正式研究阶段，明确如何在技术支持下设计相应的个性化学习内容来促进学生认知发展。本研究在前期研究阶段采用问卷调查法，其余两个阶段采用准实验研究法。本章节共分为三节：第一节为基于规则空间模型探究规则类知识的认知起点测查方法；第二节为规则类知识的实验教学设计与实施；第三节为规则类知识的教学实验结果与反思。

目前，国内外尚无基于学习技术范式对规则类知识的认知发展展开研究。希望本研究能为之后基于学习技术范式促进规则类知识认知发展的研究打下基础。

第一节
规则类知识的认知起点测查方法

本研究通过学习技术范式与数学教学结合,研究学生对于规则类知识是否存在认知起点及如何合理利用技术有效地促进学生在规则类知识方面的认知发展。

一、理论基础:规则空间模型

学生在学习新内容时,需要与学习内容建立联系,在学习的过程中促进自身的认知发展,从而提升自己的学业水平。这一过程中,若教师能在相关的理论基础下设计教学,就能够大大促进学生认知发展的速度,提升教学效率。

规则空间模型(Rule Space Model)于20世纪80年代由 Tatsuoka 最先提出,是一种认知诊断理论[1][2]。国外对于该理论的研究相对较多也较早,主要集中在以下两方面:一是模型的理论研究。有的对规则空间维度进行研究,将两维规则空间向多维空间拓展,如 Dibello 等人[3]在1995年提出的统合模型(Unified Model)和 Hartz 等人[4]在2002年提出的融合模型(Fusion model)都基于规则空间模型。二是模型在学科教学中的应用研究,如 YepesBaraya 等人[5]利用规则空间模型测验20个国家的数学成绩,Yizhu Gao 等人[6]通过规则空间模型验证开发学习浮力过程中概念变化的累计特征。

---

1 Tatsuoka, K. K. (1983). Rule space: An approach for dealing with misconception based on item response theory. Journal of Educational measurement, 20, 345 – 354.
2 Tatsuoka, K. K. (in press). Statistical pattern recognition and classification of latent knowledge states: Cognitively Diagnostic Assessment. Mahawah, N Erlbaum.
3 DiBello, L, Stout, W., & Rousses, L. (1995). Unified cognitive/psychometric diagnostic assessment likelihood-based clas sification techniques. In P. D. Nichols, S. F. Chipman, and R. L. Brennan(Eds), Cognitively Diagnostic Assessment(p. 361 – 389) Hillsdale, NJ: Lawrence Erlbaum Associates.
4 Hartz, S, Roussos, L, and Stout, W. (2002) Skills Diagnosis: Theory and Practice. User Manual for Arpeggio software. ETS.
5 YepesBaraya, Mario, Tatsuoka, Kikumi, Allen, Nancy L, et. Application of the Rule-Space Methodology to the 1996 NAEP Science Assessment: Grade 4 Preliminary Results. [J]. coding, 1998: 40.
6 Yizhu Gao, Xiaoming Zhai, Björn Andersson, Pingfei Zeng, Tao Xin. Developing a Learning Progression of Buoyancy to Model Conceptual Change: A Latent Class and Rule Space Model Analysis [J]. Research in Science Education, 2020, 50(4).

随着国内对学生的不断关注,对学生的具体认知状况的研究也越来越多,利用规则空间模型对学生认知进行诊断的研究也日趋增多。早期余嘉元于1995年利用规则空间模型对初中二年级学生关于解不等式进行了认知诊断。[1] 目前,秦璐等人在高中化学学科应用规则空间模型来诊断学生对氧化还原反应的认知情况。[2] 除了诊断学生对基本概念的认知,还有研究者将规则空间模型用于诊断多个概念之间学习的过程,如于梦书等人在生物学科利用规则空间模型对"伴性遗传"重要概念的学习进阶构建情况进行研究。[3]

尽管在实际教学中规则空间模型能用于评价学生以了解对测验项目的认知技能或属性的掌握情况,但是其还存在以下两个问题:一是复杂的数理公式及问卷编制的严格要求导致规则空间模型可能无法广泛应用于教学评价;二是规则空间模型计算过程过于复杂,须借助计算机程序来完成,但目前除模型提出者设计的程序以外[4],尚无其他能有效执行的计算机程序。

二、研究对象:小学生、初中生

本研究分为三个阶段,分别为前期准备阶段、前期研究阶段和正式研究阶段。由于每个研究阶段的目的不同,故而每个研究阶段对应的研究对象及对象的数量也不同。

前期准备阶段为了明确开展技术支持的基于认知发展的个性化学习研究的基本流程,思考从"平均数"和"中位数与众数"内容转向"一元二次方程的解法"内容时学生认知起点的测查方法。故而,选取"平均数"及"中位数与众数"这种在数学学科教学内容中偏向规则型的概念类知识,分别对上海市A学校三年级72名学生及四年级72名学生开展准实验研究。详细的研究对象数据情况如表6-1所示。

前期研究阶段在探究学生认知起点分类的方法之前,先总结关于"一元二次方程的解法"内容的认知起点测查方法,并对学生进行认知起点测查。本研究对上海市B学校

---

[1] 余嘉元.运用规则空间模型识别解题中的认知错误[J].心理学报,1995(2):196-203.
[2] 秦璐,闫春更,延倩倩,等.基于RSM的高中氧化还原反应认知诊断研究[J].化学教育(中英文),2020,41(23).
[3] 于梦书,肖伍蓉,段巍.基于规则空间模型的重要概念学习进阶的构建:以"伴性遗传"为例[J].生物学教学,2020,45(12).
[4] 辛涛,焦丽亚.测量理论的新进展:规则空间模型[J].华东师范大学学报(教育科版),2006,24(3):50-56,61.

八年级 3~7 班的 200 名学生进行初始认知起点测查；根据测查结果调整测查问卷，形成新的认知起点测查问卷，再对浙江省 A 学校八年级 1~2 班的 61 名学生进行认知起点测查。详细的研究对象数据情况如表 6-2 所示。

表 6-1 "前期准备阶段"研究对象

研究阶段	研究内容	实验时间	学校年级	分组	人数(人)	合计(人)
前期准备阶段	"平均数"的实验教学	2018.10—2019.1	上海市 A 学校三年级	对照组	36	72
				实验组	36	
	"中位数与众数"的实验教学	2019.3—2019.6	上海市 A 学校四年级	普通组	24	72
				对照组	24	
				实验组	24	

表 6-2 "前期研究阶段"研究对象

研究阶段	研究内容	调查时间	学校年级	班级	人数(人)	合计(人)
前期研究阶段	"一元二次方程的解法"问卷调查	2019.10	上海市 B 学校八年级	3 班	41	200
				4 班	36	
				5 班	41	
				6 班	41	
				7 班	41	
		2020.4	浙江省 A 学校八年级	1 班	31	61
				2 班	30	

正式研究阶段目的是确定研究工具的信效度，明确如何在技术支持下设计"一元二次方程的解法"的个性化学习来促进学生认知发展，从而提升学生的学业水平。首先，为了确保研究工具的信效度，研究者与一线教师共同协商确定研究工具，并对浙江省 B 学校八年级 3 班的 35 名学生进行前测问卷的调查，对浙江省 B 学校八年级 1 班的 35 名学生进行后测问卷的调查，再通过 SPSS 22 软件进行信度检验。然后开展实验教学，实验对象有 15 人，详细的情况如表 6-3 所示：

表6-3 "正式研究阶段"研究对象

研究阶段	研究内容	实验时间	学校年级	研究对象	人数(人)	合计(人)
正式研究阶段	前测问卷信度检验	2020.4	浙江省B学校八年级	3班	35	85
	后测问卷信度检验	2020.4	浙江省B学校八年级	1班	35	
	"一元二次方程的解法"实验教学	2020.7	浙江省某校外学习机构	实验组	15	

三、研究技术路线

从"平均数"及"中位数与众数"内容的实验教学中,本研究总结得到开展技术支持的基于认知发展的个性化学习研究的基本流程及"一元二次方程的解法"的测查方法。根据问卷调查的结果,依据"规则空间模型",本研究分析得出"一元二次方程的解法"内容的认知起点分类,再有针对性地进行技术支持的个性化学习资源设计,主要使用万彩动画大师、思维导图(X-mind)、Premier等软件制作相关学习资源。本研究的技术路线图如图6-1所示。

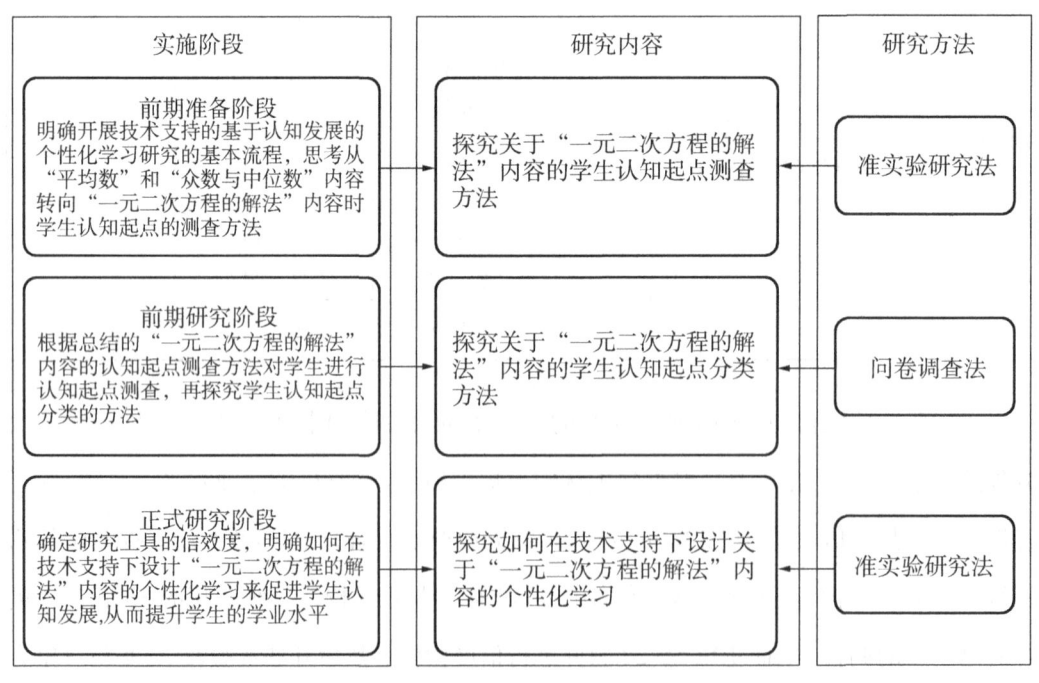

图6-1 技术路线

四、研究工具：测查、前后测与访谈的问卷

本研究使用的研究工具主要有认知起点测查问卷、前测问卷、后测问卷及访谈问卷。不同的研究阶段采用的研究工具目的一致，名称一致，但是研究工具中设计的内容却不同。其中，在前期准备阶段设计关于"平均数"及"中位数与众数"内容的研究工具；在前期研究阶段及正式研究阶段则设计关于"一元二次方程的解法"（规则类高级规则）教学内容的研究工具。

（一）认知起点测查问卷

认知起点的测查是研究中重要的一环，也是整个实验的基础。测查主要是为了解学生认知起点情况及产生该认知起点的成因，并将这些认知起点进行分类，从而设计对应类型的学习资源及学习过程，为后续的个性化学习提供设计基础。本研究基于"一元二次方程的解法"的教学内容进行了认知起点测查问卷的设计与开发。

在认知起点测查问卷编制过程中，基于学习内容，本研究针对"一元二次方程的解法"，编制了初中数学学生认知起点测查问卷。

同时，制定测查问卷题目与学习内容对应表，如表6-4所示：

表6-4 测查问卷题目与学习内容对应表

编号		学习内容	问卷题目
题目1	S1	直接开平方的过程	用直接开平方法解一元二次方程：$2(x-2)^2-28=70$ 解：方程先_____，得_____ 再_____，得_____ 再_____，得_____ ∴_____ ∴$x_1=$_____，$x_2=$_____
题目2	N1	因式分解法的过程	用因式分解法解一元二次方程：$(2x-3)^2=x^2$ 解（方法一）：方程左边去括号，得_____ 移项，得_____ 十字相乘，得_____ ∴_____ ∴$x_1=$_____，$x_2=$_____ 解（方法二）：方程移项，得_____ 化成平方差公式，得_____ ∴_____ ∴$x_1=$_____，$x_2=$_____

续　表

编号		学习内容	问卷题目
题目 3	M1	配方法的过程	用配方法解一元二次方程：$2x^2-5x-3=0$. 解：方程的两边同时除以_____，得_____ 移项，得_____ 配方，得_____ ∴ _____ ∴ $x_1=$ _____，$x_2=$ _____
题目 4	F1	公式法的过程	用公式法解一元二次方程：$4y-5y^2-8=8-y^2+2y$ 解：方程先化为一般式，得_____ 则方程 $a=$ _____，$b=$ _____，$c=$ _____ 再利用求根公式_____（其中△=_____） ∴ $x_1=$ _____，$x_2=$ _____
题目 5	S2 N2 M2 F2	直接开平方、因式分解法、配方法、公式法的特征	连线题（请用适当的方法解方程） 公式法　　　　　　　　$3(x-2)^2=x(x-2)$ 直接开平方法　　　　　$x^2-4x=-10$ 配方法　　　　　　　　$2x^2+6x-3=0$ 因式分解法　　　　　　$5(3x-2)^2-49=0$

在认知起点测查问卷设计之前，本研究依据规则空间模型，在参考相关文献的基础上，与一线教师协商确定"一元二次方程的解法"有 15 个认知属性，详细见表 6-5。

表 6-5　"一元二次方程的解法"认知属性

编号	认知属性
规则 A1	等式两边同乘或同除一个数
规则 A2	移项
规则 A3	等式两边同加或同减一个数
规则 A4	配方
规则 A5	开平方
规则 A6	去括号
规则 A7	十字相乘
规则 A8	平方差公式

续 表

编号	认知属性
规则 A9	合并同类项
规则 A10	方程化为一般式
规则 A11	求根公式
适用范围 A12	直接开平方法特征
适用范围 A13	因式分解法特征
适用范围 A14	配方法特征
适用范围 A15	公式法特征

在认知起点测查问卷设计过程中,本研究参考规则空间模型,列出题目(项目)与认知属性对应的矩阵,详细见表 6-6。表中"1"表示该题包含该属性,"0"则表示未包含该属性,每一个题目对应该矩阵中的每一列。

表 6-6 测查题目与认知属性对应矩阵

编号	题目 1	题目 2	题目 3	题目 4	题目 5
规则 A1	1	1	1	0	0
规则 A2	1	1	1	1	0
规则 A3	1	0	0	0	0
规则 A4	1	0	0	0	0
规则 A5	1	0	1	0	0
规则 A6	0	1	0	0	0
规则 A7	0	1	0	0	0
规则 A8	0	1	0	0	0
规则 A9	1	1	1	1	0
规则 A10	0	0	0	1	0
规则 A11	0	0	0	1	0
适用范围 A12	0	0	0	0	1

续 表

编号	题目1	题目2	题目3	题目4	题目5
适用范围A13	0	0	0	0	1
适用范围A14	0	0	0	0	1
适用范围A15	0	0	0	0	1

为了检验问卷的可信度,本研究使用上述测查问卷对浙江省A学校初二的70名学生进行了测查。共发放问卷70份,回收70份,回收率100%,但是存在空白问卷24份,故问卷有效率为65.71%。利用SPSS 22软件对回收问卷数据进行分析,得出该研究工具信度系数值为0.826,说明该研究工具相对可靠。

(二) 前测问卷

前测主要是为了检测实验组学生在教学干预情况前对于"一元二次方程的解法"知识的掌握情况。前测问卷的设计与开发,始终遵循"一元二次方程的解法"教学内容的教学目标。为了保证可信度,前测问卷是与一线教师共同商讨而设计的。

测查题目样例如下所示。

前测问卷的测查题目样例

一、单项选择题

1. 不论x、y为什么实数,代数式 $x^2+y^2+2x-4y+7$ 的值是(　　)。

A. 总不小于2　　B. 总不小于7　　C. 可为任意实数　　D. 可能为负数

2. 方程$(x+1)(x-3)=5$的解是(　　)。

A. $x_1=1, x_2=-3$　　B. $x_1=-1, x_2=3$　　C. $x_1=4, x_2=-2$　　D. $x_1=-4, x_2=2$

二、填空题

1. 方程$9(x-1)^2=4$与$3x^2=a^2+1$的解相同,则a=_____。

2. 写出两个根为 $\dfrac{b\pm\sqrt{b^2+4ac}}{2a}$ 的方程:_____。

3. 如果一个一元二次方程没有常数项,一般可用_____法解这个方程比较简单,方程一定有一个根为_____;如果一个一元二次方程没有一次项,一般可用_____法解这个方程比较简单。

前测问卷严格对应教学内容,具体的知识点与题目对应情况如表6-7所示:

表6-7 前测问卷中相关知识及对应题目

知识	题目
概念(四种方法的概念与特征)	一1~一2、二1~二3
计算(利用特定方法解题)	三(一)1~三(一)4
计算(根据方法特征灵活选择方法解题)	三(二)1~三(二)4
应用(利用四种方法解应用题)	四1~四4

前测问卷针对"一元二次方程的解法"教学中的四个知识点(四种方法的概念与特征、利用特定方法解题、根据方法特征灵活选择方法解题和利用四种方法解应用题),设计了对应的题目。每个知识点对应四道题目,分别对应四种解一元二次方程的方法。

为了保证前测问卷的可信度,本研究使用前测问卷对浙江省B学校初二35名学生实施问卷调查。前测问卷发放35份,回收35份,回收率100%。在回收的问卷中存在空白卷6份,故问卷有效率为82.86%。在剔除6份空白卷之后,利用SPSS 22软件对有效的29份问卷结果进行内部一致性分析,得到前测问卷信度系数值为0.892,说明该研究工具相对可靠。

(三)后测问卷

后测主要是为了与前测进行比较,从而检测实验组学生在教学干预情况下对"一元二次方程的解法"知识的掌握情况是否有所提升。后测问卷的设计与开发过程中,始终遵循"一元二次方程的解法"教学内容的教学目标,题量及难度均与前测问卷保持一致。与此同时,为了保证研究工具的可信度,后测问卷是与一线教师共同商讨而设计的。

基于教学目标及教学内容,与一线教师商讨后编制形成了后测问卷,测查题目样例如下所示。

后测问卷的测查题目样例

一、单项选择题

1. 多项式 $-5x^2+8xy-4y^2-2x-4$ 的值是(　　)。

A. 总不小于3　　B. 总不小于-3　　C. 总不大于3　　D. 总不大于-3

2. 一元二次方程 $-2\sqrt{2}x+x^2=2$ 用求根公式求解,其a、b、c的值正确的是(　　)。

A. $a=2\sqrt{2}, b=1, c=2$　　　　　　B. $a=-2\sqrt{2}, b=1, c=-2$

C. $a=1, b=2\sqrt{2}, c=2$ D. $a=1, b=-2\sqrt{2}, c=-2$

3. 下列选项,正确的是(　　)。

① $x^2-3x+1=0$　② $3x^2-1=0$　③ $-3t^2+t=0$　④ $x^2-4x=2$

⑤ $2x^2-x=0$　⑥ $5(m+2)^2=8$　⑦ $3y^2-y-1=0$　⑧ $x^2+6x-1=0$

⑨ $(x-2)^2=2(x-2)$

A. 适合运用直接开平方法是②⑥⑨　B. 适合运用因式分解法③⑤⑨

C. 适合运用公式法①⑦⑧　D. 适合运用配方法④⑥⑧

二、填空题

1. 若 $m^2x^2+2m^2nx=n^2-m^2n^2(m\neq 0)$,则 x=_____。

2. 已知方程$(x+a)(x-4)=0$ 和方程$\frac{1}{2}x^2-\frac{3}{2}x+b=0$ 的解完全相同,则 a+b=_____。

后测问卷的相关知识点及其对应题目如表 6-8 所示:

表 6-8　后测问卷中相关知识及对应题目

内容知识	题目
概念(四种方法的概念与特征)	一 1~一 3、二 1~二 2
计算(利用特定方法解题)	三(一)1~三(一)4
计算(根据方法特征灵活选择方法解题)	三(二)1~三(二)4
应用(利用四种方法解应用题)	四 1~四 4

后测问卷同样针对"一元二次方程的解法"教学中的四个知识点设计了对应的题目。每个知识点对应四道题目,分别对应四种解一元二次方程的方法。

为了分析后测问卷的信度,本研究使用后测问卷对浙江省 B 学校初二 35 名学生(与前测问卷调查的对象不一致)实施问卷调查。后测问卷发放 35 份,回收 25 份,回收率 71.43%。在回收的问卷中还存在空白卷 8 份,故问卷有效率为 68%。在剔除 8 份空白卷之后,利用 SPSS 22 软件对有效的 17 份问卷结果进行内部一致性分析,得到后测问卷信度系数值为 0.848,说明该研究工具相对可靠。

为了进一步确认前测问卷与后测问卷难度是否相当,本研究利用 SPSS 22 软件对前测后测问卷进行对半信度分析及相关性分析。首先,利用 SPSS 22 软件进行对半信度分析,具体实施步骤是:(1)在前测问卷中计算每一位学生完成奇数题目的总分;(2)在后测问卷中计算每一位学生完成偶数题目的总分;(3)利用 SPSS 22 软件对这两部分进行内部一致性分析,得到信度系数为 0.747(前测问卷奇数题目的信度系数为 0.792,后测问卷偶数题目的信度系数为 0.736),说明前后测问卷在题目设计上难度相当。然后,利用 SPSS 22 软件对这两部分进行相关性分析,发现两者在 0.01 水平上存在显著相关。

(四)访谈问卷

访谈问卷主要用于进一步了解学生具体的学习情况。访谈问卷要求学生对所学内容进行自评。访谈问卷分为两个自评内容,分别是:(1)学生关于"四种方法掌握情况排序"的自评;(2)学生关于"一元二次方程的解法的解题步骤"的自评。

具体的访谈题目样例如下所示。

访谈问卷的访谈题目样例

一、完成下列内容

1. 请结合自身情况,完成表格。(按照①②③④⑤…填写,其中①表示最好或最先,然后依次递减)

解一元二次方程的方法	方法掌握情况排序(①最好)	解题中方法选择顺序(①最先)

2. 这样填写"解题中方法选择顺序"的原因是(　　)。

A. 根据本人对这些方法的掌握情况进行排序

B. 根据本人使用这些方法的正确率进行排序

C. 根据这些方法的难易程度进行排序

D. 根据老师的讲解和要求进行排序

E. 没有固定顺序,主要通过分析题目特征进行方法的选择

F. 其他_____

第二节
规则类知识的
实验教学设计与实施

本节介绍如何在技术支持下设计规则类知识的个性化学习来促进学生的认知发展。

一、测查学生对"一元二次方程的解法"的认知起点

利用前期研究阶段设计的认知起点测查工具对正式研究阶段的研究对象进行测查,得到实验组学生 13 种认知起点类型,如表 6-9 所示。表中 C1~C13 表示认知起点类型,数字"0/1"表示学生对认知属性的掌握情况,其中"1"表示已经掌握,"0"表示未掌握。

表 6-9 学生认知起点情况

认知起点类型	认知属性														
	规则 A1	规则 A2	规则 A3	规则 A4	规则 A5	规则 A6	规则 A7	规则 A8	规则 A9	规则 A10	规则 A11	规则适用范围 A12	规则适用范围 A13	规则适用范围 A14	规则适用范围 A15
C1	0	0	0	0	0	0	0	0	0	0	0	0	0	0	0
C2	1	1	0	1	1	1	0	1	1	1	1	1	0	0	0
C3	1	1	1	0	1	1	0	1	1	1	0	1	1	1	1
C4	1	1	1	1	0	1	0	1	1	1	0	0	0	0	0
C5	1	1	1	1	1	1	0	0	0	0	0	0	0	0	0
C6	1	1	1	1	1	1	0	0	1	1	1	1	0	0	1
C7	1	1	1	1	1	1	0	1	1	1	1	1	1	0	0
C8	1	1	1	1	1	1	1	0	1	1	1	1	0	0	0
C9	1	1	1	1	1	1	0	1	1	1	0	1	0	0	0

续 表

认知起点类型	认知属性														
	规则A1	规则A2	规则A3	规则A4	规则A5	规则A6	规则A7	规则A8	规则A9	规则A10	规则A11	规则适用范围A12	规则适用范围A13	规则适用范围A14	规则适用范围A15
C10	1	1	1	1	1	1	0	1	1	1	1	1	1	0	1
C11	1	1	1	1	1	1	1	1	1	1	0	0	0	0	1
C12	1	1	1	1	1	1	1	1	1	1	0	1	0	0	1
C13	1	1	1	1	1	1	1	1	1	1	1	0	0	0	1

学生的13种认知起点类型对于"一元二次方程的解法"的认知属性掌握情况皆不相同。分析这些类型背后的成因,不难发现,正如加涅所说,掌握"高级规则"的前提条件是掌握"规则",而掌握"规则"的前提条件是掌握"概念"[1]。学生对"一元二次方程的解法"内容未掌握的原因是学生未掌握与"一元二次方程的解法"相关的规则及规则适用范围,而学生未掌握与"一元二次方程的解法"相关的规则及规则适用范围的原因又是未掌握这些规则的相关规则或者概念。

二、设计基于认知起点的个性化学习资源与过程

根据测查阶段了解到的学生"一元二次方程的解法"的认知起点,本研究设计个性化学习,让每一名学生都进行针对性的学习,从根本上促进自身的认知发展。设计个性化学习主要包括设计个性化学习资源和个性化教学过程。

(一) 基于认知起点的个性化学习资源设计

本研究基于上述学生认知起点的成因设计相应的学习资源,设计过程中采用边家胜总结的两种认知主义的概念转变策略,即"引发认知冲突的概念转变策略"及"避免认知冲突的概念转变策略"这两种策略。[2]

---

[1] 加涅,傅统先,陆有铨.学习的条件[M].北京:人民教育出版社,1985.
[2] 边家胜,董玉琦.学科学习中的"概念转变"策略探析:基于日本概念转变研究的综述[J].外国教育研究,2016(1):94-107.

基于以上两种策略,针对直观、易于学生理解的规则、概念,如移项、合并同类项等,采用技术介入型策略,使学生可以通过学习由教学工具承载的正确规则的信息来掌握该知识。针对迷思概念信念很强的内容,如学生已经形成习惯的解题思路等,采用惊讶型策略和徐缓型策略组合,使学生可以使用教学工具进行学习,认识自身的认知偏差,进一步稳固已经改变的认知结构。

结合上述策略选择,本研究利用思维导图绘制相关知识概念图,利用 PowerPoint 制作具有一定交互性的课件,利用万彩动画大师制作动画,最后利用 Premiere CC 将动画制作成视频,使其能够在手机等移动终端上正常被使用。具体的学习资源设计如表 6 - 10 所示。

表 6 - 10　个性化学习资源设计

资源内容	认知属性不掌握原因	资源设计采用的策略	资源形式
规则 A1:等式两边同乘或同除一个数	1. 不理解"等式两边" 2. 不明确对"谁"同乘或同除	避免认知冲突的概念转变策略中的技术介入型策略	视频。先制作动画,后转成视频
规则 A2:移项	1. 不理解"项" 2. 字面理解"移",不掌握其适用范围		视频。先制作动画,后转成视频
规则 A3:等式两边同加或同减一个数	不理解"等式两边"		
规则 A4:配方	不掌握配方的规则		视频。PowerPoint 制作后转为视频
规则 A5:开平方	字面理解"开平方",不掌握开平方的规则		
规则 A6:去括号	字面理解"去括号",不掌握去括号的规则		视频。先制作动画,后转成视频
规则 A7:十字相乘	不掌握十字相乘的规则		
规则 A8:平方差公式	不完全了解平方差公式的适用范围		

续 表

资源内容	认知属性不掌握原因	资源设计采用的策略	资源形式
规则 A9：合并同类项	1. 不理解"项" 2. 不掌握合并的规则	避免认知冲突的概念转变策略中的技术介入型策略	视频。先制作动画，后转成视频
规则 A10：方程化为一般式	1. 不理解"一般式" 2. 不掌握化为一般式的规则		
规则 A11：求根公式	不理解求根公式中的"a、b、c"的由来		
适用范围 A12：直接开平方法特征	不完全了解直接开平方法的适用范围	引发认知冲突的概念转变策略中的惊讶型策略和徐缓型策略组合	课件。具有一定的交互性
适用范围 A13：因式分解法特征	不完全了解因式分解法的适用范围		
适用范围 A14：配方法特征	不完全了解配方法的适用范围		
适用范围 A15：公式法特征	不完全了解公式法的适用范围		

基于上述个性化学习资源设计思路，本研究设计并制作15种个性化学习资源。部分学习资源设计、制作与使用过程如下：

（1）"规则 A2"的学习资源设计采用的是"避免认知冲突的概念转变策略中的技术介入型策略"，本研究利用万彩动画大师制作引导讲解型的动画学习资源。通过与一线教师分析"规则 A2"，即"移项"内容，总结出该内容包括"项"的概念及"如何移项"的规则。通过分析学生的认知起点情况，发现学生对这两个知识点都存在不理解的问题，故而在相应学习资源中重点讲解这两个知识。学生可以利用移动设备自主学习引导讲解型"规则 A2"这一学习资源，在不产生认知冲突的情况下实现认知发展。

（2）"规则 A4"的学习资源设计采用的也是"避免认知冲突的概念转变策略中的技术介入型策略"。本研究利用 PowerPoint 软件制作"规则 A4"，即"配方"的动画学习资源。通过与一线教师商讨分析"规则 A4"，即"配方"内容，总结出该内容主要是"如何配方"的规则。通过分析学生的认知起点情况，发现学生对于"配方"的具体规则普遍掌握不扎实，故而在相应学习资源中设计通过流程图动态变化直观展现配方的具体步骤和过程。学生可以进行自主学习,结合"配方"流程图的动态变化,掌握"配方"每一个步骤的作用,从而深入理解"配方"的作用。

(3)"适用范围A12"的学习资源设计采用的是"引发认知冲突的概念转变策略中的惊讶型策略和徐缓型策略组合"。本研究利用PowerPoint软件制作具有一定交互功能的课件。与一线教师商讨分析"适用范围A12",即"直接开平方法特征"内容,总结出该内容的实质是"方程没有一次项,可以直接开平方"的规则。分析学生的认知起点情况,发现学生对于4种方法的特征均有所混淆,故而在相应学习资源中设计交互:首先学习资源给出题目,学生根据个人理解在方法选择界面"点击"四种方法中的任意一种,之后学习资源根据学生选择的方法进行解题,并反馈所选方法能否解题成功的结果,若不正确则会返回题目让学生重新选择。刚开始,学生可能会惊讶,即产生认知冲突,但通过循环往复的学习,学生会渐渐地明白其中的知识及自身存在的认知偏差,从而掌握"直接开平方法的特征"。

(4)"适用范围A13"的学习资源设计采用的也是"引发认知冲突的概念转变策略中的惊讶型策略和徐缓型策略组合"。本研究利用PowerPoint软件制作具有一定交互功能的课件。与一线教师商讨分析"适用范围A13",即"因式分解法特征"内容,总结出该内容的实质是"方程一边为0,另一边可以分解成两个一次因式的积"的规则。分析学生的认知起点情况,发现学生对于四种方法的特征均有所混淆,故而在学习资源中设计交互:学习资源首先给出题目,学生可以根据个人理解在方法选择界面"点击"四种方法中的任意一种,之后学习资源会根据学生选择的方法进行解题。当学生选择"因式分解法"时,学习资源将展示利用因式分解方法解题的过程,并总结该方法的特征;当学生选择"公式法"时,学习资源将提示学生选择"返回",重新选择方法。在这个不断往复的过程中,学生可能会产生认知冲突,通过学习慢慢理解其中的知识,从而掌握"因式分解法的特征"。

(二)基于认知起点的个性化教学过程设计

个性化学习设计除了设计个性化学习资源,还要设计个性化教学过程。设计个性化教学,不仅应遵循个性化学习设计的原则及一般过程,还应基于学生的认知起点,即依据学生"一元二次方程的解法"的认知起点,确定教学目标及具体的教学过程。

1. 教学内容分析

在前期研究阶段选取了"一元二次方程的解法"教学内容之后,本研究对该教学内容进行细致分析,在参考"一元二次方程的解法"相关文献的基础上,与一线教师商讨,形成了"一元二次方程的解法"的自主学习内容陈述表,如表 6-11 所示,详细分析了具体的知识点及知识点里面的内容,包括概念、解题过程、方法特征等。

表 6-11 "一元二次方程的解法"的自主学习内容陈述

编号	学习内容	内容陈述
S1	直接开平方法的过程	1. 将方程(eg. $ax^2+b=c$ 或者 $a(x-b)^2=c$)移项,将二次项位置系数化为 1 2. 将二次项位置系数化为 1,即 $x^2=c-b/a$ 或者 $(x-b)^2=c/a$ 3. 开平方移项得解
S2	直接开平方法的特征	形如 $(x+m)^2=n(n\geq 0)$ 的方程,可直接开平方求解
N1	因式分解法的过程	1. 将方程右边化为 0 2. 将方程左边进行同类项合并 3. 将方程左边写成两个一次式的乘积 4. 通过一次方程写出方程的两个解
N2	因式分解法的特征	可化为 $(ax+m)(bx+n)=0$ 的方程,用因式分解法求解
M1	配方法的过程	1. 将二次项系数化为 1,即化为 $x^2+bx+c=0$ 的形式 2. 将常数项移到方程右边 3. 方程两边都加上一次项系数一半的平方 4. 等式左边写成完全平方形式,右边合并同类项 5. 等式两边同时开方 6. 确定方程的解
M2	配方法的特征	当一元二次方程的二次项系数为 1,一次项系数为偶数时,也可以考虑用配方法
F1	公式法的过程	1. 化已知方程为一般形式,即化为 $ax^2+bx+c=0$ 的形式 2. 用 a,b,c 写出各项系 3. 计算 $\triangle=b^2-4ac$ 的值 4. 把有关数值代入公式计算 5. 写出原方程的根
F2	公式法的特征	一元二次方程 $ax^2+bx+c=0$ 的求根公式为 $x=\dfrac{-b\pm\sqrt{b^2-4ac}}{2a}$ ($b^2-4ac\geq 0$)

2. 教学目标制定

在分析教学内容的同时,需要明确教学的目标。本研究依据《义务教育课程标准(2011年版)》[1],结合学生的认知起点制定教学目标。在不打破传统班级授课制的前提下,实现个性化教学目标难度较大,故本研究在教学目标上关注目标的深度和广度,为学习能力不同的学生提供相应支持。具体教学目标设计如下:

(1) 使学生掌握一元二次方程的求根公式,能够运用求根公式解一元二次方程,会用配方法、因式分解法解一元二次方程,会用直接开平方法解方程。

(2) 培养学生观察猜想、归纳总结、分析问题、解决问题等能力。

(3) 通过复习一元二次方程的解法,使学生进一步理解"降次"的数学方法,进一步认识事物是可以转化的。

3. 教学重难点

针对"一元二次方程的解法"教学内容,本研究明确教学重点是让学生掌握一元二次方程的4种解法,教学难点是使学生会选择恰当的方法解一元二次方程。

4. 教学过程设计

在进行该内容的教学设计时,本研究着眼于一元二次方程的4种解法,使学生通过多角度的讲解来了解这4种解法的步骤、特征,将求解一元二次方程的一般过程进行融合整理,最后结合具体情境,厘清4种方法的具体应用情况,进一步发展自身的数学应用能力。设计的教学环节包括:导入、个性化学习、总结,具体如下:

导入(3′)

通过情境,使学生了解不是每一种方法都能解开所有的方程,每种方法都有其特征,为引出本节课的主题做铺垫。

个性化学习(32′)

1. 自主学习(18′)

学生根据自身不同的认知起点自主学习相关学习资源。

2. 教师小结(4′)

3. 自主探究(10′)

学生自主探究解决问题的具体过程,在体验多角度分析之后提升自身问题分析能力。

---

[1] 中华人民共和国教育部. 义务教育数学课程标准(2011年版)[C]. 北京:北京师范大学出版社,2012.

探究过程中,引导学生与同伴或教师交流,在交流过程中引发思维间的碰撞,更好地发展各项能力。

总结(5′)

教师与学生共同进行知识梳理,使学生更好地将知识纳入原有的认知结构。

在导入环节,首先教师展示关于如何根据钥匙的特征找到与其对应的锁的视频,引导学生总结不同特征的钥匙能够打开对应特征的锁。然后教师根据情境内容提问两名学生:"如果将视频与教学内容类比,把解一元二次方程的方法相当于钥匙,一元二次方程相当于锁的话。问题1:这些钥匙是否是万能的,即每把钥匙都能打开所有的方程?问题2:每把钥匙都有什么特征?"本环节希望通过情境,让学生了解不是每一种方法都能解开所有的方程,每种方法都有其特征,为引出教学课程的主题做铺垫。

在个性化学习环节,首先学生进行自主学习,即根据学习单的要求,使用手机等移动终端学习相关的学习资源(这些学习资源是基于每个学生的认知起点而设计完成的)。学生在学习过程中不是被动接受知识,而是结合自身特点有针对性地发展自身的认知。之后教师结合课件,总结基础知识及四种方法的基本特征。接着由学生进行自主探究,具体开展如下:(1)应用4种解法解4个一元二次方程,学生自己判断哪个方程应用哪种方法更适合;(2)结合课件中的思维导图,学生自己总结4种解法的特征、解题步骤及解一元二次方程的一般步骤;(3)学生分组讨论各自解法的优缺点并完善,最后填写课件中的思维导图;(4)各小组代表分享小组的解法,听取其他小组和教师的评论;(5)教师进行总结。学生通过自主探究,经历解决问题的具体过程,能提升自身分析问题能力。

在总结环节,首先请学生分享所学内容和自己的收获与体会。这样的设计旨在让教师通过学生的回答进一步了解学生学习的效果。然后教师利用课件总结知识,再一次带领学生将所学内容复习一遍。教师为学生进行知识梳理,可更好地帮助学生将知识纳入原有的认知结构。

三、基于多轮迭代的准实验实施与优化

本研究依据研究流程开展多轮迭代的准实验。

(一) 在前期准备阶段开展准实验

在前期准备阶段,本研究进行了两轮准实验。第一轮于2018年10月至2019年1月

在上海市 A 学校对三年级学生进行"平均数"内容的准实验研究,第二轮于 2019 年 3 月至 2019 年 6 月在上海市 A 学校对四年级学生开展"中位数与众数"内容的准实验研究。

这两次准实验研究结果如下:

(1) 明确技术支持的基于认知发展的个性化学习研究的基本流程,如图 6-2 所示,为正式研究阶段实验作好准备。同时,明确了技术支持下基于认知发展的个性化学习设计的两个方面,即个性化学习资源及个性化教学过程。

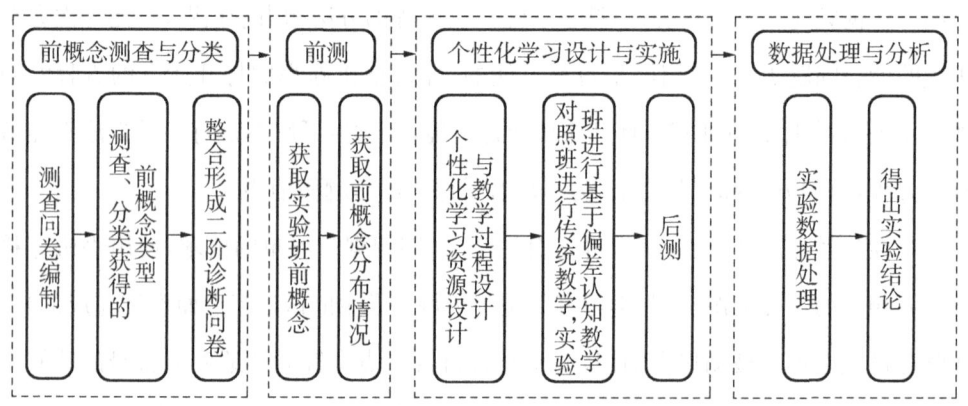

图 6-2 技术支持的基于认知发展的个性化学习研究的基本流程

技术支持的基于认知发展的个性化学习研究的基本流程分为 4 个部分,分别是前概念测查与分类、前测、个性化学习设计与实施和数据处理与分析。前概念测查与分类是为了了解学生对于概念的理解及背后的原因。前测是为了保证实验组与对照组学生水平相当,确保能通过与后测成绩比较分析教学效果。个性化学习设计与实施则包含学习资源、学习过程的设计及教学和后测。最后,进行数据的处理,从而总结得到实验结论。由于本阶段实验内容为"平均数"与"中位数与众数",都是偏向规则的概念类知识,故而在"前测"之前进行"前概念测查与分类"。正式研究阶段的研究基本流程与此相同,只是将"前概念测查与分类更改为学生对"一元二次方程的解法"的认知起点测查。

(2) 形成基于认知发展的技术支持的个性化学习数据分析的基本方法,即形成学生个体学习情况报告如表 6-12 和图 6-3 所示。

该报告主要由 5 部分组成,分别是前/后成绩、偏差类型、认知偏差转变情况、单元构成以及具体知识点掌握情况雷达图。这样详细的分析,能够清楚掌握学生的学习情况,有针对性地为学生指明学习方向。在正式研究阶段也会采用该阶段总结出的技术支持的基于认知发展的个性化学习的数据分析的基本方法。由于本阶段的研究内容为"平均数"与

"中位数与众数",是偏向规则的概念类知识,故而在分析过程中包含偏差类型以及认知偏差转变情况。在正式研究阶段,本研究则分析学生的认知起点,根据三次认知起点变化总结学生的认知发展情况,其余与该数据分析方法基本一致。

表6-12 某个学生个体的学习情况

姓名	前/后测成绩(分)	偏差类型	认知偏差转变情况	单元构成(知识点掌握情况)	
				知识点	前/后测正确率
刘*	30/78	理解泛化(众数的个数)	理解泛化转换成基本科学	中位数与众数的概念	50%/100%
				中位数与众数的计算	0%/75%
				中位数、众数与平均数的联系	0%/75%
				中位数与众数的应用	50%/75%

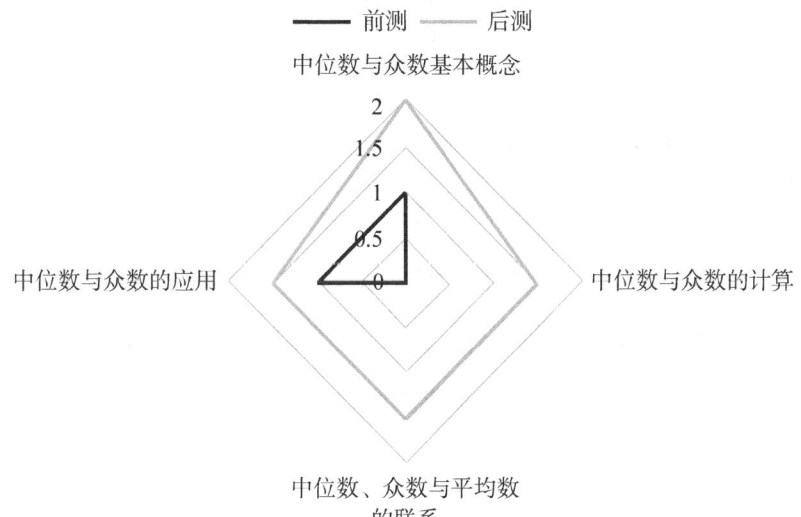

图6-3 刘同学具体知识点掌握情况雷达图

(3) 确定了学生对"一元二次方程的解法"认知起点的测查方法。由于"平均数"内容是接近生活的"基于计算规则形成的概念",学生或多或少对该内容有所了解,故可直接进行对学生的认知起点测查。而"中位数与众数"内容是不接近生活的"基于计算规则形成的概念",学生在不提前接触的情况下对于该内容一无所知,故在测查学生认知起点之前,先让学生了解了中位数与众数的基本概念。同样,本研究将测查对于"一元二次方程的解法"内容学生的认知起点的时间点选在学生基本了解一元二次方程的四种解法的内容之后。因为"一元二次方程的解法"内容同样是不接近生活的规则类知识,需要让学生了解基本内容后才能进行认知起点测查。

(二) 在前期研究阶段开展认知起点测查

基于前期准备阶段确定的"一元二次方程的解法"学生认知起点测查的方法,利用开发设计的认知起点测查问卷进行问卷调查,再探究学生认知起点分类的方法。在前期研究阶段,先对上海市 B 学校八年级 3～7 班的 200 名学生进行初始认知起点测查。依据《义务教育数学课程标准(2011 年版)》对该内容的要求以及一线教师的意见,对学生回答进行分析与归纳,得出学生对一元二次方程的认知起点,如图 6-4 所示。

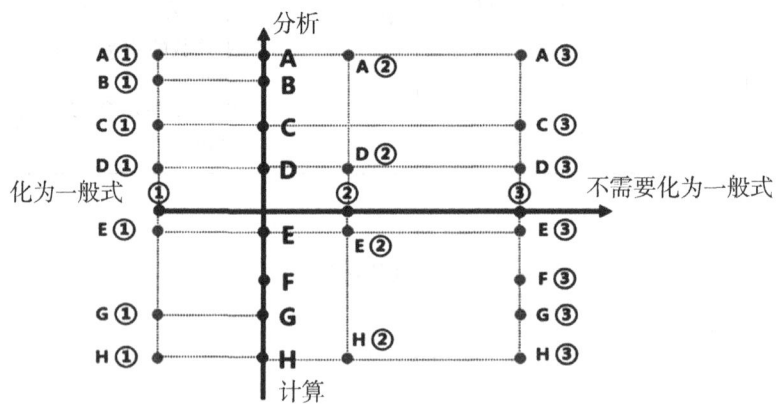

横轴:学生判断选取方法的位置;纵轴:学生解题选取方法的顺序;

图 6-4 "一元二次方程的解法"内容学生的认知起点类型

学生对"一元二次方程的解法"内容的认知起点分成 18 种,用字母加符号组合进行编号(A①～H③)。本研究对 197 份有效数据进行分析,计算出每种类型所占的比例,如表 6-13 所示。

表 6-13 学生对"一元二次方程的解法"内容的认知起点类型比例

类型	占比 (个数/有效数据)	类型	占比 (个数/有效数据)
A①	5.08%　(10/197)	A③	40.61% (80/197)
A②	6.09%　(12/197)	B①	1.02%　(2/197)

类型	占比 （个数/有效数据）	类型	占比 （个数/有效数据）
C①	4.06%　(8/197)	E③	6.60%　(13/197)
C③	13.71%　(27/197)	F③	1.02%　(2/197)
D①	3.55%　(7/197)	G①	0.51%　(1/197)
D②	4.57%　(9/197)	G③	1.02%　(2/197)
D③	6.60%　(13/197)	H①	0.51%　(1/197)
E①	2.54%　(5/197)	H②	0.51%　(1/197)
E②	1.02%　(2/197)	H③	3.55%　(7/197)

在上述基础上，结合教师的修改意见及在数据分析过程中发现的问题，本研究调整认知起点测查问卷及认知起点分类方法，最终确定"一元二次方程的解法"内容的认知起点测查问卷及认知起点分类方法。最终确定的认知起点测查问卷基于规则空间模型，将学习内容拆解成15个属性，分别是规则A1~A15。

基于以上设计，本研究实施问卷调查，通过对问卷的分析，发现很多学生不仅对前期学过的移项、等式左右两边同乘或同除一个数等知识没掌握，对于解一元二次方程的方法也基本不了解。为了排除学生失误的情况，本研究在测查问卷中加入学生自主评价的题目，用以进一步确定学生的认知情况，最终形成20种(B1~B20)认知起点类型，如表6-14所示。

表6-14　学生认知起点情况

认知起点类型	认知属性														
	规则A1	规则A2	规则A3	规则A4	规则A5	规则A6	规则A7	规则A8	规则A9	规则A10	规则A11	规则适用范围A12	规则适用范围A13	规则适用范围A14	规则适用范围A15
B1	0	0	0	0	0	0	0	0	0	0	0	0	1	1	1
B2	0	1	1	1	1	1	1	0	0	0	1	1	1	1	1

续 表

认知起点类型	认知属性														
	规则A1	规则A2	规则A3	规则A4	规则A5	规则A6	规则A7	规则A8	规则A9	规则A10	规则A11	规则适用范围A12	规则适用范围A13	规则适用范围A14	规则适用范围A15
B3	0	1	1	1	1	1	1	1	1	1	1	1	0	1	0
B4	0	1	1	1	1	1	1	1	0	1	1	1	0	1	0
B5	1	0	1	1	1	1	1	0	0	1	1	1	1	1	1
B6	1	0	1	1	1	1	1	0	1	1	1	0	1	0	1
B7	1	1	1	0	0	0	0	0	1	0	0	1	1	1	1
B8	1	1	1	1	1	1	0	0	1	0	0	0	0	1	1
B9	1	1	1	1	1	1	0	0	1	1	1	1	1	1	1
B10	1	1	1	1	1	1	0	1	0	1	1	1	0	1	0
B11	1	1	1	1	1	1	0	1	1	0	1	1	1	1	1
B12	1	1	1	1	1	1	1	0	0	1	1	1	1	1	1
B13	1	1	1	1	1	1	1	0	1	1	1	0	0	1	1
B14	1	1	1	1	1	1	1	1	0	0	0	1	1	1	1
B15	1	1	1	1	1	1	1	1	0	1	0	1	1	1	1
B16	1	1	1	1	1	1	1	0	1	1	1	1	1	1	1
B17	1	1	1	1	1	1	1	1	1	0	0	1	1	1	1
B18	1	1	1	1	1	1	1	1	1	1	1	0	0	0	0
B19	1	1	1	1	1	1	1	1	1	1	1	0	1	1	0
B20	1	1	1	1	1	1	1	1	1	1	1	1	1	1	1

(三) 在正式研究阶段开展实验

在正式研究阶段,按照图6-5所示实验实施过程开展实验。利用"前期研究阶段"设计的认知起点测查问卷和对应学生认知起点分类的方法,采用单组前后测准实验研究法的研究方法,对浙江省某校初中二年级15名学生开展实验,采用个性化学习的教学方法,通过比较实验组学生前后测成绩及认知发展情况来探究如何利用基于认知发展的技术支持的个性化学习来学习规则类知识。

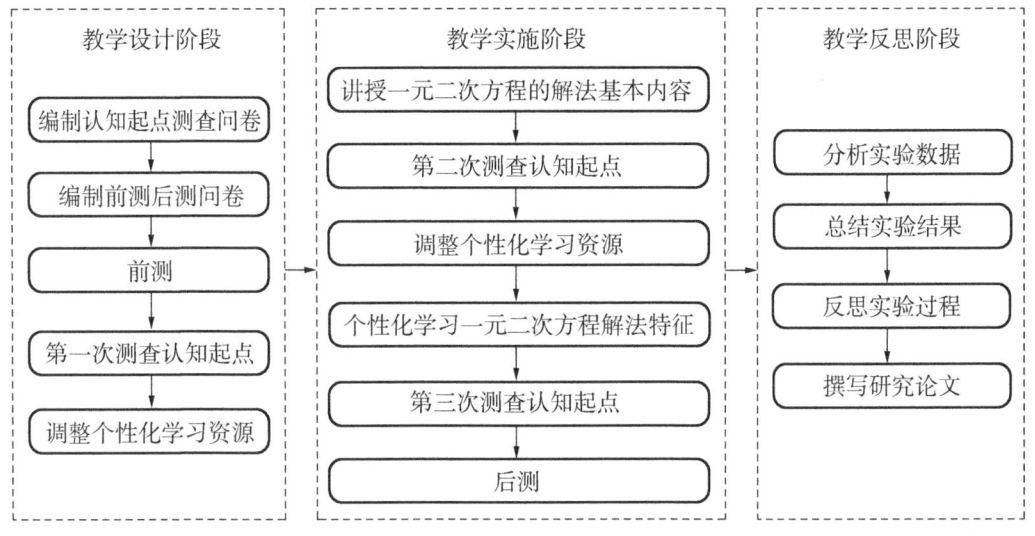

图6-5 实验实施过程

在正式讲授"一元二次方程的解法"内容的前一个月,研究者对学生进行前测和第一次认知起点测查,之后用2课时讲解"一元二次方程的解法"中的4种方法的基本内容,包括概念、步骤等,紧接着实施第二次认知起点测查,了解学生学习该部分内容后的认知情况,再基于认知情况调整设计的学习资源。之后学生利用学习资源进行1课时的个性化学习,学习"一元二次方程的解法"中4种方法的灵活应用,包括特征、适用范围等。研究者待学生完成学习后开展第三次认知起点测查及后测。最后研究者分析实验数据,总结实验结果并反思实验过程。

第三节
规则类知识的
教学实验效果与思考

本研究对正式研究阶段所收集的数据,分别从学生学业成绩数据对比、知识掌握整体情况、认知发展情况及访谈情况4个维度进行处理与分析。

一、结果分析：个体与整体的数据

（一）学业成绩对比分析

本研究利用 SPSS 22 软件对正式研究阶段得到的实验数据,即参与实验学生的前测成绩与后测成绩进行配对样本 t 检验,测得 t 值为 -46.314,显著性(双尾)的值为 0.000,小于 0.01,即实验结果在 0.01 水平上存在显著性差异,说明学生通过个性化学习提高了自身在该知识点的学业水平。

利用 SPSS 22 软件测得前测与后测成绩的相关系数为 0.767,说明两者在 0.01 水平上显著相关,如表 6-15 所示。实验组学生前测的平均成绩为 6.33 分(百分制),后测的平均成绩为 79.66 分(百分制),后测平均成绩相较于前测平均成绩提升了 73.33 分,说明实验组的个性化学习具有一定的教学效果。实验组学生前测的标准差为 5.55,后测的标准差为 9.25,说明实验组学生的发展不均衡。

表 6-15 实验组前后测成绩情况

测试类别	组别	人数(人)	成绩(分)	标准差	成绩变化	相关系数
前测	实验组	15	6.33	5.55	提升 73.33 分	0.767
后测	实验组	15	79.66	9.25		

（二）整体知识掌握情况分析

基于正式研究阶段得到的实验数据(即实验组学生的前测问卷与后测问卷的回答情况),本研究分析了实验组学生对"一元二次方程的解法"的掌握情况,包括学生对于 4 种方法的概念、4 种方法的应用计算、4 种方法的灵活计算及 4 种方法的应用 4 个维度,具体情况如图 6-6 所示：

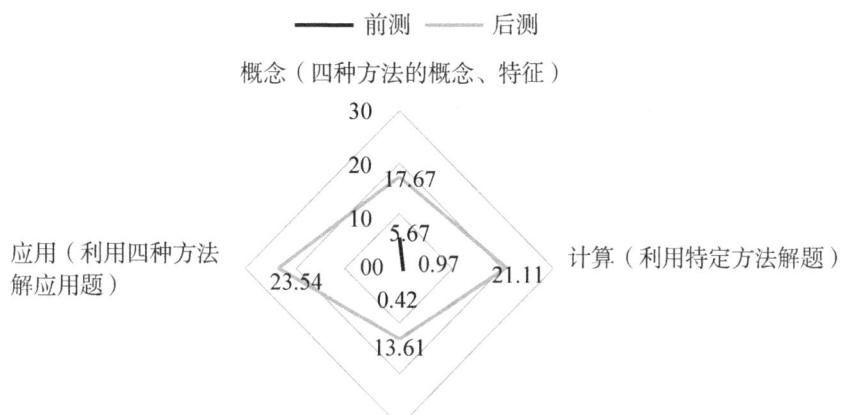

图 6-6　实验组学生整体知识掌握情况

前测时,学生对于"一元二次方程的解法"的 4 个维度都基本不掌握,在每部分满分 25 分情况下,概念(四种方法的概念与特征)维度相对掌握,为 5.67 分,计算(利用特定方法解题)维度为 0.97 分,计算(根据方法特征灵活选择方法解题)维度为 0.42 分,应用(利用四种方法解应用题)维度完全不掌握,为 0 分。实验组学生经过设计的个性化学习之后,数据显示依旧在每部分满分 25 分情况下,四个维度得分分别为 17.67 分、21.11 分、13.61 分和 23.54 分。可见,学生在个性化学习之后对这四个维度的掌握情况相较于前测时有很大提升,尤其在计算(利用特定方法解题)与应用(利用四种方法解应用题)方面。

(三) 认知发展情况分析

基于正式研究阶段对十实验组学生进行的 3 次认知起点诊断测试得到的实验数据,本研究分析了实验组学生对 A1~A15(表 6-5)的掌握情况,通过比较学生认知起点的变化分析学生的认知发展情况,具体实验组学生 3 次认知起点情况如图 6-7 所示:

在第一次认知起点诊断测验中,学生对于之前学习过的属性,如移项、等式的基本性质等有所掌握,但是除 A2 属性掌握人数为 9 人(共 15 名学生),比例为 60%,超过半数,其余属性掌握人数均低于总数的一半,表明学生对于这些属性的迁移能力还有待进一步提升。在完成"一元二次方程的解法"4 种方法基本内容(概念、步骤等)的教学之后进行的第二次认知诊断测验中,学生对于这些属性的掌握情况相较于第一次均有所提升,尤其是对 A1~A6、A8~A10、A12 属性掌握比例均超过一半,提升较为明显,但是对 A7、A11、

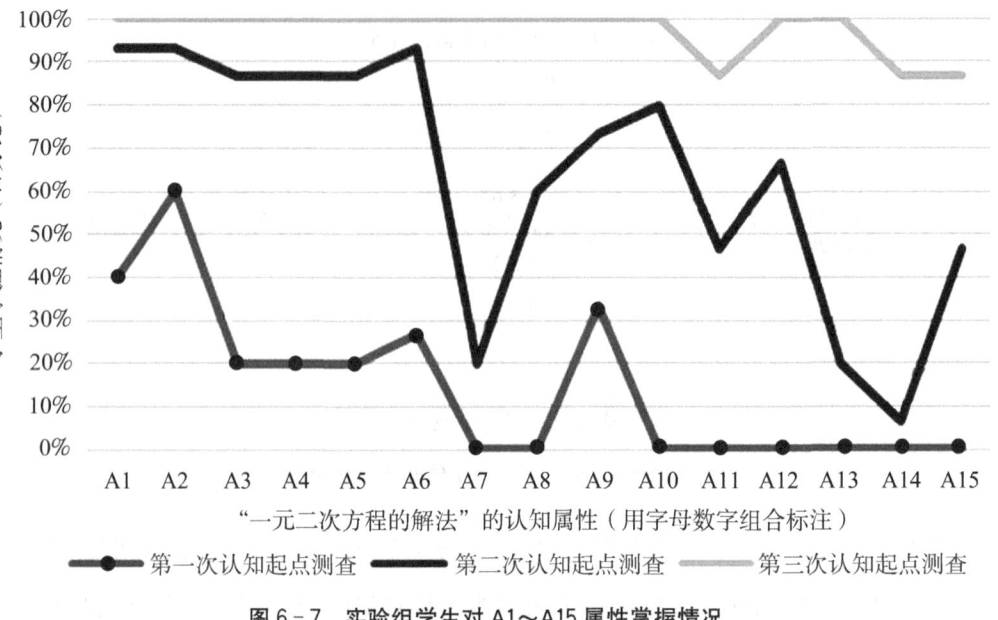

图 6-7 实验组学生对 A1~A15 属性掌握情况

A13~A15 属性掌握人数均低于一半,说明后续开展的个性化学习应不断加强这些内容的学习。在开展关于"一元二次方程的解法"中的 4 种方法的灵活应用、特征、适用范围等的个性化学习后,本研究进行了第三认知诊断测验,发现学生在各属性掌握水平上均有所提升,A11、A14、A15 属性掌握人数为 13 人,比例为 86.67%,其余属性掌握人数均达到 15 人,即掌握率达 100%,这表明通过个性化学习,基本上所有学生对于 A1~A15 的掌握都不错。

基于正式研究阶段对于实验组学生进行的 3 次认知起点诊断测试得到的实验组学生的前测数据与后测数据,本研究利用 SPSS 22 软件分析学生的认知发展与学业成绩的相关情况,得到 Pearson 相关性系数为 0.659,在 0.01 水平具有显著相关,表明学生的认知发展能够促进学生的学业成绩提升,从而进一步推导出通过个性化学习促进学生的认知发展能够进一步提升学生的学业成绩。

在完成实验组学生整体学习情况的分析之后,本研究又对每一名学生进行了系统的个体分析,主要包括学生的前测成绩、后测成绩、认知起点变化情况、知识点的掌握程度等。表 6-16 和图 6-8 为某学生的分析情况,可以看出该学生后测成绩相较于前测成绩有明显进步;根据认知起点的 3 次测查结果可知,该学生第一次测查时除了 A6 属性掌握以外,其余属性均不掌握,第二次测查时除了 A13、A14 属性不掌握,其余属性均掌握,第三次时,该学生对 A1～A15 属性均掌握,可见该学生的认知起点发生了明显的变化,表明其认知发展较好;在各知识点的掌握方面,通过数据的比较及雷达图的观察,不难发现相较于前测,该学生通过个性化的学习对各知识点掌握情况都有所提升。

表 6-16 学生个体分析情况案例

姓名	前/后测成绩(分)	认知起点的变化情况	单元构成(知识点掌握情况)	
			知识点	前/后测正确率
何*硕	13.27/84.69	第一次测查:A6 属性掌握,其余属性不掌握	概念(4 种方法的概念、特征)	30%/100%
		第二次测查:除了 A13、A14 属性外,其余属性都掌握	计算(利用特定方法解题)	12.5%/100%
			计算(根据方程特征选择方法解题)	0%/50%
		第三次测查:A1～A15 属性全部掌握	应用(利用 4 种方法解应用题)	0.03%/92.5%

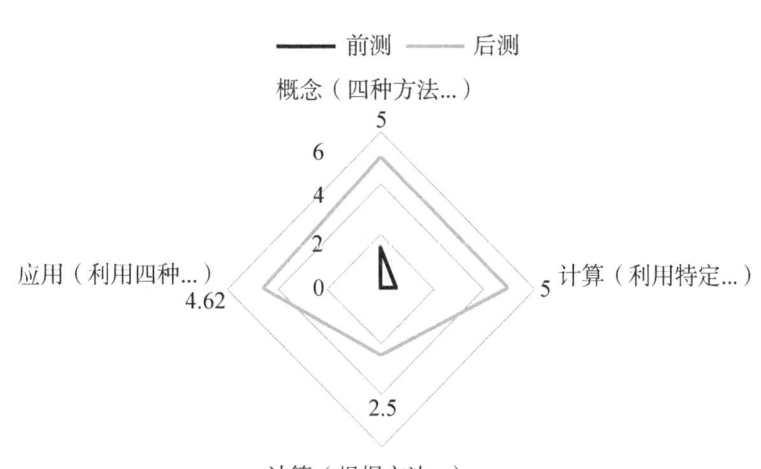

图 6-8 何同学具体知识点掌握情况雷达图

(四)访谈问卷回答分析

在完成较为客观的数据分析之后,本研究对学生两次访谈问卷结果进行了分析总结。两次访谈问卷分别完成于学生学习完"一元二次方程的解法的基本内容"之后和开展"一元二次方程的解法特征"个性化学习之后。访谈问卷内容包含两个部分:(1)学生关于"4

种方法掌握情况排序"的自评,具体如图6-9所示;(2)学生关于"一元二次方程的解题步骤"的自评,具体如表6-17所示。

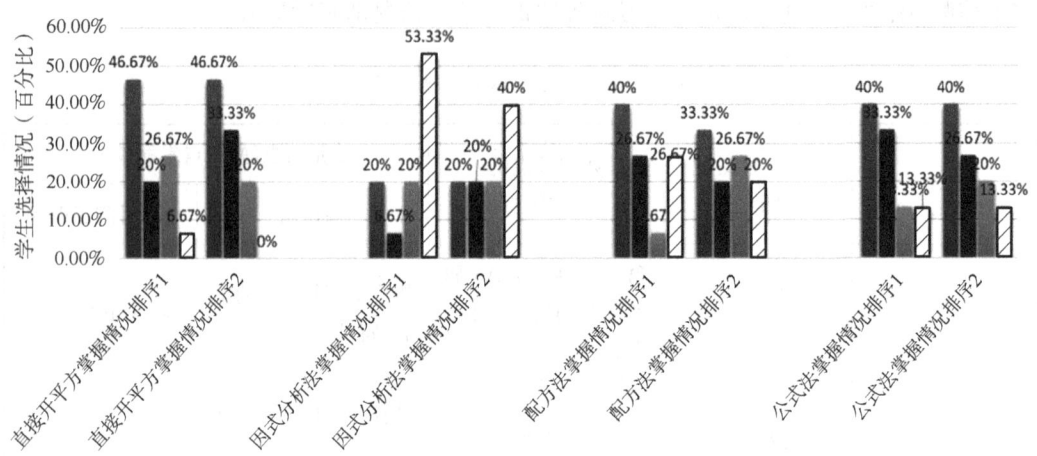

四种方法学生自评掌握情况的排序(①表示掌握情况最好,依次递减)
■① ■② ■③ ▨④

图6-9 4种方法学生自评掌握情况排序

表6-17 学生关于"一元二次方程的解法步骤"自评

一元二次方程的解法步骤	第一次自评学生选择比例	第二次自评学生选择比例
A. 审题—根据方程特点选择方法进行解题—写结果—用选择方法再次计算进行检验	13.33%	13.33%
B. 审题—根据方程特点选择方法进行解题—写结果—用其他方法再次计算进行检验	0%	6.67%
C. 审题—根据方程特点选择方法进行解题—写结果—将方程的解代入原方程检验	33.33%	33.33%
D. 根据自身对方法的排序进行解题—写结果—用选择方法再次计算进行检验	6.67%	0%
E. 根据自身对方法的排序进行解题—写结果—用其他方法再次计算进行检验	6.67%	6.67%
F. 根据自身对方法的排序进行解题—写结果—将方程的解代入原方程检验	6.67%	0%
G. 审题—根据方程特点和自己对方法的排序综合选择方法进行解题—写结果—用选择方法再次计算进行检验	20%	13.33%

续 表

一元二次方程的解法步骤	第一次自评学生选择比例	第二次自评学生选择比例
H. 审题—根据方程特点和自己对方法的排序综合选择方法进行解题—写结果—用其他方法再次计算进行检验	6.67%	13.33%
I. 审题—根据方程特点和自己对方法的排序综合选择方法进行解题—写结果—将方程的解代入原方程检验	6.67%	6.67%
J. 其他	0%	6.67%

学生关于"4种方法掌握情况排序"的自评结果显示,学生在第一次自评时,将直接开平方法掌握情况排在第一位的比例为46.67%,占比最高,将因式分解法掌握情况排在第一位的比例为20%,占比最低;将因式分解法掌握情况排在最后一位的比例为53.33%,占比最高,将直接开平方法掌握情况排在最后一位的比例为6.67%,占比最低。学生在第二次自评时,将直接开平方法掌握情况排在第一位的比例依旧为46.67%,占比最高,将因式分解法掌握情况排在第一位的比例依旧为20%,占比最低;将因式分解法掌握情况排在最后一位的比例为40%,占比最高,将直接开平方法掌握情况排在最后一位的比例为0%,占比最低。

比较两次自评可发现,尽管直接开平方法始终是学生掌握情况排序最靠前的方法,因式分解法是排序靠后的方法,但是第二次自评在因式分解法掌握情况排序上选择第一与第二的比例为40%,相较于第一次自评26.67%有明显提升;在直接开平方法掌握情况上选择第一与第二的比例为80%,相较于第一次自评66.67%也有明显提升。在配方方法以及公式法的选择上两次自评相对平稳。

如表6-17所示,关于"一元二次方程的解题步骤"的自评有意考查学生解题时的思考过程以及对解题方法的掌握程度,选择选项A、B、C的学生往往解题较为灵活,对于解一元二次方程的方法掌握程度较高,选择选项G、H、I的学生次之,选择选项D、E、F的学生则灵活度最差。

比较两次学生关于"一元二次方程的解题步骤"自评的结果,发现选择选项A、B、C的学生比例,由第一次自评时的46.33%提高到第二次自评时53.33%,提高了7个百分点,说明学生经过个性化学习一元二次方程的解题特征之后,会先通过审题的方式来判断适合解题的方法,说明学生知识点掌握得更加扎实了,从而在解题过程中对方法的选择更为灵活。选择选项 G/H/I 的学生比例,两次自评为 33.34% 和 33.33%。尽管比例变化不大,但是根据选项 J 的结果可发现学生描述的内容与 I 类似,只是在检验方法上不同,于是加上该比例之后,第二次自评的比例提高为 40%,较第一次自评提升了 6.66 个百分点,说明学生进行个性化学习一元二次方程的解题特征之后,不管是解题思路还是对知识的掌握程度都有提升。选择选项 D/E/F 的学生比例,由第一次自评时的 20.01% 降低到第二次自评时的 6.67%,下降了 13.34 个百分点,说明学生不再单一按之前设定的方法顺序进行做题,而是会考虑题目特征,多方面评估后选择方法,考虑得更全面。

二、实验讨论:与过往研究的对话

关于概念性知识与规则性知识,加涅在其代表作《学习的条件》中提出了"概念学习"与"规则学习"。他将"概念学习"阐释为用以特殊名称来代表某一类刺激,将"规则学习"阐释为在对一类刺激情境的反应中形成的行为的一种固有类型的形式,把两个以上的概念构成一个连锁。[1] 加涅在智力技能中又提到"概念""规则"与"高级规则",其中"概念"需要以辨别为先决条件,"规则"需要以概念为先决条件,"高级规则"需要以规则为先决条件[1]。《义务教育数学课程标准》(2011 年版)将数学知识分为结果性知识与过程性知识,其中结果性知识又分为概念、命题、法则等,过程性知识又分为教学活动经验、数学思想等[2]。孔凡哲在《数学学习心理学》中提到在数学知识体系中,数学概念是其最基本的构成元素,而数学命题则反映了数学概念之间的关系。他认为数学命题包括公理、定理、法则、公式等内容[3]。针对上述的内容,其实规则性知识的本质是类似的,都离不开小规则或者概念,"一元二次方程的解法"内容更趋向于加涅提到的"高级规则",它需要以很多规则为基础,如移项、开方等。

细谷纯曾经根据学生学习"两位数的退位减法"时出现的一位数减法迁移使用的错误情况,总结出学生的学习错误是有"规律"的[4]。总结来说,这名学生不掌握两位数的减法的原因是对一位数减法规则以及适用范围的不掌握。对该学生来说,两位数的退位减法的规则需要在一位数减法规则基础上增加借位规则,同时确定一位数减法的适用范围,学

---

1 加涅,傅统先,陆有铨.学习的条件[M].北京:人民教育出版社,1985.
2 中华人民共和国教育部.义务教育数学课程标准(2011 年版)[C].北京:北京师范大学出版社,2012.
3 孔凡哲,曾峥.数学学习心理学.第 2 版[M].北京:北京大学出版社,2012.
4 细谷纯.教科学习的心理学[M].仙台:东北大学出版会,2001:177-187.

生一旦没有掌握所有规则以及适用范围,在学习相应内容时就会存在问题。例如"一元二次方程的解法"内容,学生必须掌握该内容相关的所有规则以及适用范围,这样才有可能掌握该内容,而学生不掌握"一元二次方程的解法"内容的原因正是不掌握相关规则及其适用范围。本研究将"一元二次方程的解法"内容相关的规则以及适用范围整理出来,通过测查了解学生对于相关规则以及适用范围的掌握情况来推断学生不掌握"一元二次方程的解法"的原因。这与本研究团队提到的学习技术(CTCL)范式中关注学习者与内容之间的关系有异曲同工之妙,即掌握学生对于该内容的认知起点以及出现该认知起点的原因。[1] 但本研究未能基于加涅的理论探究学生对于"一元二次方程的解法"内容相关"规则"下概念的掌握情况,及概念不掌握的原因。后续研究在这方面还可以进行深入研究。

关于资源设计可以遵循的原则以及策略,边家胜总结出两种认知主义的概念转变策略[2],即"引发认知冲突的概念转变策略"以及"避免认知冲突的概念转变策略"两种策略。本研究结合学生的认知起点,基于以上两种策略,设计了"一元二次方程的解法"内容的个性化学习资源。实验组的前后测成绩分析表明,该学习资源能有效促进教学,证明以上两种策略确实有效。

三、实验反思:创新性及研究不足

本研究尽管有一定的创新,但在实验结果的推广性及实验过程中的技术支持方面还是存在一定的不足。

经过前期的文献阅读发现,国内外有关学习技术范式的研究尚未对规则类知识的认知发展展开研究。因此,本研究以"平均数"及"中位数与众数"内容的技术支持的基于认知发展的个性化学习研究为基础,转向关注学生"一元二次方程的解法"内容的认知起点,以期初步探究如何在技术支持下对规则类知识进行个性化学习设计,从而促进学生的认知发展,提升学生的学业水平。尽管研究对象的样本数量不足,但本研究开创性地为规则类知识的测查提供了一种思路。

基于学习技术范式及规则空间模型,结合数学学科,本研究通过测查问卷了解学生对

---

1 王靖,董玉琦.高中信息技术学习之前的认知状况调查:基于 CTCL 的信息技术学科学习心理研究(1)[J].远程教育杂志,2012(5):56-62.
2 边家胜,董玉琦.学科学习中的"概念转变"策略探析:基于日本概念转变研究的综述[J].外国教育研究,2016(1):94-107.

于"一元二次方程的解法"内容的认知起点,并基于此为学生设计个性化学习资源与过程,促进学生的认知发展,从而提升学生的学业水平,并为教师提供可参考的研究及教学的思路。尽管在实验过程中运用多种技术,但是所设计的个性化学习资源在美观性及便捷性上都还有很多提升空间,后续仍需要不断改进。

本章小结

本章基于学习技术范式,以认知发展作为切入点,以规则类知识作为教学内容,在技术支持下开展个性化学习研究,通过数据分析与总结,再结合相关理论和参考文献,最终得到如下研究结论:(1)针对"一元二次方程的解法"内容,学生认知起点的测查应该在学生基本了解一元二次方程4种解法的内容之后开展;(2)规则空间模型是"一元二次方程的解法"内容认知起点测查及认知起点分类的合适方法;(3)在技术支持下设计"一元二次方程的解法"内容的个性化学习能促进学生认知发展,提升学业水平。

未来的研究可以聚焦:(1)深入研究规则类知识的测查与分类方法,融合规则空间模型和学习技术范式,凝练出更加规范、更加科学的测查及分类方法;(2)对于规则类知识的教学,可以尝试研究其他学科和其他教学设计,例如融入更适切的教学方法,或者辅以更好的技术支持。

问题与回答

1. 个性化学习资源的形式是怎么确定的?为什么这么设计?

【回答】本研究主要结合一线教师的经验和教学内容的特征确定个性化学习资源的形式。设计主要基于学生认知起点背后的成因,设计过程中采用边家胜总结的两种认知主义的概念转变策略,即"引发认知冲突的概念转变策略"和"避免认知冲突的概念转变策略"两种策略。

2. 由于疫情影响,实验对象仅15人,如何保证实验过程的科学性及规范性?

【回答】本研究主要通过迭代改进的方法保证实验过程的科学性及规范性。首先,在前期准备阶段进行了两次准实验研究,明确实验开展的具体过程;其次,在前期研究阶段进行一轮认知起点测查,改进分类方法,并在正式实验开展之前进行问卷工具信效度的检验,从而保证研究工具的质量;最后,在教学前后多次与一线教师进行商讨,弥补教学经验不丰富的不足。

3. 本研究中的个性化学习和常规的个性化学习不同,个性化学习资源是全部推送给学生,让学生自主选择吗?

【回答】首先,由于技术水平有限,设计的个性化学习资源和过程相较于自适应学习系统还存在很大的改进空间,但是实验中并不是直接将所有的个性化学习资源和过程都给到学生,而是按照学生的认知起点情况,在教学开展之前有针对性地分发给匹配的学生。故每一名学生的学习资源基本不同,且每一名学生的学习过程也不同。

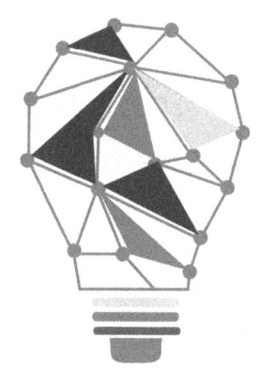

第七章

认知起点的深度诊断：学习技术范式下关于信念的实证研究

本章导言

"技术与学习非显著性相关"是教育技术学领域上空的一朵乌云，要拨开此乌云，需要证明技术能有效促进学习。关于学生认知的可视化表征是技术干预学习时需要解决的一大难题。学习技术（CTCL）范式自诞生以来，其关注的核心便是"C-L"，即学习内容与学习者之间的关系，但是对于这种关系的表征一直处于不断探索、持续改进的状态。本章的研究将在梳理本研究团队对"C-L"表征历程的基础上探究认知起点表征状态，挖掘学生深层认知—信念，以信念作为表征认知起点的一个维度，以"分式的定义及基本性质"为内容承载设计与实施教学实验，探究"认知起点—信念"与不同学生之间的关系。

本研究主要使用访谈法、准实验法和问卷调查法。在预实验阶段与正式实验阶段均设置1个对照组和2个实验组，通过3个维度（研究准备维度、认知起点诊断工具研制维度、教学实验维度）设计与实施，形成"两阶段三维度"的研究过程。在认知起点诊断工具研制维度，主要基于"二阶诊断"设计、改进并形成"认知起点三阶诊断工具"，再实施认知起点调研。教学实验维度主要依据调研结果设计个性化学习资源与个性化学习过程，展开实验教学。本研究通过设计与开发个性化的技术支持平台，研制针对不同认知起点的个性化学习资源等物化的技术元素作为教学支撑。通过分析实证数据，本研究发现，在一定程度上，认知起点以信念作为第三阶的表征维度是合理的，并且基于信念设计的教学对学习困难学生的学业提升效果明显好于本研究团队以往基于原因设计的教学。

作为学习技术范式下关于认知起点表征的新一步尝试，本研究主要拓宽了关于认知起点表征的维度，从答案阶与原因阶扩展到信念阶，以"双系统理论"的视角审视与组织学生认知的状态，使得"认知起点"能够相对更加全面适切地体现认知的结构与状态。另外，从认知角度看，本研究将"是否追求逻辑自洽"作为锚点，将非逻辑的信念成分以认知元素之一纳入认知起点，让更多的学习现象得到合理的解释。

第一节
学生深层认知

虽然划分颗粒度不同,教学中的元素不尽相同,但一般认为教学环境主要包括四要素:教师、学生、教学内容、教学媒体。[1] 其中学生是主体,教师是主导,教学内容是学生主要的认知材料,教学媒体是包括各类支持教学的软硬件设施设备。在这样的教学环境中,各基本要素彼此之间既是认知主体,又是认知的对象。[2] 总体来看,教师和教学媒体都是为学生理解教学内容而服务的。因此,若要关注学生的认知,则必然要考虑以"C-L(学习内容—学习者)关系"为主的认知状态。

另外,从教学实践角度出发,相较于表情、动作、生理信号等,语言是相对直观且易分析的一种方式,因而语言依旧是研究学生认知的主要接口。然而学生的语言又是特殊的,受文化的影响可能存在不同的含义,不同的语气蕴含不同的情绪,从类型上有直接陈述的事实,也有经过抽象的程序性表达,从来源上既有直观的推理,也有感性的猜测。因而,选取合适的角度对学生在学习中的语言进行分析十分必要。本研究主要通过分析言语文字的形式,以不同的角度分析探讨对学生认知的表征,以相对可操作且易理解的方式表征出"C-L关系"。

一、从认知相关概念视角看"C-L关系"

关于"思维可视化或认知可视化"的研究有很多,常见的表征学生认知状态或知识状态的概念有图式、知识图谱、知识地图、认知地图及迷思概念。

其中,图式(schema)是由哲学家康德提出并定义为桥接感性与知性的"媒介",本质是一种心理认知结构。图式的功能是对我们觉察到的事物进行范畴定位、类型归类、形式捕捉,以及对事物本质特征和属性进行思维加工。图式在视觉表现上是一系列存在空间关系、线性序列关系、链环关系、逻辑运算关系等结构的图形符号,[3] 但也有研究者指出循着康德的脚步单纯从思辨的角度是很难把"如何有认识"这个问题论述清楚的[4]。

---

1 何克抗. e-Learning 的本质:信息技术与学科课程的整合[J]. 电化教育研究,2002(1):3-6.
2 殷明,刘电芝. 身心融合学习:具身认知及其教育意蕴[J]. 课程.教材.教法,2015,35(7):57-65.
3 刘涛. 图式论:图像思维与视觉修辞分析[J]. 南京社会科学,2020(2):101-109.
4 史宁中. 试论人的基于本能的认知[J]. 东北师大学报(哲学社会科学版),2020(5):1-8,192.

知识图谱可理解为学科本体的知识框架,表示某学科中的"概念"及"概念间关系"的集合,主要包括学科知识、教材组织和学科教学3个层面[1],是侧重于较客观的知识概念体系的表征。而知识地图也是对知识及关系的表征,知识作为基本单元存在于节点当中,知识节点之间则是以具有方向性的关系标签进行连接的。这些关系标签包括动态标签(如因果关系)、静态标签(如整体与部分关系)和解释标签(如A是B的例子)3类。[2]

认知地图是个体对某一特定领域认识与理解的图形化表达,是一种对因果关系知识推理的模型,等同于因果地图,是由概念及其之间的联系构成的有向图,且不同联系之间存在强弱差异[3],但认知地图更多时候是作为地理相关领域中个体对地图工具的认识状态的表征。

迷思概念(相近的说法还有前概念、前科学概念、另有概念、朴素理念等[4])表示学生对知识理解的不科学认知。相较于图式、知识图谱、知识地图、认知地图这几个表征学生认知的词汇,迷思概念是范畴更广的一个概念。一方面,迷思概念不强调认知的结构状态;另一方面,迷思概念又十分强调学生与自身经验、学习内容之间的联系。

在图式、知识图谱、知识地图、认知地图这几个概念中,图式与认知地图最为相似,但也略有区别。图式的结构更为复杂,存在各类逻辑关系,而认知地图主要是因果关系。这些表征形式大多是对学生理解当前知识后形成的内部认知结构的推测,而弱化了学习内容与学生的联结,忽视了不同学生因为经验的不同对内容加工结果的差异。因而,从强调C-L关系的迷思概念出发,先弄清楚个体内部加工知识后的一般理解状态,再考虑这种理解状态的结构问题更为合理。

二、从原因的视角看认知起点

学习技术范式源于对学习科学、学习技术、学科学习心理学、计算机支持的协作学习、多媒体学习、教育神经科学领域的思考,意图从文化的角度关注技术对学习内容—学生关系的影响。因而在学习技术范式研究初期,相关研究者就是从迷思概念、

---

1 丁国柱,余胜泉.基于本体学习算法的学科本体辅助构建研究:以学习元平台语文学科知识本体的构建为例[J].中国电化教育,2015(3):81-89,124.
2 O'Donnell A M, Dansereau D F, Hall R H. Knowledge Maps as Scaffolds for Cognitive Processing [J]. 2002, 14(1): 71-86.
3 聂婧,凌文辁,李明.认知地图技术及其在管理心理学中的应用述评[J].心理科学进展,2013(1):155-165.
4 蔡铁权.概念转变的科学教学[M].北京:教育科学出版社,2009:54-55.

概念转变相关的研究出发,挖掘 C-L 深层联系,以原因的角度来表征学生的认知。通过自下而上,从学生文化出发来设计的教学实验逐步发现"C-L 关系"不单是知识图谱或学习特征[1],而是学生随着时间而不断变动的对学习内容的理解状态的函数,这个动态的函数即为认知起点。此时,基于学生"答案背后隐藏着此答案的原因"这样的基本认识,学习技术(CTCL)范式的研究者将认知起点理解为两层表征:答案阶与原因阶。

此时,认知起点作为学生认知状态的表征,具有几个层面的含义:认知是广泛的、复杂的,原因是可测查、可聚类、可分层的,起点是暂时的、动态的。关于 CTCL 相关研究者在表征 C-L 关系表达上的阶段性变化如表 7-1 所示。

表 7-1 学习技术范式相关研究者关于 C-L 关系的表征

年份	作者	学科	内容	C-L 关系	具体类型
2012	王靖,董玉琦[2]	信息技术(初中)	"汉字的处理""计算机病毒"	迷思概念	术语模糊替换、认知结构不当、认知零星分散、认知黑箱
2015	王靖,董玉琦[3]	信息技术(初中)	"搜索引擎"	概念、理由及类型	基本科学、张冠李戴、以偏概全、由表及里、性质使然、生活推理
2017	尹相杰[4]	数学(小学)	"相交与垂直"	认知起点	基本科学、绝对概念化、空壳概念、表未及里、字面联想、生活推理
2021	董玉琦,高子男,于文浩等[5]	数学(小学)	"中位数与众数"	认知起点	概念模糊、理解泛化、规则混淆

---

1 董玉琦,高子男,于文浩,等.学习技术(CTCL)范式下的技术促进学习研究进展(1):基本认识、研究设计与初步成果[J].中国电化教育,2021(9):32-41.
2 王靖,董玉琦.高中信息技术学习之前的认知状况调查:基于 CTCL 的信息技术学科学习心理研究(1)[J].远程教育杂志,2012,30(005):56-62.
3 王靖,董玉琦.概念转变视域下的概念类型及结构研究*:基于 CTCL 的信息技术学科学习心理研究(4)[J].远程教育杂志,2015(1):93-99.
4 尹相杰.CTCL 视野下的小学数学概念转变的实证研究:以"相交与垂直"为例[D].上海:上海师范大学,2017.
5 董玉琦,高子男,于文浩,等.学习技术(CTCL)范式下的技术促进学习研究进展(1):基本认识、研究设计与初步成果[J].中国电化教育,2021(9):32-41.

从表7-1可以看出,学习技术范式相关研究者对于C-L关系的表征逐步从"迷思概念"转变为"认知起点",但对于认知起点的表征及分类仍不明朗。一般来讲,认知包括感觉、知觉、记忆、思维、想象和语言等[1],"认知起点"所指的认知不仅仅是一般教学活动中所指的学生对知识内容的认知,而且是包括理解此内容时的感觉、知觉、记忆等状态,是较为广泛意义上的认知。而前文提到认知是复杂的、分层的,是想说明认知起点不仅存在学生原始答案上所表现出来的答案层面认知,还包括形成这些具体回答背后的原因。认知起点之所以是动态的,是因为此处的起点是指学生某一时刻与学习内容的关系,但学习活动是连续的,是随时随地都在发生的,新的时刻就意味着存在新的起点。而本研究不能做到实时侦测认知起点的状态,因此本研究默认在未经过系统学习时,学生前后两个时刻的认知起点状态差异不大。

三、从信念的视角看认知起点

信念作为一个抽象程度较高的概念,千百年来一直被人们关注。哲学领域中,柏拉图认为信念是一种被知识辩护和证明其存在的灵魂状态[2],休谟认为信念是个体对观念"确信"的复杂心理状况[3],Rokeach认为信念是一种具有内隐性和预期性的心理倾向[4],喻佑斌认为信念是与先前印象关联着的观念[5]。

在现代研究领域,2002年诺贝尔经济学奖得主丹尼尔·卡尼曼在《思考,快与慢》一书中提出双系统加工理论。[6] 双系统加工理论认为人脑中并非存在单一的系统,而是存在决策与推理的双系统,即基于直觉的启发式系统和基于逻辑的分析系统(以下简称为双系统理论)。双系统理论认为:系统1是基于直觉的启发式系统,是快速、自动、计算负荷低的加工过程,通常靠直觉信念解决问题;系统2是基于逻辑的分析系统,通过逻辑规则来解决问题,是缓慢、需启动、计算负荷高的系列控制加工过程。[7][8] 有研究甚至将双系统趣称为

---

1 彭聘龄.普通心理学[M].北京:北京师范大学出版社,2010:2-18.
2 柏拉图.理想国[M].张子菁,译.北京:光明日报出版社,2006:102.
3 休谟.休谟的人性哲学[M].刘烨,译.呼伦贝尔:内蒙古文化出版社,2008:194-195.
4 Gorsuch R L, Rokeach M. Beliefs, Attitudes, and Values[J]. American Sociological Review, 1969, 34(2):267
5 喻佑斌.信念认识论[M].北京:光明日报出版社,2020:75-86.
6 丹尼尔·卡尼曼著.思考,快与慢[M],胡晓姣等译.北京:中信出版社.2012(7):08.
7 孙彦,李纾,殷晓莉.决策与推理的双系统:启发式系统和分析系统[J].心理科学进展,2007(5):721-726.
8 肖前国,罗乐,余林.推理与决策的双加工理论研究简评[J].心理科学进展,2009,17(2):321-324.

"猛张飞"一样的"信念系统"和"懒诸葛"一样的"逻辑系统"。同时,有研究从认知神经科学的角度利用磁共振成像技术、近红外光谱等技术通过生理信号证实了双系统的存在。[1]

另外,双系统理论还提到一类有意思的"三段式推理"案例来证明双系统的存在及特点,如下:

> 条件1:警犬没有凶恶的。
> 条件2:一些被严格训练过的犬是凶恶的。
> 条件3:因此,一些警犬没有被严格训练过。
> 已知前两个条件正确,请判断第3个条件是否正确。

Evans的调查里,只有10%的人认为条件3正确[2]。而若只依据逻辑判断,则应该是大部分被试都认为条件3正确,这种现象即被称为"信念偏差效应"。而促成这种现象过程中,信念系统和逻辑系统两者是如何作用的并没有形成统一的认识。Kahneman认为在信念系统和逻辑系统存在竞争时,往往是信念系统获胜,这也正是很多非理性偏差的根源。[3] Sloman认为当信念系统与逻辑系统的作用方向一致时,最终结果会既合乎逻辑又遵从直觉;而当两个系统的作用方向不一致时,两个系统则存在竞争关系,占优势的则可以控制行为结果。[4] 孙彦认为两个系统是同时、独立、平行地对推理或决策过程起作用的。[2]

在具体的学习活动中,如知识整合理论所认为的,学习是基于经验将零碎知识逐步转化为连贯性知识的过程,那么在每一次碎片化知识彼此形成联结的过程中必然涉及决策,而这个决策过程又是逻辑系统和信念系统同时作用的,那么可以认为,学习过程中的认知状态不仅存在深层的逻辑推理过程,也存在直觉启发过程,即认知起点不应该只是存在最终的答案阶及答案背后的原因阶,还应该存在可能不符合逻辑但确实会产生作用的信念阶。因此,为

1　罗俊龙,张恩涛,岳彩镇,等.基于双加工理论解释下信念偏差效应的神经机制[J].心理科学进展,2013,21(5):800-807.
2　孙彦,李纾,殷晓莉.决策与推理的双系统:启发式系统和分析系统[J].心理科学进展,2007(5):721-726.
3　Kahneman Daniel,Frederick Shane. Representativeness revisited:Attribute substitution in intuitive judgment[J]. 2002.
4　Sloman S A. Two systems of reasoning[M]. Cambridge:Cambridge University Press,2002:379-396.

靠近学生真实的认知状态则需要在答案阶、原因阶、信念阶这三阶上发起诊断。

需要说明的是,本研究并未广泛地从认识论信念的领域做出理论探讨,因为众多学者关于认识论信念的研究并非将"信念"与"相信"联系起来研究,而更多的是将"信念"与"知识"联系起来讨论。[1][2][3] 当"信念"与"知识"联系起来研究时,信念更倾向于等价为认知的概念,本研究中提到的认知包含了信念。

关于信念的研究有:Schommer 认为学生认知信念系统包括两大子系统[4],即关于知识的信念系统和关于学习的信念系统。知识的信念系统[5]包括:(1)知识的来源维度(知识源自权威、课本还是经验推理);(2)知识的确定性维度(知识是静态固定的还是动态发展的);(3)知识的结构性维度(知识碎片间是否相互关联);(4)知识的判断维度(判断依据是符合逻辑还是主观判断)。学习的信念系统包括:(1)学习的能力维度(学习能力是否后天可培养);(2)学习的速度维度(学习是否需要循序渐进)。Schoenfeld 认为学生数学认知信念成分由情感与认知相互交叉部分组成[6],主要包括3部分:(1)学生对自身解决数学问题或学习数学时的认知(如学生一旦不指望自己理解性地学数学,那么他就只能背些知识点并机械地运用,而非理解这些数学知识);(2)学生对数学本质、数学学习、问题解决的看法(如数学里答案是唯一的);(3)学生对数学活动中社会情境的看法(如学校学的数学与现实世界不存在或存在很少联系)。

另外,影响学生自我认知的重要因素之一是自我效能感,在班杜拉对其定义时就被说明是一种信念。[7] 胡海岚研究团队已证明具有脑生理机制的"胜利者效应",背后也似乎暗示着信念对学习的影响。[8] 不仅日常生活中的人际信任是一种信念[9],甚至科幻小说

---

1 King P M, Kitchener K S. Reflective Judgment: Theory and Research on the Development of Epistemic Assumptions Through Adulthood[J]. Educational Psychologist, 2004, 39(1): 5 - 18.
2 厄尔斯·尼尔森. 理解信念:人工智能的科学理解[M]. 王飞跃,赵学亮译. 北京:机械工业出版社, 2017(04): 1 - 11.
3 喻佑斌. 信念认识论[M]. 北京:光明日报出版社,2020: 75 - 86.
4 Schommer M. Explaining the Epistemological Belief System: Introducing the Embedded Systemic Model and Coordinated Research Approach [J]. Educational Psychologist, 2004, 39(1): 19 - 29.
5 唐剑岚,蒋蜜蜜,肖宝莹. 数学认识信念:影响数学学习过程的重要变量[J]. 课程.教材.教法,2014: 61 - 66.
6 Schoenfeld A H. Exploration of Students' Mathematical Beliefs and Behavior [J]. Journal for Research in Mathematics Education, 1989, (20): 338 - 355.
7 张鼎昆,方俐洛,凌文辁. 自我效能感的理论及研究现状[J]. 心理学动态,1999(1): 39 - 43,11.
8 周亭亭,胡海岚. 胜利经历重塑丘脑—前额叶皮层神经通路以稳固社会等级[J]. 中国细胞生物学学报,2017,39(11): 1379 - 1382.
9 杨中芳,彭泗清. 中国人人际信任的概念化:一个人际关系的观点[J]. 社会学研究,1999(2): 3 - 23.

《三体》中所提到的"思想钢印"也是一种信念。信仰、价值观、宗教及迷信的基础都是信念。[1]

综合以往这些研究,本研究结合丹尼尔·卡尼曼的双系统理论及学习实践认为,学习中的信念是指在学习活动中,学生受信心强弱、反应时长等影响的一种是否不断追求逻辑自洽的倾向。本研究认为信念具有以下特性:(1)主观性。学生对某一问题或事物的看法会受自身经验影响,因而对同一内容可能存在不同类别或程度的信念,同时,这些信念不分对错。(2)稳定性。信念与情感相关联,是对某种理论或观点深信不疑的状态[2],因此信念具有一旦形成便不易改变的性质。(3)阶梯性。作为一种倾向来理解信念,自然会因为与逻辑自洽的紧密程度不同而存在不同的层级,当信念越不追求逻辑自洽就离具体内容越远,普适程度也就越高;反之,当信念越追求逻辑自洽则离具体内容越近,普适程度也就越低。

需要说明的是,本章涉及的"认知起点、认知起点—原因、认知起点—信念"无本质差异,只是为区分在研究时关注重点的不同而在表述上有所区分。"认知起点"指广泛意义上的认知状态,"认知起点—原因"是指除基础的答案阶之外主要关注原因阶形成的认知起点,而"认知起点—信念"则是指除答案阶与原因阶之外主要关注信念阶形成的认知起点。

---

1 张帆. 论信念与认识、信仰、价值观等的关系[C]. 理想·信念·信仰与价值观:全国理想信念与价值观学术讨论会论文集. 西安:陕西人民出版社,2000:245.
2 叶奕乾,何存道,梁宁建. 普通心理学(修订二版)[M]. 上海:华东师范大学出版社,2005:136.

第二节
学生深层认知——信念的诊断

一、以知识为核心的诊断方法

教育测量与评价领域经过百来年的发展,形成了经典测量理论(Classical Test Theory,CTT)、概化理论(Generalizability Theory,GT)和项目反应理论(Item Response Theory,IRT)并存的局面。[1] 本研究讨论的以知识为核心的认知诊断方法主要是基于经典测验理论的经典测验和基于项目反应理论的认知诊断。这些认知诊断的方法均是从知识出发,将知识点按照知识结构细分成"认知属性表"或"测试细目表",再设计具体的题目。

(一) 基于经典测验理论的经典测验

如今义务教育阶段中使用最多的测评工具是基于经典测验理论开发的试题卷。经典测验理论的数学模型是假设学生在受测时的真实水平与学生在受测时的表现的分数水平呈线性关系,如:

$$Z = T + W\ [2]$$

其中,

Z 是一个学生的测验总分

T 是该学生在该特质上的真分数

W 是该学生在该测验中的误差

基于概化理论的测试则是在改进经典测验理论的信度基础上发展起来的。[3] 概化理论认为可以根据引起误差的原因将经典测验理论中的误差进行分解,将总误差的构成剖析清楚,并且可以给出多种信度,从而提高测试的信度。

---

[1] 孙晓敏,关丹丹.经典测量理论与项目反应理论的比较研究[J].中国考试(研究版),2009(9):10-17.

[2] 熊江玲.经典测量理论、概化理论及项目反映理论比较研究[J].求索,2004(4):99-100.

[3] 孙晓敏,张厚粲.表现性评价中评分者信度估计方法的比较研究:从相关法、百分比法到概化理论[J].心理科学,2005(3):646-649.

(二) 基于项目反应理论的认知诊断方法

项目反应理论则是在改进经典测验理论的效度上发展起来的。项目反应理论,又称潜在特质理论或项目特征曲线理论。[1] 其基本假设是被试存在某种不能直接被观察到的相对比较稳定的、支配其对应的测验做出反应,并使反应表现出一致性的内在特征,这就是测验所要测量的目标。项目反应理论就是要找到这种内在特质的特征曲线,并以多种数学表达式(数学模型)来描述它和逼近它。

认知诊断模型可以分为两类[2]:一类是潜在特质模型,这类模型旨在通过被试取得的分数分析被试所具备的潜在特质,比如,线性逻辑特质模型(linear logistic trait model,LLTM)[3]、多成分潜在特质模型(multicomponent latent trait model,MLTM)[4]及拓广多成分潜在特质模型(general multicomponent latent trait model,GLTM)[5]等;另一类是潜在分类模型,这类模型的目的在于按照被试的得分模式找到被试在潜在特质上的差异,并根据这样的差异对被试进行分类,比如,Tatsuoka等提出的规则空间模型(rule space model,RSM)[6]、新发展起来的融合模型(fusion model,FM)[7]、DINA模型(deterministic input;noisy "or" gate model)[8][9]、NIDA模型(noisy inputs;deterministic "and" gate model)[10]及贝叶斯网络(bayesian network,BN)[11]等。

---

[1] 杜洪飞.经典测量理论与项目反应理论的比较研究[J].社会心理科学,2006(6):15-17.
[2] 陈秋梅,张敏强.认知诊断模型发展及其应用方法述评[J].心理科学进展,2010,18(3):522-529.
[3] Medina D M. Analysis of cognitive structure using the linear logistic test model and quadratic assignment[J]. Applied Psychological Measurement,1993(17).
[4] 康春花.采用MLTM作测量与认知结合研究的进一步探讨[J].心理科学,2003(5):887-890.
[5] Embretson S E. The linear logistic test model [J]. Rasch models: Foundations, recent developments, and applications,1995(1).
[6] Tatsuoka K K, Corter E J, Tatsuoka C. Patterns of Diagnosed Mathematical Content and Process Skills in TIMSS-R Across a Sample of 20 Countries[J]. American Educational Research Journal,2004(4).
[7] Henson R, Douglas J. Test construction for cognitive diagnosis[J]. Applied Psychological Measurement,2005(4).
[8] Junker B W, Sijtsma K. Cognitive assessment models with few assumptions, and connections with nonparametric item response theory [J]. Applied Psychological Measurement,2001(2).
[9] Templin J, Henson R. Measurement of psychological disorders using cognitive diagnosis models[J]. Psychological Methods,2006(3).
[10] Torre D J, Douglas A J. Higher-order latent trait models for cognitive diagnosis[J]. Psychometrika,2004(3).
[11] Staeey K, Sonenberg E, Nicholson A. A Teaching Model Exploiting Cognitive Conflict Driven by a Bayesian Network[J]. Computer Science,2003(2).

以拓广多成分潜在特质模型(GLTM,由 Embretson 提出[1])为代表,简要阐释认知诊断模型的数学表达:

$$P(x_{ijk}=1)=g+(a-g)\prod_k \frac{\exp(\theta_{jk}-\varepsilon_{ik})}{1-\exp(\theta_{jk}-\varepsilon_{ik})}$$

其中,

$$\varepsilon_{ik}=\sum_m \eta_{mk}q_{ikm}+d_k$$

a 为子测验正确完成时标准项目也答对的概率

g 为两子测验至少有一个错误,而在标准测验上正确的概率

θ_{jk} 为被试的能力参数

ε_{ik} 表示第 i 个项目的第 k 个加工成分的难度

m 表示影响成分难度的因素个数

q_{ikm} 表示因素 m 在第 i 题的第 k 个成分上的复杂度计分

η_{mk} 表示因素 m 在第 k 个成分上的复杂度权重

d_k 是标准化常数

由此可见,GLTM 综合考虑了 LLTM 和 MLTM 的优点,一方面可以通过控制刺激成分的复杂度来调整刺激水平,从而得到不同的成分难度;另一方面它所定义的潜在特质之间又如 MLTM 那样是非补偿的。换言之,在需要多个认知成分共同参与的认知加工过程中,被试只要有一个成分能力较低,就会使其在标准测验上的答对概率较低。同时,GLTM 模型也继承了这两种模型的缺点:(1)只能得到一个笼统的被试能力值,因此,它不能就认知加工过程来解释被试的能力值及心理特质水平;(2)部分认知任务的完成不能拆分成相互独立的认知加工过程,因而无法广泛应用。

总的来说,基于各种数学模型的认知诊断一般有以下步骤[2]:

(1)确定诊断目标:确定要诊断学生关于何种知识内容的理解状态;

---

1 甘媛源,余嘉元.认知诊断模型研究新进展[J].湖北大学学报(哲学社会科学版),2010,37(1):121-124.
2 蔡艳,涂冬波,丁树良.认知诊断测验编制的理论及方法[J].考试研究,2010(3):14.

(2) 构建认知模型：同专家讨论或实验之后得出学生关于这些知识内容的认知模式是什么样的，即认知属性（被试正确完成任务所需的知识、技能、策略等）的层级关系；

(3) 认知诊断测验项目设计：设计每一个测验项目（测查题目）的情境、语句等；

(4) 项目编写；

(5) 项目测量学参数获取：构建出合适的数学模型并确定模型中的测量学参数（如难度系数、权重、学生 i 在子测验至少错一个而标准测验正确的情况的概率 g 等）；

(6) 测验组卷：对整个试题卷的信效度做测验。

综上看来，多种以知识为核心的认知诊断方法具有以下特征：

(1) 以知识为核心的认知诊断方法主要关注客观知识，而不存在主观成分的认识。为全面地表征学生在学习中的认知，还需要在测查方式上关注非逻辑的成分。本研究则是在关注"原因"基础上，深入关注"信念"。

(2) 以知识为核心的认知诊断方法几乎都自上而下依据"专家模型"而设计与改进，但一般认为"专家模型"和"新手模型"存在较大差异，因此，如果在诊断工具的设计与开发中从"新手模型"角度考虑相关文化、认知习惯的影响可能更能准确诊断出学生的认知。

(3) 在测查结果的形式上，基于知识的诊断方法依旧是笼统的能力分数，而分数并不能直观地反映学生深层的认知状态，说明个性化的程度还需要提高。

二、以认识为核心的诊断方法

(一) 诊断"信念"的相关方法

信念作为内隐程度较高的认知，其相应的诊断方法一直未形成公认的诊断工具，在其发展过程中经历了量化研究法、质性研究法及量化与质性相结合的混合研究法。

采用量化研究法的研究有：Schommer[1] 通过五点式李克特量表从 5 个主维度、12 个次维度（避免整合、依赖权威、能力的天生性、不知如何学等）编制"认识论问卷"。Perry 则是通过编制六点式李克特量表形式的"教育价值测量表"让学生对课本、教师、家长、教育等不同的看法做出程度选择。Horwitz 的"语言学习信念调查表"从语言学习的难度、动机、学习和交际策略等维度对学生是否相信语言有难易区分，是否相信有天生的语言学习

---

1 Schommer M. Explaining the Epistemological Belief System: Introducing the Embedded Systemic Model and Coordinated Research Approach [J]. Educational Psychologist, 2004, 39(1): 19-29.

能力等问题的看法。Peter等通过数学信念调查问卷,确立了数学信念三角模型。[1] 另外,国内的唐剑岚[2]、王柳生[3]等也在国外学者基础上改进了量化量表形式。

采用质性研究法的研究有:John通过对5名高中生从高中持续到大学的访谈,最终形成对知识本质、知识来源、学习动机、知识确定性及对学习领域这5个方面的观点。[4] King等运用反思判断的访谈方法对不同学段学生的认识论信念进行长达20多年的研究,并概括出了反思判断模型。[5]

信念研究的先驱Perry[6]除了采用量化研究法开展信念相关研究,还采用混合研究法,譬如通过"访谈+问卷调查"的形式追踪大学生的认识论信念,并提出以二元论为起点的"四水平九阶段"的发展模型。

通过研究这些不同研究方法,本研究发现:问卷调查的形式存在高效、省时省力的优点,但也存在一些问题:(1)问题笼统,被试的理解难以保证一致性;(2)问卷自上而下设计,话语体系与被试不一致;(3)被试能较容易伪装自己对各题目的认识;(4)问卷结构较固定,而被试并不能直接意识到自身存在的信念类型。而访谈优势在于灵活可追问,但缺点是结构不够系统与统一,难以分析。因此混合研究法似乎是信念诊断及开展信念相关研究更好的选择。从Perry的研究中也可以看出,他的研究相当于使用了两个研究方法协作展开,但在实际操作中依旧比较麻烦,那么可否将量表形式和访谈结果进行深度融合呢?二阶诊断为本研究提供了一个思路。

(二)二阶诊断或三阶诊断工具

二阶诊断自1988年由Treagust[7]提出以来,在韩国、中国台湾地区、新加坡等地广泛用于测查学生对科学知识存在的迷思概念。二阶诊断的研制过程分为三阶段十环节,最

1　卢丽君.我国大学生学习信念的实证研究[D].厦门:厦门大学,2013.
2　唐剑岚,周莹,黄国稳.初中生数学认识信念量表的数学模型[J].广西师范大学学报(自然科学版),2007(3):60-63.
3　王柳生.大学生英语学习信念与学习策略关系调查研究[J].南通大学学报(教育科学版),2006(3):89-92.
4　陈慧超.HPM视角下九年级学生数学认识信念转变的研究[D].曲阜:曲阜师范大学,2021.
5　King PM, Kitchener KS. Developing reflective judgment understanding and promoting intellectual growth and critical thinking in adolescents and adults[M]. San Francisco, CA: Jossey-Bass, 1994.
6　William G. Perry, Jr. Forms of intellectual and ethical development in the college years: A scheme [J]. Holt, Rhinehart and Winston, 1970: 9-10.
7　Treagust D F. Development and use of diagnostic tests to evaluate students' misconception in science [J]. International Journal of Science Education, 1988, 10(2): 159-169.

终形成具有追问性质的二阶选择题形式,其中第一阶是关于具体内容解题判断的选择形式结果,第二阶则是针对第一阶的结果,追问其选择该选项的原因。如此看来,二阶诊断工具同时兼顾了纯量化的量表工具和质性研究中访谈法的优势。同样的,在二阶诊断工具诞生之初,已有研究者尝试依照追问的逻辑形成三阶诊断工具,且第三阶就是对被试信心程度的诊断。[1] 经过发展,二阶诊断工具在概念转变领域[2]蓬勃发展并在知识整合领域[3]及学习技术领域[4]继续大放光彩。

本研究在总结二阶诊断工具特征的基础上,把握二阶诊断工具的核心——"追问",对工具研制过程及问卷结构做出一些调整与改进。主要围绕统一的具体学习内容(知识点)分析问卷中蕴含的答案、原因及信念。Schommer认为信念主要依据学习和知识产生,并且存在不同的维度。据此,本研究将具体的学习内容与此知识点产生的相应原因与信念联系起来分析,可以让学生以内容为抓手开始自我分析,更利于学生自我觉察与自我表达。学生被有意识地限定于某内容下深度思考而非泛泛地将知识间客观存在的逻辑关系误以为自身信念或逻辑原因层面的偏差。

三、本实验对三阶诊断的改进与应用

(一) 预实验中认知起点测查工具的研制

认知起点的测查是本研究中重要的一环,也是整个实验的基础,主要是测查学生关于知识点的题目答案及其产生的原因,以及原因背后的思维习惯,并将这些认知进行分类,进而掌握学生的认知起点,为后续的个性化学习提供设计基础。预实验中认知起点测查工具的具体研制过程包括四轮测查卷的迭代,具体如下:

1. 第一轮测查卷(开放式答案+开放式理由)

依据"分式的定义及基本性质"这部分知识的框架选择主要知识点作为测查认知的内容,并与一线教师讨论商定具体测查题目。题目的形式为开放式的答案+开放式的原因,

---

[1] Clement J, Brown D E, Zietsman A. Not all preconceptions are misconceptions: finding "anchoring conceptions" for grounding instruction on students' intuitions [J]. International Journal of Science Education, 1989, 11(5): 554-565.
[2] 蔡铁权,姜旭英,胡玫. 概念转变的科学教学[M]. 北京:教育科学出版社. 2009.
[3] 马西娅•C. 林,巴特-舍瓦•艾伦. 学科学和教科学 利用技术促进知识整合[M]. 裴新宁,刘新阳,等译. 上海:华东师范大学出版社,2016(1).
[4] 董玉琦,王靖,施智勇,等. 学习技术(CTCL)范式下技术促进学习研究进展(3):小学数学《中位数与众数》单元教学的实验研究[J]. 中国电化教育,2021(11):115-123.

如下所示,完全由学生自己填写题目的答案,并填写给出此答案的理由。

第一轮测查卷题型样例

1. 你认为什么是分式?
_____
_____

为什么认为分式要满足这样的条件?
_____
_____

2. 第二轮测查卷(选择式答案+开放式理由)

依据第一轮测查卷的结果将考查学生陈述性知识的题目的答案进行聚类形成多个答案选项,如下所示。对于选择此答案的原因,由于第一轮实验样本较少,因此依旧采用开放式原因的形式。

第二轮测查卷题型样例

1. 下列式子中,分式是( )。【单项选择】

① $\dfrac{x^2}{\pi}$ ② $\dfrac{x-1}{x-1}$ ③ $\dfrac{x^2}{2x}$ ④ $\dfrac{a}{m}$ ⑤ m^{-2} ⑥ $\dfrac{x}{3}-\dfrac{3}{y}$ ⑦ x^0

A. ④⑤⑥

B. ①②③⑥

C. ②③④⑤

D. ②③④⑥

E. ③④⑤⑥

F. ④⑤⑥⑦

G. ②③④⑤⑥

H. ②④⑤⑥⑦

I. ②③④⑤⑥⑦

J. 以上都不是,我认为应该是:_____

你这样选择的理由是:
_____
_____

3. 第三轮测查卷(开放式答案＋判断式理由＋开放式信念)

经过前两轮的积累已能够基本聚类出学生存在哪些原因类型,此轮将所有的原因类型呈现给学生,让他们来判断是否认同这种理由,引导他们给出对这种理由认同或者否定的原因,这个"对理由的认同或否定的原因"则作为信念层面的数据来源,如下所示。

第三轮测查卷题型样例

1. 下列式子中,分式是_____。

① $\dfrac{x^2}{\pi}$ ② $\dfrac{x-1}{x-1}$ ③ $\dfrac{x^2}{2x}$ ④ $\dfrac{a}{m}$ ⑤ m^{-2} ⑥ $\dfrac{x}{3}-\dfrac{3}{y}$ ⑦ x^0

⑧ $\dfrac{x-1}{x+2}$(x 值为 -2)

分别说明未选项不是分式的理由:

_____

_____

_____

判断下列说法是否正确,说明理由。

	正误(√或×)	理由
判断分式时要约分后再判断		
分子是整式则此式为分式		
分式必须是单项式		
判断分式时不可以通分变形		
不含分数线则不是分式		
x^0 为常数1,故 x^0 不是分式		

4. 第四轮测查卷(选择式答案＋判断式理由＋选择式信念)

此轮为了形成用于前后测的三阶诊断形式的认知起点诊断卷,则将一阶的答案层再次回归到选择式上,二阶的原因层面延续判断式的原因,三阶的信念层则形成了半开放式的具有不同思维习惯倾向(先具体后抽象、先抽象后具体、无逻辑的习惯性认知)的选项,如下所示。

第四轮测查卷题型样例

1. 下列式子中,分式是_____。

① $\dfrac{x^2}{\pi}$ ② $\dfrac{x-1}{x-1}$ ③ $\dfrac{x^2}{2x}$ ④ $\dfrac{a}{m}$ ⑤ m^{-2} ⑥ $\dfrac{x}{3}-\dfrac{3}{y}$ ⑦ x^0

⑧ $\dfrac{x-1}{x+2}$(x 值为 -2) ⑨ $\dfrac{n}{x}$(n 为常数)

请判断下列观点是否正确,选出你对此观点所做判断的最合适的一个理由并补全:

(1) 判断分式时要约分后再判断。(　　)

理由是(　　)。

A. 因为我能举出合适的例子来支持或反驳这个观点,例如:_____;

B. 因为我之前学习过_____知识点,所以我觉得这里也应该是_____;

C. 因为我习惯性地认为就应该:_____

D. 其他:_____

(2) ……

通过预实验中认知诊断工具的三轮迭代及其使用情况看来,此工具基本能达到诊断出学生具体的原始答案及该答案背后原因的效果,但是对于第三阶的追问:"为什么会形成这样的原因"效果并不好。基于该问题,研究者对诊断工具的研制进行反思,发现预实验中的三阶诊断工具本身存在以下几方面的问题:(1) 第三阶只有 3 种类型(习惯于抽象到实例的推演、习惯于实例到抽象的归纳或者习惯性就这样认为而没有理由),主要是从知识抽象程度变化的角度进行询问,角度单一;(2) 纸笔测验的支架式问答会让学生产生一定的抵触情绪,不能自由地表达真实的想法,因而极大地影响了诊断效果;(3) 工具的研制过程经历了 3 轮迭代,过程比较烦琐,因此参与的被试对象发生了变化,但一、二阶问卷研制中被试对象的认知似乎并没有得到深度挖掘。

第七章　认知起点的深度诊断：学习技术范式下关于信念的实证研究　　**273**

针对以上问题,本研究在正式实验的工具研制中做了改进:正式实验中抓住诊断的核心"追问",采用访谈为主的方式,因此第三阶的来源是口头追问,第三阶的类型也就源于具体追问结果的梳理。

(二) 正式实验中认知起点诊断工具的研制

正式实验中认知起点诊断工具的研制过程在预实验的基础上作了较大的调整,主要分为研制一阶问卷、施测一阶问卷、形成初步访谈提纲与非结构化访谈、形成半结构化访谈提纲、实施半结构化访谈、访谈数据整理、形成认知起点诊断工具这 7 个环节。

1. 研制一阶问卷

一阶问卷主要通过从预实验中的第一轮测查卷里提取题项并修订形成,题目为开放式的、需要学生作答原因或思考过程的形式。其整体的思路就是通过开放式的一阶问卷让学生通过回答原因或书写解题过程尽可能地将其认知可视化。当然,由于预实验与正式实验中学生的整体水平差异较大,因此本研究对难度、题量、主要考查知识点都做出了一定的调整。正式实验中的一阶问卷,如下所示。

正式实验一阶测查卷题目样例

1. 下列式子是分式吗？请判断这些式子是否为分式("是"画√,"不是"画×),写出理由。

① $\dfrac{x^2}{\pi}$　② $\dfrac{x-1}{x-1}$　③ $\dfrac{x^2}{2x}$　④ $\dfrac{a}{m}$　⑤ m^{-2}　⑥ $\dfrac{x}{3}-\dfrac{3}{y}$　⑦ x^0

⑧ $\dfrac{x-1}{x+2}$(x 值可能取-2)　⑨ $\dfrac{n}{x}$(n 为常数)

①:＿＿,理由:＿＿＿＿＿＿＿＿＿＿＿＿＿＿＿＿＿＿＿＿＿＿＿＿＿＿

②:＿＿,理由:＿＿＿＿＿＿＿＿＿＿＿＿＿＿＿＿＿＿＿＿＿＿＿＿＿＿

③:＿＿,理由:＿＿＿＿＿＿＿＿＿＿＿＿＿＿＿＿＿＿＿＿＿＿＿＿＿＿

④:＿＿,理由:＿＿＿＿＿＿＿＿＿＿＿＿＿＿＿＿＿＿＿＿＿＿＿＿＿＿

⑤:＿＿,理由:＿＿＿＿＿＿＿＿＿＿＿＿＿＿＿＿＿＿＿＿＿＿＿＿＿＿

⑥:＿＿,理由:＿＿＿＿＿＿＿＿＿＿＿＿＿＿＿＿＿＿＿＿＿＿＿＿＿＿

⑦:＿＿,理由:＿＿＿＿＿＿＿＿＿＿＿＿＿＿＿＿＿＿＿＿＿＿＿＿＿＿

⑧:＿＿,理由:＿＿＿＿＿＿＿＿＿＿＿＿＿＿＿＿＿＿＿＿＿＿＿＿＿＿

⑨:＿＿,理由:＿＿＿＿＿＿＿＿＿＿＿＿＿＿＿＿＿＿＿＿＿＿＿＿＿＿

2. 施测一阶问卷

本研究选择上海市 M 区某校七年级 37 名学生作为被试施测一阶问卷。

3. 形成初步访谈提纲与非结构化访谈

在收集好一阶测查卷答卷结果之后,通过访谈追问学生:"此处为什么错了?其深层原因是什么?解答此题时是有怎样的思考过程?"主要以"还原学生解题时的思维过程",尝试引导学生自己说出解答每个题目时的思路。同时,从参与测试的 37 人中随机选择 2 名学生进行非结构化访谈,进一步梳理学生解答各题目时可能形成的思路。

4. 形成半结构化访谈提纲

在"还原学生解题思维过程"的目标指引及非结构化访谈的结果辅助下,本研究组织研究者本人与另外两名教育技术学博士研究生形成"访谈提纲研讨小组",通过对一阶卷中每一个题目的可能思路进行梳理并迭代形成了半结构化访谈提纲。此提纲基本针对每一道题目都设置了 1~2 个方面的追问题目,具体的半结构化访谈提纲如下所示。

半结构化访谈提纲样例

(1 分钟)

1. 你会哪些因式分解的方法呢?
2. 你知道分数有意义的条件是什么吗?

(3 分钟)

1. 你判断式子是否是分式的依据是什么?(引导出形式特点:一条分数线)
2. 你为什么认为满足/不满足这样的条件就是/不是分式呢?(计算/约分/变形)

(细化的说法:你获取这些依据的来源是什么?自己总结的?谁告诉你的?)

5. 实施半结构化访谈

半结构化访谈提纲形成后,访谈提纲研讨小组通过面对面沟通,达成访谈的问法、基本流程、语气、注意事项等方面的共识。随后访谈提纲研讨小组成员便遵循防疫要求进校组织对剩余的 35 名学生逐一进行访谈。

6. 访谈数据整理

访谈结束后,本研究将 37 名学生的回答全部进行电子化处理,形成访谈结果库。随后将所有访谈结果首先按照同一类题目的访谈结果归类,再将同一题目下所有学生的回答进行两个层面的初步分类:一类是具有逻辑线条的原因(尽管可能逻辑错误),一类是难以解释的无逻辑的信念(毫无逻辑地觉得应该如何)。通过这样的分类,一方面能够丰富预实验中已得的理由类型;另一方面能够梳理出比理由更深层次的信念类型。具体新整理出的信念层面的认知起点类型如表 7-2 所示。需要说明的是,这些信念类型主要源自对具体表现的归纳抽象,如"榔头冲动"是想要说明当学生手上只有完全平方公式这一个"锤子"时,看 X^2 或含 $(*)^2$ 的结构时,都像它的钉子。

表 7-2 信念的类型及其表现

序号	信念类型	信念的表现
1	榔头冲动	遇到含 X^2 或含 $(*)^2$ 的结构时,我会先考虑能否用完全平方公式及其逆运算
2	化简倾向	在求值题和应用题中,见到较复杂的式子时,我会先考虑将式子化简的思路再考虑题目中的其他条件
3	展开倾向	当题目中要求化简时,我的第一反应就是应该先去括号,再考虑其他方法
4	自我满足	在做题过程中,如果我按照自己的逻辑比较顺畅地得到了一个答案,我一般就不会再回头验证或者检查了
5	自馁保守	面对没学习过的知识时,我会依据应试技巧或无逻辑地随便猜答案,而不是尝试依据学过的知识进行推测
6	权威依赖	面对不确定的题目时,我更倾向于相信对老师讲过知识的模糊记忆而不是依据自己学过的知识进行推测

7. 形成认知起点诊断工具

依据前一环节得到的信念类型、原因类型,结合一阶测查卷最终形成了"填空/解答题+判断题"形式的认知起点诊断工具,如下所示。其中 1~2 题为基本信息题;3、5、7、8"填空/解答题"形式的题目用于诊断学生知识掌握情况,即为答案阶;而 4、6、9、10 题则是针对错误原因设置的判断题,即为原因阶;另外的 11 题中 6 个判断题是针对深层原因设置的,即为信念阶。

通过预实验与正式实验两个阶段中对认知起点测查工具的研制过程可以发现,研制的诊断工具从流程明确但自由度较低的严肃问卷形式转变为访谈为主、问卷为辅的自由度较高的非严肃问卷形式,这样的转变主要是降低对被试元认知能力的要求,通过访谈者引导学生自我反思与表达,将学生自身认知逐步可视化表达出来。

正式实验认知起点诊断卷样例

班级：____ 姓名：____ 学号：_____ 性别：_____ 年龄：_____

1. 你是否已学习过"分式的定义与性质"这部分的内容？（若回答"否"则直接从第2-2题开始作答）

$\qquad\qquad\qquad$ 是[ ] $\qquad\qquad\qquad$ 否[ ]

2-1. 你什么时候学习过这部分内容？（   ）

A. 1周内　B. 2周内　C. 1个月之前　D. 半年之内　E. 半年以上

2-2. 你认为自己能熟练使用平板电脑访问网页吗？（   ）

A. 非常不熟练　B. 比较不熟练　C. 一般　D. 比较熟练　E. 非常熟练

3. 请补全下列两个公式。

$(x+y)^2 = $ _____ ; $\qquad a^2 - b^2 = $ _____

4. 请写出"分式"的定义：_____。

5. 下列式子中,分式是：_____。

① $\dfrac{x^2}{\pi}$　② $\dfrac{x-1}{x-1}$　③ $\dfrac{x^2}{2x}$　④ $\dfrac{a}{m}$　⑤ m^{-2}　⑥ $\dfrac{x}{3} - \dfrac{3}{y}$　⑦ x^0

⑧ $\dfrac{x-1}{x+2}$（x 值可取 -2）　⑨ $\dfrac{n}{x}$（n 为常数）

6. 请写出"分式的基本性质"：_____。

7. 下列式子是最简分式吗？若不是,请将其化简为最简。（请写出详细过程）

① $\dfrac{x^2-(y-m)^2}{(x+y)^2-m^2}$　② $\dfrac{x^2+6xy-16y^2}{2(x-2y)}$　③ $\dfrac{x^2+4}{2(x-2)}$

8. 若分式 $\dfrac{a^2-9}{a-3}=0$,且 $|b^2-4|=12$ 时,求 $3a+b$ 的值。（请写出详细过程）

………………（下列所有判断题均无对错之分,请选出最符合你的答案）…………

9. 请判断下列语句。

① 分数有意义的条件是分母不为 0 ………………………………………（   ）

② ……

10. 请判断下列语句。

① 最简分式一定是没有括号的。………………………………………（   ）

② ……

11. 请在下列符合你自身情况的语句后画√，不符合的画×。

① 遇到含 x^2 或含 $(\cdots)^2$ 的结构时，我会先考虑能否用完全平方公式及其逆运算。（　　）

② ……

(三) 正式诊断工具的信效度分析

在正式实验中，用于前后测的认知诊断工具是通过预实验中认知起点诊断工具研制及正式实验中的改进迭代形成的。为保证工具的有效性，在收集到正式实验的前测数据时便以此为基础对工具的信效度进行分析，具体结果如表7-3和表7-4所示。

表7-3　可靠性统计量

科伦巴赫 Alpha	基于标准化的科伦巴赫 Alpha	项数
0.617	0.689	9

表7-4　KMO 和 Bartlett 的检验

取样足够度的 Kaiser-Meyer-Olkin 度量	0.721
Baetlett 的球形度检验　近似卡方	132.596
df	36
sig.	0.000

由表可见，诊断工具的科伦巴赫 Alpha 系数为 0.617。依据统计学探索性研究的基本标准，当测验工具科伦巴赫 Alpha 系数大于 0.6 时，被认为具有较好的可信度与稳定性。此外，KMO 值为 0.721，且球形检验的 P 值 sig.＝0.000，这表明诊断工具具有较好的结构效度。

第三节
对学生深层认知——信念的干预实验

一、实验设计

(一) 研究方法

本研究主要结合准实验法和访谈法,以问卷调查的形式展开。预实验以准实验法配合多轮问卷调查实施,访谈法为作为辅助;正式实验主要以准实验法和访谈法为主,问卷调查工具为辅。其中准实验法主要是为了设置实验组与对照组,以便探究不同干预手段对学生学业成绩的影响,访谈法则主要是在正式实验的诊断工具研制过程中以半结构访谈的形式挖掘学生的信念及在预实验中对工具有效性的反思,问卷调查则是诊断工具的主要形式,贯穿于两阶段的工具研制与教学实验过程中。

(二) 实验对象

本研究前后共进行两次教学实验,预实验的实验对象为上海市P区七年级学生(5个行政班)共178人,正式实验的实验对象为上海市M区七年级学生(4个行政班)共152人。

预实验阶段中,被试人员安排如表7-5所示,测查工具研制维度的被试主要通过将2个行政班混合后再随机分班形成。教学实施维度则是将3个行政班学生(除参与工具研制的学生)分成3组被试。

表7-5 预实验阶段工具研制与教学实施维度的人员安排

研究维度	研究内容/组别	班级人数(人)	合计(人)
工具研制维度	一阶问卷试测	2	98
	开放二阶测查工具研制	18	
	一般二阶测查工具研制	26	
	一般三阶测查工具研制	26	
	正式三阶测查工具试测	26	

续 表

研究维度	研究内容/组别	班级人数(人)	合计(人)
教学实施维度	预实验 A 班	27	80
	预实验 B 班	26	
	预实验对照班	27	

正式实验阶段,在总结预实验的基础上对问卷研制的主要流程作出调整,被试人员安排见表 7-6 所示。测查工具研制维度,主要使用改进后的一阶测查卷(结构上与传统试卷类似)对 37 名学生施测,然后从中再随机选择两名学生进行非结构化访谈,通过访谈结果再细化访谈提纲,形成半结构化访谈提纲,随后再对剩余 35 名学生进行逐一的半结构化访谈。教学实施维度则是选择另外 3 个班分别作为实验 A、B 班及对照班。

表 7-6　正式实验阶段工具研制与教学实施维度的人员安排

研究阶段	研究内容/组别	班级人数(人)
工具研制维度	测查:非结构化访谈	2
	测查:半结构化访谈	35
教学实施维度	正式实验 A 班	38
	正式实验 B 班	38
	正式实验对照班	39

(三) 研究流程

本研究诊断工具设计的核心思路就是"多轮迭代/深入访谈",然后在此基础上形成既能测学生学业成绩也能测学生认知起点的认知诊断卷(前测卷),随后再根据前测卷的形式设计结构一致、难度相当的后测卷。之后在实际教学中,以"基于认知起点设计的资源"为自变量,学生的学业成绩与认知起点变化为因变量,探究不同诊断方法及基于这些方法设计的资源的有效性。在具体的准实验过程中,实验 A 班使用基于信念阶认知起点而设计的学习资源,实验 B 班使用基于原因阶认知起点而设计的学习资源,对照班则采用传统讲授式的授课形式,主要通过师生互动展开教学。从流程上看,本研究主要分为两阶段三维度来展开,其中两阶段是指预实验阶段与正式实验阶段,三维度是指两次实验中均存在的三个研究工作维度,分别是研究准备维度、工具研制维度、教学实施维度。

预实验阶段的研究流程如图 7-1 所示,具体各维度的主要工作如下:

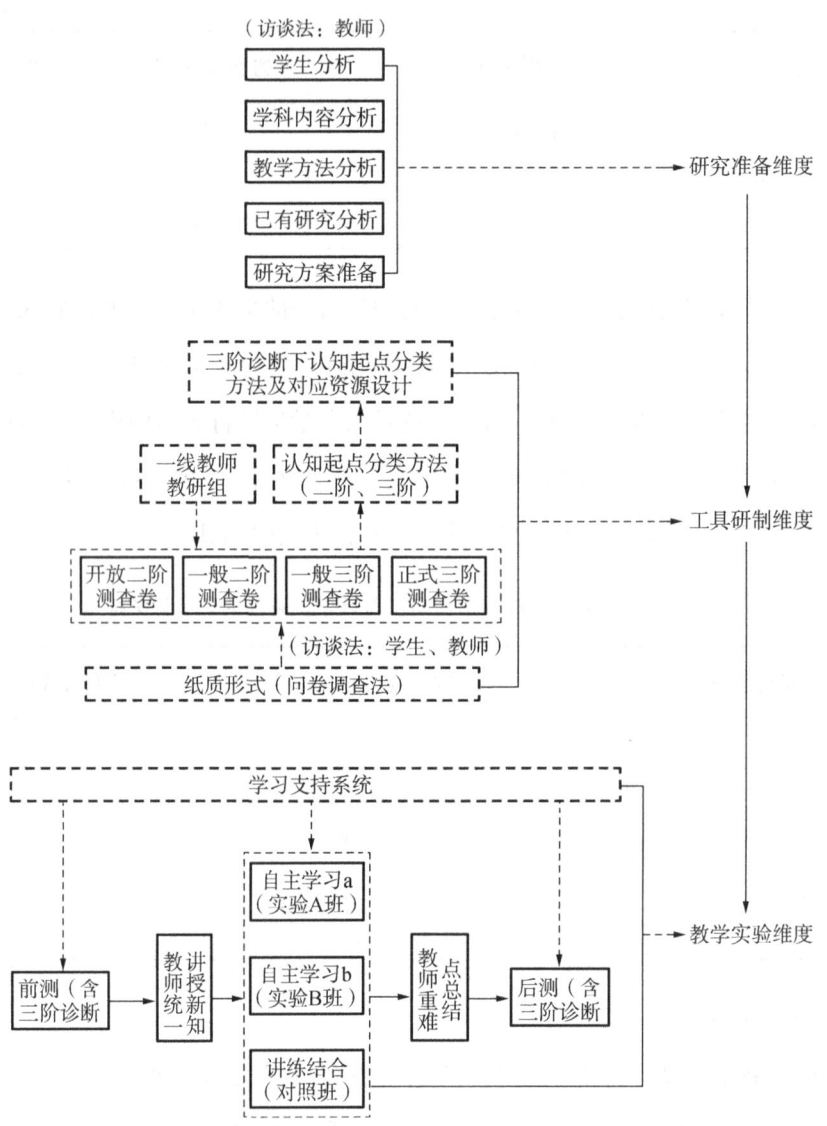

图 7-1 预实验阶段的研究流程

研究准备维度主要是在教学设计与研究设计两方面。教学设计上主要是针对实验学校的学生、教学内容、教学方法、教学环境上的准备,研究设计主要是在梳理团队已有研究基础上整理三阶诊断的基本流程、主要环节、实验要点,以及对原因阶继续深入的思考。工具研制维度的工作主要有三轮迭代,即以"形成选择式的三阶题目形式"为目标迭代研制三阶认知诊断工具。同时,在此环节还尝试将学生的原因阶回答与信念阶回答聚类出不同类型,形成分类认知起点的依据,之后便是常规的前后测和教学实验环节。

正式实验阶段的研究流程如图 7-2 所示。

第七章 认知起点的深度诊断：学习技术范式下关于信念的实证研究 281

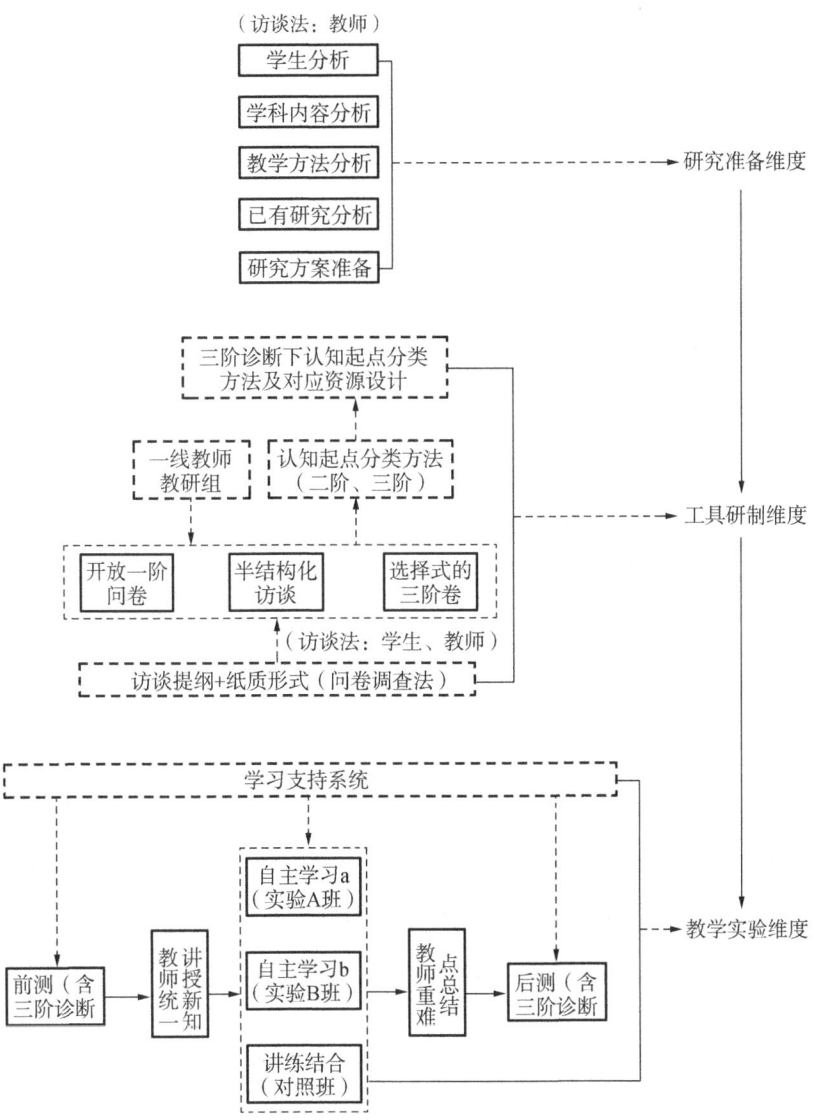

图 7-2 正式实验阶段的研究流程

研究准备维度的工作主要是在教学设计与研究设计两方面依据预实验的经验作出准备与调整。工具研制维度的工作相较于预实验有较大的区别。由于预实验中的测查工具是比较严肃的问答形式，不能够充分挖掘学生对于内容的深层认知，因此在工具研制形式上采用了以半结构化访谈形式为主的形式。先使用依据预实验中测查工具修订得来的一般一阶问卷施测，再随机选择两名学生展开非结构化访谈，依据访谈结果及预实验的经验形成半结构化的访谈提纲。然后，据此半结构化访谈提纲对每一个参与测查的学生进行访谈。随后，根据半结构访谈的数据分析出学生的信念阶认知起点类型。最后再依据此类型进行个性化学习资源设计、开发与上传。

教学实验维度的工作与预实验基本一致,主要是前测、后测的施测,此时的前后测卷是依据新的认知起点类型来设计的。教学实施上是实验 A 班使用依据基于"认知起点—信念"设计的教学资源,实验 B 班使用基于"认知起点—原因"设计的教学资源。而对照班依旧以传统讲授为主,系统推送基础学习资源(非个性化学习资源)为辅的形式进行交互式教学。

二、个性化学习的设计

(一) 学习内容分析

从学习内容角度看,前后两次教学实验均是以初中数学七年内容"分式的定义与基本性质"为核心内容。选择此内容的原因是,分式作为初中数学中"从数到式"过渡的开始,学生更需要从"具体到抽象"的高级思维转换,而"从整式到分式",也是对学生"局部思维"的唤醒。

另外,对于开始接触分式的学生而言,他们大多会从分数类比到分式。在这类比过程中也有研究表明学生存在一些明显的不科学的认知起点。如陆祥雪提到学生会将分数的带分数的概念负迁移至分式,分式的判定上不深刻的现象。[1] 施长燕发现学生在求解分式中未知数取值范围的题目时,常常出现考虑不周全的情况。[2] 张乃东提到学生存在分不清未知数、随意约分、忽视分母不为零等多种不科学的认知起点。[3] 基于这种特性,本研究推测学生具有更丰富的认知起点类型,因此选择"分式的定义及其基本性质"作为本研究的内容承载。

"分式的定义与基本性质"是代数式学习的一部分。《义务教育数学课程标准(2022年版)》提出能利用分式的基本性质进行约分和通分,能进行简单的分式加、减、乘、除运算"的要求。本研究预实验阶段采用测试对象所在学校的自编教材,而正式实验采用的是沪教版教材,但所涵盖的知识点几乎一致。通过与一线教师沟通形成的预实验阶段主要教学内容如图 7-3 所示,而正式实验的教学内容中则删除了"真/假分数及其对应前序知识"的学习。

---

[1] 陆祥雪,张秋. 内外兼顾理解分式[J]. 中国数学教育(初中版),2015(3): 12-15.
[2] 施长燕. 思易错之源悟纠错之道[J]. 初中生世界(九年级),2021(3): 36-38.
[3] 张乃东. 初学分式时的常见错误[J]. 初中数学教与学,2014(23): 39.

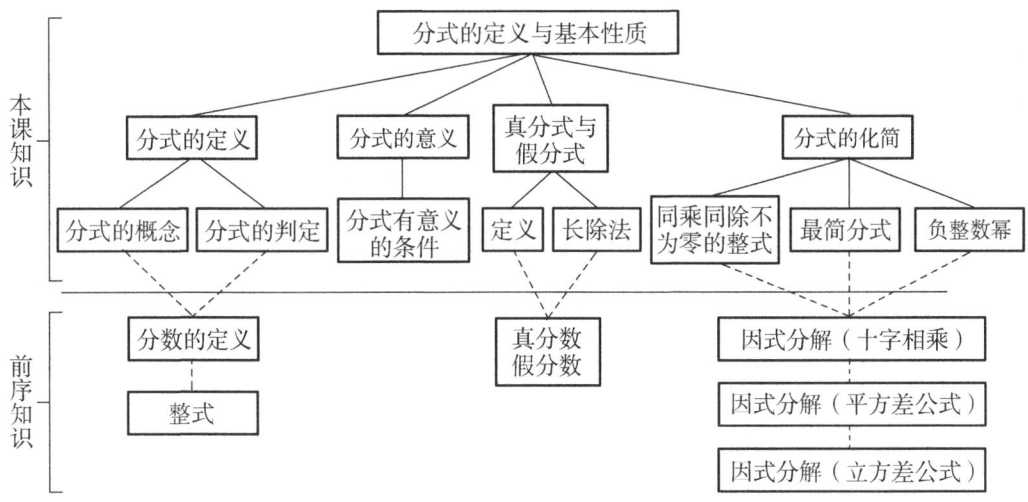

图 7-3 教学内容框架图

需要说明的是,预实验中的学生相较于正式实验中的学生整体水平要高一些,且预实验使用校本教材,因此两次实验在具体教学内容的难度上略有差异。预实验中,学生此课主要学习分式的定义、分式有意义的条件、真分式与假分式、分式的基本性质、最简分式这5部分内容。而正式实验中,学生此课主要学习分式的定义、分式有意义的条件、分式的基本性质、最简分式这4部分内容。

(二) 学习资源设计

学习资源作为学生学习活动的主要材料,是影响学生学习效果的关键因素之一。认知冲突、情境性、符合最近发展区等都是影响资源设计的重要因素。本研究主要是以认知冲突作为学习资源设计的突破点,开发针对"分式的定义及其基本性质"的教学资源。本研究的重点是探究学生深层认知起点及其与学习成绩的关系,因而在资源的设计上刻意地有所减轻,并未考虑美观等装饰性效果。

边家胜在他的研究中提到两类与认知冲突相关的资源设计策略:直接引发认知冲突的设计策略与顺应式引发认知冲突的设计策略。[1] 其中直接引发认知冲突的设计策略是通过直接呈现相反的例子以驳斥学生当前的认知,使其产生认知冲突,从而反思自己的逻辑思路。而顺应式引发认知冲突的设计策略是通过顺应学生当前的思维逻辑进行逐步的推理,直至推出自相矛盾的结果从而引发学生认知冲突。本章主要使用图文交互网页的

---

[1] 边家胜,董玉琦.学科学习中的"概念转变"策略探析:基于日本概念转变研究的综述[J].外国教育研究,2016,43(3):94-107.

形式来设计与制作资源,通过分步有序地呈现资源,让学生在学习资源的使用过程中每一步都指向推导或反思自己的认知漏洞。

在预研究中,针对学生在原因层面呈现的"判断分式时要约分后再判断"认知起点是通过多条逻辑线来设计学习资源的,具体如图7-4所示,此例中是以"直接引发认知冲突"的资源设计策略来展开的。首先保证学生已知道或已学习分式的完整定义这个知识点。然后逐步针对"要先约分后判断"的原因阶认知做出矫正。先提示学生判定思路("针对形如$\frac{A}{B}$、B中含字母、A与B均为整式"3个条件逐一判断),再针对每一个关键点设立判断点,学生若判定错误则呈现错误的原因再变式练习,若回答正确则直接进入下一关键点位进行判断。当3个判断点全部判断正确时,则弹出回答正确的提示语,并强化关键的判断点。

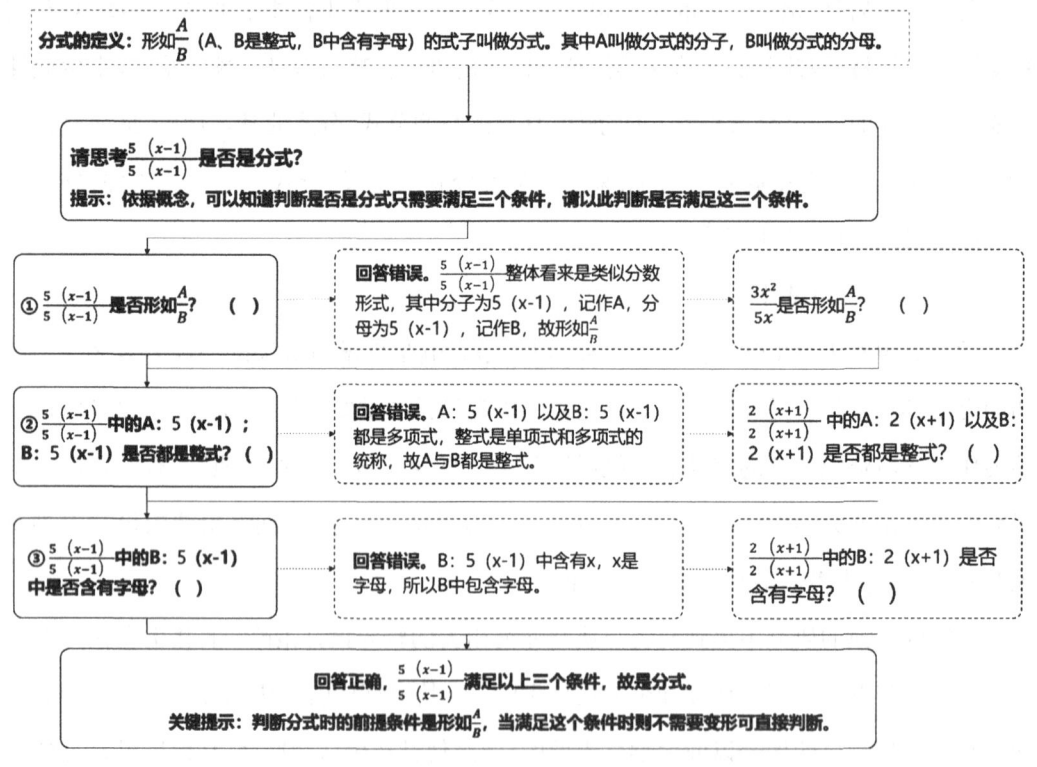

图7-4 预实验资源案例的逻辑图

而在正式实验中,本研究将学习资源进一步调整,将相关联的认知起点放到同一个学习资源中进行设计教学。比如:针对"判断分式时要约分后再判断"和"判断分式时不可以通分"两种原因阶认知偏差设计一个原因阶学习资源。

此时学生通过逐步点击,顺着资源设计的思路进行学习,通过资源中的情境与自身原观点的不一致引发冲突来强化对这一认知偏差的修正。正式实验的整体资源框架图如表7-7所示。

表7-7 正式实验的资源框架

资源类型＼资源内容	分式的定义	分式有意义的条件	分式的基本性质	前序知识	信念相关资源
基础学习资源	资源0~1	资源0~2	资源0~3	\	\
个性化学习资源	资源1~资源5	资源6~资源7	资源8~资源10	资源11~资源12	资源13~资源18

针对信念阶设计的学习资源与针对原因阶设计的学习资源有所不同。前文提到"信念"是在一定程度上脱离逻辑且与情感相关的。因此针对学生不同的信念阶认知设计的学习资源主要以情景式的例子引导学生减轻自己在信念层的稳定程度。例如,针对"权威依赖"型信念,通过亚里士多德对柏拉图所说"吾爱吾师,吾更爱真理"这样的名人案例减轻"权威即正确"的这种认识;针对"自馁保守"型信念,则通过"不妨大胆一些,尝试推测答案,也是你努力过的证明嘛!"这样鼓励式的语言让学生在一定程度上消除畏难情绪。总之,针对"认知起点—信念"设计的学习资源时应尝试从典型案例、语言鼓励、逻辑推理引出冲突等层面引导学生反思自己并暗含着鼓励其以逻辑推理方式解决问题的倾向。

(三) 实验教学的设计

实验教学主要包括前后测与具体的教学实施这3个环节。此时的前测目的是诊断当前教学班学生的认知起点情况,以便依据其认知起点情况建立"认知起点——个性化学习资源"的联结以实现个性化学习。此阶段所使用的前后测的工具则是在诊断工具研制阶段所说明的最终版认知诊断工具(前测诊断卷)及在此基础上修改得到的后测诊断卷。

教学设计作为具体教学实验的承载,在本研究中主要是传统讲授课型和自主学习为主的课型对比进行展开。课程主要环节基本都是课程导入、讲授/自主学习、师生互动总结归纳,对照班和实验的差异就在于"传统讲授"和"自主学习"。两个实验班的教学环节基本一致,但自主学习阶段有所差异。在自主学习阶段,学生所接受的学习资源类型不同。一个实验班学生只接受基于二阶认知起点(即原因阶认知起点)设计并推送的学习资源;另一个实验班学生则在接受基于二阶认知起点设计的学习资源的同时会接受基于三阶认知起点,即"认知起点—信念"设计的个性化学习资源。

预实验中的教学流程如图7-5所示,主要分为导入、自主学习/讲练结合、教师小结、自主探究/综合应用、小组交流、师生互动总结六个环节。

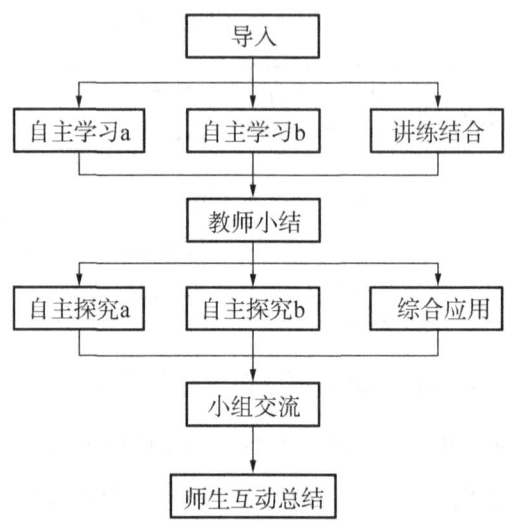

图7-5 预实验教学流程

实验班是自主学习,学生根据推送的不同学习资源开始学习。对照班则是通过由教师主导的讲授与练习相结合的形式学习。教师小结之后,则是巩固阶段,实验班学生在学习终端的自主探究资源库中有选择地自主学习,查缺补漏。资源库的内容是按照知识结构组织的,而对照班则是通过教师安排的综合练习巩固前面学习的知识。值得说明的是,两个实验班的分组是依据学生认知起点类型进行分类的,即认知起点类别重合度较高的分为一组,对照班则是随机分组交流并完成学习任务单。实验班和对照班的任务单相同,如下所示。

实验班与对照班的学习任务单

班级：　　　　　姓名：　　　　　学号：

模块1：小试牛刀

1. 当 x 为_____时,分式 $\dfrac{x(x-3)}{(x+3)(x-3)}$ 有意义。

2. 若 $\dfrac{|a|}{a-a^2} = \dfrac{1}{1-a}$,则 a 的取值为_____。

3. 把分式 $\dfrac{x}{x+y}$ (x≠0,y≠0)中的 x,y 同时扩大2倍,那么分式的值扩大为原式的____倍。

4. 化简：

(1) $\dfrac{32a^4b^2c^2}{24a^{-2}b^6c^3}$ (2) $\dfrac{2a-\dfrac{3}{2}b}{\dfrac{2}{3}a-8b}$

模块2：成长记录

要求：记录并交流自己在本节课中学习到的内容，包括纠正了之前哪些不科学的理解，新学习到哪些之前不知道的知识点。

例如："我之前以为分式有意义就是分子分母都要大于零，我现在认为分式有意义就是其分母不能为零，之前习惯性地认为式子有意义的条件就应该是大于零或者等于零，如果是负数就没有意义了。"

我的进步：

"分式的定义"部分：_____

"分式有意义的条件"部分：_____

"分式的基本性质部分"部分：_____

"最简分式"部分及解题思路上：_____

正式实验的教学设计在预实验的基础上略有调整，具体的流程如图7-6所示。

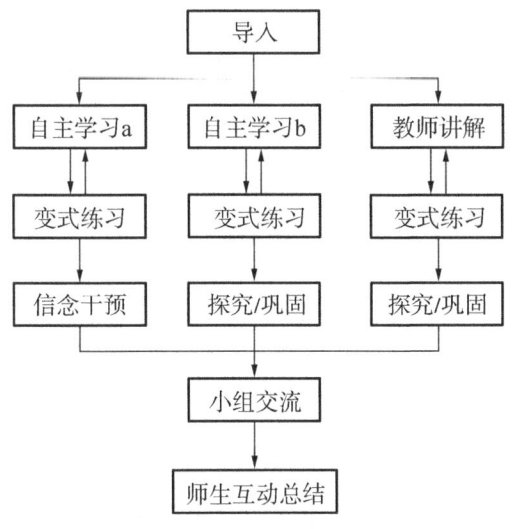

图7-6 正式实验的教学流程图

教学部分从预实验中"自主学习—教师总结—自主探究"过程调整为"自主学习—变

式练习"的四次循环。这四次循环是指将教学的环节细分为每一个模块的知识学习,都分为自主学习和变式练习两部分。例如学习"分式的定义"时,学生先学习对应模块的个性化学习资源,学习完之后,教师再组织统一的变式练习。进入下一模块知识"分式有意义的条件"的学习时,学生又再次进行自主学习个性化学习资源与统一的变式练习两个小的环节。如此循环四次将5个模块的知识点均学习完之后,实验A班(对应"自主学习a"的班级)将会使用信念部分的学习资源进行个性化学习。而实验B班(对应"自主学习b"的班级)与对照班则使用推荐的个性化学习资源进行复习巩固或者学习按照知识结构组织的基础资源。

三、技术支持下个性化教学实验的实施

本研究以"依据认知起点类型进行个性化学习资源推送"为核心思路设计与开发技术支持的教学平台,主要包括基本信息收集、基础学习资源推送、个性化学习资源推送3个大模块。具体的个性化学习主要是通过一个搭载于平板电脑上具有前后测功能和学习资源推送功能的学习支持系统配合教学设计来实现。整体技术支持的个性化学习设计思路如表7-8所示。

表7-8 基于认知发展的技术支持的个性化学习设计体现

维度	具体体现
学习内容个性化	根据学生对分式的定义及其基本性质的认知起点不同,确定学生对各知识点存在的不同认知起点类型的个性化学习内容和自主学习内容,通过学习支持系统推送给学生不同的学习内容,并通过技术手段有效干预学生认知
学习路径个性化	根据认知起点不同,学生通过学习支持系统选择不同的学习路径进行个性化学习,同时根据自身学习进度和测试结果,主动选择相关内容进行学习。并在此基础上进行自主探究学习,提高分析问题和解决问题能力
学习资源个性化	根据认知起点不同,设计不同认知起点类型的数字化学习资源。同时根据学生掌握程度不同,设计难度程度不等的学习资源,供各类学生进行学习

学习支持系统的学生端主要有3个子系统,5个功能模块,如表7-9所示。其中基本信息模块用于统计记录学生基本信息。前后测诊断系统用于支持学生在平板电脑上完成前后测卷;自主学习模块主要是通过系统推送个性化学习资源让学生开展个性化学习,而自主探究模块则是让学生根据自己的需求自主地从知识结构中选择相应学习资源来

学习。

自主学习是学习支持系统的核心,在此模块中,系统会呈现给学生个性化的学习资源,这些学习资源是根据学生前测结果形成的资源链。得到前测结果后,只需要将学生的具体答案特征与对应的资源联结,即可形成不同学生因答题情况不同而形成的不同资源链。这些资源链的长短不同,导致每个学生在自主学习阶段被推送的学习资源内容不同,数量不同,从而实现学习内容和学习路径的个性化。自主探究模块主要设计意图是拓展学优生或学习速度较快学生的学习。在前测中得分高的学生可能自主学习的链条很短,而在其自主学习结束后则自动进入自主探究模块开始学习拓展内容以保证此类学生不至于空闲。

表7-9 学习支持系统结构组成(学生端)

学习支持系统子系统	功能模块
基本信息模块	基本信息记录
诊断系统	前　测
	后　测
资源推送系统	自主学习
	自主探究

具体来讲,两次实验均使用 B/S 结构(Browser/Server,浏览器/服务器模式)搭建的平台。预实验中是通过在实验学校的局域网内搭建服务器,将自制的系统上线后,学生通过身份验证开始个性化学习。而正式实验中则是借助了 iVX 平台自主设计前端界面,后端部署与数据库搭建,实现学生自主验证并接收个性化学习资源来实现个性化学习。

第四节
学生深层认知——信念对学生的影响

一、认知起点分类情况

在本研究中,学生的认知起点分为三阶:一阶为答案阶,是学生具体解题过程及其结果;二阶是原因阶,是学生主要通过逻辑推理对得出答案的解释;三阶是信念阶,是学生不能依据逻辑推理对答案作出解释但自身确实存在的认知倾向的说明。通过预实验与正式实验的梳理与分析,本研究最终得出的认知起点情况如表 7-10 所示。

表 7-10 学生对"分式的定义与基本性质"内容的三阶认知起点

内容相关层面	原因/信念阶认知起点的表现	认知起点类型	认知类型
"分式的定义"的层面	① 分数有意义的条件是分母不为 0	/	逻辑层面的认知
	② 判断是不是分式时,能约分则应该先约分再判断		
	③ 判断是不是分式时,必须含有分数线		
	④ 判断是不是分式时,要求分母不为 0		
	⑤ 分子或分母含有字母的式子即为分式		
	⑥ 分子或分母必须是含加、减、乘、除等运算的式子才可能是分式		
	⑦ 分式必须是单项式		
	⑧ 判断是不是分式时,可以通分变形后再判断		
	⑨ 形如分数但含有无理数 π 的式子不是分式,如 $\frac{\pi}{x}$		
	⑩ 分式有意义的条件是分母大于 0		
"分式的基本性质"的层面	① 最简分式一定是没有括号的		
	② 化简就是直接将式子缩短、项数减少、运算级降低的过程		
	③ 分式上下有相同部分即可约分		

续 表

内容相关层面	原因/信念阶认知起点的表现	认知起点类型	认知类型
数学运算层面	① 遇到含 x^2 或含 $(*)^2$ 的结构时,我会先考虑能否用完全平方公式及其逆运算	榔头冲动	信念层面的认知
	② 在求值题和应用题中,遇到较复杂的式子时,我会先考虑将式子化简的思路再考虑题目中的其他条件	化简倾向	
	③ 当题目中要求化简时,我的第一反应就是应该先拆括号,再考虑其他方法	展开倾向	
数学学科层面	④ 在做题过程中,如果我按照自己的逻辑比较顺畅地得到了一个答案,我一般就不会再回头验证或者检查了	自我满足	
学科之外的层面	⑤ 面对没学习过的知识时,我会依据应试技巧或无逻辑地随便猜答案,而不是尝试依据学过的知识进行推测	自馁保守	
	⑥ 面对不确定的题目时,我更倾向于相信对老师讲过知识的模糊记忆而不是自己依据学过的知识进行推测	权威依赖	

认知起点是学生对学习内容的理解状态,而学生对于内容的理解存在依据逻辑推理得出答案的情况及不能通过逻辑推理得出答案但确实存在某种认知倾向的情况。本研究将"认知"分为"逻辑层面的认知"和"信念层面的认知"。"逻辑"需要的是证据与推理,通过分析可发现,逻辑层面的认知起点多与学习内容较强相关,在本章主要是与"分式的定义"与"分式的基本性质"相关。对信念层面的认知分析可发现,学生存在与内容不同程度相关的认知起点,如"榔头冲动""化简倾向""展开倾向",在本章中主要与数学学科的运算相关,而"自我满足""自馁保守""权威依赖"则是学科层面,甚至脱离学科层面的学习习惯、学习风格、认知习惯。

由于实验样本数量有限,因此这些不同层次的认知起点类型均是通过对实验样本的原始回答聚类,并保留出现频次较高类型得出的。本章未纳入聚类出的部分可能有意义的认知起点类型,并不意味着学生不存在此类认知,如"仅分子次数大于分母次数时,分式是假分式""假分式,即不是真的分式""在分式中,$6\dfrac{x-y}{xy}$ 等价于 $6+\dfrac{x-y}{xy}$""分式化简中,也要求分母不为零以使分式有意义"等。

二、数据显著性分析

正式实验的前测或后测中,部分学生请假、生病或交白卷,致使对照班、实验 A 班、实验 B 班有效数据各回收 32 份、35 份、35 份。为探究前测与后测的数据间是否具有显著性,本研究对数据进行正态性检验,结果显示除信念阶分数外的所有分数的 sig. 均值大于 0.05,即数据呈正态分布,如表 7-11 所示。因此在比较同一班级的前后测数据差异性时,在成绩层面和原因层面均使用配对样本 t 检验,而在信念层面则使用配对样本秩和检验。之所以信念阶的分数不呈正态分布可能有两个原因,一是信念阶的题目数量较少,二是信念类型的梳理方式是通过自下而上聚类形成的,不同的信念类型之间不一定存在严密的结构关系,即信念类型的维度可能不全(这也是本研究的不足之一),因此信念阶的分数并未呈现正态分布。

表 7-11 前后测数据正态性检验

	Kolmogorov-Smirnova			Shapiro-Wilk		
	统计量	df	Sig.	统计量	df	Sig.
实验 B 班成绩前测	0.142	35	0.072	0.947	35	0.089
实验 B 班成绩后测	0.092	35	0.200	0.956	35	0.168
实验 B 班原因前测	0.110	35	0.200	0.959	35	0.209
实验 B 班原因后测	0.126	35	0.174	0.962	35	0.266
实验 B 班信念前测	0.202	35	0.001	0.892	35	0.002
实验 B 班信念后测	0.192	35	0.002	0.921	35	0.015
实验 A 班成绩前测	0.138	35	0.088	0.949	35	0.106
实验 A 班成绩后测	0.086	35	0.200	0.964	35	0.308
实验 A 班原因前测	0.102	35	0.200	0.977	35	0.664
实验 A 班原因后测	0.112	35	0.200	0.966	35	0.350
实验 A 班信念前测	0.205	35	0.001	0.910	35	0.007
实验 A 班信念后测	0.199	35	0.001	0.885	35	0.002
对照班成绩前测	0.148	32	0.074	0.938	32	0.065
对照班成绩后测	0.132	32	0.165	0.939	32	0.071
对照班原因前测	0.161	32	0.035	0.951	32	0.152

续　表

	Kolmogorov-Smirnova			Shapiro-Wilk		
	统计量	df	Sig.	统计量	df	Sig.
对照班原因后测	0.141	32	0.105	0.967	32	0.428
对照班信念前测	0.213	32	0.001	0.933	32	0.047
对照班信念后测	0.242	32	0.000	0.869	32	0.001

具体地,为探究3个班级不同层面的各自前后测分数间是否存在显著性,对3个班成绩层面和原因层面进行配对样本t检验时,结果如表7-12所示。从表中可以看出,sig.(双侧)列的数值均大于0.05,说明每一对数据均存在显著差异,即实验B班、实验A班及对照班经过教学实验在成绩与原因层面均有较显著的提升与改善。

表7-12　三个班各自成绩数据和原因数据前后测配对样本t检验

	成对差分					t	df	Sig.(双侧)
	均值	标准差	均值的标准误	差分的95%置信区间				
				下限	上限			
实验B班成绩前测-实验B班成绩后测	−18.67	17.73	3.00	−24.76	−12.57	−6.23	34	0.000**
实验B班原因前测-实验B班原因后测	−21.54	13.33	2.25	−26.12	−16.96	−9.56	34	0.000**
实验A班成绩前测-实验A班成绩后测	−22.13	13.77	2.33	−26.86	−17.40	−9.51	34	0.000**
实验A班原因前测-实验A班原因后测	−19.03	15.20	2.57	−24.25	−13.81	−7.41	34	0.000**
对照班成绩前测-对照班成绩后测	−5.25	14.11	2.49	−10.34	−0.16	−2.10	31	0.043*
对照班原因前测-对照班原因后测	−7.89	13.09	2.31	−12.61	−3.17	−3.41	31	0.002**

**在0.01水平(双侧)上存在显著差异
*在0.05水平上存在显著差异

3个班在信念层面配对样本秩和检验结果如表7-13所示,可以看出仅实验A班的前测和后测中的信念分数存在显著差异,实验班B班和对照班在信念层面的前后测不存在显著差异。即经过教学干预,实验A班学生在信念层面的分数得到显著提升,而另外两个班则没有显著性差异。

表7-13 三个班信念层面的配对样本秩和检验

假设检验汇总			
实验B班信念前测与实验B班信念后测之间差异的中位数等于0。	相关样本 Wilcoxon 符号秩检验	0.198	保留原假设
实验A班信念前测与实验A班信念后测之间差异的中位数等于0。	相关样本 Wilcoxon 符号秩检验	0.000**	拒绝原假设
对照班信念前测与对照班信念后测之间差异的中位数等于0。	相关样本 Wilcoxon 符号秩检验	0.256	保留原假设

**在0.01水平(双侧)上存在显著差异

通过配对样本t检验和配对样本秩和检验的分析可以说明正式实验的教学对于3个班的学生均有不错的教学效果,在成绩层面、原因层面、信念层面均有不同程度的提升。为探究各班在不同层面提升程度的差异情况如何,对3个班级进行独立样本t检验或独立样本秩和检验,具体sig.值如表7-14所示。

表7-14 班级之间显著性比较sig.统计

	独立样本t检验		独立样本秩和检验	独立样本t检验		独立样本秩和检验
	前测成绩	前测原因	前测信念	后测成绩	后测原因	后测信念
实验B班和实验A班	0.905	0.157	0.811	0.399	0.057	0.013*
实验B班和对照班	0.611	0.433	0.401	0.038*	0.000**	0.455
实验A班和对照班	0.705	0.599	0.697	0.003**	0.008**	0.003**

**在0.01水平(双侧)上存在显著差异
*在0.05水平(双侧)上存在显著差异

从前测数据中可以看出,3个班之间在3个层面上两两比较得出的sig.值均大于

0.05,说明在相同层面上任意两个班级之间均不存在显著差异。而通过后测数据可知,后测信念层面上,由于实验 A 班是关于信念的教学设计,而实验 B 班是基于原因的教学设计,因此在后测信念层面上,实验 A 班分别与实验 B 班和对照班相比均存在显著差异(sig. =0.013/0.003<0.05);在后测原因层面,由于实验 B 班和实验 A 班均学习了基于原因的个性化学习资源,因此实验 B 班与对照班在原因层面存在显著差异(sig. =0.000<0.05),实验 A 班与对照班也存在显著差异(sig. =0.008<0.05),而实验 B 班和实验 A 班之间则不存在显著差异(sig. =0.057>0.05);在成绩层面,实验 B 班和实验 A 班均显著高于对照班(sig. =0.038/0.003<0.05),而实验 B 班和实验 A 班之间则不存在显著差异(sig. =0.399>0.05)。整体分析看来,仅实验 B 班和实验 A 班的后测成绩数据不符合实验预期,但从两个班成绩平均分可知,虽然数据差异不能达到统计意义上的显著水平,但实验 A 班平均分高出实验 B 班约 4 分。

通过独立样本 t 检验或独立样本秩和检验可以看出在 3 个层面上 3 个班级两两之间提升程度的差异情况。为进一步探究 3 个层面之间的相关关系,本研究通过皮尔逊相关分析,分别对前后测数据中成绩、原因与信念两两之间的相关性做出分析,具体如表 7-15 所示。从表中可以看出不论是前测还是后测的成绩与原因都呈显著相关(sig. =0.000<0.001);而信念与成绩间不论前测还是后测均呈不相关(sig. =0.076/0.078>0.05);通过原因与信念层面的相关性分析可见,前测中原因与信念存在显著差异(sig. =0.001<0.001),后测中原因与信念之间不存在显著差异(sig. =0.140>0.05)。

表 7-15 前后测成绩与原因相关性分析

		Pearson 相关性	显著性(双侧)	人数(人)
成绩与原因	前 测	0.568**	0.000	102
	后 测	0.590**	0.000	102
成绩与信念	前 测	0.446	0.076	102
	后 测	0.175	0.078	102
原因与信念	前 测	0.325**	0.001	102
	后 测	0.140	0.159	102

**在 0.01 水平(双侧)上存在显著相关

从这些数据可以看出原因与成绩呈较强相关,原因会在较大程度上影响成绩,因此基于

"认知起点—原因"开发个性化学习资源与设计教学能促进学生学业水平的提升。而信念层面从相关数据不能看出与成绩的较强相关,但结合表7-14中实验B班和对照班后测显著性数据(sig.＝0.038＜0.05)以及实验A班和对照班后测显著性数据(sig.＝0.003＜0.01)比较发现,数据从显著变为极其显著差异,因此也有理由相信是"信念"促成了这种显著性的扩大,促使成绩的提升效果更加显著。而之所以数据显示成绩与信念不相关,可能有以下原因:(1) 本研究测查出的信念类别存在较大差异,有内容层面的信念,有学科层面的信念,也有学习层面的信念。这些信念影响的是学生对学科整体、数学学习、数学思维层面的认知,而不会直接影响学习一堂课后的测试成绩;(2) 信念类型较少,仅基于这些信念类别而做出的学习干预能产生一定效果但未达到统计学意义的显著水平,如表7-15所示。

上述数据说明,基于"认知起点—原因"与基于"认知起点—信念"设计教学均能有效促进学生学业水平的提升与认知的发展,且原因在较大程度上与成绩相关,信念与成绩在数据上不相关。实验A班与实验B班分别比较于对照班的差异程度从显著变为极其显著的原因极大可能是信念。

三、分层学生数据分析

本研究中,参与实验的学生在此研究开展前就已经具有个性化教育的意识。学生所在学校的数学课实行"分层走班制教学",即不同班的学生在数学课开始前会依据入学时的数学测试结果被分为A层和B层,其中A层是数学成绩较高的学生(学优生),而B层是数学成绩相对差一些的学生(学困生)。在开始数学学科的新课时,教师安排所有学生先混合,再让学生按照层级进入不同的教室学习(A层学生进入1班教室,B层学生进入2班教室)。本研究,依据学校的这种教学特点,对A/B层学生的成绩、原因、信念的数据进行分析,以探究"认知起点—原因"与"认知起点—信念"对学生学业水平的影响。

首先本研究统计了各班A/B层学生的成绩平均分提升情况,具体如表7-16所示。从平均分提升程度可初步看出不同班级学优生与学困生成绩提升的差异。

表7-16 各班成绩A/B层学生成绩平均分提升情况

	实验A班(分)	实验B班(分)	对照班(分)
A层	23.00	25.41	7.08
B层	20.98	12.30	3.42

为进一步分析各班 A/B 层学生在成绩层面的提升显著性,本研究对各班 A 层与 B 层学生的"成绩分数提升"进行正态性检验,结果如表 7-17 所示。由于将数据分层后,每一组数据量均未超过 20,于是本研究使用 S-W 检验来判断数据的分布情况。对照班 B 层存在一名学生的成绩提升高达 48 分,这导致对照班 B 层学生成绩数据呈偏态分布 (sig. =0.011<0.05),其余班级成绩均呈正态分布。

表 7-17 分层学生的成绩数据正态性检验

班层		Shapiro-Wilk		
		统计量	df	Sig.
成绩	实验 A 班 B 层	0.972	15	0.884
	实验 A 班 A 层	0.949	20	0.353
	实验 B 班 B 层	0.960	18	0.600
	实验 B 班 A 层	0.933	17	0.248
	对照班 B 层	0.844	16	0.011*
	对照班 A 层	0.973	16	0.889

* 这是真实显著水平的下限

分层学生成绩的独立样本检验结果如表 7-18 所示,数据主要分 3 组,第一组数据是各班内 A/B 层学生的成绩分数提升的显著性比较,第二组数据则是三个班级之间 A 层学生的成绩分数提升显著性的比较,第三组数据是三个班级之间 B 层学生的成绩分数提升显著性的比较。

表 7-18 分层学生的成绩数据之间显著性比较

组别	检验方法	检验对象	sig. 值(双侧)	是否显著
第一组	独立样本 t 检验	实验 A 班 B 层—实验 A 班 A 层	0.674	不显著
		实验 B 班 B 层—实验 B 班 A 层	0.016*	显著
	独立样本秩和检验	对照班 B 层—对照班 A 层	0.388	不显著
第二组	独立样本 t 检验	实验 A 班 A 层—实验 A 班 A 层	0.679	不显著
		实验 A 班 A 层—对照班 A 层	0.001**	显著
		实验 B 班 A 层—对照班 A 层	0.000**	显著

续 表

组别	检验方法	检验对象	sig. 值（双侧）	是否显著
第三组	独立样本 t 检验	实验 A 班 B 层—实验 B 班 B 层	0.148	不显著
	独立样本秩和检验	实验 B 班 B 层—对照班 B 层	0.067	不显著
		实验 A 班 B 层—对照班 B 层	0.001**	显著

**在 0.01 水平（双侧）上存在显著差异
*在 0.05 水平（双侧）上存在显著差异

第一组数据中，由实验 A 班的 A/B 层数据比较可见 sig.＝0.674＞0.05，数据之间不显著，说明实验 A 班的 A/B 层学生成绩提升程度相似，不存在显著差异；第一组中，实验 B 班的 A/B 层数据比较可见 sig.＝0.016＜0.05，数据存在显著差异，具体分析发现是实验 B 班的 A 层学生的成绩提升程度显著高于 B 层学生成绩提升程度；对照班的 A/B 层数据比较可见 sig.＝0.388＞0.05，数据之间不显著，说明对照班的 A/B 层学生成绩提升程度相似，不存在显著差异。

第二组数据中，由实验 A 班的 A 层数据与实验 B 班的 A 层数据比较可见 sig.＝0.679＞0.05，数据之间不显著，说明基于"认知起点—信念"设计的学习资源与教学比较于基于"认知起点—原因"设计的学习资源与教学对 A 层学生的成绩促进效果不存在显著的差异；实验 A 班 A 层和实验 B 班 A 层分别与对照班的 A 层数据比较 sig. 值均小于 0.05（sig.＝0.001/0.000＜0.01），数据间存在极其显著差异，说明基于"认知起点—原因"与基于"认知起点—信念"设计的学习资源与教学能极其显著地促进 A 层学生的学业成绩提升。

第三组数据中，由实验 A 班的 B 层数据与实验 B 班的 B 层数据比较可见 sig.＝0.148＞0.05，数据之间不显著，说明基于"认知起点—信念"设计的学习资源与教学比较于基于"认知起点—原因"设计的学习资源与教学对 B 层学生的成绩促进效果不存在显著的差异；实验 B 班 B 层和对照班 B 层数据比较可见 sig.＝0.067＞0.05，数据之间不显著，说明基于"认知起点—原因"设计的学习资源和教学对 B 层学生学业成绩提升有一定促进作用但不显著；实验 A 班 B 层和对照班 B 层数据比较可见 sig.＝0.001＜0.01，数据存在极其显著差异，说明基于"认知起点—信念"设计的学习资源与教学对 B 层学生的学业成绩提升具有极其显著的效果。

综上所述,通过比较 3 个班 A/B 层数据可知:对学优生而言,基于"认知起点—信念"设计的教学与基于"认知起点—原因"设计的教学对学业水平的促进作用差异不大;而对学困生而言,接受基于"认知起点—信念"设计的个性化学习资源与教学之后,成绩提升显著高于基于"认知起点—原因"设计的个性化学习资源与教学。

本章小结

本章主要通过梳理关于认知起点深度表征的问题,从一些学习现象开始思考与探讨如何表征认知起点:在已有的答案阶、原因阶的表征形式上尝试加入信念阶共同表征认知起点。从实证角度,本研究从学习技术研究团队已有研究出发,设计与实施基于认知起点(信念/原因)的教学实验,通过比较实验组与对照组的教学效果验证"信念阶"的存在,并分析出干预学生"认知起点—信念"能有效促进学业水平提升,基于"认知起点—信念"设计的教学对学困生的促进作用明显优于对学优生的促进作用,即相较于学优生,学困生能更好地获益于基于"认知起点—信念"设计的教学。

需要说明的是,本研究是研究三阶诊断(答案、原因、信念)的尝试与摸索,仍存在一些不足,例如:从认知起点深度的角度,本研究是从"逻辑/非逻辑"的角度开始挖掘,以信念的角度认识与表征"认知起点",暂未考虑可能存在的其他视角;从工具研制层面,预实验阶段的工具研制几乎完全依照"二阶诊断"的设计流程展开,由于预实验的实验效果不明显,于是正式实验时对此做了较大的调整,转为以半结构化访谈为主,但本研究未对这种转变进行更多的底层上的分析,仅从现象角度作出解释。本研究更多是提供一个工具研制的案例参考,而不能作为机理指导。

问题与回答

1. 图7-4呈现的第四轮测查卷中的题型大多为支架式问题,需要学生选择作答,这是否会导致学生的有些信念不能被挖掘出来?

【回答】本研究分预实验和正式实验两个阶段,这次测查是预实验时对学生的测查,主要是期待能通过半开放题目尽可能地引导出学生深层的认知,但预实验的结果显示测查效果并不理想,学生不能有效将深层认知的显性化。在正式实验中,本研究的方法便转变为在预实验基础上以半结构化的全员访谈为主,以追问的形式来挖掘学生深层认知。

2. 研究结果如何认定是三阶的作用,还是二阶+三阶的共同作用呢?

【回答】根据实验数据,实验 A 班与实验 B 班之间的后测成绩没有显著性差异,这不符合实验预期。而两实验班分别与对照班相比又有"显著"与"极其显著"这样的差异,因而本研究并不能明确教学效果提升是三阶信念的影响还是二阶原因+三阶信念共同的影响。

3. 实验 A 班和实验 B 班之间的教学设计有没有相互比较?

【回答】有比较。实验 A 班和实验 B 班的教学设计在流程、教师等因素上几乎一致,唯一不同的是两班学生所使用的学习资源。实验 A 班是使用基于"认知起点—信念"以及"认知起点—原因"设计的学习资源,而实验 B 班则只使用基于"认知起点—原因"设计的学习资源。本研究之所以没把学习资源作为变量,而把两班教学设计作为变量是因为教学是复杂的,学习资源的变化会引起很多非显性因素的变化。

4. 六种"认知起点—信念"类型是怎么得来的?

【回答】针对收集到的学生答案,首先判断是否与具体内容存在直接的逻辑关系,若有则归为"认知起点—原因",否则归为"认知起点—信念"类型。在"认知起点—信念"类型中,再根据具体的表现,结合相关的文献得出具体的名字,比如榔头冲动,就是比喻学生手上只有"完全平方式"这个榔头时,一看到相关的信息,便认为是合适的钉子,却没想到还有其他"平方差公式"样的榔头。

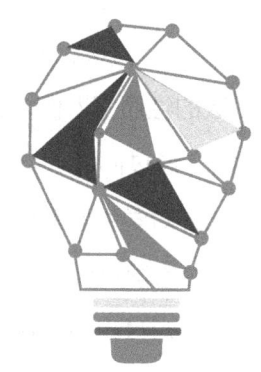

第八章

关注认知发展过程：课堂中的个性化干预

本章导言

本章的研究基于学习技术范式,以高中数学"对数函数的性质"为例,从认知起点切入,开展了技术促进学生认知发展的教学实验。通过问卷调查法和准实验研究法,本研究发现基于学习技术范式,在教学过程中加入针对学生当前认知起点的课中测查(下文中简称"中测")并进行实时干预,能够对学生的学业成绩和认知发展起到促进作用。本研究最终得到以下结论:(1)学生在课堂学习过程中的认知起点可以通过技术手段测查;(2)对学生课中的认知起点进行实时干预可以提升学生的学业成绩;(3)课中的技术干预坚实了认知的发展趋势,推进了学生的认知发展。

本研究基于深层次关注学生这一理念,重点反思以往研究对学生的关注程度,关注学生学习过程的前、中、后3个阶段。"前"阶段关注学生上课前的认知起点,预测学生课中认知发展过程;"中"阶段关注学生在课中的认知起点及其在学习过程中的认知发展情况;"后"阶段关注学生后测结果(包括学业水平和认知发展状况)与对应数据的挖掘分析。

以往学习技术范式下的个性化学习研究多利用教学实验开展前的前测数据及教学实验结束后的后测数据作为形成研究结论的分析依据,忽视了学生学习过程中的认知起点变化。本研究在先前研究的基础上,在课堂教学过程中加入了对学生当前认知起点的测查("中测"),即在实验教学开展的过程中,对学生施以针对课中认知起点的测查。本研究将可以判断特定认知起点的综合问题进行拆分,将拆分出的多个问题作为认知起点诊断的"依托",借助判断题的形式,以连问的方式对学生特定的认知起点做出相应的诊断。本研究对学习技术范式下个性化学习研究的颗粒度进行了一定程度的细化,同时为高中一线数学教师提供一个基于认知发展的个性化学习的案例。

第一节
通过探查课中的认知起点
监测学生认知发展过程

本研究不仅探查学生课前的认知起点,还探查学生课中的认知起点。对学生认知起点的探查一共经历了测查、分类、预测、验证 4 个过程。

一、课前认知起点测查

课前认知起点测查是本研究的重要部分,也是整个实验教学的基础,对后续课前认知起点的分类、课中认知起点的验证等环节都起到了关键作用。课前认知起点测查一共分为两个阶段:第一阶段针对 P 班和 Q 班的全体学生;第二阶段针对 A 班、B 班和 C 班全体学生。

(一) 课前认知起点测查的第一阶段

第一阶段的测查采用基于二阶诊断法的问卷调查。问卷由解答题和设置有开放性追问的填空题构成。问卷内容基于《普通高中数学课程标准(2017 年版 2020 年修订)》和《普通高中数学教学参考资料(必修第一册)》等材料及一线教师的经验而确定。测查问卷主要有 3 个作用:(1) 测查 P 班和 Q 班学生课前的认知起点;(2) 预测同类型学生课中的认知起点;(3) 为前测卷的编写提供参考。

此阶段测查卷的试题主要考查了"指数和对数""指数函数""反函数"和"对数函数"相关的内容,共 5 题。题目具有一定综合性,同一试题中包含着多个考查内容,且题目与题目之间存在内容交叉。其中指数与对数相关的题目有 3 道,指数函数相关的题目有 2 道,反函数相关的题目有 2 道,对数函数相关的题目有 4 道。测查内容与题目之间的对应关系如表 8-1 所示。

表 8-1 测查内容与题目之间的对应关系

测查内容	题目编号
指数、对数的运算	1、4、5
指数函数的性质	2、5

续　表

测查内容	题目编号
指数函数的图像	2、5
反函数的性质	1、2
对数不等式	3、4
对数函数图像	2、5
对数函数性质	2、3、4、5

此阶段的施测时间为教学实验开展之前,测查对象是 P 班和 Q 班的全体学生,其中 P 班 43 人,Q 班 44 人,总共 87 人,测查时长约 32 分钟。共计发放测查问卷 88 份,回收 87 份,回收率为 98.86%,其中有效问卷 87 份,有效率为 100%。

经过对测查卷的分析,结合一线教师的意见,本研究总结了这次测查存在的 3 个问题:(1) 整体难度偏小;(2) 反函数的性质相关题目的错误率极高,由此归纳得到的学生类型统一;(3) 关于对数不等式的问题存在重复。为解决以上问题,本研究对第二阶段的课前认知起点测查进行调整。

(二) 课前认知起点测查的第二阶段

第二阶段的测查使用前测卷进行调查。前测卷是基于第一阶段问卷数据的分析,结合一线教师的建议而编制,由解答题和设置有开放性选项的选择题构成,削减了对"反函数的性质"和"对数不等式"两块内容的考查,前测卷如下所示。

前测卷的测查题目样例

第一题(1):指数函数 $y=a^x$ 的反函数是(　　)。

A. $y=a^{-x}$;　　B. $y=-a^x$;　　C. 以上都不是,应该是_____

第一题(2):上题中你选择这个选项的原因是(　　)。

A. 反函数与反比例函数概念类似

B. 反函数与相反数概念类似

C. 反函数就是将原函数关于 y 轴对称

D. 以上都不是,应该是_____

前测卷的目的主要有两个:(1) 测查 A 班、B 班和 C 班学生的课前认知起点;(2) 对同类型学生课中认知起点的预测做出修正。这一阶段,前测卷的题目主要考查了"指数和对数""指数函数""反函数"和"对数函数"相关的4块内容,一共5题。由于所编制的题目具有一定的综合性,所以同一题目中包含着多个考查内容,并且题目和题目之间有内容交叉。其中指数与对数相关的题目有3道,指数函数相关的题目有2道,反函数相关的题目有1道,对数函数相关的题目有3道。测查内容与题目的对应关系如表8-2所示。

表8-2 测查内容与题目之间的对应关系

测查内容	试题编号
指数、对数的运算	2、3、5
指数函数的性质	1、5
指数函数的图像	1、5
反函数的性质	2
对数不等式	3
对数函数图像	4、5
对数函数性质	3、4、5

此阶段的施测时间是教学实验开展之前,对象是A班、B班和C班的全体学生。测查时长约为34分钟。共发放调查问卷108份,回收有效问卷105份(其中A班32份,B班35份,C班38份),有效回收率为97.2%。

二、对课前认知起点的分类

课前认知起点的分类基于对P班、Q班学生的测查及对A班、B班、C班学生的前测,主要以A班、B班、C班的前测为主。本研究通过分析答题结果,根据学生答题情况,从前测卷中提取了19个观测点(编号为Q1至Q19),每个观测点都对应了具体的知识点或答题步骤。观测点的用途有两个:(1)观测点可作为得分点,通过对观测点赋分,可得到学习者对应的考试得分,即学业成绩;(2)观测点可用于确定认知起点,组合观测点,进行布尔运算便可以获得相应的认知起点,这可用来对学生进行分类。

本研究将观测点的组合与课前认知起点对应,并对课前认知起点进行了分类。具体分类情况如表8-3所示。

表 8-3 课前认知起点分类表

类型(Type)	类型描述	对应内容(Content)	观测点特征(Quaesitun)	人数(人)	人数占比
T1 内容缺失	对理应已经掌握的代数内容存在不掌握的情况	C1 指数函数、对数函数图像的分类	Q2=0 and Q10=0	3	3.06%
		C2 对数函数的自然定义域	Q5=0 and Q13=0	80	81.63%
		C3 反函数的转化	Q9（1）：A or Q9（1）：B	18	18.37%
		C4 一元二次不等式的计算	Q12=0 and Q19=0	16	16.33%
T2 内容误解	能正确完成对应代数的题目却不能解释正确的原因	C3 反函数的转化	Q9(1)：C and (Q9(2)：A or Q9(2)：B or Q9(2)：C or Q9(2)：wrong)	42	42.86%
		C5 指数函数与对数函数关于 y=x 对称	Q14=5 and (Q18=5 or Q18=8 or Q18=12)	7	7.14%
T3 内容孤立	对对应的代数内容没有不掌握或误读，但无法在多条件的题目中对该内容进行合理运用	C1 指数函数、对数函数图像的分类	Q2=1 and (Q10=0 or Q10=2 or Q10=3 or Q10=4 or Q19=0)	51	52.04%
		C2 对数函数的自然定义域	Q5=1 and Q13=0	8	8.16%
		C5 指数函数与对数函数关于 y=x 对称	Q14=5 and Q18=0	31	31.63%
T4 单一图像趋势的动态感知缺失	对某一解析式固定的函数图像中所蕴藏的图像动态趋势的感知存在问题	C6 指数函数、对数函数图像渐近线的判别	Q3=0	31	31.63%
		C7 指数函数、对数函数图像上升下降趋势判别	Q6=0	16	16.33%
		C8 指数函数、对数函数图像增长幅度判别	Q8=0	97	98.98%

续　表

类型(Type)	类型描述	对应内容(Content)	观测点特征(Quaesitun)	人数(人)	人数占比
T5 多图像趋势的动态感知的失误	对多个解析式固定的函数图像中所蕴藏的图像动态趋势的差异或联系存在感知缺乏的问题	C9 不同参数对应的对数函数图像高低比较	(Q3>0 or Q6>0 or Q8>0) and (Q11=0 or Q11=1) and Q19>0 and Q19<16	88	89.80%
		C10 对数函数与指数函数图像是否对称的判断	(Q3>0 or Q6>0 or Q8>0) and Q16<8 and Q18<13	81	82.65%
T6 一般图像的动态感知薄弱	对某些解析式未知的一般函数图像中所蕴藏的图像特征（差异、联系等）存在感知缺乏的问题	C11 对数函数图像与指数函数图像对称	Q16<8 and Q17<7 and Q18<13	89	90.82%
		C12 对数函数图像与指数函数图像对称的证明中对称点到对称函数图像的推广（从特殊到一般）	Q15<5 and Q18<17	92	93.88%
T7 数学语言不够规范	用于描述问题的数学语言不够规范，面对图像时的数学视野不够开阔	C13 指对数函数图像的特征	0<Q3<4 or 0<Q4<3 or 0<Q6<5 or Q7=1	98	100.00%
T8 数学视野不够开阔		C13 指对数函数图像的特征	Q1=0 or Q3=0 or Q4=0 or Q5=0 or Q6=0 or Q7=0 or Q8=0	98	100.00%

表 8-3 的第一列"类型"为课前认知起点类型；第二列"类型描述"为针对第一列"类型"的详细解释；第三列"对应内容"为不同类型下对应的不同知识内容；第四列"观测点特征"为观测点的组合方式，通过对不同观测点进行组合以判定不同认知类型、不同对应内容下的认知起点；第五、第六列分别为不同课前认知起点所对应的人数和人数占比。

表 8-3 中所示的课前认知起点是本研究测得的认知起点，并不代表该时刻学生所有的课前认知起点。通过对实验数据的分析，归纳了 8 个认知起点类型，编号为 T1 至 T8，其中 T1 内容缺失、T2 内容误解和 T3 内容孤立更偏向于高中数学中代数的范畴，而 T4 单一图像趋势的动态感知缺失、T5 多图像趋势的动态感知的失误和 T6 一般图像的动态

感知薄弱更偏向于高中数学中几何的范畴,T7 数学语言不够规范和 T8 数学视野不够开阔则是基于普通高中数学核心素养而归纳命名。

同一个认知起点类型所对应的内容可能存在多个,如 T4 类型就包含了 3 个对应内容,分别为 C6 指数函数、对数函数图像渐近线的判别,C7 指数函数、对数函数图像上升下降趋势判别和 C8 指数函数、对数函数图像增长幅度判别。若要确定某学生是否存在某一认知起点,则需对其观测点进行判断,如某学生的观测点 Q14=5 且 Q18=0,则可以判定该学生存在认知起点 T3－C5。

三、对课中认知起点的预测

在高中数学的代数范畴中,3 种课前认知起点类型 T1、T2、T3 存在着一定的联系。经过与一线教师的商讨,本研究认为课前认知起点 T1、T2、T3 的认知发展顺序为:先 T1,再 T2,最后 T3。可能在学生认知发展过程中会跳过 T2,但 T2 不会在 T3 之后出现。T3 类型的发展为对应内容认知发展的终止。在第一轮的预测中,对代数范畴的 3 种认知起点作出预判,如表 8－4 所示。

表 8－4　T1、T2 类型认知起点的预测情况(第一轮)

编号	课前认知起点	课中认知起点预测
1	T1－C1	T3－C1
2	T1－C2	T3－C2
3	T1－C3	T2－C3
4	T1－C4	/
5	T2－C5	T3－C5

在几何范畴的 3 类认知起点中,经过与一线教师的商讨,本研究发现它们存在着与代数范畴中三种认知起点类型相似的联系,即 T4、T5、T6 的认知发展顺序为:先 T4,再 T5,最后 T6。不同于代数范畴的是,不同认知起点类型下的对应内容没有重复,因而无法确定其基于内容的发展指向。基于此,在第一轮的预测中,暂定对 T4 类型的学生测所有 T5 和 T6 的内容,对 T5 类型的学生测所有 T6 的内容。具体 T4、T5 类型在课中认知起点的预测情况如表 8－5 所示。

表 8-5　T4、T5 类型认知起点的预测情况（第一轮）

编号	课前认知起点	课中认知起点预测
1	T4(C6、C7、C8)	T5(C9、C10)、T6(C11、C12)
2	T5(C9、C10)	T6(C11、C12)

基本素养范畴的两类认知起点(T7、T8)发展难度较大，经过与一线教师和相关专家的讨论，本研究决定不将其列为研究重点，不对其进行相关干预。第一轮的预测后将利用 P 班学生对第一轮的预测做出验证。通过与一线教师的讨论，本研究编制了验证卷，以期对预测进行修正。

四、对课中认知起点的验证

本研究对第一轮预测进行了验证和修正。首先，对 P 班的测查卷进行分析，将 P 班的 43 名学生进行课前认知起点的对应。随后，根据课前认知起点的类型将学生进行分组，按组别进行小规模教学。每一次的小规模教学都满足两种要求：(1) 学生的课前认知起点相同或相近；(2) 对应认知起点类型的学生人数较少。这样才能较为便利地在授课过程中对学生施加中测练习，即利用验证卷对学生课中的认知起点进行考查。最后，通过数据分析，掌握 P 班学生课中认知起点的变化，并修改对课中认知起点的预测，同时编制中测试题以用于正式实验教学。

在最终的预测中，本研究保留了第一轮预测的两个决议：(1) 考虑到 T1-C4(T1 内容缺失 C4 一元二次不等式的计算)所涉及的先导知识过于陈旧、T7-C13(T7 数学语言不够规范 C13 指对数函数图像的特征)和 T8-C13(T8 数学视野不够开阔，C13 指对数函数图像的特征)所涉及的内容无法在较少课时内纠正，并且这 3 类认知起点并不涉及本研究的核心内容，因此不对其进行中测且不在实验教学中进行干预；(2) 保留第一轮预测中对 T1-C1、T1-C2、T1-C3 和 T2-C5 4 类认知起点的预测，不对其进行修改。

通过分析中测卷，本研究发现：(1) 课前认知起点为 T3-C5 的学生，可能发展出 T5-C10、T6-C11、T6-C12 3 种课中认知起点。因而增加了表 8-6 中编号 5 这一预测；(2) 类型 T4、T5、T6 中也存在着一定联系，通过对预测卷数据的分析，对这三个类型的认知起点预测作了更清晰的划分和对应，预测 T4-C6、T4-C7、T4-C8 3 种课前认知起点可能发展出 T5-C9，T5-C10 可能发展出 T6-C11 和 T6-C12，T6-C11 可能发展出 T6-C12。修改后的对课中认知起点的预测如表 8-6 所示。

表 8-6 课中认知起点的预测情况

编号	课前认知起点	课中认知起点预测
1	T1-C1	T3-C1
2	T1-C2	T3-C2
3	T1-C3	T2-C3
4	T2-C5	T3-C5
5	T3-C5	T5-C10、T6-C11、T6-C12
6	T4-C6、T4-C7、T4-C8	T5-C9
7	T5-C10	T6-C11、T6-C12
8	T6-C11	T6-C12

第二节
在高中数学课堂实施个性化干预

一、研究综述和理论基础

(一) 数学教学中认知发展的研究

数学学科教学中关于认知发展的研究成果相当丰富,但对学生的关注尚显不足,如康世刚等人在"数学史与中小学数学教育"研究中发现:"中小学数学学科教育的相关研究缺乏与一线数学教师的合作,同时缺少对学生个体认知发展的关注"[1]。

通过文献的梳理,本研究将数学学科教学中对认知发展的研究分为两类:第一类更倾向于皮亚杰的认知发展理论,旨在揭露数学认知发展的规律,并且探索数学教学应该如何顺应这种认知规律。如 Tall 提出"数学三个世界,即三种数学学习的认知发展形式,解释了学习数学的认知发展过程"[2];吴华等人基于"数学三个世界","探索如何高效学习数学概念"[3];殷娴等人提出"依据学生认知发展规律的'数学思考'课程目标体系对数学思考总目标的达成有促进作用"[4];林小平认为"数学教学活动须建立在学生已有的知识经验基础之上,有效教学须关注学生的认知起点"[5];何纪全"通过分析应用题的结构要素,记录小学生对应用题结构的认知发展特点,总结出了四种小学生对应用题数量关系结构认知发展的阶段性特点"[6]。刘鹏飞等人认为"学段的划分也应当关注儿童的身心发展规律,充分考虑学生的认知"[7]。值得注意的是,刘鹏飞等人认为"学段指一些特定的学习阶段,或者是在某一特定的学习区间、学习时间范围"。可见他们对"学段"的定义涵盖了新皮亚杰认知发展观的思想。

---

[1] 康世刚,胡桂花.对我国"数学史与中小学数学教育"研究的现状分析与思考[J].数学教育学报,2009,18(5):65-68.
[2] Tall D. Thinking through three worlds of mathematics[J]. Proceedings of the 28th Conference of the International Group for the Psychology of Mathematics Education, 2004, 4.
[3] 吴华,崔艳姣.基于数学三个世界的数学概念高效教学[J].数学教育学报,2015,24(3):48-50.
[4] 殷娴,杨涛.小学数学课程"数学思考"目标体系的构建[J].课程.教材.教法,2017,37(3):85-89.
[5] 林小平.有效教学必须关注学生的认知起点[J].教学与管理,2010(23):35-36.
[6] 何纪全.关于小学生对应用题结构认知发展的初步研究[C].全国第六届心理学学术会议文摘选集.1987.
[7] 刘鹏飞,史宁中.论"学段"[J].东北师大学报(哲学社会科学版),2014(5):206-209.

第二类对数学认知发展的研究更倾向于新皮亚杰认知发展观,旨在揭露某一特定学习区间中学生在数学方面的认知变化,以及如何促进认知的发展。如吴骏在八年级数学的教学中,利用 solo 分类法将学生按照认知水平分类,对学生的认知发展进行了定性的分析,发现数学史的融入促进了部分学生认知的发展[1];尹相杰等人以小学数学"相交与垂直"为例,了解了学生的认知状况与对应的形成原因,并将学生的前概念进行分类,借助教育技术促进了学生的概念转变[2];刘荣玄等人通过研究概念图教法和概念图制作对学生"识记""理解"和"应用"这 3 种认知方式的影响,发现概念图教法与概念图制作可以有效地促进学生的认知水平提高[3]。在美国,有一个"基于认知发展的数学教育"(Cognitively Guided Instruction)项目,它通过帮助教师掌握学生在特定的认知领域(如数、计算等)中"数学思维发展"的知识,从而促进学生数学学科认知能力的发展。[4] Carpenter 等人发现,儿童在开始学习之前已经拥有了许多非正式的或直觉的数学知识,可称作"前数学知识"或"前数学概念",这些知识主要来自日常的生活以及非正式的数学学习经验,且主要以非正式的数学问题解决策略表现[5]。Fennema 等人基于小学数学,利用认知科学的研究范式衍生出的儿童数学思维知识来实施教学决策,使学生的数学水平超过了 NCTM 标准的推荐水平[6];Carpenter 等人通过描绘儿童对基本数字概念理解的发展情况,帮助教师促进儿童数字思维的发展[7]。本研究更倾向于第二类研究,即新皮亚杰主义的观点,旨在揭露学生在特定学习区间(1 课时的对数函数课程)中,学生认知起点的变化情况。

(二) 三种颇具影响力的认知发展理论

在漫长的认知发展理论的研究中,无数的研究者付出了漫长的时间和巨大的精力,取

---

[1] 吴骏.基于 HPM 教学的学生认知发展个案研究[J].数学教育学报,2017,26(2):46-49.

[2] 尹相杰,董玉琦,胡航.CTCL 视野下的小学数学概念转变的实证研究:以"相交与垂直"为例[J].现代教育技术,2018,28(2):47-53.

[3] 刘荣玄,蔡金,赖清.概念图在数学教学中对学生认知影响的实证研究[J].数学教育学报,2019,28(1):83-88.

[4] 夏婧,庞丽娟,韩小雨.美国"基于认知发展的数学教育"项目简介及其启示[J].学前教育研究,2009(4):45-49.

[5] Carpenter, Thomas, P., et al. Cognitively guided instruction: A knowledge base for reform in primary mathematics instruction.[J]. Elementary School Journal, 1996.

[6] Fennema, E., Franke, M. L., Carpenter, T. P., et al. Using Children's Mathematical Knowledge in Instruction[J]. American Educational Research Journal, 1993, 30(3): 555-583.

[7] Carpenter, T., Fennema, E., Franke, M., et al. Children's Mathematics: Cognitively Guided Instruction, 2nd Edition[M]. 2015.

得了相当丰富的理论成果。其中相对完善并最为具有影响力的观点主要有皮亚杰的观点、信息加工的观点、新皮亚杰主义的观点及情境观。[1] 本研究着重反思皮亚杰的认知发展理论、信息加工的观点以及新皮亚杰主义的观点。"这些认知发展的理论主要针对发展过程在不同时刻下的两类问题,即学生有何认知发展的描述性问题和认知发展如何发生的解释性问题。"[2] 对于解释性问题而言,皮亚杰的观点以及信息加工的观点都旨在寻找适合于解释任何认知领域发展变化的一般规律。而新皮亚杰主义的观点则融合了上述两种观点,并在此基础上展现出较为明确的实用主义倾向,着重关注具体的某个领域。

皮亚杰认为,"认知发展得以发生的关键机制在于'平衡',当产生与图式不一致的冲突时,有机体会去主动同化、顺应这些冲突,最终达到一种和谐的状态,即有机体认知结构和环境因素达成了一种平衡。在此过程中,同化与顺应的共同作用促使了认知发展的产生。"[3] 并且,图式是在不断地建构过程中得以发展的,后一个阶段的图示皆是基于前一个阶段进行的延伸。[4] 皮亚杰的贡献是巨大而影响深远的,但依旧由于存在着一定的局限性而饱受各界的质疑,如"思维与逻辑能脱离具体情境和内容吗?理论是否符合发展事实?"等。有研究者更是针对皮亚杰理论中"运算结构"一词的界定不明指出:"心理结构的说法仅仅是提供了方法论","优秀的认知发展模型应该是可以准确地解释动作内化、协调等是如何在学生的头脑中进行表征的"。[5]

不仅是皮亚杰的认知发展理论饱受争议,每当"试图揭示某些复杂行为(比如语言习得、问题解决)时,引发行为的学习观存在的局限性同样令人不满。"[6] 这样的背景下,关注认知发展过程中认知变化的信息加工观随之出现。信息加工的观点是将人类的心智假想为一个较为复杂的认知系统[7],认为"学习是提取信息并以短时记忆建立心理表征,然后

---

[1] 邓赐平,桑标,缪小春.认知发展理论的沿革与新发展[J].华东师范大学学报(教育科学版),2001(4):53-59.
[2] 邓赐平,桑标,缪小春.认知发展理论的沿革与新发展[J].华东师范大学学报(教育科学版),2001(4):53-59.
[3] 王光荣.发展心理学研究的两种范式:皮亚杰与维果茨基认知发展理论比较研究[J].华中师范大学学报(人文社会科学版),2014,53(5):164-169.
[4] 张春莉.当前几种认知发展观点的比较研究[J].温州大学学报(自然科学版),2010,31(4):51-56.
[5] Chapman, M. Constructive Evolution: Origins and Development of Piaget's Thought[A]. 1988.
[6] Fahyan, S. E. Educational technology for teaching and learning / Timothy J. Newby ... [et. al] [M]. Educational technology for teaching and learning, 2011.
[7] 邓赐平,桑标,缪小春.认知发展理论的沿革与新发展[J].华东师范大学学报(教育科学版),2001(4):53-59.

把一系列的认知过程应用于表征,并且每一次认知过程中都在某种程度上转换了表征,最后把最终结果贮存在长时记忆中"。[1] 如 Siegler 关于推理规则发展顺序的研究中的认知加工的观点使用了来自信息加工理论的概念和方法,对皮亚杰的理论中所提及的认知发展现象进行再度的分析。[2]

新皮亚杰主义与皮亚杰的发展观之间存在相当的相似性,但新皮亚杰主义采取了更为灵活的态度对待一些问题。[3] 该主义利用了许多来自其他理论的观点,特别是信息加工观的一些观点。比如在 Case 的认知发展理论中,"把儿童当成问题的解决者,把认知发展作为程序的更新"[4]。Case 还"倡议在专门的领域,如数字概念、空间概念等方面发展对应认知阶段"。[5] "新皮亚杰主义的观点将认知的变化看成是对某个问题中逐渐变多的特征进行处理的过程,而发展水平的差异表现为,为达到最终的目标而制定次级目标的能力水平差异。因而,认知发展就是在不断重演这类目标的分化、协调和重新设定。"[6] 又比如,Biggs 等人提出的 SOLO(Structure of the Observed Learning Outcome)分类理论,利用反应的质性分析和抽象程度(称为思维方式)来表征认知发展,从而可更方便地了解到学生反应的本质(结构)和学生随时间改变的特点[7][8]。SOLO 分类的关注点不同于皮亚杰,并非对一般认知结构的关注,而在于特定的任务表现之中。[9] 本研究主要以皮亚杰的认知发展理论和信息加工观作为基础,且更加倾向于新皮亚杰主义的观点,将着眼于专门领域,深层次地关注学生认知发展的过程。

(三)最近发展区理论

"最近发展区"这一概念来源于心理学家维果茨基的理论,是一个关于"如何看待儿童

1　Mayer R. E. Theories of learning and their application to technology. [J]. 2003.
2　Siegler R. S. Information processing approaches to development[J]. Handbook of child psychology: formerly Carmichael's Manual of child psychology/Paul H. Mussen, editor, 1983.
3　邓赐平,桑标,缪小春. 认知发展理论的沿革与新发展[J]. 华东师范大学学报(教育科学版),2001(4):53-59.
4　Case R. The Structure and Process of Intellectual Development[J]. International Journal of Psychology, 1987, 22(5-6): 571-607.
5　Case R. Intellectual development from birth to adulthood: A neo-Piagetian interpretation. [A]. 1978.
6　邓赐平,桑标,缪小春. 认知发展理论的沿革与新发展[J]. 华东师范大学学报(教育科学版),2001(4):53-59.
7　Biggs J. B. Multimodal Learning and the Quality of Intelligent Behavior[A]. 1991.
8　蔡永红. SOLO 分类理论及其在教学中的应用[J]. 教师教育研究,2006(1):34-40.
9　王永花. SOLO 分类理论在教学设计中的应用[J]. 教学与管理,2015(24):106-108.

的心智发展与教学之间关系的心理学概念。"[1] 最近发展区理论认为,学生的发展水平可以分成两类,其一为学生现有的发展水平,即由一定的已经完成的发展系统所形成的儿童心理机能的发展水平,如儿童可以独立解决问题;其二为学生可能到达的发展水平,即在有指导、有帮助的合作中能够解决问题。[2] 以上两类发展水平之间的差距,即为"最近发展区"。最近发展区理论为揭示学生的认知发展过程及个性化差异提供了理论基础,同时,为教学促进学生的发展提供了相当重要的启示。[3]

维果茨基认为,"教学必须走在发展前面",可以这样理解这句话:好的教学必须关注学生的最近发展区。更有研究者提出:"在学生的每一个年龄阶段中,最佳的学习时间依赖于其自身的最近发展区。"[4] 另外,维果茨基指出,学生个体的发展并非仅仅是自然地成长,学生所处的环境也会对其发展起到重要的作用,学习需要在特定的历史、社会文化背景下进行。只有当学生个体在其自身的最近发展区内与周遭环境中的其他人合作交往时,教学才可以促进学生多样化的内在发展。[5] 与此同时,维果茨基也十分关注学生已有的经验和新知识之间的相互作用。例如,维果茨基将学生的日常概念称作"自下而上的知识",而将学生在学校中学习的科学概念称作"自上而下的知识",只有当日常生活概念和科学概念这两种知识互相联系并相互作用的时候,学生才能收获成长并发展出更为系统的概念。[6] 本研究基于维果茨基的最近发展区理论,在设计个性化的教学资源以及对学生进行课中的认知起点预测中,尊重学生之间的差异,力求在不同学生的最近发展区内有效地利用技术促进其学业成绩的提升和认知发展。

(四) 知识整合框架理论

知识整合框架理论是由国际科学教育领域的著名学者马西娅·C.林于20世纪80年代提出。"知识整合"一词可以理解为:"学生基于对科学现象所持有的众多不完整、相互

---

[1] 钟启泉.最近发展区:课堂转型的理论基础[J].全球教育展望,2018,47(1):11-20.
[2] 黄春梅."最近发展区"的多重动态关系解读与澄清[J].教育科学研究,2016(12):65-67.
[3] 黄春梅."最近发展区"的多重动态关系解读与澄清[J].教育科学研究,2016(12):65-67.
[4] Guk, I., Kellogg, D. The ZPD and whole class teaching: Teacher-led and student-led interactional mediation of tasks[J]. Language Teaching Research, 2007, 11(3): 281-299.
[5] 黄春梅."最近发展区"的多重动态关系解读与澄清[J].教育科学研究,2016(12):65-67.
[6] 温彭年,贾国英.建构主义理论与教学改革:建构主义学习理论综述[J].教育理论与实践,2002(5):17-22.

冲突和混淆的想法建构和整理知识时所遵循的过程"。[1][2]

"知识整合的教学理论可以用来对学习和教学进行指导,利用该理论的教学旨在促进学生对科学内容理解的连贯性和精确性。"[3]知识整合框架理论认为,"学生在自身的经验、对自然世界的观察、所处的文化与信仰、社会环境及教学的基础上已然构建了一套非连续的、碎片化的想法,而知识整合型的教学法通过诱导出学生的固有想法、为其增添新的想法,使其辨析新旧的想法、帮助反思并归类各个想法等流程,可以将这些非连续的、碎片化的想法整合为连贯想法。"[4]本研究非常认同知识整合框架理论对学生已有想法的重视及其对冲突和混淆的内容的利用。在学习技术范式的基础上,本研究整体的研究框架以知识整合框架理论作为参考,反思该理论中为了促进连贯想法的整合而使用的各大流程。

二、基于认知起点的技术选择

本研究深入一线课堂,在传统的课堂教学中加入技术干预,利用信息技术工具开发和搭载学习资源,并利用学习支持系统在特定的时间点向学生推送特定的学习资源,助力学生的认知发展。但应注意:不能为了使用技术而使用技术,需要知道"技术应作用在哪里"。不同技术的功能、特点各异,在教学中也产生不同的影响。

(一)技术选择的原则

本研究所采用的技术均基于学生的认知起点。本研究技术选择的原则如下:

1. 精准化原则

技术的选择首先要考虑学生的认知起点,即考虑学生之于学习内容处在怎么样的一个状态,实现技术选择精准的要求。如面对 T1 内容缺失,需要为学生补充所缺失的学习内容,结合代数范畴天生的抽象属性,此时需要一个以面带全的技术手段。微视频便是一

---

[1] Linn, M., Eylon, B. Science learning and instruction: Taking advantage of technology to promote knowledge integration[J]. Science Learning and Instruction: Taking Advantage of Technology to Promote Knowledge Integration, 2011: 1-340.
[2] 赵国庆,张丹慧,陈钱钱.知识整合教学理论解读:将碎片化知识转化为连贯性想:访学习科学国际著名专家马西娅·C.林教授[J].现代远程教育研究,2018(1):3-14.
[3] 赵国庆,张丹慧,陈钱钱.知识整合教学理论解读:将碎片化知识转化为连贯性想:访学习科学国际著名专家马西娅·C.林教授[J].现代远程教育研究,2018(1):3-14.
[4] Dede, C., Richards, J. Digital Teaching Platforms: Customizing Classroom Learning for Each Student[J]. Teachers College Press, 2012: 224.

个合适的技术选择。又如针对 T3 内容孤立,学生虽然已经孤立地记住了对应的学习内容,但在综合问题中运用时却出现了遗忘或者不知如何使用的情况,于是本研究选择使用编制顺口溜的手段,在知识与运用之间建立联系。又如面对 T4 单一图像趋势的动态感知缺失时,可结合其几何属性的内容前提,使用 TI 图形计算机。

2. 可视化原则

可视化主要指直观化、形象化、视觉化。[1] 在日常教学的过程中,将抽象内容具象化可以易于学生理解。如 T4、T5、T6 三类课前认知起点均属于几何范畴,可视化自然成了最佳的技术选择原则。通过技术实现可视化不仅可以呈现图片,还可以为学生展现图像的动态变化过程。可视化原则不仅适用于几何范畴下的认知起点类型,也适用于代数范畴。在代数范畴下,可视化的推演、重点内容的呈现等方式同样可以让学生更好地学习到相关内容。

3. 能动化原则

本研究在技术选择时,坚持能动化原则,即实现学生主动地参与到对学习内容的探究之中,并在探究过程中与其他学生进行适当的交互。主要体现在针对认知起点 T4 和 T5 类型,本研究选用 TI 图形计算机,在教学设计中让学生自己通过 TI 图形计算机进行函数图像的绘制与比较,在探究过程中促进认知发展。

(二) 具体的技术选择

面对不同的认知起点,本研究根据精准化、可视化和能动化三大原则,基于课前认知起点进行了技术的选择。具体技术选择结果如表 8-7 所示。面对课前认知起点,除去不作干预的 T1-C4、T7-C13 和 T8-C13,共采用了 4 种技术干预策略,分别为微视频、编制顺口溜、TI 图形计算机和教师统一讲解(为了在分析时保留所有的课前认知起点,此处将"编制顺口溜"和"教师统一讲解"看作是智化的技术)。其中"微视频"主要针对用于以面带全的代数类内容所形成的认知起点;"编制顺口溜"主要针对 T3 类型中的认知起点,其对应内容本身难度不大,但容易在综合类问题中被学生遗漏;"TI 图形计算机"主要针对需要展现图像动态变化的几何类内容所形成的认知起点;"教师统一讲解"主要针对需由学生记忆的数学规则或人数占比很高的认知起点。对于课中认知起点,考虑到系统推送难易度的问题,均采用了微视频技术来承载学习资源。

---

[1] 周洪宇,齐彦磊.教育器物史:一种"可视化"的教育史[J].教育研究,2021,42(2):56-62.

表 8-7 基于认知起点的技术选择

类型	对应内容	基于课前认知起点的技术选择	基于课中认知起点的技术选择
T1 内容缺失	C1 指数函数、对数函数图像的分类	微视频	微视频
	C2 对数函数的自然定义域	微视频	微视频
	C3 反函数的转化	微视频	微视频
T2 内容误解	C3 反函数的转化	微视频	微视频
	C5 指数函数与对数函数关于 y=x 对称	教师统一讲解	/
T3 内容孤立	C1 指数函数、对数函数图像的分类	编制顺口溜	微视频
	C2 对数函数有自然定义域	编制顺口溜	微视频
	C5 指数函数与对数函数关于 y=x 对称	微视频	微视频
T4 单一图像趋势的动态感知缺失	C6 指数函数、对数函数图像渐近线的判别	TI 图形计算机	/
	C7 指数函数、对数函数图像上升下降趋势判别	TI 图形计算机	/
	C8 指数函数、对数函数图像增长幅度的判别	TI 图形计算机	/
T5 多图像趋势的动态感知的失误	C9 不同参数对应的对数函数图像高低比较	TI 图形计算机	微视频
	C10 对数函数与指数函数图像是否对称的判断	教师统一讲解	微视频
T6 一般图像的动态感知薄弱	C11 对数函数图像与指数函数图像对称	教师统一讲解	微视频
	C12 对数函数图像与指数函数图像对称的证明中对称点到对称函数图像的推广（从特殊到一般）	教师统一讲解	微视频

以上为本研究在实验教学开始之前所作的前期准备，主要针对学习内容（Content）、学生（Learner）和技术（Technology）。其中对学生认知起点的探查最为重要，探查的内容包括课前认知起点的测查与分类，以及课中认知起点的预测与验证。

三、测查内容的选取

本研究选择的测查内容主要根据《普通高中数学课程标准（2017 年版 2020 年修订）》和《普通高中数学教学参考资料（必修第一册）》的内容，结合一线教师的建议而定。《普通高中数学课程标准(2017年版2020年修订)》中提到,"函数是现代数学最基本的概念""是贯穿高中数学课程的主线。""幂函数、指数函数、对数函数是最基本、应用最广泛的函数,是进一步学习数学的基础"。因此,本研究将教学实验内容确定为函数相关内容。

与幂函数、指数函数相比,对数函数最为抽象,是培养学生特殊到一般、类比等数学思想方法的很好的切入口。而且对数函数的图像特征与性质在现实生活中有着极为广泛的应用价值。《普通高中数学教学参考资料(必修第一册)》更是明确提出希望教师能够让学生"通过实例,了解对数函数的应用价值,加强应用意识"。因此,本研究将教学实验的内容范围缩小至高中数学的难点之一——对数函数。

根据《普通高中数学课程标准(2017年版2020年修订)》,学习对数函数一共要掌握:"对数的概念和运算性质""对数函数的概念与图像"和"对数函数与指数函数互为反函数"。《普通高中数学教学参考资料(必修第一册)》,建议对数函数章节的学习时间为3课时,其中"对数函数的性质"建议为两课时。经过与一线教师的沟通,研究者了解到"对数函数的性质"的第一课时串联了以往的"指数""对数"及"指数函数"3个章节的内容,是教学难点之一。对学生而言,"对数函数的性质"内容的难度较大且内容的密度较高。因此,本研究选取了"对数函数的性质"的两个课时中第一个课时的内容进行教学设计与实验,力求给予学生更好的教学帮助,并在"代数与图像的结合"这一知识点的个性化学习上给一线教师提供一个有价值的案例。

四、研究对象选择

本研究选取了H市S高中高一年级A、B、C、P、Q 5个班的学生作为被试,其中,A班参与前测与后测的学生为28人,B班参与前测与后测的学生为33人,C班参与前测与后测的学生为38人,P班参与测查的学生为43人,Q班参与测查的学生为44人。根据5个班任课老师的描述,A、B、C、P 4个班在最近的两次年级统一考试中,各班级平均分分差均不超过2分(百分制),而Q班的班级平均分高于其他4个班6至8分(百分制)。因此本研究假设A、B、C、P 4个班的学生水平基本一致,而Q班的学生水平略高于其他四个班。

(一)被试职能分配原因

A班和B班的学生构成实验组,C班的学生作为对照组,P班和Q班的学生用于测查课前认知起点和预测并验证课中认知起点。选择 A、B 两个班构成实验组的原因有：（1）通过两个实验组都比对照组有显著性效果来证明实验教学成功的非偶然性；（2）由于季节性流感原因，个别学生存在缺席的情况，因此设置两个班的实验组可以确保前测和后测都参与的学生人数超过基本的被试数量要求。将 P 班和 Q 班两个水平不一致的班级用于测查的原因为：（1）P 班学生与 A、B、C 班学生的水平一致，可以作为同质的被试，方便预测和验证同质学生课中的认知起点情况；（2）选择 Q 班的原因是 Q 班学生的水平高于其他班级，即可以认为其他班级的学生经过认知发展后，可能与 Q 班的部分学生水平一致。因此，将 Q 班学生用于预测其他班级学生课中的认知起点可以扩充样本量，覆盖到更多可能的情况。另外，由于实验组（A 班和 B 班）和对照组（C 班）的水平相当，即符合同质分组，所以满足实验教学的基本需求，可以开展后续实验。

（二）基于前测的同质性检验

实验组与对照组是否同质是一个基本且重要的问题。本研究利用前测的数据对实验组和对照组是否同质（水平一致）进行了检验。对实验组和对照组的前测开展于实验教学开始前，从实验组参与前测的学生中，收到有效问卷数为 60 份。从对照组参与前测的学生中，收到有效问卷为 38 份。经过整理和统计，实验组学生的平均分为 25.85 分（百分制），对照组的学生平均分为 27.03 分（百分制），可见实验组与对照组分差较小。具体的数据对比如表 8-8 所示。

表 8-8 实验组、对照组前测基本数据对比

组别	人数（人）	平均分（分，百分制）	标准差
实验组	60	25.85	14.85
对照组	38	27.03	13.62

随后，基于前测数据，为了对实验组和对照组的得分情况进行独立样本 t 检验，首先对样本数据进行了正态性检验。实验组和对照组在峰度和偏度上较为接近，并且其 W 检验下的 P 值分别为 0.227 和 0.510，均大于 0.05，即实验组与对照组数据均符合正态分布，说明可以进行独立样本 t 检验。实验组与对照组关于正态性检验的具体数据对比如表 8-9 所示。

表 8-9　实验组、对照组正态性检验数据对比

组别	峰度	偏度	人数(人)	W 检验的显著性(P)
实验组	−0.862	0.088	60	0.227
对照组	−0.654	0.383	38	0.510

最后,研究者利用 SPSS 对实验组和对照组样本进行了独立样本 t 检验。通过莱文方差检验可得 F 值的 Sig = 0.411 > 0.05,说明两组数据的方差呈齐性。又通过 t 检验的 Sig(双尾)= 0.694 > 0.05 可知,实验组和对照组的前测数据之间没有显著性差异。通过独立样本 t 检验,可以认为实验组和对照组的水平一致,即实验组和对照组满足同质性,满足开展后续实验教学的基本条件。对实验组和对照组前测成绩所做的独立样本 t 检验结果数据如表 8-10 所示。

表 8-10　实验组、对照组前测成绩的独立样本 t 检验

莱文方差等同性检验		平均值等同性 t 检验				差值 95% 置信区间	
F	Sig.	t	Sig.(双尾)	均值差值	标准误差差值	下限	上限
假定等方差 0.682	0.411	−0.394	0.694	−1.18	2.98	−7.10	4.75
不假定等方差		−0.402	0.689	−1.18	2.93	−6.99	4.64

五、实验教学的设计

本研究基于学生课前的认知起点及对学生课中认知起点的预测开展教学实验。

本研究所进行的教学从本质上来说是一个控制单变量的准实验,变量为针对中测的教学干预。在本研究的整体设计中,对照组和实验组都进行了基于课前认知起点的个性化学习,这是实验发生的大背景。并且,实验组和对照组的学生都会在教学过程中受到中测,但区别在于,实验组的学生在中测结束后会受到基于课中认知起点的教学干预。基于课中认知起点的教学干预分为两种:(1)学生做完中测试题后,若满足了学习资源推送的条件,那么学习支持系统会给予学生针对该中测内容的实时干预;(2)学习支持系统将统计学生在实验教学过程中所做出的选择,将学生的答题情况反馈给授课教师。教师可以

根据反馈的数据主动选择是否针对此内容对全体学生进行干预。为了尽可能地控制变量,实验组和对照组的实验教学在同一天进行,授课时间为40分钟,且实验组和对照组的教学内容、任课教师均是相同的。

本实验教学的教学设计可分为两部分,第一部分为复习环节,第二部分为新课环节。在复习环节中,教师首先针对对数函数定义与其图像内容进行两分钟的导入,随后便引入学习支持系统,针对学生 T1C1 和 T1C2 两个课前认知起点进行个性化教学,并对学生进行第一轮中测。教学过程中,学生对中测试题的选择会由系统进行整理和统计,再实时地反馈给教师。教师可以根据反馈的数据自主决定是否需要对特定内容进行深入讲解或二次讲解。

在新课环节中,首先由教师进行新课的讲授。主要讲授内容有:(1)对数函数图像的性质;(2)反函数的概念与性质;(3)对数函数图像与指数函数图像对称的直观解读和数理推理。新课讲授的内容除了需要对应国家规定的教学要求,还根据学生的认知起点作了相应的调整。随后利用学习支持系统让学生进行个性化学习,也在此期间实施中测。与环节一相同,中测的数据将由系统统计并反馈给教师,教师自由选择是否需要对特定内容进行干预。新课环节最后的流程是活动探究,通过 TI 图形计算机,针对认知起点 T4C5、T4C6、T4C7、T4C8 和 T5C9,让学生自主探究指数函数、对数函数图像的渐近线、上升下降趋势、增长幅度等内容。具体教学设计如下:

4.3.2 对数函数的性质

教学目标:

1. 通过观察对数函数的大致图像,能用数学语言归纳、描述对数函数图像的特征;
2. 能借助对数基本不等式证明对数函数在 $(0, +\infty)$ 上的单调性;
3. 通过观察具体的函数,感受指数函数和对数函数增长速度的快慢。

教学重点:

能利用从特殊到一般的方法,归纳对数函数的图像特征。

教学难点:

用数学语言表述对数函数图像的特征,用代数运算的方法研究对数函数的性质。

教学内容分析:

本课是第四章对数函数第二课时的教学内容。在第一课时中,学生已经学习了对数函数的定义,会用"描点法"画出对数函数的图像。本节课将从四个对数函数出发,引导学生用图像语言、自然语言和符号语言层层递进地描述对数函数图像的特征。

对数函数是高中阶段学习的第三个具体函数,从幂函数到指数函数再到对数函数,通过引导学生"从特殊到一般"地感受函数,学习函数,逐步培育学生用数学语言进行表达,进而提升学生的逻辑推理与直观想象素养。

另外,本节课还设计了操作环节,通过 TI 图形计算器,让学生直观感受幂函数、指数函数和对数函数图像增长速度,深刻理解以上函数增长速度的快慢。

教学流程:

	讲授者		内容	时间(分)	备注
复习	教师	导入	复习对数函数概念和作图	2	
	系统	个性化学习	针对预备知识缺失的复习	5	已通过测查获取
		中测	预备知识缺失情况		选择题,统计选项并反馈例题的选择
	教师	例题讲解	根据中测挑选的例题	2	受中测影响
新课	教师	新课	对数函数的两种图像	8	
			反函数的概念		
			对称性(直观与推理)		
	系统	个性化学习	针对反函数的概念转变	13	已通过测查获取
		中测	对数不等式的分类和定义域		三连问,根据选项推送学习资源
			对称性的逻辑推理		选择题,根据选项推送学习资源
			对数不等式证明存在的问题		选择题,根据选项推送学习资源
	教师	新课	对数不等式证明	3	
	教师	新课	单调性证明	2	
			函数性质总结	3	

具体教学过程:

一、复习回顾:

上一节课学习了对数函数 $y=\log_a x(a>0, a\neq 1)$ 的定义与图像,知道了对数函数的

图像大致分两种，

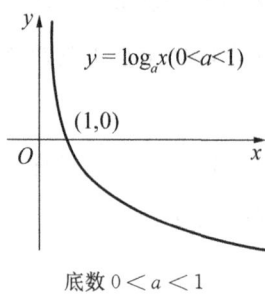

底数 $0 < a < 1$

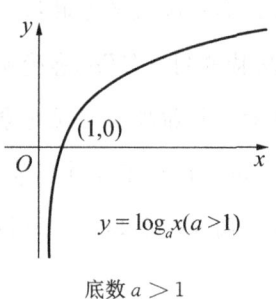

底数 $a > 1$

二、系统进入：

进行个性化教学并实施中测。

三、新课讲解：

请同学们观察下列四个对数函数的图像：

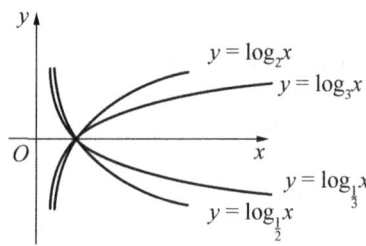

提问：从中发现了对数函数图像的什么特征？

（1）对数函数 $y = \log_a x$，当底数 $a > 1$ 时，

函数图像从左到右是上升的（图像语言），函数值 y 随着 x 的增大而增大（自然语言），如果 $0 < x_1 < x_2$，则 $y_1 < y_2$（数学语言）。

证明：$y_2 - y_1 = \log_a x_2 - \log_a x_1 = \log_a \dfrac{x_2}{x_1} > 0$

定理：当 $a > 1, N > 1$ 时，$\log_a N > 0$

（2）对数函数 $y = \log_a x$ 和 $y = \log_{\frac{1}{a}} x$ 的图像关于 x 轴对称。

证明：任取函数 $y = \log_a x$ 图像上一点 (x_0, y_0)，则 $y_0 = \log_a x_0$

$y_0 = \log_a x_0 = \log_{\left(\frac{1}{a}\right)^{-1}} x_0 = -\log_{\frac{1}{a}} x_0$

$-y_0 = \log_{\frac{1}{a}} x_0$

即 $(x_0, -y_0)$ 在函数 $y = \log_{\frac{1}{a}} x$ 图像上

所以函数 $y=\log_a x$ 和 $y=\log_{\frac{1}{a}} x$ 的图像关于 x 轴对称.

(3) 当 $1<a_1<a_2$ 时,当 $x>1$ 时,$\log_{a_1} x > \log_{a_2} x$

当 $1<a_1<a_2$ 时,当 $0<x<1$ 时,$\log_{a_1} x < \log_{a_2} x$

证明:$\log_{a_1} x - \log_{a_2} x = \dfrac{1}{\log_x a_1} - \dfrac{1}{\log_x a_2} = \dfrac{\log_x a_2 - \log_x a_1}{\log_x a_1 \log_x a_2} > 0$

对数函数 $y=\log_a x$ 的图像与性质的总结如下表所示:

$y=a^x$	$a>1$	$0<a<1$
图像	$y=\log_a x (a>1)$，过点 (1,0)	$y=\log_a x(0<a<1)$，过点 (1,0)
图像特征	(1) 图像都在 x 轴上方,无限趋近于 x 轴,但永不相交	
	(2) 过点 (1,0)	
	(3) 由左至右图像上升	(3) 由左至右图像下降
函数性质	(1) 定义域为 R,函数值恒正	
	(2) 当 $x=0$ 时,$y=1$	
	(3) 在 R 上是严格增函数	(3) 在 R 上是严格减函数

因为 $y=\log_a x$ 是 $a^y=x$ 的解,所以对数运算是指数运算的一种逆运算,可称对数函数 $y=\log_a x$ 是指数函数 $y=a^x$ 的反函数。

观察以下函数 $y=\log_2 x$ 和函数 $y=2^x$ 的图像,发现它们关于直线 $y=x$ 是对称的。

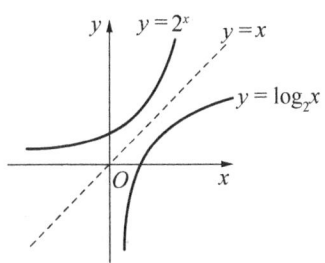

函数 $y=\log_2 x$ 图像过点 $(1,0),(2,1),(4,2),(8,3)$;函数 $y=2^x$ 的图像过点 $(0,1)$,$(1,2),(2,4),(3,8)$;任取函数 $y=\log_2 x$ 图像上一点 (x_0,y_0),则 $y_0=\log_2 x_0$;

$x_0 = 2^{y_0}$;点(y_0, x_0)在函数$y=2^x$的图像上,

所以函数$y=\log_2 x$和函数$y=2^x$的图像关于直线$y=x$是对称的。

四、系统进入:

进行个性化教学并实施中测。

五、探究实践:

请同学们计算函数$y=0.01x$和$y=\lg x$当$x=10^2,10^4,10^6,10^8,10^{10}$时的值,并通过TI图形计算器比较两个函数的增长速度。

计算函数$y=x^{0.1}$和$y=\lg x$当$x=10^{10},10^{20},10^{50},10^{100},10^{200}$时的值,并通过TI图形计算器比较两个函数的增长速度。计算函数$y=1.1^x$和$y=\lg x$当$x=10^2,10^4,10^6,10^8,10^{10}$时的值,并通过TI图形计算器比较两个函数的增长速度。

通过上述比较,说一说你对指对数函数增长速度有何体会。

六、课堂小结:

1. 对数函数的性质;

2. 对数函数的图像;

3. 对数函数图像增长的速度。

详细实验教学流程与认知起点的对应关系如表8-11所示。

表8-11 实验教学的设计

环节	讲授者	教学流程	针对内容	对应认知起点	时间(分)
环节一:复习	教师	导入	对数函数定义及图像	/	2
	系统	个性化学习	指数函数图像、对数函数图像的分类和其对应定义域	T1C1、T1C2	5
		实施中测	根据学生认知起点推送中测试题	/	
	教师	教师干预	根据中测挑选的例题	/	2
环节二:新课	教师	新课讲授	对数函数图像的性质	T4C5、T4C6、T4C7	8
			反函数的概念与性质	T1C3、T2C3	
			对数函数图像与指数函数图像对称(直观与推理)	T2C5、T5C10、T6C11、T6C12	

续　表

环节	讲授者	教学流程	针对内容	对应认知起点	时间(分)
环节二：新课	系统	个性化学习	反函数的概念与性质、对数函数图像和指数函数图像的对称	T1C3、T2C3、T3C5	13
		实施中测	根据学生认知起点推送中测试题	/	
	教师	教师干预	根据中测挑选的例题	/	2
	TI图形计算机	活动探究	指数函数、对数函数图像的渐近线、上升下降趋势、增长幅度等	T4C5、T4C6、T4C7、T4C8、T5C9	8

第三节
实验研究的数据分析

一、研究过程中的前测、中测与后测

在实验教学开始之前,研究者已经对实验组和对照组的所有学生进行了前测,并且,在实验教学的过程中对实验组的学生进行了中测与对应的干预。最后,在实验教学结束后再对所有学生进行后测。

(一) 研究过程中的前测

根据前测可知实验组和对照组的学生水平一致。本研究对实验组和对照组学生在前测中的课前认知起点也做了相应的统计,由于实验组和对照组人数存在一定差距,因此采用人数占比进行比较更为科学。通过数据分析,可以发现同一认知起点下,实验组与对照组人数占比的差值基本都在正负10%以内(占比的差值=实验组人数占比-对照组人数占比),具体数据如表8-12所示。

表8-12 实验组、对照组前测认知起点人数与人数占比统计

类型(Type)	对应内容(Content)	实验组数据		对照组数据		占比之差值(%)
		人数(人)	人数占比(%)	人数(人)	人数占比(%)	
T1 内容缺失	C1 指数函数、对数函数图像的分类	3	5.00	0	0.00	5.00
	C2 对数函数的自然定义域	48	80.00	32	84.21	-4.21
	C3 反函数的转化	9	15.00	7	18.42	-3.42
T2 内容误解	C3 反函数的转化	28	46.67	14	36.84	9.82
	C5 指数函数与对数函数关于 $y=x$ 对称	3	5.00	4	10.53	-5.53
T3 内容孤立	C1 指数函数、对数函数图像的分类	32	53.33	19	50.00	3.33
	C2 对数函数的自然定义域	7	11.67	1	2.63	9.04
	C5 指数函数与对数函数关于 $y=x$ 对称	20	33.33	11	28.95	4.39

续 表

类型(Type)	对应内容(Content)	实验组数据 人数(人)	实验组数据 人数占比(%)	对照组数据 人数(人)	对照组数据 人数占比(%)	占比之差值(%)
T4 单一图像趋势的动态感知缺失	C6 指数函数、对数函数图像渐近线的判别	23	38.33	8	21.05	17.28
	C7 指数函数、对数函数图像上升下降趋势判别	5	8.33	11	28.95	−20.61
	C8 指数函数、对数函数图像增长幅度判别	60	100.00	37	97.37	2.63
T5 多图像趋势的动态感知的失误	C9 不同参数对应的对数函数图像高低比较	54	90.00	34	89.47	0.53
	C10 对数函数与指数函数图像是否对称的判断	48	80.00	33	86.84	−6.84
T6 一般图像的动态感知薄弱	C11 对数函数图像与指数函数图像对称	53	88.33	36	94.74	−6.40
	C12 对数函数图像与指数函数图像对称的证明中对称点到对称函数图像的推广(从特殊到一般)	49	81.67	33	86.84	−5.18

(二) 研究过程中的中测

研究过程中的中测在教学过程中进行,同实验教学设计的构成相同,中测也分为复习和新课两阶段。对于第一阶段复习的中测,其目的有:(1)确认学生在经过第一轮的个性化学习后,对所学先导知识是否已经完全掌握;(2)收集学生相关回答并反馈给教师,帮助教师决策是否需要对特定内容进行讲解。第二阶段的中测位于新课讲授阶段,是本研究中测最重要的构成部分。此阶段的中测发生在教师以传统的方式讲授完课内要求的新课内容之后。实际操作中,先通过系统让学生进行个性化学习,再对学生进行中测。中测的内容主要针对前期准备中的预测内容。中测使用判断题,将可以判断特定认知起点的综合问题进行拆分设计,将拆分出的多个问题作为认知起点诊断的"依托",以连问的方式对学生特定的认知起点做出相应诊断。利用判断题的好处有:(1)可以准确地设计题干的错误,使得错误的指向即所要诊断的认知起点,大大提高"依托"的精确度;(2)判断题的明确指向性可以更好地屏蔽学生获得其他的额外信息,阻断连问中可能出现的暗示;

(3)判断题可以让学生在较短的时间内进行作答,较好地控制中测的时间,以免对整体教学产生影响,同时也便于系统进行数据统计。如在新课阶段中,本研究设计了针对 T2－C3、T6－C11 和 T6－C12 这 3 个认知起点的综合问题,将问题进行拆解后形成了 3 个中测问题,首先研究者做出如下提问。

中测试题举例:若坐标系中有两点分别为 (x_0, y_0) 和 $(-y_0, -x_0)$,则这两点一定关于直线 $y=-x$ 对称。以上说法是否正确?

A. 正确　　　B. 错误　　　C. 不知道

此题目可以用于判断学生是否存在认知起点 T6－C12,若实验组的学生选择 B 或 C,则会收到推送的相应微视频学习资源。若学生选择 A,则会触发连问机制,以便对学生的认知起点进行进一步判断。系统会自动提出以下问题:

中测试题举例:若将点 (y_0, x_0) 代入函数 $y=\log_a x$,即可以得到等式:$y_0 = a^{x_0}$。

A. 完全理解　　B. 能看懂,但遇到具体题目不一定会做　　C. 看不懂

以上题目可以用以判断学生是否存在认知起点 T2－C3,同时也可以为 T6－C11 提供判断依据。若实验组的学生选择 B 或 C,则会收到推送的相应微视频学习资源。若学生选择了 A,则会继续触发连问机制,系统将会自动给出以下问题:

中测试题举例:将点 (x_0, y_0) 代入函数 $y=\log_a x$ 可得 $y_0=\log_a x_0$,将点 (y_0, x_0) 代入函数 $y=\log_a x$ 可得 $y_0=a^{x_0}$,因此函数 $y=\log_a x$ 和 $y=a^x$ 关于直线 $y=x$ 对称。

A. 完全理解　　B. 能看懂,但遇到具体题目不一定会做　　C. 看不懂

以上题目和之前的两道判断题构成的三连问可以用以判断学生是否存在认知起点 T6－C12 和 T6－C11。若实验组的学生选择 B 或 C,则会收到推送的相应微视频学习资源。若学生选择了 A,则可据此判断此时学生针对相关内容的认知起点已达到本节课的目标,暂时不需要进一步认知发展。具体中测试题如下所示。

中测提问汇总

1. 选择题:指数函数只有 1 种图像,正确吗?

A. 正确　　B. 错误

(选 A 跳转至问题 2;选 B 推送学习资源。视频播放完毕后显示总结页面,随后跳转问题 2。)

＊(记录选 B 的人数)

2. 选择题:若已知 $a>1, b<0$,则 a^b 的范围是什么?

A. $a^b<0$　　B. $a^b>1$　　C. $0<a^b<1$

(选 C 跳转至问题 3;选 A 或 B 推送学习资源。)

*（记录选 A、B 的总人数）

3. 选择题：对数函数的定义域是什么？

A. $(1,+\infty)$　　B. $(0,+\infty)$　　C. R

(选 A 或 C 推送学习资源。视频播放完毕后显示总结页面。)

*（记录选 A、C 的总人数。比较上述 3 题选错的人数，反馈错误最高的题号）

4. 选择题：在解不等式 $\log_a(1+x)>\log_a(1-x)$ 时，由于不等号两边对数中的底数相同，可以得到 $1+x>1-x$，即此题的解集为 $\{x\mid x>0\}$。

上述解答正确吗？

A. 正确　　B. 错误

(选 B 跳转至问题 2;选 A 推送学习资源。随后跳转至问题 2。)

5. 选择题：在解不等式 $\log_a(1+x)>\log_a(1-x)$ 时，由于底数未知，需要进行分类讨论：当 $a>1$ 时，可以得到 $1+x>1-x$，即 $x>0$；当 $0<a<1$ 时，可以得到 $1+x<1-x$，即 $x<0$。

综合两种情况可得本题的解集为：当 $a>1$ 时，$\{x\mid x>0\}$；当 $a<1$ 时，$\{x\mid x<0\}$。

上述解答正确吗？

A. 正确　　B. 错误

(选 B 跳转至问题 3;选 A 推送学习资源。随后跳转至问题 3。)

6. 选择题：在解不等式 $\log_a(1+x)>\log_a(1-x)$ 时，首先要进行定义域的确定，由于对数函数定义域为 $(0,+\infty)$，因此可以得到 $\begin{cases} 1+x>0 \\ 1-x>0 \end{cases}$，即 $-1<x<1$。

由于底数未知，需要进行分类讨论，当 $a>1$ 时，可以得到 $1+x>1-x$，即 $x>0$；当 $0<a<1$ 时，可以得到可得到 $1+x<1-x$，即 $x<0$。

综上，可得本题的解集为：当 $a>1$ 时，$\{x\mid 0<x<1\}$；当 $a<1$ 时，$\{x\mid -1<x<0\}$。

以上内容能否看懂？

A. 能　　B. 不能

*（记录学生的选择，反馈错误最高的题号）

7. 选择题：若要用反证法证明"$a>1,b>0$，则 $a^b>1$。"，可以假设"$a>1,b>0$，则 $a^b<1$"。

以上描述正确吗?

A. 正确   B. 不正确

*(记录学生选择,并统计反馈,用于教师讲题)

8. 选择题:坐标系中有两点分别为 (x_0,y_0) 和 (y_0,x_0),这两点关于直线 $y=x$ 对称。以上描述正确吗?

A. 正确   B. 错误   C. 不知道

(若选择 A 则跳转至问题 2,若选择 B 或 C 则跳转至中测资源,随后跳转至问题 2)

9. 选择题:坐标系中有两点分别为 (x_0,y_0) 和 $(-y_0,-x_0)$,这两点关于直线 $y=-x$ 对称。以上描述正确吗?

A. 正确   B. 错误   C. 不知道

(若选择 A 则跳转至问题 3,若选择 B 或 C 则跳转至中测资源,随后跳转至问题 3)

10. 选择题:将 (y_0,x_0) 代入函数 $y=\log_a x$ 可得 $y_0=a^{x_0}$。你能看懂吗?

A. 完全理解   B. 能看懂,但遇到题目不一定会   C. 看不懂

(若选择 A 则跳转至问题 4,若选择 B 则跳转至中测资源,随后跳转至问题 4)

11. 选择题:将 (x_0,y_0) 代入函数 $y=\log_a x$ 得 $y_0=\log_a x_0$,将 (y_0,x_0) 代入函数 $y=\log_a x$ 可得 $y_0=a^{x_0}$,因此函数 $y=\log_a x$ 和 $y=a^x$ 关于直线 $y=x$ 对称。你能看懂吗?

A. 完全理解   B. 能看懂,但遇到题目不一定会   C. 看不懂

(若选择 B 则跳转至中测资源)

本研究的中测中,最重要的部分为新课的中测。针对课中认知起点的预测和学生认知起点所具有的特点,本研究设计了 8 个针对课中认知起点的观测点,用 P1~P8 编号,观测点与具体认知起点的对应如表 8-13 所示。本次中测共收到 61 名实验组学生的数据(其中有一名学生的前后测数据缺失,故剔除)。学生的课中认知起点情况如表 8-14 所示:

表 8-13　实验组课中认知起点与观测点的对应

类型	对应内容	观测点特征 (Processe-Quaesitun)
T2 内容误解	C3 反函数的转化	P7=0
T3 内容孤立	C1 指数函数、对数函数图像的分类	P1=0
	C2 对数函数的自然定义域	P2=0

续 表

类型	对应内容	观测点特征 (Processe-Quaesitun)
T5 多图像趋势的动态感知的失误	C9 不同参数对应的对数函数图像高低比较	P1=1 or P2=1
	C10 对数函数与指数函数图像是否对称的判断	P3=0
T6 一般图像的动态感知薄弱	C11 对数函数图像与指数函数图像对称	P5=0 or P6=0
	C12 对数函数图像与指数函数图像对称的证明中对称点到对称函数图像的推广（从特殊到一般）	P8=0

表 8-14　实验组课中认知起点的情况

类型	对应内容	人数(人)	人数占比(%)
T2 内容误解	C3 反函数的转化	23	38.33
T3 内容孤立	C1 指数函数、对数函数图像的分类	29	48.33
	C2 对数函数的自然定义域	38	63.33
T5 多图像趋势的动态感知的失误	C9 不同参数对应的对数函数图像高低比较	39	65.00
	C10 对数函数与指数函数图像是否对称的判断	14	23.33
T6 一般图像的动态感知薄弱	C11 对数函数图像与指数函数图像对称	21	35.00
	C12 对数函数图像与指数函数图像对称的证明中对称点到对称函数图像的推广（从特殊到一般）	20	33.33

（三）研究过程中的后测

研究过程中的后测开展于实验教学结束后，实验组和对照组的后测在同一时间进行，且两组后测所用的时长相同，都为 34 分钟（控制使后测时间与前测时间相同）。本研究对对照组和实验组的后测成绩与后测得到的课后认知起点进行分析。在后测中，收到实验组有效问卷数为 60 份,收到对照组有效问卷数 38 份。为了保证前后测得分的可比性,后测卷采用的评分规则与前测卷保持一致。经过整理与统计,实验组学生的平均分为 78.27 分(百分制),对照组的学生平均分为 65.95 分(百分制)。实验组比对照组高出 12.32 分(百分制)。具体的数据对比如表 8-15 所示。

表 8-15　实验组、对照组后测基本数据对比

组别	人数(人)	平均分(分,百分制)	标准差
实验组	60	78.27	12.389
对照组	38	65.95	16.135

本研究利用 SPSS 对实验组和对照组后测的成绩样本进行了独立样本 t 检验(实验组、对照组后测成绩满足正态分布),发现其莱文方差检验所得 F 值的 Sig = 0.105 > 0.05,说明两组数据方差呈齐性。加上其 t 检验的 Sig(双尾)= 0.000 < 0.01,可以得出结论:实验组和对照组的后测数据之间存在极其显著性差异。利用实验组和对照组后测成绩所做的独立样本 t 检验数据如表 8-16 所示。

表 8-16　实验组、对照组后测成绩的独立样本 t 检验

莱文方差等同性检验		平均值等同性 t 检验				95% 置信区间	
F	Sig.	t	Sig.(双尾)	均值差值	标准误差差值	下限	上限
假定等方差 2.676	0.105	4.259	0.000	12.319	2.893	6.587	18.061
不假定等方差		4.016	0.000	12.319	3.067	6.192	18.447

本研究对实验组和对照组学生在后测中显露出的课后认知起点也做了相应的统计,详情如表 8-17 所示。课后认知起点的占比之差(实验组人数占比减去对照组人数占比)多为负数,且数值较大,说明经过实验教学之后,实验组的学生相比于对照组的学生得到了更好的认知发展。

表 8-17 实验组、对照组课后认知起点情况

类型	对应内容	实验组数据 人数(人)	实验组数据 人数占比(%)	对照组数据 人数(人)	对照组数据 人数占比(%)	占比之差(%)
T1 内容缺失	C1 指数函数、对数函数图像的分类	0	0.00	0	0.00	0.00
	C2 对数函数的自然定义域	0	0.00	0	0.00	0.00
	C3 反函数的转化	1	1.67	0	0.00	1.67
T2 内容误解	C3 反函数的转化	6	10.00	12	31.58	−21.58
	C5 指数函数与对数函数关于 $y=x$ 对称	0	0.00	0	0.00	0.00
T3 内容孤立	C1 指数函数、对数函数图像的分类	3	5.00	5	13.16	−8.16
	C2 对数函数的自然定义域	35	58.33	31	81.58	−23.25
	C5 指数函数与对数函数关于 $y=x$ 对称	0	0.00	0	0.00	0.00
T4 单一图像趋势的动态感知缺失	C6 指数函数、对数函数图像渐近线的判别	15	25.00	5	13.16	11.84
	C7 指数函数、对数函数图像上升下降趋势判别	0	0.00	0	0.00	0.00
	C8 指数函数、对数函数图像增长幅度判别	0	0.00	0	0.00	0.00
T5 多图像趋势的动态感知的失误	C9 不同参数对应的对数函数图像高低比较	1	1.67	10	26.32	−24.65
	C10 对数函数与指数函数图像是否对称的判断	4	6.67	15	39.47	−32.81
T6 一般图像的动态感知薄弱	C11 对数函数图像与指数函数图像对称	7	11.67	16	42.11	−30.44
	C12 对数函数图像与指数函数图像对称的证明中对称点到对称函数图像的推广(从特殊到一般)	7	11.67	15	39.47	−27.81

二、基于学业成绩的数据分析

(一) 对照组学业成绩前后测的分析

为了验证基于学生课前认知起点的个性化学习能够促进学生的学业成绩,本研究利用对照组前测成绩和对照组后测成绩进行了数据分析,如表8-18所示。对照组前测和后测的成绩分别为27.03分和65.95分,后测成绩比前测成绩高出38.92分,说明经过基于课前认知起点的个性化学习,对照组的学业成绩得到了明显的提高。随后,研究者利用对照组前测成绩和对照组后测成绩进行了配对样本t检验,处理结果如表8-19所示,Sig(双尾)=0.000<0.001,即对照组前测成绩与对照组后测成绩之间存在极其显著性差异。以此可以说明在本研究中,基于学习者课前认知起点的个性化学习促进了学生的学业成绩提升。

表8-18 对照组前后测成绩的基本数据

	人数(人)	平均分(分,百分制)	标准差
对照组前测	38	27.03	13.62
对照组后测	38	65.95	16.13

表8-19 对照组前后测成绩的配对样本t检验

平均值	标准偏差	标准误差平均值	差值95% 置信区间		t	自由度	Sig.(双尾)
			下限	上限			
−38.921	16.736	2.715	−44.422	−33.420	−14.336	37	0.000

(二) 针对实验组学业成绩前后测的分析

为了验证基于学生课前认知起点和课中认知起点的个性化学习能够促进学生的学业成绩提升,本研究利用实验组的前测成绩和对照组后测成绩进行数据分析,如表8-20所示。实验组的前测成绩和后测成绩分别为25.85分和78.27分,后测成绩比前测成绩高出52.42分,可以说这是一个相当大的分差,直观地展现了:经过基于课前认知起点和课中认知起点的个性化学习,学生学业成绩得到了明显的提升。本研究利用实验组前测成绩和对应后测成绩进行了配对样本t检验,处理结果如表8-21所示。由表可知其Sig.(双尾)=0.000<0.001,即实验组前测成绩与其对应后测成绩之间存在极其显著性差异。可以证明,基于学生课前认知起点和课中认知起点的个性化学习可以促进学生学业成绩的提升。

表8-20 实验组前后测成绩的基本数据

	人数(人)	平均分(分,百分制)	标准差
对照组前测	60	25.85	14.85
对照组后测	60	78.27	12.39

表8-21 实验组前后测成绩的配对样本t检验

莱文方差等同性检验		平均值等同性t检验						
	F	Sig.	t	Sig.(双尾)	均值差值	标准误差差值	差值95%置信区间	
							下限	上限
假定等方差	2.676	0.105	4.259	0.000	12.319	2.893	6.587	18.061
不假定等方差			4.016	0.000	12.319	3.067	6.192	18.447

(三) 针对实验组和对照组前后测学业成绩的分析

为了验证针对学生课中认知起点实施干预可以更好地提升学生的学业成绩,本研究进行以下两个分析:(1) 综合比较实验组和对照组的前测成绩及实验组和对照组的后测成绩;(2) 分析比较实验组和对照组前测成绩之差与后测成绩之差的关系。实验组和对照组学生的前后测基本情况如表8-22所示,两组前测成绩的差值较小,且实验组比对照组略低。但经过实验教学后,实验组学生的成绩反超对照组学生12.32分。由此可以初步判断,实时的中测干预对学生的学业成绩提升起到了正向的效果。由之前的分析可知两组学生的前测成绩之间不存在显著性,但两组学生的后测成绩之间存在极其显著的差异,这可以说明对学生课中认知起点实施干预可以更好地提升学生的学业成绩。

表8-22 实验组、对照组前后测基本数据

	组别	平均分(分,百分制)	分差(分)
后测成绩	实验组	78.27	12.32
	对照组	65.95	

续 表

	组别	平均分(分,百分制)	分差(分)
前测成绩	实验组	25.85	-1.18
	对照组	27.03	

* 分差＝实验组平均分减去对照组平均分

本研究对实验组和对照组前测成绩之差与后测成绩之差的关系进行进一步的分析，发现实验组前后测成绩差的平均值为 54.42，对照组前后测成绩差的平均值为 38.92，如表 8-23 所示。经过独立样本 t 检验，发现其莱文方差检验所得 F 值的 Sig ＝ 0.136 ＞ 0.05，说明两组数据方差呈齐性。t 检验的 Sig（双尾）＝ 0.000 ＜ 0.001，说明实验组、对照组前后测成绩差之间存在极其显著性差异，如表 8-24 所示。进一步验证：对学生课中认知起点进行实时干预可以更好地提升学生学业成绩。

表 8-23 实验组、对照组前后测成绩差的基本数据

	人数(人)	平均值(分)	标准差
实验组前后测成绩差	60	54.42	12.86
对照组前后测成绩差	38	38.92	16.73

* 成绩差＝同组内后测成绩减去前测成绩的平均值

表 8-24 实验组、对照组前后测成绩差的独立样本 t 检验

	莱文方差等同性检验		平均值等同性 t 检验				差值 95% 置信区间	
	F	Sig.	t	Sig.（双尾）	均值差值	标准误差差值	下限	上限
假定等方差	2.626	0.136	4.496	0.000	13.496	3.00	7.54	19.45
不假定等方差			4.241	0.000	13.496	3.18	7.14	19.85

（四）针对实验组中两个实验班学业成绩的前后测分析

实验组分两个班。首先将实验 A 班与对照组进行分析，结果如表 8-25 所示。实验

A班的后测成绩平均分为78.04,比对照组后测成绩高12.09分。经过独立样本t检验后发现,对应莱文方差检验所得F值的Sig=0.169＞0.05,说明两组数据方差呈齐性。Sig(双尾)=0.002＜0.005,说明实验A班与对照组后测成绩之间存在显著性差异,如表8-26所示。

表8-25 实验A班和对照组后测成绩的基本情况

	人数(人)	平均分(分,百分制)	标准差
实验A班后测成绩	27	78.04	12.73
对照组后测成绩	38	65.95	16.14

表8-26 实验A班和对照组后测成绩的独立样本t检验

	莱文方差等同性检验		平均值等同性t检验					
							差值95%置信区间	
	F	Sig.	t	Sig.(双尾)	均值差值	标准误差差值	下限	上限
假定等方差	1.933	0.169	3.24	0.002	12.09	3.73	4.63	19.54
不假定等方差			3.37	0.001	12.09	3.59	4.92	19.26

随后,将实验班B的后测成绩与对照组后测成绩进行分析,结果如表8-27所示,得到实验B班的后测均分为78.45分,比对照组后测高12.5分。接着进行独立样本t检验,发现其对应莱文方差检验所得F值的Sig=0.211＞0.05,说明两组数据方差呈齐性。Sig(双尾)=0.001＜0.005,说明实验B班与对照组后测成绩之间存在显著性差异,如表8-28所示。

表8-27 实验B班和对照组后测成绩的基本情况

	个案数	平均分(百分制)	标准差
实验B班后测成绩	33	78.45	12.40
对照组后测成绩	38	65.95	16.14

表8-28 实验B班和对照组后测成绩的独立样本t检验

莱文方差等同性检验		平均值等同性 t 检验				差值 95% 置信区间	
F	Sig.	t	Sig.（双尾）	均值差值	标准误差差值	下限	上限
假定等方差 1.595	0.211	3.63	0.001	12.51	3.45	5.63	19.38
不假定等方差		3.70	0.000	12.51	3.38	5.76	19.25

通过上述的数据分析，可以总结以下结论：（1）实验组后测与对照组后测之间存在显著性差异；（2）实验A班与对照组后测之间存在极其显著性差异；（3）实验B班与对照组后测之间存在显著性差异。结合以上3个结论，可以认为此次实验的成功并非偶然所致，对学生课中认知起点实施干预确实可以更好地提升学生的学业成绩。

三、基于认知发展的数据分析

通过上文的分析，本研究已经得到了对照组学生的课前、课后认知起点分布情况，以及实验组学生课前、课中、课后的认知起点分布情况。由于实验组和对照组人数不同，以下分析中，将以人数占比情况作为衡量认知起点数量的依托。实验组和对照组课前、课后认知起点的人数占比情况如表8-29所示。

表8-29 实验组和对照组课前、课后认知起点的人数占比情况

类型	对应内容	课前认知起点人数占比(%)			课后认知起点人数占比(%)		
		实验组	对照组	占比之差	实验组	对照组	占比之差
T1 内容缺失	C1 指数函数、对数函数图像的分类	5.00	0.00	5.00	0.00	0.00	0.00
	C2 对数函数的自然定义域	80.00	84.21	−4.21	0.00	0.00	0.00
	C3 反函数的转化	15.00	18.42	−3.42	1.67	0.00	1.67
T2 内容误解	C3 反函数的转化	46.67	36.84	9.82	10.00	31.58	−21.58
	C5 指数函数与对数函数关于 $y=x$ 对称	5.00	10.53	−5.53	0.00	0.00	0.00

续 表

类型	对应内容	课前认知起点人数占比(%)			课后认知起点人数占比(%)		
		实验组	对照组	占比之差	实验组	对照组	占比之差
T3 内容孤立	C1 指数函数、对数函数图像的分类	53.33	50.00	3.33	5.00	13.16	−8.16
	C2 对数函数的自然定义域	11.67	2.63	9.04	58.33	81.58	−23.25
	C5 指数函数与对数函数关于 y=x 对称	33.33	28.95	4.39	0.00	0.00	0.00
T4 单一图像趋势的动态感知缺失	C6 指数函数、对数函数图像渐近线的判别	38.33	21.05	17.28	25.00	13.16	11.84
	C7 指数函数、对数函数图像上升下降趋势判别	8.33	28.95	−20.61	0.00	0.00	0.00
	C8 指数函数、对数函数图像增长幅度判别	100.00	97.37	2.63	0.00	0.00	0.00
T5 多图像趋势的动态感知的失误	C9 不同参数对应的对数函数图像高低比较	90.00	89.47	0.53	1.67	26.32	−24.65
	C10 对数函数与指数函数图像是否对称的判断	80.00	86.84	−6.84	6.67	39.47	−32.81
T6 一般图像的动态感知薄弱	C11 对数函数图像与指数函数图像对称	88.33	94.74	−6.40	11.67	42.11	−30.44
	C12 对数函数图像与指数函数图像对称的证明中对称点到对称函数图像的推广（从特殊到一般）	81.67	86.84	−5.18	11.67	39.47	−27.81

* 占比之差=实验组占比减去对照组占比

随后,本研究通过 t 检验对上述数据进行进一步分析,对实验组和对照组课前、课后的认知起点人数占比进行了正态性的检验,检验结果如表 8-30 所示。只有实验班课前认知起点的占比勉强符合正态分布,其余三组数据都不符合正态性分布(显著性小于 0.05)特点,因此无法对人数占比进行 t 检验。但由表 8-29 可以发现,在实验组和对照组课前认知起点的人数占比之差中,除去 T4-C6 和 T4-C7,其余课前认知起点占比之差的情况大多较为接近,绝对值都在 10% 以内。然而,在课后认知起点的占比之差中,数据的离散程度高于课前认知起点的占比之差,且绝对值大于 20% 的所有数据(T2-C3、T3-C2、T5-C9、T5-C10、T6-C11、T6-C12)都为负数。这说明在这些认知起点的分布中,实验组的认知发展优于对照组的认知发展。不仅如此,这 6 个认知起点均是中测中重点关注和进行了实施干预的认知起点类型。由此可见,对学生课中认知起点实施的干预可以更加有效地促进学生的认知发展。

表 8-30 实验组、对照组课前、课后认知起点人数占比的正态性检验

	柯尔莫戈洛夫-斯米诺夫(V)[a]			夏皮洛-威尔克		
	统计	自由度	显著性	统计	自由度	显著性
实验—课前占比	0.211	15	0.072	0.885	15	0.057
对照—课前占比	0.229	15	0.033	0.865	15	0.029
实验—课后占比	0.286	15	0.002	0.631	15	0.000
对照—课后占比	0.252	15	0.011	0.796	15	0.003

本研究对实验组的课前、课中、课后认知起点的情况进行了分析。本次实验中,课前、课中及课后均关注的认知起点一共有 7 个,具体参看表 8-31。同时,基于表 8-31,绘制了关于实验组课前、课中、课后的认知起点占比雷达图,如图 8-1 所示。

表 8-31 实验组课前、课中、课后的认知起点情况

序号	类型	对应内容	人数占比(%)		
			课前	课中	课后
1	T2 内容误解	C3 反函数的转化	46.67	38.33	10.00
2	T3 内容孤立	C1 指数函数、对数函数图像的分类	53.33	48.33	5.00
3		C2 对数函数的自然定义域	11.67	63.33	58.33

续　表

序号	类型	对应内容	人数占比(%)		
			课前	课中	课后
4	T5 多图像趋势的动态感知的失误	C9 不同参数对应的对数函数图像高低比较	90.00	65.00	1.67
5		C10 对数函数与指数函数图像是否对称的判断	80.00	23.33	6.67
6	T6 一般图像的动态感知薄弱	C11 对数函数图像与指数函数图像对称	88.33	35.00	11.67
7		C12 对数函数图像与指数函数图像对称的证明中对称点到对称函数图像的推广(从特殊到一般)	81.67	33.33	11.67

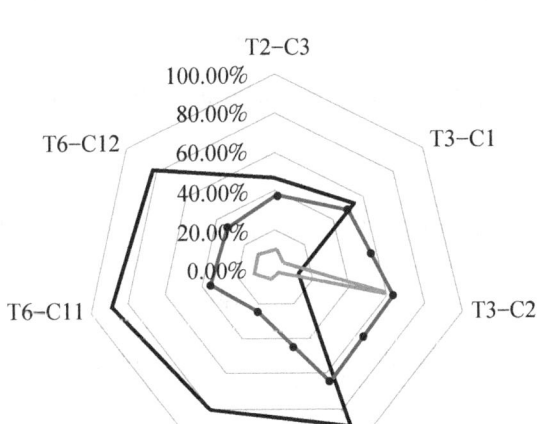

图 8-1　实验组课前、课中、课后的认知起点占比雷达图

由图 8-1 可以发现，课前、课中、课后所围成的封闭图形面积逐步减少，且 7 个认知起点中的 6 个都随着教学进程的推进占比缩小，说明了实验组的学生在学习过程中获得了认知发展。为了更清晰地了解学生认知发展的情况，本研究随后绘制了关于实验组课前、课中、课后重点关注的 7 种的认知起点占比的折线图，如图 8-2 所示。

由图 8-2 可以发现，代表课后认知起点分布情况的曲线一直处于代表课中认知起点分布情况的曲线下方，即说明在本研究中，课中认知起点的干预都是正向的。不仅如此，在 T2-C3、T3-C1 和 T5-C9 三个认知起点上，课前占比与课中占比的差值明显小于课

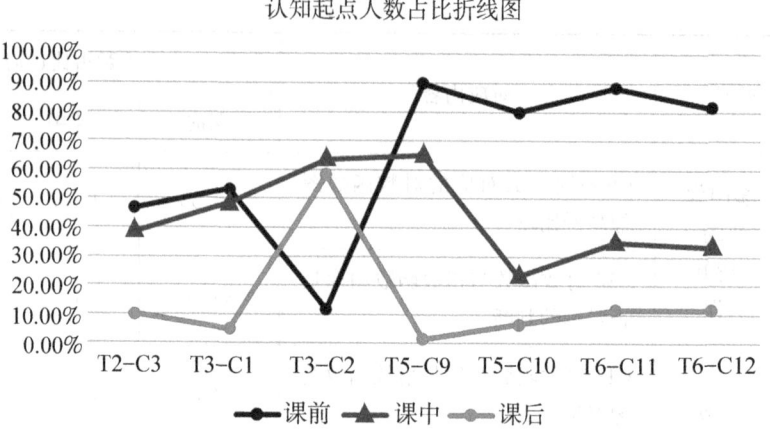

图 8-2 实验组课前、课中、课后的认知起点占比折线图

中占比和课后占比的差值,此现象说明了课中认知起点的干预在这三个点位上起到了高于原先既定干预的效果。反观 T5-C10、T6-C11 和 T6-C12 三个认知起点处,虽说这 3 个点位处课前占比与课中占比的差值大于课中占比和课后占比的差值,但倘若只看课中占比和课后占比的差值,其差值也是相当显著的。可见对学生课中认知起点实施的干预可以更加有效地促进学生的认知发展。本研究提取了中测重点关注的 7 种认知起点,对实验组和对照组的数据进行深入分析,详见表 8-32。

表 8-32 特定认知起点下实验组、对照组课前、课中、课后的人数占比

认知起点	课前(%)		课中(%)		课后(%)	
	实验组	对照组	实验组	对照组	实验组	对照组
T2-C3	46.67	36.84	38.33	/	10.00	31.58
T3-C1	53.33	50.00	48.33	/	5.00	13.16
T3-C2	11.67	2.63	63.33	/	58.33	81.58
T5-C9	90.00	89.47	65.00	/	1.67	26.32
T5-C10	80.00	86.84	23.33	/	6.67	39.47
T6-C11	88.33	94.74	35.00	/	11.67	42.11
T6-C12	81.67	86.84	33.33	/	11.67	39.47

实验组"课中"的人数占比与对照组"课后"的人数占比之间存在这样一个现象:实验组"课中"的人数占比在某些认知起点处小于对照组"课后"的人数占比。这是不寻常的,

因为通过上文的分析可知:(1)实验组的学生和对照组的学生水平一致;(2)中测发生之前的所有时间内,实验组和对照组经历了相同的教学干预。可见,实验组在"课中"的认知起点人数占比应该与对照组"课中"的人数占比接近。然而与实验组"课中"情况相差无几的对照组经过了后半段的实验教学后,在认知起点 T3-C2、T5-C10、T6-C11 和 T6-C12 处出现了人数占比增加的情况,这说明随着教学的进行,这 4 类认知起点的发展经历了"先正向,后负向"的变化。

由于系统推送中测试题是根据预测情况而定的,因此中测收集到认知起点情况这个事件发生在当下时刻(瞬时)。认知起点"先正向,后负向"变化的情况说明了:在中测发生的时刻,学生对特定认知起点出现了短时的认知发展,但这种短时的认知发展是不稳定的,可能会随着时间的推移往负向变化。而实验组中,中测干预的实时性及时地抑制了这种"先正向,后负向"变化的发生,或者说一定程度上坚持了认知的发展趋势,最终表现为在更大的时间尺度上促进了学生的认知发展。

本章小结

本研究基于学习技术范式,以认知起点作为切入点开展教学实验。本研究通过分析学生的课前认知起点预测课中认知起点,并根据课前认知起点与预测的课中认知起点进行技术选择和个性化学习资源设计。在教学过程中通过学习支持系统对学生的课前认知起点进行发展促进,实时干预学生课中的认知起点,以此促进学生学业成绩的提高,助力学生的认知发展。本研究得出结论:实验组的学生在学习过程中获得了更好的认知发展,说明对学生课中认知起点进行干预可以更加有效地促进学生的认知发展。

本研究的创新之处主要有:(1)在教学过程中加入对学生当前认知起点实时的课中测查,即在教学实验开展的过程中,对学生施以认知起点的测查;(2)为使用新的认知起点诊断方式和分类方式,本研究在测查卷中提取观测点(每个观测点都对应了具体的知识点或答题步骤)。利用观测点作为得分点,并且利用观测点确定认知起点,以此对学生进行认知起点的诊断和分类。

本研究仍然存在着不足。(1)研究设计需要多组被试支撑,但本研究中的被试样本数量有限。(2)系统开发能力水平有限,导致系统推送的学习资源种类较为单一。后续的研究将在这两方面作进一步优化。

问题与回答

1. 除了二阶诊断法,有没有更加高效且合适的认知起点测查工具?

【回答】学习技术范式关注学生和学习内容的关系(C-L),二阶诊断可以很好地满足这一理念,因此目前的二阶诊断法已经是很"合适"的测查工具了。目前的二阶诊断测查工具较依赖人工,未来需要进一步做机械化方面的探索,使之更高效。当然,作为基础研究,这个局限性也是可以理解的,但依然期待以后能够实现自动化。

2. 在之后的研究中,是否会关注能力类型的认知起点?面对能力类型的认知起点又应该如何进行技术干预呢？

【回答】理论上一切可计算，一切可培养。"能力"一词的描述是比较表层的，因为能力所涵盖的内容包括方方面面。对于能力的干预可以确定的是：能力的培养要以一定的认知作为基础。